TAKEMURA Tamio

竹村民郎著作集

I

廃娼運動

三元社

廃娼運動

竹村民郎著作集 I

故竹村由紀子に捧げる。

廃娼運動　竹村民郎著作集　Ⅰ　目次

資料編

第一部　廃娼運動

廓の女性はどう解放されたか

廃娼運動　廓の女性はどう解放されたか

第1章　娼妓解放の曙

1　「マリア・ルス」号事件以後

一八七二（明治五）年六月四日、南米ペルー国籍の汽船「マリア・ルス」号が台風で船体を破損し、修理のため横浜港に緊急入港した。暗い船倉には、清国人苦力《クーリー》二三一名がぎっしりとつめこまれていた。彼らはマカオで奴隷として買われ、ペルーの鉱山に送られる途中だった。

このとき、一人の清国人苦力が虐待にたえかねて「マリア・ルス」号から脱走するという事件が発生した。この脱走事件に関連して、時の外務卿副島種臣は決然として起ち、権令（副知事）大江卓に命じて横浜に特別法廷

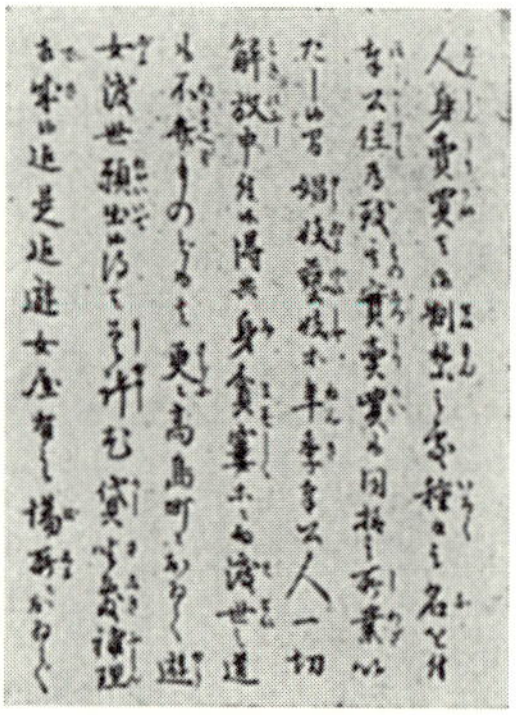

図1　1872年娼妓解放令公布当時の神奈川県の訓令

を開いた。大江は審問数次ののち、「日本の領海内に於て、その船客を拘留閉居」したとして、右二三二人の清国人苦力を解放する旨の判決を言い渡した。

「マリア・ルス」号船長はこの判決を不服として、訴訟を起こした。そして横浜で事件の裁判を審理中、船長側の弁護人F・V・ディッキンズが法廷でつぎのような爆弾発言を行なった。「日本が奴隷契約は無効であるといふなら、日本に於てはもっと酷い奴隷契約が有効に認められて、悲惨な生活をなしつゝあるではないか。それは即ち遊女の約定である」。

F・V・ディッキンズが言うように、事実、公娼制度の本質はあきらかに人身売買であり、奴隷契約に相違なかった。豪胆な大江裁判長もこの逆襲にはたじろいだが、同年八月二五日の判決ではつぎのような理由をあげて反論し、被告（日本側）を勝訴にみちびいたのである。

　国内奴隷の法一国内に存する時と雖も、之を輸出し之を輸入するに至りては厳禁を設けたる事屢《しばしば》之れあり、合衆国自今五十年前の光景之れなり。

国際問題となったこの裁判が終了した後、英国政府は今後、奴隷問題の処理は日本の判決にならえと、アジア諸国の各英領植民地に訓令した。清国は判決の翌々日、陳福勲を使節として日本に派遣し、感謝状を明治政府に贈呈した。

この日本外交史上記念すべき事件を契機に、娼妓の存在をあらためて問い直す機運が昂揚するなかで、大江は政府に建白書を提出して、娼妓の解放を強く要請した。

明治政府も、もはや国際道義上からみて遊女の温存は許されないと判断して、一八七二年一〇月二日、芸娼妓年季奉公人解放を目的とした太政官布告第二九五号を発布した（巻末資料参照）。その第一項はつぎのとおりである。

一、人身を売買致し、又は年期を限り其主人の存意に任せ虐使致し候は、人倫に背き有まじき事に付、古来制禁の処、従来年期奉公等種々の名目を以て奉公住為致、其実売買同様の所業に至り以ての外の事に付、自今可為厳禁事

同時に司法省から同年一〇月九日付で第二二号の布告が通達された。その第二項に「同上娼妓は、人身の権利を失ふ者にて牛馬に異らず、人より牛馬に物の返弁を求むるの理由なし、故に従来同上の娼妓芸妓へ貸す処の金銀並に売掛滞金等一切債るべからざる事」とある。これがのちに人間蔑視として有名になった「牛馬ときほどき令」といわれるものである。

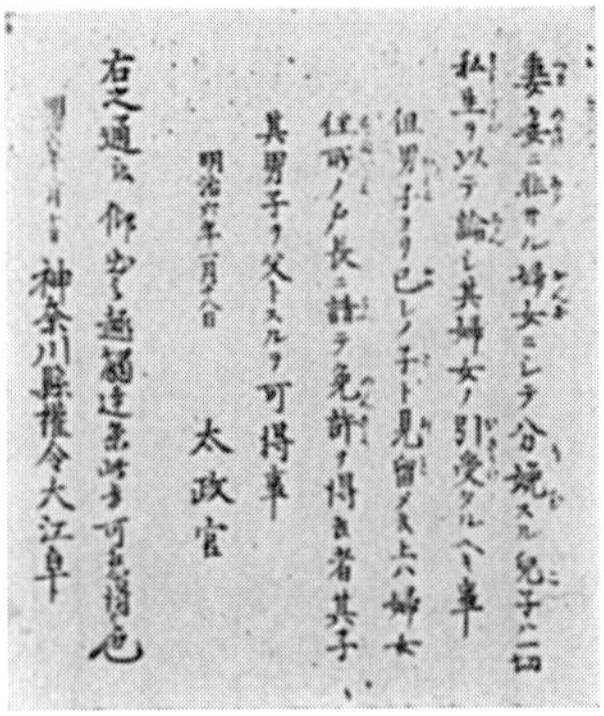
妻妾ニ非サル婦女ニシテ分娩スル児子ハ一切
私生ヲ以テ論シ其婦女ノ引受タルヘキ事
但男子ヨリ己レノ子ト見留メ候上ハ婦女
住所ノ戸長ニ請テ免許ヲ得ル者其子、
其男子ヲ父トスルヲ可得事
明治六年一月十八日　太政官
明治六年一月廿日　神奈川県権令大江卓

図2　私生児についての太政官通達
（神奈川県、1873年）

明治政府はとにかくここに公娼制度、すなわち一つのところに妓楼《ぎろう》を集めてこれを取り締り、検梅等を官の監督のもとにおくシステムを廃止したのである。しかし、明治政府が公娼制度廃止をふまえて伝統的な男性上位社会を改革し、わが国に男女平等の原則に立つ民主的な社会を成立させるつもりなどは、まったくなかった。そのことは一八七三〔明治六〕年一月一八日付の太政官通達の文章（図2および巻末資料参照）を読んでもわかる。

妻妾ニ非サル婦女ニシテ分娩スル児子ハ一切私生《きらくにうむ》ヲ以テ論シ其婦女ノ引受タルヘキ事

一八七二年の太政官布告の五年後、一八七七〔明治一〇〕年九月九日、スイスのジュネーブで、万国廃娼同盟会の第一回世界大会が開かれ、公娼制度は「自由の原則に背反する」と決議された。この決議は英国政府を動かして一八八六〔明治一九〕年、公娼設置令が廃止されるなど、一九世紀後半の時期は公娼制度廃止が国際輿論の主要な潮流となりつつあった。

ここで、一九世紀後半から二〇世紀初頭にかけての欧米の買売春取り締りの四つのタイプを紹介しておこう。[1]

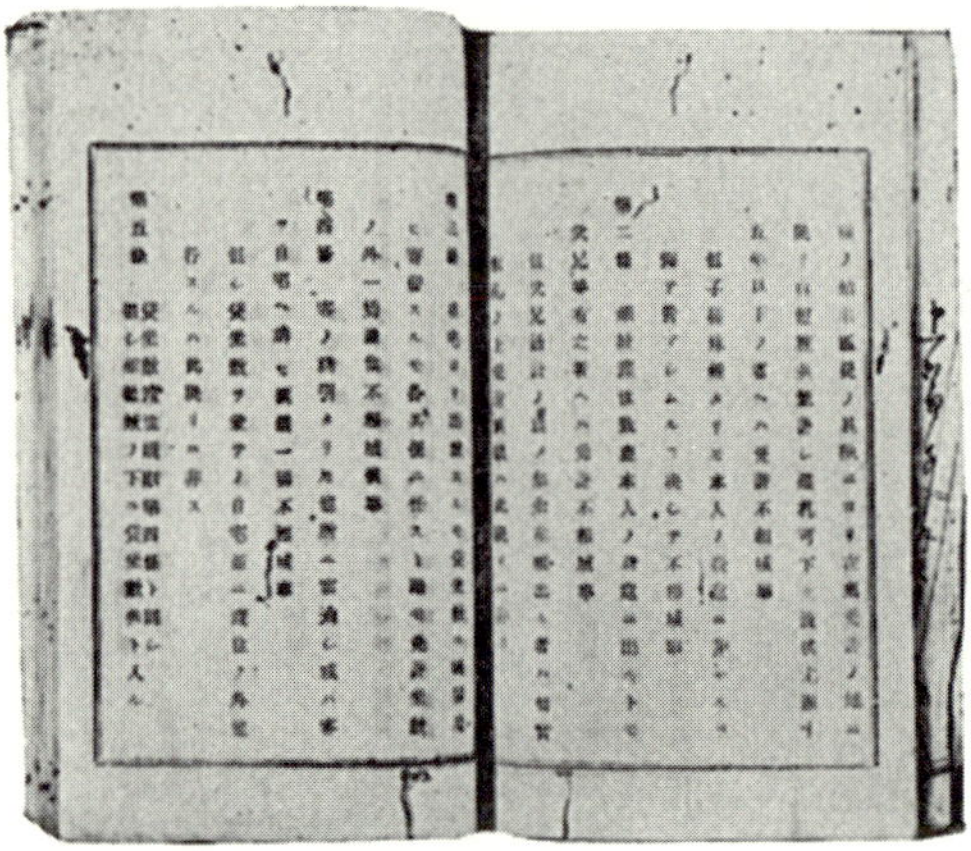
図3　娼妓渡世規則（豊岡市 1875 年）

それは、(1)否認制度、(2)放任制度、(3)黙認制度、(4)公認制度である。第一は、国家または社会がいっさいの買売春の存在を否認し、売春婦絶滅の方針をもって臨むという制度である。デンマークのコペンハーゲンは一九〇六〔明治三九〕年、ノルウェーのクリスチャニア（オスロ）は一九〇八〔明治四一〕年にそれぞれこの制度を採用した。

第二の制度は、国家は買売春に干渉することなく、買売春の風潮の是正を社会正義の発達にゆだねる政策である。前述のごとく、英国は一八八六年に公娼制度を廃止して、この制度を採用した。米国もまたはじめからこの制度によっている。そして婦人矯風会、社会衛生会などが社会の風紀の振興をはかっていた。

第三の黙認制度は、公的には買売春を許可しないが、ひそかに鑑札を売春婦にあたえて名簿に登録し、定期的に検梅を実行させて、衛生上の監視を行なう制度である。

第四は、国家が買売春を公に認めて監視する公娼制度をいう。売春婦に鑑札をあたえて、これに課税し、その営業を保護し、警察が検梅制度を監督するものである。この制度にあっては、公認の売春婦＝公娼にたいし、公認されずひそかに買売春を営む女性を私娼といっている。

さて、明治政府はいったんは廃娼令を公布したものの、巧妙な楼主たちの運動におされて、事実上廃娼令を棚上げするかたちで、公娼制度の復活を実現させた。これが一八七三〔明治六〕年一二月に公布された貸座敷渡世規則と娼妓渡世規則である。

この二つの規則によって、一度は「解放」された娼妓が、ヨーロッパの各都市にみられるような、私娼のごとく「自由意志」で買売春を行ない、遊廓の楼主は彼女たちにただ座敷を貸し、料理を提供するというたてまえが決められた。

一八七三年一二月公布の貸座敷渡世規則と娼妓渡世規則の主な項目はつぎのとおりである。

一、壬申拾月被仰出候年季解放の御趣意弥々堅く相守るべき事
一、渡世致度者は願出鑑札申受候上店頭に看版を可掲尤も免許無之場所にて営業不相成事
一、月々鑑札料を納むる事

一、娼妓渡世本人真意より出願の旨は情状取糾《ママ》候上差許の鑑札可相渡尤も十五才以下の者へは免許不相成事、但し寄留の者は本籍引合の上差許事
一、自宅より出稼するも貸座敷に同居するも各自由に任すと雖も渡世は免許貸座敷に限り可致候事
一、月々鑑札料を可納事

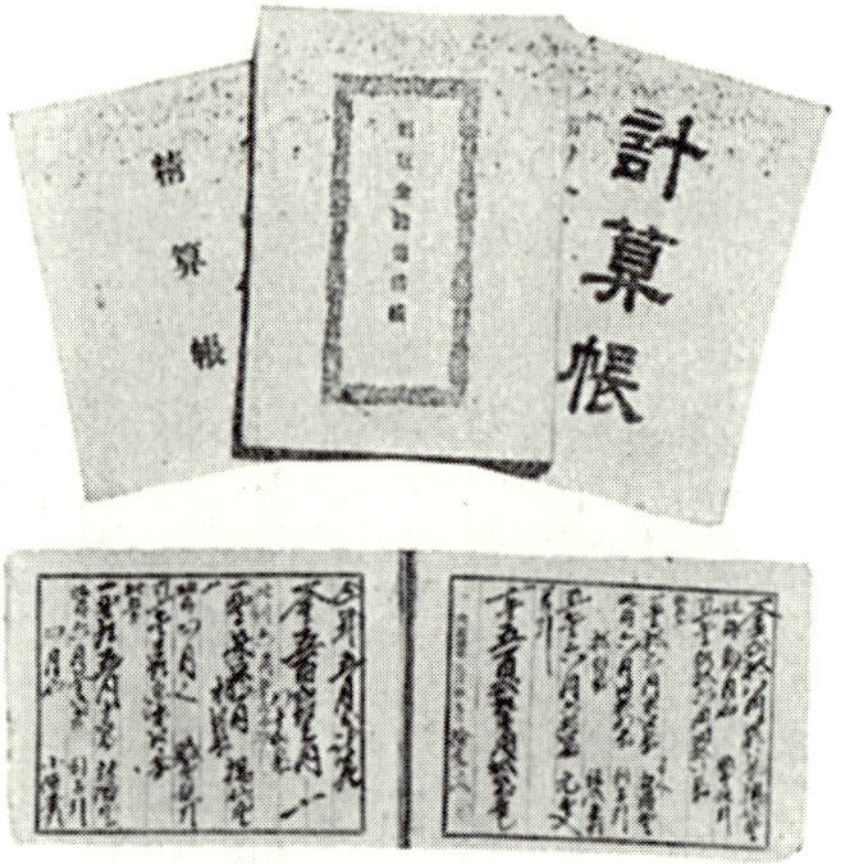

図4　娼妓金銭追借帖

月々鑑札料を納める規定が両方の規則にあるように、明治政府は同規則で事実上買売春を公認し保護する一方、貸座敷業者、娼妓双方からそれぞれ鑑札料を納入させ、また娼妓渡世規則に「自宅より出稼するも……」とあるごとく、当時は「牛馬ときほどき令」公布直後だけに、娼妓が自宅から出稼ぎすることを許したのである。

貸座敷渡世規則の公布によって、江戸時代からの古い伝統をもった全国各地の廓――吉原（東京）、島原（京都）、松島（大阪）、丸山（長崎）、新地（金沢）などがいっせいに営業を再開した。

同規則では、表面上は貸座敷業者と娼妓との関係は「契約」で結ばれ、人身売買などは少しもない体裁になっている。しかし、その実態はまったく異なり、全国の各廓の娼妓はことごとく前借金と呼ばれる身代金でその自由を買われ、貸座敷業者の奴隷となって、否応なしに買売春を強要された。

図4は、近畿地方のある県庁所在地で営業していた三名の貸座敷業者が使用していた計算帖である。三冊の計算帖はそれぞれ別個の楼主のものである。そこには、楼主と娼妓間における前借金、月々の稼ぎ高、立替え金などが毛筆で克明に記載されている。

三名の貸座敷業者の各楼名は不明だから、仮にア楼、イ楼、ウ楼としておく。時代別に計算帖を分けると、ア楼の帖面は一九〇一～〇二〔明治三四～三五〕年の間の計算が記載されている。イ楼、ウ楼のものはそれぞれ一九一二～一四〔大正元～三〕年までと、一九一六～一七〔大正五～六〕年までの期間の計算が書きこまれている。

ここでは、大正初期という時期区分で共通のイ楼、ウ楼の計算帖を分析し、楼主たちがいかに前借金によって娼妓を金しばりにしていたかをみておこう。なお、娼妓の名前は仮名である。

表1は山田キクの一カ年間の所得収支明細である。山田は一九一二年一二月、六〇〇円をイ楼主から前借りして娼妓となった。

表2は大橋志もの一カ年間の所得収支明細である。大橋志もは一九一六年五月、ウ楼主から四二〇円を前借りして娼妓となっている。

山田キクは律義な性格らしく毎月一生懸命に稼いでも、その借金総額は一年後に五三一円七四銭七厘にしか減少していない。

表1で注意する点は、各月の本人の所得から四割前後、ときには六割近くが借金利子および組合費の名目で差し引かれていることである。キクは一九一三〔大正二〕年二月には、所得の約五割七分を支出して衣類を購入している。一般に楼主は娼妓の金銭感覚の弱さにつけこんで、衣裳代、道具代、薬代などいろいろの名目の支出を強要し、その借金が増加するように仕向けた。

キクは一九一四年一〇月、借金残高五一二円四六銭を返済して娼妓を廃業している。なぜキクが借金を一度に返済しえたかについては不明である。

ウ楼の娼妓大橋志ものケースは、山田キクの場合よりも悲惨である。表2からもわかるように、志もの借金は一年後には四八〇円二二銭となった。四二〇円の前借金が一年後に減少するどころか、逆に六〇円二二銭も増加している。

この主要な原因は、志もが毎月原因不明の追借金をしていることにある。志もの計算帖には一九一七年一〇月までしか記載がない。この時点での志もの借金はさらに増えて、五〇四円五銭である。

残念ながら、私は志もがこの後どのような運命をたどったかを知ることができない。しかし、もし志もがウ楼

6月	7月	8月	9月	10月	11月	12月
578.920	573.120	561.492	＊3 556.560	549.377	539.144	525.183
7.230	7.162	7.018	6.957	6.867	6.739	6.564
586.150	580.282	568.510	563.517	556.244	545.883	531.747
34.000	43.600	25.840	34.320	40.240	47.440	25.520
1.800	1.800	1.800	1.800	1.800	1.800	1.800
32.200	41.800	24.040	32.520	38.440	45.640	23.720
16.100	20.900	12.020	16.260	19.220	22.820	11.860
7.230	7.162	7.018	6.957	6.867	6.739	6.564
0.110	0.110	0.120	0.120	0.120	0.120	0.120
前月不足分 2.960	小 2.000		小 2.000	小 2.000	小 2.000	小 5.000
5.800	11.628	4.882	7.183	10.233	13.961	0.176
573.120	561.492	＊2 556.610	549.377	539.144	525.183	＊4 525.008

＊1 計算ミス正0.413　＊2　556.560を訂正　＊3 計算ミス正556.610　＊4 計算ミス正525.077

11月	12月	1月	2月	3月	4月	5月
442.912	456.378	463.271	469.973	471.216	479.933	467.492
5.536	5.704	5.790	5.874	5.890	5.999	5.843
21.640	4.480	16.980	11.750	16.160	9.000	6.800
2.705	0.056	0.212	0.146	0.202	0.112	0.085
472.793	466.618	486.253	487.743	493.468	495.044	480.220
16.415	3.347	16.280	16.527	13.535	27.552	17.045
38.700	8.550	38.400	38.950	32.300	63.450	40.100
2.000	1.000	2.000	2.000	2.000	2.000	2.000
456.378	463.271	469.973	471.216	479.933	467.492	463.175

＊1　計算ミス 正444.507　＊2 計算ミス 正453.837

表１　山田キク所得収支明細（1912年～1913年、単位円）

	12月	1月	2月	3月	4月	5月
貸付元金	600.000	599.290	588.510	588.100	583.930	578.920
利子	7.500	7.490	7.352	7.350	7.300	7.230
合計	607.500	606.780	595.862	595.450	591.230	586.150
揚代金	16.640	38.560	38.560	33.760	26.640	14.560
賦金税引		1.800	1.800	1.800	1.800	1.800
引〆金		36.760	36.760	31.960	24.840	12.760
本人所得金(5分)	8.320	18.380	18.380	15.980	12.420	6.380
利子引	7.500	7.490	7.352	7.350	7.300	7.230
組合費	0.110	0..110	0.110	0.110	0.110	0.110
衣服子使代			衣 10.505	衣 4.350		小 2.000
元元金	0.710	10.780	＊1 0.410	4.170	5.100	−2.960
差引計	599.290	588.510	588.100	583.930	578.920	578.920

（注）差引計＝貸付元金−元金入

表２　大橋志も所得収支明細（1916年～1917年、単位円）

	5月	6月	7月	8月	9月	10月
貸付元金	420.000	424.890	440.958	445.129	440.037	445.535
利子A	5.250	5.311	5.511	5.564	5.500	5.569
追貸金高		14.130	4.850	5.710	7.100	2.700
利子B		0.176	0.060	0.701	0.088	0.033
合計	425.250	＊1 445.070	451.379	456.474	452.725	＊2 452.837
納済金（稼人所得金）	0.360	4.112	6.250	16.437	7.190	10.925
揚代総高	0.800	10.250	15.000	38.750	18.200	26.500
内賦金		1.000	1.000	2.000	2.000	2.000
差引計	424.890	440.958	445.129	440.037	445.535	442.912

（注）差引計＝（貸付元金＋利子A＋追貸金＋利子B）−納済金

で同じように娼妓稼業を行ない、前述のような貸借関係がつづいていたならば、彼女が自前で借金を返済して自由の身となることはおそらく不可能であったことだろう。

以上のごとく、前借金のある娼妓が一生懸命に稼いでも、彼女たちが自前で借金を返済して苦界から脱け出ることはたいへん困難なことであった。しかもそれには長い年月を必要とした。娼妓が健康で稼げる間はまだしも、もし恐しい梅毒に感染でもすると、病気の進行とともにからだ全体が冒され、その精神は平衡を失って廃人となった。

2　上州っ子の廃娼運動

苦界に身を沈めた女性たちの悲惨な境遇に心から義憤を感じ、明治一〇年代の日本で全国にさきがけて廃娼運動に立ちあがった人々がいた。かかあ天下の国として有名な群馬県のクリスチャンたちである。そして群馬県の廃娼運動の主役となったこれらのクリスチャンを育てた人物が、同志社大学創立者の新島襄である。

一八七四（明治七）年一一月、アメリカから帰朝した新島は故郷群馬県安中小学校で、はじめてキリスト教の講演を行なった。新島が安中でみたのは、自由で生き生きとした市民の街ボストンとはまったく異なり、暗くうちひしがれた町の風情である。ただ彼が泊まった伝馬町の宿近くの遊廓のみが、夜おそくまで賑わいをみせていた。[2] 新島が帰国後、安中での第一夜を遊廓の絃歌や太鼓の音とともに過ごしたことは、一八八二（明治一五）年に日本最初の廃娼決議県となった群馬県とキリスト教との深い関係を暗示するものとして興味深い。

新島の弟子の一人で安中教会の熱心な信者であった湯浅治郎（後の同志社理事、衆議院議員）は、一八八〇（明治一三）年、その見識をかわれて群馬県の県会議員に選ばれた。

その二年後の一八八二年三月一七日、群馬県会は湯浅治郎提出の「娼妓廃止の建議案」を四五名中二名を除くほか全議員の賛成をえて可決した。

これ以後、県令（知事）楫取素彦《かんどりもとひこ》が同年四月に通達した布告文「（貸座敷営業及娼妓稼之儀）来ル明治二十一年六月ヲ限リ廃止候條此旨布達候事」をめぐって、実施反対の業者側と廃止賛成の廃娼運動側とが激しく対立抗争をくりひろげた。

一八八八〔明治二一〕年五月、県令佐藤与三は、必死で反対運動を展開する貸座敷業者たちの圧力におされて、突然廃娼令の実施を当分延期するとの通達をだした。県議会は佐藤県令のこうした対応にいささかもひるまず、翌一八八九〔明治二二〕年一一月、逆に廃娼延期取り消しの建議等を可決した。県内の九八五名の信徒をバックに、キリスト教婦人会や、上毛青年連合会を先頭とする県下二二の青年会の連合体等が、県議会の決議を支持して、一歩もひかぬ構えをみせた。

一八八九年一一月、前橋市の愛宕座で開かれた青年連合会の大会には、改進党の大立者の島田三郎も応援弁士としてかけつけた。

翌一二月二一日、東京市京橋の厚生館で大日本私立衛生会の第七二常会が開催された。講演者の一人森林太郎（鴎外）は「公娼廃後の策奈何」の題目で演説を行なった。彼は演説の冒頭で、群馬県議会を先頭に東京市議会、神奈川、福井の各県議会で廃娼運動がまき起こっていることを紹介して、以下のように論じた。

> 見るべし廃娼運動は正に破竹の勢をなして進み来たるを況や嚶鳴会の催しゝ廃娼演説には伴直之助、弁士となりて出で婦人矯風会と婦人白標倶楽部との此館にて開きし演説会には島田三郎、植木枝盛の二人ありて其蘇張の枝を逞うしたるをや余は昨日の午を過ぎし頃、女学雑誌にて両家の演説を読み心中窃に感ずる所ありて急に換題の事を想起しこれを予報すべき遑もなくこゝに来たりて既に壁頭《ママ》に貼したる札をさへ張

替させにき……余は今の社会に廃娼運動の起りしを見て抃喜して止まざるものなり[3]

少々むずかしい文章ではあるが、この行間から若き日の鴎外の廃娼運動によせる情熱が、ひしひしと伝わってくるようではないか。

鴎外までが関心をもったように、群馬県に燃えあがった廃娼運動の炎は、今や全国各地に燎原の火のように広がっていった。事態の予期せぬ進行にすっかり動揺した佐藤県令は、一時その場を糊塗するために、一八九〇〔明治二三〕年、県令第二一号をもって、妙義町ほか数カ所の貸座敷業者の比較的抵抗の弱いとみられた小遊廓のみを、九月三〇日かぎりで廃止と決めた。

その年の県議会開催とともに、激昂した県議会の廃娼派議員は、県令にたいする辞職勧告を提案し、県議会はこれを可決した。佐藤県令はこれにたいして県議会の停会で応酬した。一八九一〔明治二四〕年一月、第一次山県内閣の西郷従道内務大臣も知事を応援して、県議会の解散を命じた。

県令側の警察による猛烈な選挙干渉にもかかわらず、県議会の再選挙の結果、前議員はわずか二名が落選したのみで、あとは全員が当選した。これ以降、県令側と県議会側のにらみ合いがつづいたが、臨時県議会後、突如佐藤県令は免職となった。

第一次山県内閣のあとを受けた第一次松方正義内閣は、群馬県の政治情勢の激化を憂慮したのみならず、日本有数の機業地帯桐生・足利の風紀を守り、優秀な女子労働力を絹織物業に確保することの重要性を認識し、あえて公娼存置派たる佐藤県令を免職にしたのである。後任の中村元雄県令は一八九三〔明治二六〕年一二月三一日かぎりで公娼を全廃すると声明した。

しかしその後、貸座敷業者の執拗きわまる公娼制復活要求がつづけられ、ついに一八九五〔明治二八〕年一二月、県議会は公娼制設置の決議案を可決するにいたった。一八九七年一二月、県議会は前々年の公娼制設置の建議案を取り消した。逆転につぐ逆転である。一八九八（明治三一）年、公娼存置派の草刈親明県令が新しく就任すると、貸座敷業者たちは彼に数万円の金品を贈って買収をはかる一方、県民に信望の厚い自由民権運動の闘士中江篤介（兆民）をかつぎだして、公娼制復活を宣伝させた。

中江は料理屋の座敷で紅裏の着物を着流し芸者にかこまれて公娼制復活論をぶった。そんな彼にはもはやかつての自由民権運動の闘士としての面影はどこにもみられなかった。

植木枝盛は自由民権運動の闘士のなかでも、とくに廃娼論者として際立った存在であった。だが、彼も兆民と同様に、その言動には矛盾がある。彼は日記に「夜、千日前席にて演説を為す。男女同権論を述ぶ。菊栄妓を召す」[4]（一八八〇年九月一七日）と書いたように、公然と娼妓を買った。枝盛や兆民にとっては性が目的であると同時に、娼妓と遊ぶことは「風流」の源でもあった。兆民の公娼制度復活論は「風流」に生きることへの自負の表現であったろう。枝盛や兆民の趣味は極端な女性蔑視から、極端なヨーロッパ思想など様々であった。

自由民権や男女同権を鼓吹する兆民や枝盛にみられるこの矛盾は、公娼問題がわが国の知識人の思想上のアキレス腱であったことを典型的にしめすものである。

話を本題にもどすと、草刈県令は廃娼運動の激しい抵抗を無視して、一八九八年一一月一八日付県令第五一号で、県下に遊廓設置を認めた。このため俄然廃娼運動は昂揚した。クリスチャンや一般県民、とくに青年層が団結し、松宮弥平らが創刊した「上野民報」（後に「群馬新聞」と改題）も運動に多大の便宜をあたえた。

一一月二四日には、足利市内の青年の交流を目的に組織されていた友愛義団が、内務大臣西郷従道宛に産業全体を害する公娼制を廃止すべしという内容の上申書を提出した。[5]

第二次山県内閣は、一八日の公娼制復活を認めた県令公布後わずか三日も経ずして、草刈県令を免職にした。新任の古庄嘉門は任官の当日、すなわち一一月二四日付で西郷従道内務大臣の訓令にもとづき、公娼設置を取り消す県令を公布した。

かくして、群馬県の廃娼運動は紆余曲折を経てついに勝利した。同県の廃娼は以後、わが国廃娼運動の模範となり、他府県の廃娼運動に大きな刺激を与えたのである。

3 全国廃娼同盟会と雑誌『廃娼』

東京府京橋区明石町一二番地の廃娼雑誌社によって一八九〇〔明治二三〕年四月五日、雑誌『廃娼』創刊号が発刊された。現在『廃娼』は創刊号から一八九一〔明治二四〕年三月六日刊行の第八号までの存在が確認されている。一八九〇年は七月一日、第一回総選挙そして七月一〇日、最初の貴族院伯子男爵議員互選選挙がそれぞれ実施された。同年一〇月三〇日には教育に関する勅語が発布され、一一月二九日には第一通常議会が開会した。この年にはわが国最初の経済恐慌が起きた。

明確な政治・経済の転換点となった一八九〇年、廃娼運動もまためざましく発展し、全国各地に廃娼義会と称する団体が続出した。これら廃娼義会の全国的なつながりをもとに、五月二四日、東京麹町区飯田町の明治女学校において廃娼運動の連合組織として全国廃娼同盟会が結成された。同会は廃娼運動が当面する課題としてつぎの五点をあげた。

第一に衆議院に全国各地の廃娼諸団体より廃娼の建白を行なうこと。第二に雑誌『廃娼』を同盟会の機関誌とすること。第三に全国の廃娼諸団体はそれぞれ連繫を密にして、廃娼運動を推進すること。第四に欧米における廃娼運動調査、および国内の娼妓に関する諸調査を実施すること。第五に公開演説会を積極的に開催し、公娼制度廃止についての輿論を喚起すること。

全国廃娼同盟会は自由民権運動の思想を基盤として、これにキリスト教思想と国粋主義がむすびつき、そこで強力で熱情あふれる青年運動を形成していった。

全国廃娼同盟会に参加した知識人は、島田三郎・巌本善治・横井時雄・徳富猪一郎・金森通倫・宮川経輝・小崎弘道・植村正久・植木枝盛・飯野吉三郎・三宅雄二郎・森林太郎・小島官吾・黒岩周六・渡瀬寅二郎・田川大吉郎等々であった。彼らの思想傾向をみれば、全国廃娼同盟会がいかに多様な思想をその内部に包摂していたかということが理解できるだろう。

それだけに雑誌『廃娼』を研究することは、たんに初期帝国議会との関連における廃娼運動の研究に資するばかりではなく、一八八〇年代、一八九〇年代におけるわが国の知識人問題を考察するうえでも重要な意義をもっている。私が『廃娼』を重視する意図はここにある。

ついでに書き加えておくと、私は『廃娼』と併せて、安技武雄編輯『廃娼同盟会演説集　正義の反響』(東京、廃娼雑誌社、一八九〇年)を読者が読まれることをすすめたい。なぜなら同書には全国廃娼同盟会に結集した知識人——飯野吉三郎・金森通倫・宮川経輝・大江卓・植木枝盛・三宅雄二郎・横井時雄らの廃娼論が掲載されているからである。

全国廃娼同盟会の機関誌『廃娼』を分析するうえで留意すべきことはつぎの五点である。

第一は『廃娼』が全国廃娼同盟会を基軸とする全国的な廃娼運動を記録していることである。とりわけ『廃娼』第三号掲載の全国廃娼同盟会記事および第六号収録の横浜青年会より神奈川県会議長へ宛てて提出した公娼全廃請願書、小島官吾が東京府会議場で朗読した東京市郡管内公娼全廃の建議等は、この時期の自治体レベルの廃娼運動を知るうえで貴重な資料である。

第二は前述したように当時廃娼運動の最大拠点であった群馬県の廃娼運動記録がここに収録されていることである。石島良三郎「上毛に於ける廃娼運動」(創刊号・第二号)は、一八八六(明治一九)年結成された上毛青年会と、群馬県高崎の青年会連合会による廃娼運動の実態を正確に記録している。

第三は『廃娼』が海外における廃娼運動や矯風事業に関する情報を収録している点である。全国廃娼同盟会第一年会におけるインド人ロッビンスによるインドの廃娼運動報告（第三号）、オランダにおける廃娼運動、イギリスにおける売奴法、『婦人矯風雑誌』から再録された外国出稼の日本女性についての記事、『女学雑誌』から再録された中国の阿片禁止運動（以上第五号）、『自由新聞』から再録したアメリカの女権拡張会記事、『女学雑誌』から再録した香港の改正婦女保護会（以上第六号）、ベンジャミン・スコットによるヨーロッパ買売春史の紹介（第七・八号）等がそれである。

とりわけ右にあきらかなように、『廃娼』がからゆきさんと称される外国出稼の日本人女性の保護問題にいち早く目をむけていた点は特筆に値いする。後述のごとくその論理が不明瞭であったとしても。

第四は『廃娼』の指導的論文にあらわれている国粋主義的傾向である。当時多くの廃娼派知識人の思想には、士族的要素が根強く存在していた。したがって彼らの人権意識は容易に国粋主義とむすびついた。

一八八〇年代後半から九〇年代にかけてわが国には条約改正の気運が漲っていた。またこの時期は国権主義や文明開化の影響をうけて社会改良運動が全国を席巻していた。廃娼派知識人は社会改良の核心として、公娼制廃止を主張して闘った。また彼らはからゆきさんと称された海外出稼の日本人女性は国家の名誉をいちじるしく汚す存在であるとみなし、国家による彼女たちの救済が必要であると論じていた。

「日出邦」の美称は、「旭日章」の光輝は、憾む、今や海外に於て甚く汚辱されたり、大汚辱、大汚辱、吾輩日本国民として万国民に対し、何等の面目を以て相対すべきかを知らざるなり。……近時吾国の婦女が賤業を以て、東洋各港市に寄食するものゝ如き、夙に海外新聞の評説する所間々辮髪漢、黒奴等の冷嘲をうくるに至る、……請ふ先づ公娼を全廃せよ……上下この業の賤劣なるを覚らば、輿情一定、人々相顧み、無智の婦女も、自ら之を恥づ、誰か亦海外に醜体を露呈すべき、国辱を存留すべきぞ、余輩が廃娼主義を唱導して止ざるもの実に之がためなり、如斯して国辱雪ぐべし国恥洗ふべし、「日出邦」「旭日章」、隆々、騰々、宇内に照臨し、赫々奕々万邦仰瞻す

これは『廃娼』第五号の巻頭論文である。この論文は『廃娼』の基本的な運動観を述べたものであるから敢えて長い引用をした。

ここで語られていることはまったく観念的であり、海外諸国で買売春を強制されている気の毒な日本女性の救済をどのようにだれが実行するかという方法についてはまったく捨象されている。また彼女たちを冷嘲する中国人や黒人を、「辮髪漢」「黒奴」等の差別的言辞をもって非難していることは、廃娼派知識人の思想に存在していた人種的偏見をしめすものである。

結論的に言うならば、この巻頭論文の曖昧さは公娼制廃止の動機が国粋主義に根ざしていることに起因している。『廃娼』が言うように、たしかに海外における日本人女性の買売春は「大日本帝国」の観点からすれば日本国家の恥辱である。公娼制が廃止されれば国民の道徳的資質の向上が促され、結果としてからゆきさんたちの救済にたいする国民的輿論が強まるであろう。だが『廃娼』は、なぜからゆきさんたちが国を追われなければならなかったかという、その社会的原因については何一つ論じてはいない。

第五は『廃娼』には一八八〇年代後半期の廃娼史研究にとって不可欠な各種の基礎的統計が収録されていることである。一例をあげれば、「(一八八六・八七両年度)売淫ヲ公許セル三県(神奈川、愛知、長崎)の私生児《ママ》(数)」「(同上年度)売淫ヲ公許セザル三県(岐阜、和歌山、鹿児島)ノ私生児《ママ》(数)」「全国娼妓及ビ貸座敷ノ数」「東京市内娼妓・貸座敷ノ数」(以上二号)等がそれである。ただ右統計中には非嫡出子にたいする差別が存在していることを留意されたい。

一八八〇年代後半から九〇年代における廃娼運動史の重要な課題は、廃娼の論理がどのようなかたちでキリス

ト教や自由民権思想そして国粋主義とどう関連していたかをあきらかにすることにある。この時期キリスト教や自由民権思想の廃娼運動への影響もあったことは事実である。また『廃娼』の論理に、国粋主義者の発想も深くかかわっていたことが確認できるであろう。

4 武器なき市民の軍隊

明治日本の廃娼運動とともに、クリスチャンが大きく国民の道徳向上において貢献したものは禁酒運動である。本節ではこの問題をとりあげながら、クリスチャンの社会運動の組織の中心である婦人矯風会や救世軍の成立についてみることにする。

鹿鳴館開館は一八八三（明治一六）年一一月二八日である。鹿鳴館時代は一八八七（明治二〇）年四月二〇日、総理大臣伊藤博文官邸で開かれたわが国最初のファンシーボール（仮装舞踏会）あたりがそのピークとなった。

ここで『大日本外国貿易五十六年対照表自明治元年至大正十二年』をもとに各種酒類輸入数量を一八八三年度と一八八七年度について比較してみよう。

全体の傾向として、輸入酒数量はシェリー（瓶入）、杜松子酒（その他）の二品目を除くと、いちじるしく増大している。すなわちビール（小瓶）三・六倍、葡萄酒（瓶入）三・四倍、シェリー（その他）二・八倍、ベルモット五・三倍、シャンパン二・二倍、ブランデー（瓶入）四・三倍、ブランデー（その他）一〇・一四倍、リキュール（瓶入）二・三倍、ウイスキー（その他）二・一倍、杜松子酒（瓶入）一・七倍等々である。

一八八七年度の輸入酒類の合計金額はビール、中国酒をふくめると、八三万七九六一円の巨額に達する。同年度の物品輸入総額は四四三〇万四二五二円である。したがって、輸入酒類の総額はその一・八九％にあたる。ちなみに当時（一八九二年）、国内における大瓶ビール価格は一四銭程度である。

この数字がしめすあきらかな事実は、明治政府の高官たちが堂々と巨額の国費を支出して、高価な舶来酒を輸入し、あびるように飲んでいたということである。鹿鳴館時代とはなんと贅沢な酒宴をやったことだとあらためて驚かされるのである。

いくら条約改正のための根回しであるとはいえ、これではまるで明治政府が文明開化とは大いに酒を飲むことであると、飲酒の奨励をしているようなものである。

実際に文明開化の時代は全国津々浦々に、遊廓のみならず、いかがわしい女性を置いた銘酒屋が驚くべき勢いで増加していった。男たちはふくれっ面の女房や泣き叫ぶ赤ん坊から逃れて銘酒屋に身を寄せ、つかのま酒と女と唄の享楽に酔いしれたのである。

こうした女と酒がまねく家庭の崩壊に抗して決然と立ち上がったのは、キリスト者の女性たちである。一八八六年一二月六日、東京市日本橋教会で東京婦人矯風会の発会式が行なわれた。初代会頭となったのは桜井女学校校長矢島楫子であった。一八八九年、矢島は桜井女学校と新栄女学校が合併して成立した女子学院の院長に就任している。

図5　矢島楫子（『日本基督教婦人矯風会五十年史』1936年より）

東京婦人矯風会成立の前年九月、アメリカの万国婦人矯風会本部（シカゴ、エバンストン）から特派員としてM・C・レビット夫人が来日した。夫人は東京、岡山、長崎等で講演して、禁酒、貞潔思想を訴えた。夫人はまた「吾等婦人は、何れの国に属するにせよ、力を協せ足を揃へて一つの組織の下に統一された主義を持つて世界を、人類を、幸福へと導かねばならない」[6]と叫んで、女性クリスチャンたちの自覚を促した。この夫人の主張が予想以上に大きな波紋をひろげて、矢島楫子たちの東京婦人矯風会の誕生をうながすこととなったのである。

同会の成立は鹿鳴館時代の弊風にたいする日本婦人の根本的な批判を意味していた。同会の成立と軌を一にして横浜市に横浜禁酒会が誕生し、札幌市ではクラーク博士を中心に、内村鑑三、新渡戸稲造らによって北海道禁酒会が創立された。京都市でも西本願寺派の若き僧侶たちが反省会を組織し、一八八七年八月『反省会雑誌』を創刊して、酒の害を宣伝した。この雑誌が今日の『中央公論』のルーツである。

一八九二（明治二五）年九月、万国婦人矯風会本部よりM・A・ウエスト女史が来日し、全国都市を遊説した。彼女は熱心に貞潔の思想を訴えたが、過労のため金沢市で客死した。女史の死を契機に、翌九三年四月三日、東京市霊南坂教会で日本基督教婦人矯風会（以下、婦人矯風会）の総会がひらかれた。全国各地の婦人矯風会をうって一丸とする全国組織の誕生である。会頭には矢島楫子が選ばれた。

一九一三年に守屋東が書いた矢島楫子の伝記に徳富蘇峰がはしがきを寄せている。それには、「叔母さん（楫子）は、日本に於ける、婦人の社会事業家の急先鋒」[7]と書いてある。蘇峰にとって楫子は母の姉である。

楫子が矯風会の会頭に就任したことは、彼女の人生の一大転期となった。蘇峰のいうように、彼女は社会事業の先覚者であり、同時にわが国の廃娼運動の最長老である。楫子が女子学院で手塩にかけて育てた久布白落実（楫子は彼女の大叔母にあたる）や、彼女が婦人矯風会で指導した林歌子などは、一九一〇年代から三〇年代にかけての廃娼運動のすぐれた指導者となった。

一八九五年九月四日、ロンドンの万国救世軍本営から救世軍創立のため日本に派遣されてきたライト大佐以下一四名の救世軍士官が横浜港に上陸した。一行はお揃いの浴衣にへこ帯という珍妙ないでたちで、軍旗をおしたてて宿屋まで堂々と行進した。この奇妙な服装は日本の風俗に早く同化しようという彼らの苦心の結果である。

彼らは上京後、京橋区新富町に間口二間半ほどの二階家を借りうけ、日本本営とした。一〇月末には同区金六町に第一小隊を開き、伝道活動を開始した。後に日本救世軍のリーダーとなる山室軍平が救世軍に入り、士官候補生兼第一小隊の下足番として伝道活動に参加したのは一一月末のことである。

山室は一九二六年、『救世軍略史』を書いて、救世軍から出版している。これは創設期から一九二〇年代にかけての救世軍の布教の実態と、その社会事業の全貌を知るうえで、得がたい本である。救世軍が東京市神田の青年会館で行なった宣戦式を、ある人が評して「嗚呼此の狂気染みたる宗教、日本に入る、それ焉《いずくん》ぞ黙するを得んや。其の軍隊組織を以て他の国に入る、無礼之に過ぎたるはなし」と論じたというエピソードを同書で紹介しているが、これは山室でなければ書けないものである。彼はライト大佐たちに直接教えをうけた数少ない日本人士官の一人であり、かつ、もっとも着実に救世軍の日本化を推進した先覚者であった。

戦後世代の人々にとって、救世軍とはオールド・ファッションの軍服を着て太鼓をたたき、歳末の慈善鍋への寄付を乞う人たちぐらいにしか思わないだろう。しかし、救世軍は当時の廃娼運動の最前衛であった。

一九〇〇〔明治三三〕年二月二三日、大審院は、廃娼を目的として貸座敷業者と法廷で争っていた北海道函館遊廓の坂井フタに勝訴の判決を言い渡した。大審院判決はその理由として、現行の娼妓と貸座敷業者間で結ばれた契約は「人身ノ自由ヲ制限」するものだから無効である、としたのである。この判決は、娼妓は楼主にたいする借金の有無にかかわらず、「何時ニテモ娼妓廃業」ができることをあきらかにした点で画期的意義をもっている。

大審院判決後の五月七日、名古屋地方裁判所も米国人宣教師U・G・モルフィを提訴者とする自由廃業についての裁判で、娼妓の自由廃業を拒否していた市内金水楼主を敗訴とした。この二つの判決によって、自由廃業の道が大きくひらかれることになった。また、同年一〇月二日、内務省はつぎのような娼妓取締規則を新しく発布して、法的にも娼妓の自由廃業が認められるようにしたのである。

第五条、娼妓名簿削除の申請は書面又は口頭を以てすべし
第六条、娼妓名簿削除申請に関しては何人と雖も妨害をなすことを得ず

こうした自由廃業をめぐる情勢の好転に救世軍はふるいたち、まず婦人ホームを設けて救済した女性を収容することとした。さらに救世軍は一九〇一年八月一日発行の機関紙『ときのこゑ』を醜業婦人の救済号として、買売春は罪深い行為であるから、すみやかに廃業せよと訴え、救世軍はそのためにはいつでも保護を引き受ける旨を銘記した。

救世軍は当時、娼婦たちの真実の友であった。しかし、救世軍は人身売買を憎むあまりではあろうが、彼女たちを醜業婦という言葉でよんだ。救世軍でさえこうした発想をもっていたのだから、当時の世間の人々が娼妓を人間扱いしなかったことは充分に理解されるだろう。

救世軍の兵士たちは『ときのこゑ』八月一日号をかかえて、東京の廓の牙城である吉原と洲崎にのりこんだ。各廓では、『ときのこゑ』の販売を知って青天の霹靂のごとく驚いた。吉原、洲崎開闢以来地元で娼妓の解放をさけぶものなど一人もいなかったからである。

図6　吉原で負傷した救世軍人

楼主たちは、救世軍の『ときのこゑ』を片っ端から買い集めて、娼妓の手に入らぬようにした。しかし、彼らは救世軍の兵士が執拗に『ときのこゑ』を販売するのを見て、作戦をきりかえた。

八月五日、揚屋町の角で『ときのこゑ』を販売中の矢吹大尉指揮の一隊に、数十人の暴徒が襲いかかった。揚屋町の一角は凄惨な修羅場と化し、無抵抗主義をとる救世軍の兵士たちは殴打されて、数人が傷つくにいたった。図6は事件直後の救世軍の人々を写した珍しい写真である。

吉原遊廓における救世軍兵士の受難はその翌日以後、「時事新報」「毎日新聞」等の各紙が大きく紙面をさいて報道した。『ときのこゑ』が発行されたとき、これに注目したのはわずか二、三の新聞に過ぎなかった。しかし、今や日本全国のあらゆる新聞が『ときのこゑ』の動向を注目した。

全国各地の廓の娼妓たちのなかでたまたま『ときのこゑ』を手に入れることができた者は、一字一句涙を流して読んだ。下総の銚子では、『ときのこゑ』がたった一枚だけ花柳病治療専門の娼妓病院に入りこんだために、これを読んだ一五人の入院患者の娼妓が廃業してしまった。

救世軍は世にいう軍隊ではなく、武器なき市民の軍隊であった。しかし、その機関紙『ときのこゑ』はこの地上のいかなる軍隊の装備する武器よりも強力な弾丸であった。

5　日露戦争と性

日露戦争は一九〇四年から五年〔明治三七〜三八〕にかけて一年七カ月の間、両軍それぞれ一〇〇万の軍隊を投入して中国東北部（旧満洲）の山野に死闘を展開した。戦後の日本では、壮大な観艦式があったり、東京市内の各所に凱旋門が建てられるなど、華やかな祝賀気分のなかで社会の風潮は万事派手好みになっていった。

一九〇六年三月、警視庁は女性のヌード写真を大量に販売していた犯人一味を逮捕した。翌年、鳥居坂署も春画猥本を大量密売した松本幸吉を逮捕した。このような大量のエロ出版物のでまわり[8]は、日露戦争後の社会の淫蕩な雰囲気を象徴するものであった。

一九〇九〔明治四二〕年、『東京学』なる本が出版された。この本の著者石川天崖は自分が都会生活にうかつで失敗したため、田舎から上京してくる人のためにと東京生活のハウツーものを書いたのである。『東京学』の緒言には、「東京生活に成功せんとせば、必ずや東京生活の関係状態を研究」せよとある。石川は同書で東京は文化の中心であると同時に、腐敗堕落の中心であると指摘し、日露戦争後の性風俗の退廃の一端をつぎのように書いている。

今日まで深閨に鎖《とざ》されて居つた所の婦人が、始めて社会に出ると物珍らしく感ずる所からして、又異性の男子に接するとチヤホヤ取持たれる所からして、急に社会のことが面白くなる。……夫れが為めに知らず識らず其の深みに陥つて遂にはあられもなく婦人が待合這入りをしたり役者買をしたりして姦通罪を犯すといふことになる。[9]

当時の上流社会の性風俗の乱れについて、当時のジャーナリズムは盛んに攻撃した。図7に掲げた、「報知新聞」は、日露戦争中の首相桂太郎と寵妾お鯉のスキャンダルを紹介し、「軍国多事の秋に方り、千金阿嬌を買ひ」と批判している。

図7　桂太郎首相とその寵妾のスキャンダルを伝える「報知新聞」（1905年9月3日号）

日露戦争を契機にわが国の重化学工業化が一段と進み、対外的にも一九〇六年の南満洲鉄道株式会社（満鉄）設立が象徴するように、中国大陸への資本輸出が拡大した。日本経済のめざましい成長にともなって、拝金思想がこれまで以上に高まった。ブルジョアが巨額の富を独占するとともに、上流階級の人々が女と酒、高価な骨董品購入等のために金銭を湯水のように浪費することが、ごくあたりまえのこととなった。

一九一〇（明治四三）年一〇月、東京帝国大学法科大学助教授上杉慎吉は『婦人問題』を巌松堂書店から出版した。上杉は「蓄妾、私通滔々として行はれ」ている今日の「娼婦社会」を野放しにするならば、家父長たる男性の権威は地におち、ついには家族制度に亀裂が生じることを深く恐れたのである。ベーベルの名著『婦人論』の一九〇九年版とほぼ同時期に出版された上杉のこの著書は、アカデミシャンがわが国の婦人問題を正面から論じた最初の書物であるばかりでなく、廃娼運動を積極的に評価したものとして注目される。

ついでに一言すると、上杉の憲法学説の論敵であった美濃部達吉の廃娼問題への姿勢は、とうてい上杉のそれに及ぶべくもない。廃娼運動の機関誌『廓清』は一九一五〔大正四〕年第五巻第九・一〇・一二号で「(1)御大典に就て芸妓を公会の席に出さないといふ件と、(2)公娼制度を廃止したい」という婦人矯風会が提起した二つのアンケートについての、有名人たちの回答を掲載している。

美濃部はアンケートにたいして、「公娼制度の全廃には賛成致兼候」と答えている。この回答者中には吉野作造の名前もみえる。吉野は「第一項には賛成仕候へ共第二項には無条件にては賛成仕難候」と答えている。

いわゆる大正デモクラシー当時の東京帝国大学法科大学の三教授――上杉、美濃部、吉野の思想を比較する場合、わが国の学界では天皇制のみかたに関連して上杉を悪玉、後者二人を善玉と評価する傾向が根強く存在している。しかし、婦人問題、とりわけ廃娼運動にたいする彼らの姿勢を考えるならば、三教授の思想の評価はそうした単純な図式ではとても割りきることはできない。

図8　新婚当時の上杉慎吉夫妻
（1910年　上杉聡彦氏蔵）

当時、在野の知識人で廃娼運動の中心となった人物は島田三郎、山室軍平、矢島楫子、林歌子、木下尚江、安部磯雄などである。島田と安部は一九一一〔明治四四〕年、ともに廃娼運動の中央組織たる廓清会の創立に力を尽し、その後終生変わらぬ廃娼運動の指導者として献身した。

この二人の関係を理解するうえで重要な点は、一九〇一年、伊藤内閣による社会民主党弾圧事件である。島田はただちに

「毎日新聞」に寄稿し、自由主義の立場から安部を創立者の一人とする社会民主党の弾圧には反対であると表明した。以来、安部は島田の思想の自由を擁護しようとするその志に深く敬服し、島田もまた安部の社会正義を守る姿勢を高く評価したのである。

安部は廃娼運動家としては異色な社会主義思想の持ち主である。しかし、彼は社会民主党弾圧事件以後、キリスト教人道主義の立場から、幸徳秋水などの直接行動論に反対して社会主義の戦列を去り、早稲田大学の教員兼野球部監督となった。安部の多彩な経歴がしめすように、彼は労働界、学界、スポーツ界等に強い影響力をもったユニークな廃娼運動の指導者であった。

6　棄民としてのからゆきさん

島田、安部そして山室たちが戦後の性風俗の退廃のなかで一番心配していたことは、新領土となった中国東北部へ向けての、日本からのからゆきさんの密輸出という問題である。

一九〇五年前半、日露戦争がようやく終わる兆しをみせ始めたころから、大連を経て中国大陸の奥地へと売られてゆくからゆきさんの群れが一段と増加した。彼女たちの大半は悪辣な女衒《ぜげん》の口車にのせられて、在留日本人や中国人の性的欲望をなぐさめるために、日本から海を渡って中国大陸にまで連れてゆかれたのである。

ところで「女衒《ぜげん》」ということばを聞いてその意味を理解できるのは、高齢者の世代にかぎられるのではないだろうか。今日では死語となっているこのことばを『日本国語大辞典』〔第二版、二〇〇一年〕でみると、「江戸時代、女を遊女屋、旅籠屋などに売ることを業としたもの。遊女奉公で、遊女屋と女の親元との仲介に当たるが、女を誘拐し売りとばすことなどもあり、悪徳の商売とされた」とある。

ではいつごろから「女衒」ということばが、海外への移民事業を管理していた外務省の文書のなかで用いられるようになったのだろうか。一八九三年二月三日付外務省訓令第一号はつぎのように用いている。官尊民卑の時代において、外務省の公文書に「女衒」の行為がとりあげられたということは、これまでにはないことであった。

> 近来不良ノ徒、各地ヲ徘徊シ、甘言ヲモツテ海外ノ事情ニウトキ婦女誘惑シ、ツイニ種種ノ方法ニヨリテ海外ニ渡航セシメ、渡航ノ後ハ正業ニツカシムルコトヲナサズ、却ツテ、コレヲ強迫シテ醜業ヲ営マシメ、モシクハ多少ノ金銭ヲムサボリテ他人ニ交付スル者アリ

一九〇〇年一月から約半年間「毎日新聞」に連載された「社会外之社会」には「東京府下に居住せる五名の女衒は、関東及び東北を管轄し、外には名古屋、大阪、岡山、広島及び長崎の各地に女衒の親分あり」とあり、国内においても女衒が全国的に結合していたことがわかる。また「毎日新聞」の記事には「判人」「紹介人」といった類語も存在していることを指摘している。

さて日露戦争中、キリスト教の青年組織であるキリスト教青年会（ＹＭＣＡ）の軍隊慰問部主事として中国東北部に滞在していた益富政助とその有志たちは、ただちにからゆきさんの救済活動にのりだした。一九〇六年四月、彼らは満洲婦人救済会を大連市浪花町に設けたが、その事業は九月に救世軍に移管された。一九〇七〔明治四〇〕年、救世軍は同市飛騨町に新しい建物を建ててそこに移転した。これが救世軍大連婦人ホームである。婦人ホームは一九一一年六月末までに六四四名の女性を救済して収容した。[10]

しかし、日本帝国の中国大陸への侵略は、この時期とみに活発になっていった。それに応じて中国大陸に送られるからゆきさんの数も増加の一途をたどったのである。

山室軍平『社会廓清論』〔警醒社、一九一四年〕によれば、一九一〇年代における中国在留日本人娼婦は一万六四

二四人にのぼり、うち関東州は八三八八人であった。一八九六年成立の移民保護法でからゆきさんは職業の範囲が決められ、娼妓稼業や妓楼の海外営業は許可されぬたてまえであった。

しかし、朝鮮、清国は法の適用外であった。法の抜け穴をくぐって、女衒や妓楼の経営者たちは、一身を犠牲にして家族を救うために海外出稼ぎを決意した女性たちを甘言をもって誘拐連行し、両国に自由に渡航した。また彼らは公然と朝鮮や中国東北部から、からゆきさんをシベリアや東南アジア等へ移した。

ここで注意すべきことは、海外における娼婦＝からゆきさんといったイメージが社会に流布しているが、これは誤った理解であるということである。国語辞典が記しているように、からゆきさんとは本来「天草島あたりから南方に出稼ぎに出かけた女子」〔監修林大『国語大辞典』小学館、一九八六年〕の意味であった。日露戦争をさかいに海外出稼ぎの日本人女性の数が増加するにつれて、からゆきさんという言葉は海外出稼ぎ女性の代名詞のように使われた。例えば高谷八重「からゆきさんと口髭」〔『小説新潮』一九六四年新春特大号〕は、からゆきさんについてつぎのように説明している。

> 「からゆきさん」は一がいに媚を売るばかりの、いわゆる娘子軍《じょうしぐん》ではなかった。南中国へ、東南アジアへ、シベリア沿海州へ、東京より近いからという理由で出かけてゆく、ムスメ達の過半数は、洋館のアマさん（手伝いさん）であり、日本旅館の堅気の女中さんであり、写真屋、ペンキ屋、洗濯屋、船大工などの家の住み込みであり、正規のそうした商売の故国の男たちへ稼いで行く人も多かった。獅子文六氏の『南の風』（一九四一年六月から一一月まで「朝日新聞」連載―引用者注）のお玉さんもそうしたキレイな職業の可愛い娘として書かれている。

しかし、一九世紀末葉から二〇世紀にかけての時期、日本帝国のアジア侵略の拡大とともに、ジャーナリズムがもっぱら用いた「天草娘子軍」といった言葉がひろく流布したこともあって、からゆきさん＝海外の日本人娼婦といったイメージが社会的に定着していったのである。

一九一〇年、パリにおいて英独仏等ヨーロッパ一二カ国間に「醜業ヲ行ハシムル為ノ婦女売買禁止ニ関スル国際條約」が締結された。洋の東西を問わず、女権拡張がだれの目にもあきらかになった二〇世紀初頭の時期、国際的婦女売買の問題に正確な認識をつくりあげるための国際条約であった。

だがこうした国際条約の締結にもかかわらず、当時の日本においては、婦人児童を誘拐してこれを国内外に売却する非人道的行為にたいする保護は、前述した移民保護法が象徴するようにきわめて弱かった。すなわちそこには、公娼制度や女衒と結びついたからゆきさんの海外渡航などが前面におしだしてきた女性売買や誘拐の問題が、ほとんど取締られることなく存続してきたのである。それがある意味では、日本のアジアにたいする植民地、半植民地拡大に貢献することにもなった。

その意味では、海外の娼婦たちは日本のアジア侵略の片棒をかつがされた痛ましい犠牲者だったといえるだろう。敢えていうならば、彼女たちは日本の植民地政策が産みだした棄民に他ならない。一身を犠牲にして家族を救うために異郷の地に出稼ぎに赴いたからゆきさんも同様に、植民地政策が産みだした棄民にほかならない。しかし、彼女たちの歴史は、日本の繁栄の影で差別され忘れ去られてきたのである。

7　大連の伊藤秀吉夫妻

さて話を日露戦争後の中国東北部にもどそう。

一九〇八年ごろ、島田三郎と安部磯雄がともに大連をたずねている。日露戦争直後から、からゆきさんが中国に大量進出している実状を親しく視察するためである。

島田と安部は現地であまりにも悲惨なからゆきさんたちの実状をみて、自分たちもできるかぎり彼女たちの救済に努力したいと考えた。二人は救助を求めるからゆきさんがいれば、中国のいかなる奥地にまでも出かけていって、彼女たちを解放して大連につれて帰った。二人は救済した女性の身柄をあずかる人を探すうちに、若い満鉄社員のなかでは珍しく妻帯者である伊藤秀吉という人物のことを耳にした。

今日からみればまことに強引なことではあるが、二人は救助した女性たちをともなって伊藤秀吉宅を訪問した。伊藤と妻きんは島田と安部のまことに突飛な依頼にもかかわらず、その無理な注文を快く承諾したのである。家のことよりも国のことを第一に考える明治人のいさぎよさであろうか。

伊藤家では二階の六畳二間を一〇数人の女性たちに提供したから、伊藤夫妻と誕生後まもない長男秀行の三人は階下の六畳と四畳半の二間で生活することとなった。島田と安部の救済活動がすすむにつれて、小さな煉瓦づくりの伊藤家に収容される女性はとうとう二〇数人にふくれあがってしまった。

ここで少し伊藤の経歴にふれておこう。伊藤は一八八六年一二月一日、福岡県久留米市に生れた。かつて伊藤家は久留米藩の士族として代官職をつとめる名家であった。彼は小学校卒業後一六歳で上京、人力車夫などをして学資を稼ぎ、早稲田中学校夜間部に学んだ。上京後二年目の一八歳のとき、伊藤は苦学生仲間の一人で共立女子職業学校の和裁科の生徒だったきんと学生結婚している。

伊藤は早稲田中学校卒業後は、しばらく中央大学の校外生制度（通信教育）などを利用し、講義録をとって独学で法律を勉強したらしい。

満鉄に入社した伊藤は、その経歴がしめすように大学出のエリート社員ではなかったので、社内での地位は低かった。満鉄の給料だけでは生活が苦しかったから、妻きんは大連刑務所の看守となって家計を助けた。このような夫婦共働きの伊藤家に、食べ盛りの一〇数人の女性たちが居候をしたのだから、妻きんの生活上の負担は想像を絶するものがあった。しかし、彼女は不平一つ口にせず、てきぱきと家計をやりくりした。
島田と安部が人の良い伊藤夫妻に後事を託して帰国したあと、伊藤家は小学校の教室のごとき様相を呈した。きんはお得意の腕を生かして、女性たちに裁縫を教えた。伊藤も自慢の毛筆をふるって彼女たちに習字を指導した。伊藤家は、はからずもからゆきさんたちが社会復帰をするための学校となったのである。

伊藤家の悲惨な暮しぶりを伝えるエピソードがある。当時、満鉄と刑務所から伊藤夫妻に支給される俸給だけでは、食べ盛りの二〇余人の娘たちを満足させる食事を用意することは、とてもできなかった。伊藤家の食卓はお金がなくなるとおかゆや重湯だけの日がつづくことも多かった。米櫃がほとんどからになった日に、伊藤夫妻は残ったありったけの米を炊いておじやをつくり、秀行と二階の女性たちに食べさせた。もとより伊藤夫妻にはなにも食べるものがなかった。そこで夫妻は女性たちが心配しないように、居間に食卓を整えてから茶碗をはしでたたいたりして食事をするふりをした。しかし、二階の女性たちはたちまち夫妻のかなしい芝居を見ぬいてしまった。彼女たちは、自分たちのような人にさげすまれる境遇にいる者をこれほどまでに一生懸命に保護してくれる伊藤夫妻の温かい心情に感動して、夫妻にすがりつくと泣きくずれた。

図9　伊藤秀吉（伊藤秀文氏蔵）

このようなどん底の生活を強いられていた伊藤一家に、最大の悲劇が襲った。一九〇九〔明治四二〕年、母きんの栄養失調による乳不足が原因で、二歳の長男秀行が死亡したのである。

満鉄当局は、これまで二〇数名のからゆきさんをかかえる伊藤家の暮しぶりをまったく知らなかった。仰天した満鉄幹部はあわてて対策を協議のすえ、からゆきさんを更生させるための学校をつくって、そこに伊藤宅に保護されている女性たちを収容することとした。大連高等女学校といういかめしい名前がつけられた学校には、満鉄によって新任の校長が任命され、教師も集められた。伊藤秀吉も当然、教師陣の一員に加わった。きんは大連刑務所をやめて、女学校の専任教師として裁縫を教えることになった。

大連高等女学校の体裁が整えられると、やがて在留邦人の子女たちも、この学校で勉強することになった。女学校の経営が軌道にのった一九一二〔明治四五年〕年ごろ、伊藤夫妻は大連を去ることを決意した。

夫妻が大連を去ることを決意した理由は複雑であるが、一つは、次男秀文を、せめてこの子だけは丈夫に育てやりたいと願う切実な夫妻の親心である。からゆきさん救済のためとはいえ、長男秀行を犠牲にしたことは夫妻の心に深い傷あとを残していたのである。

もう一つは、満鉄経営の大連高等女学校の教育の在り方にたいする伊藤夫妻の強い不満である。当初、からゆきさんの救済施設として設立されたはずの女学校が、いつのまにかその本来の目的を逸脱して、在留邦人の子女の教育機関に変わってしまったのである。伊藤夫妻がこうした満鉄当局の処置につきはなされたような気持と、焦らだちを感じたのは当然のことであろう。

図10　1922年、フィラデルフィアにおける万国婦人矯風会大会参加記念。前列右から二人目伊藤きん、三人目林歌子（伊藤秀文氏蔵）

伊藤夫妻は半年足らず故郷久留米に滞在した後、大連時代に知遇をえた島田三郎をたよって上京した。島田は再会を喜び、伊藤の無償の愛にあふれたその実践を心からねぎらった。伊藤は島田の世話で、鉄道に働く職員中のクリスチャンで組織された鉄道青年会に奉職することができた。きんも久しぶりにたずねた母校共立女子職業学校で歓迎され、とんとん拍子に話がすすんで、和裁の教師として勤務することが決まった。[11] しかし、二〇世紀初頭の日本における廃娼運動の昂揚は、夫妻がのんびりと生活することを許さなかった。時代はふたたび伊藤夫妻に幾多の試練を強いた。それがどのようなものであったかについては、次章以下において述べる。

8 吉原大火

一九一一〔明治四四年〕年四月九日の正午ちかく、東京市内の人々は浅草方面の空に黒煙がたちのぼるのを見た。人々が三々五々群れをなしてなにごとかといぶかるうちに、向う鉢巻姿の号外売りが鈴音たかく「吉原が火事だ」とふれて廻った。吉原の火事は午前一一時二〇分、江戸町二丁目の貸座敷、美華登楼から出火し、折からの西南の烈風にあおられて火はひろがり、たちまち六五七三戸を焼きつくした。図11でもわかるように、江戸の廓の情緒を残してきた吉原はこの大火事で完全に廃墟と化したのである。

吉原大火から三カ月余り後の七月二六日午前一時、東京湾の激浪は津波となって洲崎遊廓を直撃した。新遠江楼など五軒の妓楼が倒壊し、新遠江楼では家族、娼妓、遊興客合せて二一名が死亡した。あいつぐ吉原大火、洲崎津波はあたかも天の懲罰のごとくであった。

婦人矯風会は吉原大火直後より、吉原全廃運動に決起し、時の内務大臣平田東助に宛てて、廃止の陳情書を提出した。さらに尾崎行雄東京市長にも同様の陳情を行なった。だが高名な尾崎市長は、矢島楫子たち矯風会員の陳情にたいしてきわめて冷淡に応接したという。

矢島楫子は檄文を東京市内の各新聞社、教会に飛ばして吉原廃止運動への協力を訴える一方、宗教の如何を問わず各団体、雑誌社各社にも陳情書を送付した。

さらに婦人矯風会は五月九日、麹町区にある津田梅子経営の女子英学塾に「時事」「東京朝日」「国民」「報知」

「萬朝報」「東京日々」「中央」「読売」「婦女新聞」「新世界」、東京市教育会、婦人教育会、「福音新報」等の代表者一〇余名を招き、津田梅子らの有識者をも招いて、吉原廃止を訴えた。津田は長い海外生活の体験をもつだけに廃娼運動には強い関心をもっていたのである。

東京市民の輿論をたかめるために、矯風会主催の演説会が四月二一日から六月三日にかけて五回にわたって市内各所で開催された。島田三郎、山室軍平、大隈重信、木下尚江、安部磯雄など一騎当千の闘士を迎えて、神田青年会館、本郷中央会堂、浅草区内の寄席、芝のユニテリアン教会等で開かれた演説は、いずれも満員の盛況となった。

一方婦人矯風会は吉原廃止請願書をつくり、東京市民の署名捺印を集めた。五月二四日、青年会館で牧師招待会が開かれ、牧師五四名が集まった。江原素六（麻布中学校創立者、同校校長）、小崎弘道は参会者に吉原廃止運動に参加するように熱心に訴えた。

図11　吉原大火

婦人矯風会の活動に刺激されて、婦女新聞社、理想団、メソジスト教会主催による廃娼大演説会が数回にわたり市内各所で開かれた。吉原廃止運動が始まったころは、婦人矯風会の支持をもとめる訴えを、馬耳東風といった調子であしらっていた各新聞社の記者連中も、しだいに矯風会の主張に耳をかたむけるようになり、ついに積極的な支援態勢を組むまでになった。

当時、ヨシワラはフジヤマ、サムライ、ハラキリ等の言葉とともに、日本の名物としてひろく世界中に知られていた。ヨシワラの名は国際語として「公許売淫区域《ライセンスド・オブ・プロスチチュウション・クォーター》」の代名詞でもあった。「ヨシワラ全焼《バーンズ》」の東京電をうけとった世界各国の新聞社は、いっせいにビッグ・ニュースとしてこれを大々的に報道した。ロンドンの有名な婦人団体ゼーン・コブデン・ユニオンは東京市長尾崎行雄宛に吉原廃止をうながす手紙を送ってきた。イギリス廃娼同盟会は吉原廃止運動への助太刀として、幹事モーリス・グレゴリーの日本派遣をきめた。

国の内外でまきおこる吉原廃止の声をよそに、大火後の吉原では、槌の音も賑やかに、妓楼の再建がいさましく始まった。これを知った廃娼運動家は期せずして、運動の全国組織がなければとうてい吉原を廃止させることはできないと悟った。

五月二四日、廃娼運動の全国組織をつくるための第一回の準備会がひらかれた。江原素六を発起人代表とし、島田三郎、安部磯雄、山室軍平、鈴木文治（友愛会創立者）、益富政助、山田弥十郎などのクリスチャンが集まって、趣意書や会則等について相談が行なわれた。

第一回の準備会以後いくどか会合が重ねられ、ようやく全国組織結成の日が七月八日と決まった。七月八日はわが国の廃娼運動にとって歴史的な日となった。なぜなら、この日、廃娼運動の全国組織としての廓清会の発会式が東京市神田美土代町青年会館で挙行されたからである。発会式には千数百人の人々が胸をたかならせて結集し、「公娼廃止」と「男女間の貞潔の徳操」普及への決意をしめした。発会式における田中正造の演説も、時ならぬ花を添えることとなった。

司会者矢島楫子は貸座敷業者連中の暴力行使にそなえて、ひそかに衣服のしたに白無垢を着用し、決死の覚悟で司会にあたった。廓清会の名誉ある初代会長には、明治一〇年代以降ひたすら廃娼運動の第一線で闘ってきた島田三郎が選ばれた。副会長には安部磯雄と矢島楫子が就任した。

島田は横浜市民の支持をうけ、一八九〇年から選挙に出馬以降このときまで、一貫して衆議院議員であった。清廉潔白な政治家という言葉があるが、島田はさしずめその典型であった。

彼は一八七四年から一九〇八年までの三四年間の長い新聞社生活で、廃娼運動や環境破壊に反対する農民運動の側に立って健筆をふるい、かつ救世軍のために義捐金までも募集した。とりわけ毎日新聞社社長時代（一八九五年社長就任）彼が行なった足尾銅山鉱毒事件に関連した政府批判は、その正義感の発露であった。クリスチャン出身で清廉潔白な政治家、しかも筆がたち見識も豊かという三拍子揃った島田の廓清会会長就任は、誰がみても文句のない人事であった。

島田をたすけて矢島、安部が副会長に就任し、理事には大連婦人ホームの創設にあたった益富政助、山田弥十郎が就任、そして伊藤秀吉も廓清会の会員となった。島田―安部―矢島が明治廃娼運動の先駆であったように、益富―山田―伊藤もまた、海外のからゆきさん解放という一貫した主張のうえに立って行動した人々であった。

図12　島田三郎（林歌子『涙と汗』1928年より）

『廓清』は廓清会の機関誌である。一九一一〔明治四四〕年七月八日廓清会の成立と同時に、『廓清』創刊号が東京市の警醒社書店より刊行された。以降一九四五〔昭和二〇〕年一月一〇日発行の終刊号に至るまで、三四年の長きにわたって刊行された。

『廓清』には廓清会が推進した多彩な廃娼運動の記録のみならず、娼妓の生活、検梅制の内幕、官権と業者の癒着、非人道的な張店、悲惨な朝鮮人娼妓の実態等々の真実の記録が収録されている。したがって『廓清』を知らずして、わが国の廃娼運動を語ることはできない。まさに『廓清』はわが国廃娼運動史上のコーナーストーン的雑誌である。苦界に身を沈めた娼妓たちにとって、救世軍を先頭とする廃娼運動家たちこそが唯一の味方であった。『廓清』第七巻第四号（一九一七年四月）に、自由廃業を求めて果たさず、ついに遊客と情死した新吉原の一娼妓の手紙が掲載されている。

うつの、おかあさんも、四日から、とこにちいて、をりましたが……いまにも、しれない、おかあさんの、いのづなのでしそれでしから、いきたい、くとも、いくことわ、できませんので、じぶんも、からだが、よわいのでしからいくたいとわ、をもへません、……よその、人に、きゝましたので、それお、おねがい、しまし、どーかふびんと、おぼしめしが、ありましたならば、おねがい、もしまし、くれぐれも、おたのみ、もしまし、ねて、をれば、ほうばいの、人にわ、みじめにしられ、うつの、しじんに、わ、いろいろの、こごとお、いわれまして、じじに、わたしがつらいのでしよ

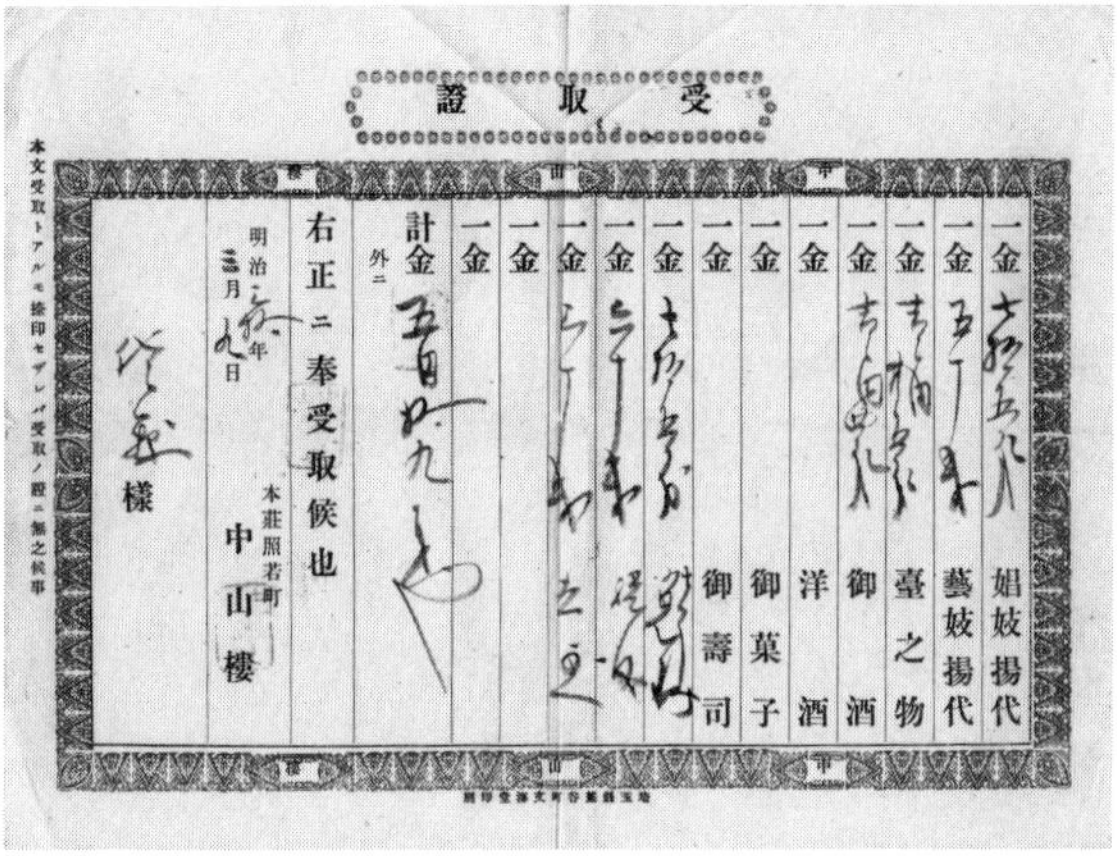

図 13　娼妓揚代他受取証（1897〔明治 30〕年）埼玉県本荘宮町中山楼

このたどたどしい筆づかいの手紙の主は、新吉原中村楼の娼妓である。彼女は一九一二〔大正元〕年東北の寒村から、周旋屋の口車にのせられて新吉原につれて来られた。廓稼業の不摂生の結果、彼女はついに病魔に襲われる。あるとき彼女は一遊客から自由廃業をすすめられ、覚束ない筆を運ばせて救世軍にこの手紙を送ったのである。

この手紙を読むと救世軍に援助をひたすら乞う娼妓の切ない想いがひしひしと伝わってくる。ここに詳述する余裕はないが、一九二〇年代の『廓清』には、娼妓の自由廃業を闘いとるまでの救世軍の感動的な物語が数多く掲載されている。

これまで、私は廓清会の成立を廃娼運動の波間に追究してきたが、以下つづいて二〇世紀初頭から一九四〇年代にかけての廓清会、救世軍、婦人矯風会の軌跡を追うことによって、わが国の廃娼運動はいよいよ深まりをみせることになろう。

第2章　廓清旋風

1　ある巡査の廃娼論

一九一一〔明治四四〕年八月一二日、東京市日本堤署所属浅草町交番詰めの巡査山中三治は、廓清会機関誌『廓清』八月一日号への寄稿が原因で突然馘首された。いくら封建的な空気が強かった明治の警察とはいえ、「公娼廃止論を読む」という文章一つで山中を首にするとはまことに無茶な話である。かりに職務上の議論をしたことが服務規定違反であったとしても、上司が厳重に注意すればすむことである。もし、よりきびしい処置をとるとするならば、山中巡査を他署に転勤させれば事態は収拾できたはずである。ではなぜ日本堤署は山中巡査を首にしたのだろうか。この問題を考える順序として、まず山中巡査の寄稿した「公娼廃止論を読む」の要点を紹介しておこう。

山中巡査は言う。公娼制は表面上楼主と娼妓の契約関係によって成立しているようにみえるが、その行為自身が「野蛮的暴慢なる所業」である。楼主側は営業取締法規を無視して、禁止されているはずの道路上での客引きを公然と実施している。この弊害をあらためるには、警察当局の厳重な取り締り以外にない。しかし、法律の制裁力は「甚だ薄弱」かつ「表面的」で、違法行為を潰滅させるまでにはいたらない。したがって、問題の根本的解決は「非文明的公娼制度の廃止」を宣言することでなければならない。

山中巡査の「公娼廃止論を読む」は右の要約でもわかるように、職務に忠実な警官の立場からの公娼廃止論である。山中巡査の所属する日本堤署は吉原の風紀取り締りに目を光らせる警察署である。したがって、山中の主張は今日の言葉で言うならば、内部告発ということになろう。

このように書くと、読者のなかには山中巡査をクリスチャンか、あるいは社会主義思想の影響をうけた人間ではあるまいかと想像する人もいるかも知れない。しかし、山中巡査は三重県生まれ、満洲守備隊の軍人を経て巡査になった経歴の持ち主で、キリスト教に関係したことも特定の主義や思想にくみしたことも一度もなかったのである。同僚の巡査によれば、「温順《おとな》しやかないゝ巡査で、日本堤署には欠くべからざる人」ということになる。

ではなぜ、おとなしく職務に忠実な山中巡査がたいへんに勇気のいる内部告発にふみきったのか。山中巡査の若い妻はそれについて、「読売新聞」記者の質問に答えてつぎのように説明している。

（巡査拝命以来）本月で恰も四年二ケ月になります。昨年十一月に小石川から転任したのですが、基督教に関係したこともなく、只だ去月上旬本郷の本屋の店で『廓清』といふ雑誌を買つて来て、俺も斯様なのを書いて見たいとて三月かゝつて文章を作つて投書したのです。其後署長から叱られた話は聞きましたが何故か去十日突然退職しました。

図14 『廓清』第1巻第1号

山中巡査の妻の証言はたいへん興味ある事実を述べている。それは山中が『廓清』を読んで、その公娼制廃止論に共感したということである。

一九一一年七月創立された廓清会は、ただちに機関誌『廓清』紙上で公娼制廃止を主張した。島田、安部、山室といった人々がひたむきに廃娼を説いた文章は、国民各層に多大の感銘をあたえた。吉原を監督する日本堤署の山中巡査が『廓清』をみて、あえて公娼廃止論の投稿にふみきったことは、その端的なあらわれである。

山中巡査は直接吉原取り締りの任についていたわけではない。しかし、彼は浅草町交番詰め巡査として、日本堤署の同僚や、浅草の住民からたえず吉原の情報をキャッチできる立場にあった。軍人上がりで職務に人一倍忠実な山中巡査が、取締規則を無視してあこぎな稼ぎにふける吉原の楼主たちに、日頃から激しい怒りをたぎらせていたであろうことは容易に想像できる。

山中巡査が『廓清』に投稿したとき、同編集部はこの投稿論文の末尾に「吾人は全国の風俗警官中必ずや斯の如き我徒の同志の数多からんことを信ず」と書いた。編集部は山中巡査につづいて、さらに第二、第三の山中が『廓清』誌上に出現することを期待したのである。しかし現実には、山中につづく警察官は一人もでなかった。なぜなら、当時日本の警察官の大半は、公娼制をすこしも疑うことがなかったからである。それどころか、当時の警察官は公娼制を擁護するという建前で、貸座敷業者たちにさまざまな便宜を提供し、彼らはその見返りとして応分の謝礼をもらっていた。

弁護士秋山弥助は中国地方のある都会における一九〇八〜〇九〔明治四一〜四二〕年ごろの警察と風俗営業との癒着の実態を、以下のように語っている。

其頃其地方では中元とか歳末とかには、遊廓料理屋飲食店旅舎等のものは、二百金位を醵金して、警察署長に贈るのが例で、署長も官吏服務規律を知らぬものゝ様に、公然の秘密で貰ふて居つた。……昔から監督とか監視とかを受ける営業者と、警察官の密接の関係は此通りであるから、中に娼妓取締規則抔に、自由に廃業が出来る事であつたとて、其通りに出来ないのが常で、真に困つたことである……刑事巡査抔が料理屋飲食店抔で無銭飲食することは、昔は沢山あつたが、近年になつても絶滅はしない。[1]

なにかとめんどうなことが起こりがちな風俗営業を円滑に営むために、遊廓が賄賂を贈って警察を利用したように、警察もまた兇悪犯、強盗犯等の逮捕のために遊廓を利用した。

遊廓は犯罪者たちが盗んだ金を散財する場所であり、彼らが潜伏しやすい場所でもあったから、刑事たちは貸座敷業者と親しい関係を保って、たえず犯人の情報を集めていたのである。

刑事のこうした捜査態度は江戸時代の岡っ引きの捜査の踏襲である。江戸の岡っ引きと廓は深いつながりがあったから、彼らの給料は吉原、深川両遊廓の上納金でまかなわれていた。この事実は、東京都公文書館発行『東京市史稿』「市街編第五十一」掲載の古文書、「捕亡方入用名儀上納金免除」(一八七一年)等に記載されている。

図15　大火まえの吉原大門

山中巡査の『廓清』への投稿の直接的な動機は、公娼制度にたいする義憤の発露である。しかし、それは公娼制度の裏面に潜む、目をおおうばかりの警察と廓との癒着にたいする告発をも意味していた。

警察当局としては、山中巡査の投稿問題が発端となって、警察の恥部が内部から暴露されることは、なんとしても回避しなければならなかった。山中巡査が現職警察官としてとどまり投稿をつづけるかぎり、その可能性は十分に考えられる。日本堤署は山中巡査をこれ以上現職にとどめておくことは危険であると判断して、彼を即刻首にしたのである。

警察を追われた山中巡査はどうなったであろうか。「すてる神あれば、ひろう神あり」の諺どおり、彼は廓清会にあたたかくむかえられた。廓清会に入った山中は、娼妓を管理する権力側の人としてではなく、今度は娼妓を解放する立場から、娼妓と私娼の調査を担当することとなったのである。

廓清会に山中が入会したことは、同会が市民的基盤をもった大衆的な運動に成長しつつあることを証明するものであったとみることができよう。

2　伊藤大尉、襲撃に遭う

洲崎遊廓は東京湾に近く、深川平井新田と川を境にして、南に大きく張りだした六万余坪の埋立地にある。第1章でみたように、洲崎遊廓は海に近かったので、火事と津波による災害は、他の遊廓とはくらべものにならなかった。通称、洲崎弁天町と呼ばれたこの町は、今日では江東区東陽一丁目となっている。

一九一四〔大正三〕年、救世軍は洲崎遊廓の娼妓が自由廃業の援助を受けるために、銀座本営まで来なくてもすむように、洲崎遊廓の近くに救世軍の出張所をつくる計画をすすめていた。救世軍の動向を知った洲崎遊廓側は、これは遊廓廃止の陰謀であると判断し、急遽対策をたてることとしたのである。

洲崎遊廓はいわゆる三業地である。貸座敷業と料理屋業と引手茶屋の三者が営業を許可されている三業地には、三者で組織した三業組合がある。洲崎遊廓ではこの三業組合が救世軍にたいする対策本部となった。

九月一日に開かれた洲崎遊廓三業組合の臨時総会は「如何なる暴行を敢てするも、救世軍には反抗」するという不穏な決議を行なった。翌二日、洲崎弁天町米河内楼の歌之助、同中野楼の信子の両娼妓から、救世軍本営に自由廃業への援助が申しこまれた。

伊藤富士雄大尉は大胆にも単身、洲崎病院へと赴いた。当時二人の娼妓は性病治療で警視庁の洲崎病院に入院していたのである。三業組合は伊藤大尉来るの知らせにわきたった。ただちに急使を四方に走らせて、男子は全員集合せよと命じた。各妓楼からは楼主を先頭に地廻りのごろつき、妓夫、中働き、下足番等々二〇〇名が三業組合に馳せ参じた。

彼らは気勢をあげつつ洲崎病院にむかい、病院をとりかこんで激しいデモ行進をくりかえした。病院の応接間では、伊藤大尉が米河内楼主と中野楼主にむかって、せつせつと二人の娼妓の引き渡しを訴えていた。交渉中の伊藤大尉のまわりを、殺気だった表情の数十名の楼主がとりかこみ、「今日は例《いつ》もと違うぞ、出直してはどうだ」などの暴言をはいて威嚇しつづけた。

暴行寸前の状況にもかかわらず、警視庁所属のこの病院は暴徒たちを制止することもしなければ、警察に連絡することもしなかった。伊藤大尉は身の危険をかえりみず、執拗に両娼妓の引き渡しを楼主たちに迫った。しかし、胸に一物ある楼主側は言を左右にして時をかせぎ、ようやく日没にいたって二人の娼妓を引き渡したのである。

伊藤大尉は生命の危険を感じてふるえる二人の娼妓を小わきにかかえて、洲崎署に廃業願提出のため病院を出発した。今やおそしと待ち構えていた三業組合側は、伊藤大尉たちがあらわれるやいなや、暗闇にまぎれて暴行のかぎりをつくした。

五〇余名の暴徒はいずれも鉄拳または石ころをつつんだ手拭をふるって、伊藤大尉と二人の娼妓をふくろだたきにした。このため「三人は放れ離れとなり力尽き根続かずして倒るゝを、尚も下駄を揮ひ、踏んづ蹴つ暴行の限りを尽し、幾度か引摺られ、洋袴は裂け時計は七時二十七分にて破壊されて止まり、所持の鞄は強奪され……遂に大尉は人事不省に陥つた」[2]。

図16　伊藤富士雄（『廓清』第13巻第6号、1923年より）

伊藤大尉は全治一カ月の重傷を受け、両娼妓も全治二週間の打撲傷をうけた。しかし、伊藤大尉の決死の救出作戦のおかげで、二人の娼妓は翌日廃業することに成功したのである。

ジャーナリズムはいち早く伊藤大尉の義挙を賞讃する記事を大きく掲げた。新聞の報道によって伊藤大尉の奮戦ぶりを知った全国各地の廓の娼妓たちは、悲惨な運命のもとにある自分たちにも真の味方があることを知って、かぎりなく勇気づけられた。

伊藤大尉は傷が癒えると、ふたたび吉原、洲崎、川崎等の遊廓に赴き、自由廃業をもとめる娼妓のために奮闘した。一身をかえりみずひたすら娼妓を救済するというのはこの時代の救世軍の廃娼運動の特徴だが、その点でも伊藤は救世軍を象徴するような存在であった。

伊藤は長野県松代の士族の出身で、先祖は『安政武鑑』に名をとどめる名家である。彼は幼いころに上京し、機械工となった。一九〇二〔明治三五〕年、三二歳で救世軍の下士官になったときは、東京市銀座の玉屋測量機械製作所の工場長であった。労働問題を考える集会にも参加し、片山潜の知遇をえた。彼の救世軍士官登用が決まったとき、片山は山室軍平に「伊藤君は真摯な男であるから、必ず貴方の方の為めに一仕事するに相違ない」と語った。

労働運動の先駆者片山潜と救世軍の先駆者山室軍平とがこうした会話をかわすところに、明治という時代の闊達な雰囲気が感じられる。

一九〇三〔明治三六〕年四月、大阪市で内国勧業博覧会が開催されたとき、大阪市難波に救世軍小隊がつくられた。伊藤はその小隊長に抜擢されて大阪市に赴いた。しかし、彼は七カ月あまり後の一〇月中旬、どうしたわけか突然救世軍を飛びだしている。

伊藤は小隊を去るにあたり、事務室の襖に「軍平にひき廻されて丸裸、さるべえ（猿兵衛）損と人は言ふなり」と落書きを残した。「さるべえ損」とはSALVATION（救世）を皮肉ったものである。

伊藤は奉仕の精神に燃えて救世軍人となった人である。彼は無一文になることはもとより覚悟のうえであった。しかし、救世軍のリーダーシップが外国人士官に握られていることや、外国人士官に唯唯諾諾としたがっているようにみえた山室軍平の行動に彼はあきたらない想いをつのらせていた。もはや山室に操られる猿の一匹にはなりたくない。これが彼が救世軍を飛びだした理由であった。伊藤は救世軍出身の廃娼運動家のなかでは、珍しく筋金入りの労働運動の出身者である。生一本な労働者気質の伊藤には、救世軍の一部にみられる外国追随的な雰囲気が腹立たしかったのであろう。

いったんは救世軍を去った伊藤も、その後最愛の長女の死を契機として自分本来の使命に目覚め、ふたたび救世軍に復帰した。人生の紆余曲折を経ることによって人の心の表裏を知ることができた彼は、いつしか心の広い人間に成長していた。彼の雑記帳には座右銘として「柔かなる言は骨を刻む」と書いてあったという。

伊藤はその変わった経歴もあって、一見すると生まじめなクリスチャンというよりは、太っ腹の親分はだにみえた。小太りでどもりの彼が、殺気だった自由廃業をめぐる貸座敷業者との交渉で、どもりながら楼主の非をせめると、逆上していた楼主も思わず腹をかかえて笑いだした。ここでも伊藤の労働運動の経験が大きくものをいっている。

もし彼がたんなる生まじめなクリスチャンであったならば、自由廃業をめぐる修羅場のやりとりで、楼主側の挑発にのって猪突猛進し、命を危険にさらすことも多かったであろう。

吉原や洲崎の楼主連中は煮ても焼いても食えない伊藤に手こずって、何回も彼を買収しようと計画した。ある楼主の妻は伊藤家をたずねた折、すきをみて便所にデパートの商品券を置いて帰った。彼女が辞したあと、伊藤はその商品券を発見すると、ただちに書留郵便で返送した。

伊藤の力でたすけられた女性たちのなかには、命の恩人である彼を崇拝するあまり、身も心も捧げようとする者もいたらしい。しかし、彼は廃娼運動一辺倒で、そうした誘いには目もくれなかった。

こうしてみてくると、伊藤はつねに廃娼運動の最前線にいた人であった。

3　関西の廃娼運動家、林歌子

一九一二〔明治四五〕年一月一六日、難波新地が大火にみまわれた。この火事で一二四軒の娼妓居稼店《てらしみせ》が潰滅しただけでなく、炎は難波新地から走って一八カ町戸数約四九〇〇戸を焼きつくしたのである。新地の大火の最中に罹災した居稼業者は難波の鉄眼寺に集まって、ただちに復興策を協議した。その結果、居稼業者は代表者をたてて、七〇〇〇坪の焼跡に難波新地を再建する許可をえるために、大阪府に嘆願書を提出した。

一方、大阪婦人矯風会の代表者林歌子も大火の最中にいち早く市長を訪問し、これを機に難波新地の廃止を申し入れた。廃娼運動家たちはこれを知って、「流石《さすが》にハヤシ、ハヤシ」と彼女の機敏な行動を賞讃した。

翌一七日、市内土佐堀青年会に市内各教会の牧師、婦人矯風会役員らが集まって、難波新地再建反対、罹災民への救済と慰問を決議した。東京から急を聞いてかけつけた山室軍平大佐と、林歌子、加藤直士大阪キリスト教信徒総代との間で相談がまとまり、一月二〇日に難波新地再建反対の大演説会を大阪市で開くこととなった。一月二〇日、折から来朝中の万国廃娼同盟会英国支部幹事モーリス・グレゴリーや山室軍平を迎えて中之島公会堂で開催された大演説会には、三五〇〇人の市民がおしかけ、この日一日だけで廓清会入会者は一一〇名にも達した。

一月一九日付「大阪朝日新聞」はその紙面で、旧難波新地の遊廓を廃止したいという当局者談をタイミングよく報道した。二三日付「大阪毎日新聞」も、府庁が旧難波新地遊廓の免許を取り消すことに決定したといち早くすっぽ抜いた。

廃娼運動側に有利な情勢で遊廓廃止合戦が展開しているなかで、一月二七日には廓清会大阪支部が誕生した。こえて二月五日、犬塚勝太郎大阪府知事は布告第三五号で難波新地廃止を宣告するにいたった。難波新地の復活をはかった楼主たちは惨憺たる敗北を招いたのである。

大阪の廃娼運動の勝利の主な原因は、林歌子を中心とする四〇名近い女性の連帯にあった。歌子たちは運動当初、たった二日間で大枚四〇〇余円の軍資金を集めることに成功した。四〇〇余円といえば、当時良質の一カラットのダイヤモンドが買えるぐらいの大金である。

廓清会大阪支部の委員長は長田時行牧師であった。この温厚な牧師は会の代表者だったが、事実上の会運営はすべて女性グループがうけもち、立廻り役は林歌子が一手に引き受けた。同支部の内規には、活動は女性が行ない、男性はただ尻押しさえすればよいことになっていたのである。

この事件以降、林歌子は関西の廃娼女将軍の名を全国にとどろかせた。それは、彼女が難波新地再建反対の闘いを勝利させただけではなく、すでに一九〇九年、大阪北の曽根崎新地大火後の同新地復活反対運動の勝利にも大きく貢献した経歴の持ち主だったからである。

図17　飛田遊廓反対運動の双璧
矢島楫子と林歌子（『廓清』第7巻第2号、1917年より）

しかし、林歌子はけっして生まれつきの女傑ではなかった。彼女は一八六四〔元治元〕年一二月一四日、福井県大野町の藩士の娘として生まれた。歌子は一七歳で県立女子師範学校を卒業して、大野町の小学校教師として奉職した。二〇歳のとき彼女は結婚して一子をもうけたが、離婚して婚家を去った。あとに残された生後五〇日の嬰児は母乳不足のために死亡してしまった。離婚のためとはいえ、わが子を死に追いやったことを歌子は深く恥じ、以後独身を貫くことをひそかに決意した。

一八八五〔明治一八〕年、歌子は新生への道をもとめて上京し、立教女学校の教師となった。西欧文化の香りがただようミッション・スクールで生活するうちに、歌子はいつしかキリスト教に深い関心をよせるようになっていた。しかし、歌子はその当時はなんとかして女流教育者として名をあげたいと熱望する激しい気性の持ち主だった。だから彼女がキリスト教にひかれて神田教会に通うようになったとしても、それは教会のもつハイカラな雰囲気、神秘な礼拝、知的な会話、外人牧師の洗練されたマナー、それにロマンチックなオルガンの響き、清らかな賛美歌の調べなどに憧れたからであろう。

そうした歌子に回心を強く迫ったのは、同じ教会仲間の小橋勝之助である。彼は聖書の一字一句を実践しようと努める真摯なクリスチャンであった。彼はかゆをすする貧しい生活にも耐えて神の教えを説き、青年をひきいて、路傍説教やあらゆる集会にすすんで参加した。

街の片隅で真剣に祈り、弱者や悩む者に手を差しのべる小橋によって、歌子は、はじめてキリスト者としての生きる道を学んだ。一八九〇年、小橋は故郷である兵庫県赤穂に帰り、孤児院博愛社をひらいた。この博愛社に収容された孤児一三名は、小橋の死後はのちに明治時代のキリスト教系の社会事業の白眉である石井十次の岡山孤児院に引きとられている。一八九二〔明治二五〕年、胸の病いが原因となって病床にふした小橋は、立教女学院で教師生活をつづけていた歌子を招いて、自分の社会事業の後継者である弟実之助の後見者とした。

一八九三〔明治二六〕年、歌子と実之助は勝之助の死後その財産をねらって策謀する一族の人々からのがれて、新生の地をもとめて大阪市に移った。

四年後、二人の懸命な努力は実を結んで、大阪市西成郡神津村に一二〇〇坪の敷地を購入し、孤児院博愛社を建設することができた。今日の阪急電車十三駅西五〇〇メートルのところがその跡である。

歌子は立教女学校を辞めてからまる一二カ年間博愛社のために献身した。一九〇五年の夏、彼女は博愛社の基礎が安定したので、米国で英語を学ぶという長年の宿願を果たすべく訪米の途についた。

歌子の米国における活躍はまことにめざましかった。彼女は英語を学ぶ一方で、だれ一人頼る者もいない米国で、集会、講演会等を在留日本人や米国人の間で催して、せっせと孤児のための募金活動につとめた。ニューヨークで彼女が主催した音楽会には、当時渡米中の高木兼寛男爵や高峰譲吉医学博士らの名士も応援のためかけつけた。この一夜の純益は八〇〇〇円となった。

彼女はこのほか一万二〇〇〇円の寄付を米国人篤志家からうけ、それを日本に送金した。この浄財は博愛社の田畑を買う資金と、同社のキリスト教による教育の中心である教会を設立する基金となったのである。

帰国の年、一九〇六〔明治三九〕年に歌子はボストン市で開かれた矯風会第七回万国大会に出席した。この大会には日本から七四歳の矢島楫子とその通訳、大久保（久布白）落実が、八〇〇〇マイルの海を渡って出席している。このとき歌子は四〇代、落実は二〇代であったが、大会関係者は、日本代表は親子孫三代が出席しているようだとうわさした。

図18　大阪婦人ホーム（林歌子『涙と汗』より）

帰国後、歌子は休む暇もなく婦人矯風会大阪支部の基礎を安定させるための活動を開始した。歌子はまず自由廃業した女性を救済する施設づくりに奔走し、ついに一九〇七〔明治四〇〕年五月、八〇〇〇円を集めて婦人ホームを買入れることに成功した。
彼女は大先輩の矢島楫子を助けて、明治から大正にかけて婦人矯風会の先頭をきって闘った。一九二〇年代以降矢島―林の後継者としてめきめき頭角を現わした久布白落実は、一九三二〔昭和七〕年、歌子の伝記『貴女は誰れ？』〔牧口五明書店〕を出版した。この本は、久布白がよくもここまで聞き出したと思う数々のきめ細かなエピソードもあり、たいへんおもしろい伝記であるばかりでなく、女性解放運動の延長線上にある社会事業の輝かしい記録でもある。

4　花魁道中

戦後になっても下町の初夏をつげる浅草三社祭につづいて、五月一九日には廓文化の名残をとどめる花魁《おいらん》道中が、東京都台東区千束の通称吉原仲之町通りで行なわれてきた。花魁に扮した若い女性が高さ約三〇センチ、重さ四、五キロもある高下駄を外八文字にふみ、吉原神社まで往復一、二キロをたっぷり二時間かけて練り歩くのである。

大正の花魁道中は、一九一四〔大正三〕年からはじまった。この年に開催された大正博覧会を契機として、新吉原は二〇年ぶりに花魁道中を復活した。大文字楼、角海老楼等の花魁の道中姿は巷の話題をさらって、新聞や雑誌の写真からニュース映画にまで盛んに登場した。

図 19　新吉原の花魁道中

新吉原は花魁道中の復活によって、吉原大火以来の沈滞ムードを一挙に吹きとばそうとしたのである。新吉原は翌一五年にも花魁道中をふたたび計画した。しかし、このとき角海老楼（一説には稲本楼）の白縫という娼妓が花魁道中にかりだされることを嫌って、救世軍の伊藤大尉のもとにかけこみ、花魁道中廃止の動機をつくった。白縫は、花魁道中の大夫を強制されることは自分にたいする肉体的、精神的虐待だから、自由廃業したいと伊藤大尉に訴えた。

そのころ大夫役をつとめる娼妓の肉体的苦痛はたいへんなもの

だった。大夫は髪に重いかんざしを何十本も挿し、どてらのような厚ぼったい打掛やそのほかたくさんの衣裳を着用し、そのうえ七・五キロもある重い下駄をはいて、外八文字に歩かねばならなかったのである。

救世軍は、廓の女性のデモンストレーションである花魁道中には絶対に反対する立場を表明していた。したがって、大正博覧会当時の花魁道中にたいしても、救世軍は率先して即時中止を警視庁に陳情していたのである。救世軍は白縫の訴えを聞いて、勇み立った。

白縫自身の自由廃業の交渉には、百戦錬磨の勇士伊藤大尉が側面から援助した。広島高等女学校出身の白縫は立板に水を流すように言いまくって、楼主をやりこめた。しぶしぶ楼主は損料貸で彼女の廃業を認めたのである。損料貸とは、娼妓の身柄を馴染客にあずけて、前借金を月ぎめで返却させるという月賦身請のことをいう。

白縫事件が世間に騒がれる過程で、花魁道中の是非が各方面で大きな問題となり、白縫自身も一躍吉原の「新しい女」として脚光を浴びた。

図20　張店（『廓清』第6巻第5号より）

救世軍は山室の名で、伊沢多喜男警視総監に花魁道中の禁止を前年にひきつづき陳情した。伊沢警視総監は今回は救世軍の陳情を認めて、花魁道中の禁止を発表した。伊沢警視総監が花魁道中を禁止した背景には、時の第二次大隈内閣への遠慮があったと考えられる。なぜなら、大隈首相は山室軍平と親交があったばかりでなく、廓清会の顧問にも就任していたからである。
大正の遊廓で花魁道中より以上に娼妓の人権を蹂躙する象徴的存在となっていたのは、図20のごとき張店《はりみせ》である。張店とは、妓楼の道路沿いの部屋に格子をはめて、客待ちする娼妓を遊興客にのぞかせるようにしたものである。多くの娼妓はさながら動物園のおりのなかの動物のような自分たちの姿に屈辱を感じていた。山梨県の一娼妓は張店に坐った自分の体験をつぎのように書いている。

私は、父親のために売られて、山梨県の甲府に来て、丁度今年で五ケ年といふ長い年月を格子の中で送つて来ました。私たちが、こうした運命に落ちてゐるのも、全く制度の欠陥から来たもので、最も恥かしい立場に居ることを私たちは告白し、女としての最大恥辱であることを心から訴へたいと思ひます。[3]

好色な遊興客は、好みの娼妓を自分の目で選べるという張店を大歓迎していた。彼らは、濃艶な花魁が格子の内から吸付煙草をサービスしてくれる張店を口々に礼讃した。

浅草に震災までそびえ立っていた一二階建の凌雲閣（一八九〇年建立）付近の私娼窟、いわゆる「十二階下」の私娼の生活を書いた『淪落の女』〔一九一三年〕で一躍有名になった松崎天民は、吉原の張店を礼讃して「行きつけるに従つて、（張店にたいする）公憤が何処へやら行つてしまつて、無二の歓楽郷として、こんないゝ所はないと思つた」[4]と語っている。

張店を賞讃したのは日本人だけではない。例えばドイツの医者ヒンツェ博士は、一九〇七年、ドイツの『性病予防雑誌』に寄稿し、張店をドイツでも採用することをすすめた。

彼は張店の中の着飾った女は「完全な平和の、色あざやかな一幅の絵」[5]だと述べた。この風変わりなドイツ人博士の指摘は、張店が女性の人権侵害であるという明白な事実を捨象している。

一九一六〔大正五〕年五月八日、警視庁は貸座敷、引手茶屋、娼妓の各取締規則の改正を公表した。改正の要点は以下のとおりである。

(1)張店の禁止、(2)建築規則の変更、(3)貸座敷業者の飲食店兼業の許可、(4)娼妓外出の自由の許可、(5)新吉原の非常門の解放、(6)娼妓の貸借勘定の監督の強化等々。

ここで張店が禁止されたことや、娼妓外出の自由が承認されたこと、さらに楼主がいいかげんな勘定をして娼妓を搾取することをやめさせるようにしたことなどは、当然のことながら改正の積極的側面と考えられる。警視庁がようやく重い腰を上げて、娼妓の人権蹂躙を取り締る姿勢をみせたことは、廃娼運動にたいする一つの対応であるといえよう。

しかし、警視庁が実施した一連の規則改正を全体的にみれば、けっして人道主義の立場から実施にふみきったのではないことがわかる。警視庁の規則改正の意図がなんであったかを知るために、まず右の(2)、(3)、(5)の各項目について検討してみよう。

(2) 建築規則の変更。東京市内の遊廓は防火対策上、これまで三階以上の石造煉瓦造または塗屋建築でなければ許可されなかった。しかし、今回の規則改正で三〇坪未満の木造建築でも、建築許可がおりることになった。これによって、少資本の業者でも容易に開業できるチャンスが生まれたのである。

(3) 貸座敷業者の飲食店兼業。従来、貸座敷業者は台屋と呼ぶ仕出し屋から遊興客に提供する飲食物をとりよせていた。しかし、今回の改正により、貸座敷業者が飲食店を兼業できるようになったから、台屋の手をわずらわさずに遊興客への安価な飲食物をサービスする途がひらかれたことになる。

(5) これまで吉原への出入は大門一カ所のみに限定されていた。これが改正されて、夜間八方の非常門があけられ、遊興客の交通が便利になった。

以上三項目の改正点をみると、新規則では遊廓側の便宜が大幅にはかられていることがわかる。警視庁があらたにこの時期に遊廓保護の方針を打ちだしたのは、市内の私娼のいちじるしい増加と関係がある。

当時、東京市内の私娼窟の中心は「浅草十二階下」界隈であった。私娼数四〇〇〇余人、銘酒屋、新聞縦覧所、小料理屋等の名目で私娼を抱える店は約七〇〇戸に及んでいた。「十二階下」の私娼数を新吉原の登録娼妓数二四〇九人と比べると、それは新吉原の娼妓の約一・七倍である。

「十二階下」の私娼窟が新吉原をしのいで発展した理由は二つある。第一は、新吉原の約半分という遊興費の安さである。第二は、遊興客の好みが、古風な花魁よりも、束髪エプロン姿の女給風、女学生風、芸者風等々、多彩なスタイルに装った私娼たちに集まったということである。

しかし、警視庁としては、東京の人々の性のはけ口が国家管理の枠外で堂々と非合法な営業をつづけている私娼窟に集まっていくことは、絶対に容認できなかった。そこで、警視庁は本格的に私娼窟撲滅作戦を遂行するための準備の第一歩として、遊廓にたいしては風紀衛生面で許されるかぎり、寛大な便宜をあたえることとしたのである。

警視庁の新方針にならって、大阪府も一〇月三一日かぎりで張店を禁止した。東西両都の張店禁止が導火線となって、海をへだてた大連市も張店の禁止にふみきった。一九一六年をさかいに、張店禁止は全国の都市に拡大していった。

張店禁止通達以後、東京市内の各遊廓は妓楼入口に娼妓の写真を掲げて、客足を確保することになった。そのころ寄席では落語家たちがお得意の廓話のなかで、張店から写真に代わってうろたえる遊興客の姿をおもしろおかしく語って、客を笑わせていた。

張店禁止から数えて二年目の一九一八〔大正七〕年一一月酉の日、鷲《おおとり》神社への参拝客の流れで新吉原は混雑していた。しかし、新吉原名物の張店はもはやどこにもみられなかったのである。

その後、新吉原は張店禁止の影響で、ひやかし客や見物客は大幅に減少していった。廓の活気はしだいに失われたので、貸座敷業者たちは大打撃をうけた。警視庁の遊廓保護政策は結果的には裏目にでたのである。

5　廓の一日

ここで、張店禁止後の新吉原の様子をちょっとのぞいてみることにしよう。そして、そこにくりひろげられている娼妓の生活ぶりをしっかりとたしかめておこう。

一九××年六月五日。

廓の朝は早い。午前六時、新吉原Ⅰ楼の門口に、朝帰りの馴染客を送るためにA子があらわれる。A子は銘仙の着物に立兵庫の大きい髪形である。伝統的な遊女の髪型の一つである立兵庫とは、髪を頂後にまとめて結い、末をねじ巻いて頂上につきださせた髪型である。

A子はこの廓には珍しく紀州和歌山の出身である。藍問屋の娘であったA子は肩あげのとれるころには、もう男というものを知っていた。一年後、男との媾曳がもとで、A子は実家を飛びだして大阪に逃げた。一年ばかり辛抱して大阪南のお茶屋に住込み仲居をしていたA子は、色街の風にもまれて、すっかり垢抜した。いつしか地元のやくざの情夫がついたが、結局男とのいざこざがもとでまとまったお金がいる破目になり、彼女は新吉原の花魁となったのである。

客を見送った後、A子は手早く掃除をすまして、食事をする。七時半過ぎから北側の日当たりの悪い六畳の部屋で四人の朋輩と雑魚寝をする。これから午後三時半までの八時間、Ⅰ楼は海底のような深い眠りの世界となる。

A子が寝ている間に、Ⅰ楼の様子をそっとのぞいてみよう。入口には花魁たちの写真がずらりと掲げられてある。写真は修整してあるので、すべて美人揃いである。入口の角には小さな池があり、水蓮のかげに金魚や鯉が泳いでいる。入口の奥にはのれんがかかり、客待ちの花魁が車座になって坐る部屋がつづいている。

Ⅰ楼の営業用の部屋は本部屋と廻し部屋の二つにわかれている。本部屋は六畳～八畳の部屋で、たんす、茶だんす、長火鉢、鏡台が置いてある。押入れに積まれた上等の夜具は絹布で、羽二重、綾子、塩瀬等の派手な友禅模様である。ほかに銘仙の敷蒲団に、緋の綾子の上着も用意されている。

廻し部屋といって、同一の娼妓に複数の客があった場合、待たされる客が案内される座敷がある。この部屋は一時間遊びの客用にも使われる。それはたいてい三畳一間で電灯が二室に一個という陰気な部屋である。こうした廻し部屋の蒲団は不潔で、夏は汗でぬるぬるし、冬はこびりついた垢で襟のあたりが冷たく感じられる。こんな蒲団に寝た客は、しばしば梅毒に感染する。

I楼の便所には洗滌用の昇汞水《しょうこうすい》を備え付けている。しかし、I楼より下のランクの二流、三流の妓楼の便所になると、消毒設備がなく、酒気をおびた悪臭がむっと鼻をつくという不潔きわまりないものである。

午後三時半、A子は眠りからさめる。しばらくしてA子は仲間の花魁と一緒に食事をする。I楼の食卓は張板のような飯台をめぐらせてある。

御飯は南京米が半分以上もまざっているから、ボロボロしておいしくない。おかずは麩の煮たものとみそ汁である。これが一般家庭の朝食に相当する食事である。A子はつんと鼻をつく南京米の匂いが嫌いなので、御飯にみそ汁をかけてのどに流しこむ。

A子や朋輩の花魁たちは、昔の花魁のように茶の湯、俳諧、音曲、絵等の教養をなに一つ身につけてはいない。だから、店に出るまでのひととき、彼女たちは貸本屋から借りた講談本や雑誌を読んだり、世間話に時を過ごす。

I楼の裏口から小間物屋、貸本屋、呉服屋、女髪結などがあわただしく出入りしている。A子はおしゃべりにあきると、出入りの商人が風呂敷や行李からとりだす商品を一つずつ品定めしたり、気に入った反物の値引きを商人と交渉する。

午後六時すぎに、妓楼の支配人格の番頭が店に入る。その頃までに立番といわれる男衆が店の掃除をすませている。立番とは番頭の手つだいをする男衆のことである。[6]

午後七時四〇分、A子は店さきの控室に移る。

今夜は移り替である。移り替というのは、冬ものから夏ものへと衣裳を着替える行事である。この六月五日の夜は馴染客がしまい玉といって玉代（娼妓の揚げ代金）を特別に二本つけ、芸者も呼んで華やかにお祝いの宴をひらく。楼主の意をふくんで花魁の起居一切を監督する役目のやり手婆さんにも、客からの御祝儀がでることになっている。

A子の今夜の服装は小浜ちりめんの単衣におなじ小浜の鴇色《ときいろ》の帯をまえで花結にしている。I楼の入口付近には、新入りのY子のお披露目として「新規初見世Y子」と書いた紙が大きく飾られている。遊客たちは、入口の欄間に掲げられた花魁の写真を指さしながら、さかんにやり手婆さんと遊興費の交渉をしている。

張店禁止後の新吉原では、客は実際の娼妓を見ないままに登楼することになる。このため登楼した客は、しばしば写真と本人の顔が非常に異なっていることを知って、びっくりする。また、やり手婆さんの口車にのせられて登楼したものの、お目あての花魁に他の客がついているので、三〇分も待たされていらいらする客も多い。

九時過ぎ、A子に馴染客がついた。廓の夜は長い。大戦景気で新吉原は沸きかえっている。横町では酒臭い息をはく男たちの往来がしきりである。——

私たちも今夜はこれで夜の新吉原から立去ることにしよう。

6　亡国病の実態

一八六七〔慶応三〕年九月、幕府はイギリスの医師G・B・ニュートンの建議をいれて、横浜で性病検査を行なうことになり、梅毒検査院を設立した。検梅当初は、廓の女性のなかには屈辱を感じて自殺する者もいたという。

表3　累年娼妓健康診断成績

年　次	年末検査所数	娼妓一日平均人員	検　査　数			検査数100に付有病
			有病者	無病者	計	
明治23	469	31, 091	44, 700	1, 356, 526	1, 401, 226	3. 19
24	481	30, 503	48, 698	1, 232, 208	1, 280. 906	3. 80
25	484	30, 687	51, 601	1, 379, 598	1, 431, 199	3. 61
26	487	31, 253	50, 197	1, 408, 813	1, 459, 010	3. 44
27	476	34, 023	59, 290	1, 553, 422	1, 612, 712	3. 68
28	471	37, 518	55, 993	1, 644, 110	1, 700, 103	3. 29
29	472	39, 079	72, 280	1, 707, 565	1, 779, 845	4. 06
30	498	43, 570	69, 860	1, 960, 407	2, 030, 267	3. 44
31	495	48, 780	68, 508	2, 190, 325	2, 258, 833	3. 03
32	518	49, 553	61, 158	2, 171, 964	2, 233, 122	2. 74
平　均	485	37, 606	58, 229	1, 660, 494	1, 718, 723	3. 39

出所：日本花柳病予防会『日本花柳病予防会報告』1905年、より。

ニュートンは一八七一〔明治四〕年、長崎の大徳寺境内に梅毒病院を開いたが、まもなく同地で死亡した。当時、英国公使のパークスはたいへん口うるさく幕府に衛生についていろいろと注文をつけた。だが一見、不思議なことに、パークスは性病検査については、幕府に一言も注意しなかったのである。

これには理由がある。当時、英国はクイーン・ビクトリアの時代であった。国王陛下が女帝であったために、英国政府は女性の局部を検査する法令を布告することを躊躇したのである。本国のこうした事情のために、英国公使パークスは幕府に検梅制度の実施を勧告しなかった。したがって、パークスにかわって医師G・B・ニュートンが非公式なかたちで検梅施行を幕府に申し入れたのである。

一八七一年、東京の小塚原に北千住の娼妓のための梅毒院が設立され、一八七四〔明治七〕年には新吉原ではじめて検梅が行なわれた。一九〇〇〔明治三三〕年に施行された娼妓取締規則によって、娼妓は警察直轄の性病院で検査を義務づけられたのである。

表3は一八九〇〔明治二三〕年から一八九九〔明治三二〕

年までの娼妓健康診断成績表である。この表がしめすように、受検者一〇〇人中の有病者が占める割合は平均三・三九である。つまり、約三〇人につき一人の割合である。しかし、当時の検査は後述のように検査医に袖の下を使う貸座敷業者たちの動向に左右されて、検査はともすればルーズになりがちであった。実際においても、検査時間は娼妓一人につき正味二〇秒前後であったから、厳密な検査などはとうてい不可能なことだった。

表4　全軍花柳病累年比較図表（平均一日人員千に対する比率）

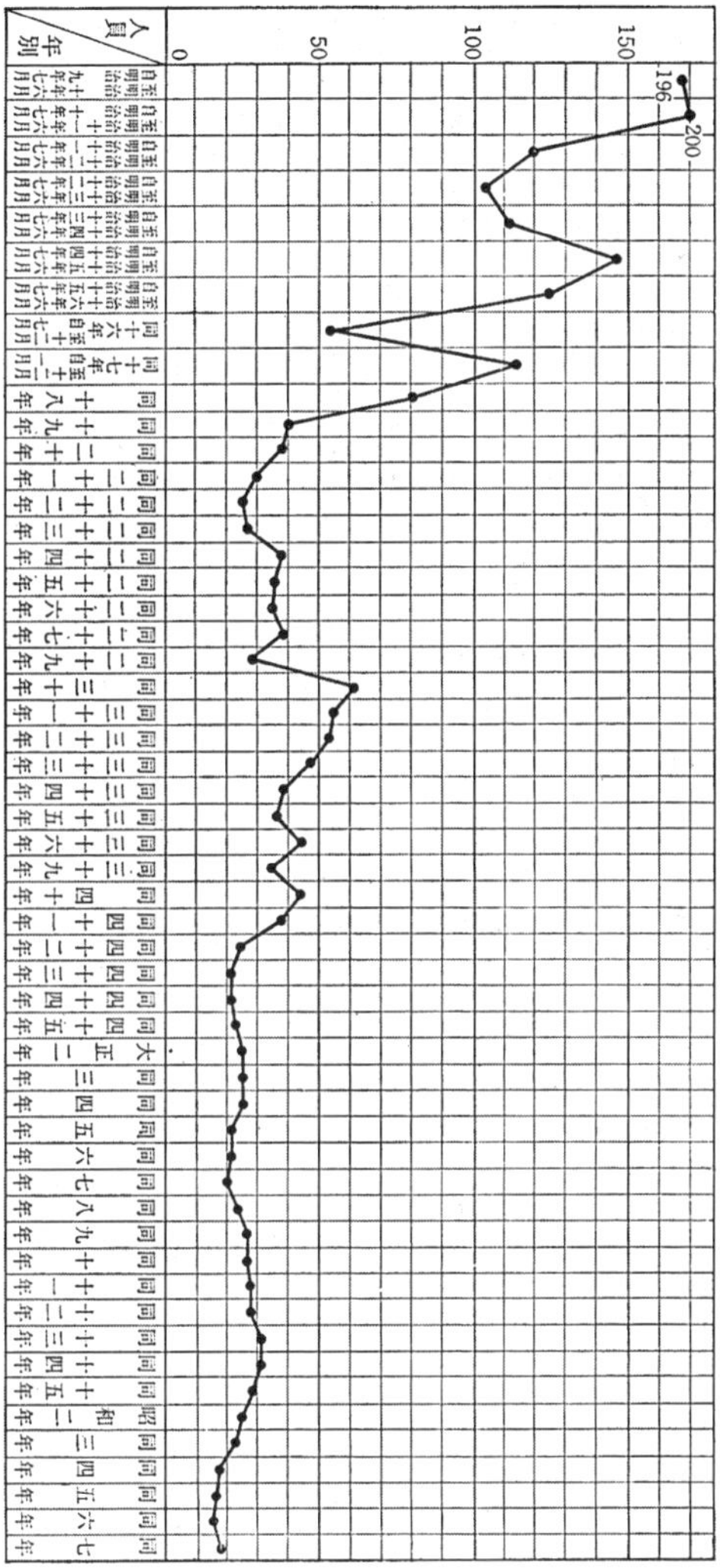

注1：明治19年より休業患者のみを掲げ、同30年より就業患者をも掲上、同39年より就業4日以上を掲上、同42年より練兵休乗馬体以上の患者を掲上。
注2：明治28年、同37年、38年は戦役のため調査を異にするをもって、これを省く。
注3：「㊙昭和七年帝国陸軍衛生成績大要」より

明治政府は娼妓にたいしてはいちおう性病検査を行なったが、一般国民の性病予防はまったく野放しにしていた。しかし、成年男子は徴兵検査を受けるときに、性病の有無を厳重に検査された。軍隊に性病が蔓延するのを防ぐためである。

徴兵検査当日、成年男子は素っ裸となって、M検といわれたペニスの検査をうけた。軍医は受検者のなかに性病患者を発見すると、ただちに検査場に控える憲兵に通告した。憲兵は素っ裸のままでふるえている哀れな男性を、不忠者とののしりながら衆人環視のなかでなぐりつけた。当時の男子にとって、性病患者と認定されることは最大の恥辱であった。

表4をごらんいただきたい。これは全軍花柳病累年比較図表である。同表をみると、全軍の性病患者は明治から大正、昭和初期にかけて下り坂となっていることがわかる。とりわけ、一九〇八年から一九一二年にかけては、性病患者の趨勢がいちじるしく減少している。

こうした患者数の低下は日本軍部の性病予防の成果を反映している。世界的にこの成績を比較すると、日本軍部の性病予防についての成績は第一位のドイツ軍部についで第二位である。

陸軍は軍の戦闘力を弱体化させる性病を予防することに苦心していた。例えば一九一二年四月、新潟県高田市配備の第一三師団軍医部は『花柳病予防心得』〔巻末資料参照〕を発行して、同県内の成年男子に配布した。同パンフレットは「花柳病ノ多イトコロハ其民ノ風教」が乱れることを指摘し、「地方ノ風紀ヲ改善進歩」させるため、地方青年団の設置を奨励している。また軍医部は、青年が娼婦と性交する場合には、必ずコンドームの使用を勧告していた。

軍部はすでに日露戦争においてコンドームを兵士に使用させていたといわれる。ちなみに、国産コンドームのルーツは、一九〇九年に製造された「ハート美人」なる製品である。「ハート美人」は一九一八年ごろになると、軍隊内部の酒保（売店）で公然と販売されていた。[7]

話が少々脱線したので本題にもどすと、貸座敷業者たちは、商品である娼妓が性病のため入院することを恐れ、いろいろな手段を使って性病に感染している娼妓たちの性病検査をなんとかごまかすことに全力をあげた。

貸座敷業者による性病検査カンニング作戦のなかで、もっとも効果をあげたのは、警察管理の娼妓病院に所属する診断医師の買収である。

貸座敷業者たちは、日頃からあらゆる機会を利用して診断医にたくみにとりいった。暮や正月になると、診断医に現金をばらまいたのみならず、診断医の昼食代、宿泊費、遊興費、人力車費等々を負担した。

彼らのなかには、診断医にむかって、将来花柳病の病院を開業するときには便宜をはかるから、検査に手心を加えてくれるように頼む者もいた。

貸座敷業者の酒色のもてなしや金銭の贈与をうけた診断医は、いつのまにか貸座敷業者の使用人の地位になりさがっていた。言うことを聞かない診断医にたいしては、病院から追い出すという手段が用いられた。つまり、貸座敷業者たちは日頃から鼻薬をかがせている当該警察署のお偉方にひそかに手を廻して、気にいらぬ診断医を娼妓病院から他の病院へと転勤させたのである。

貸座敷業者は性病で入院した娼妓にたいしては、なるべく早く退院するように圧力をかけ、退院後は立替えの入院費を、きびしくとりたてた。彼らはまた、娼妓が前借を返済し、自由の身になったときには、あらためて入院にたいするお礼奉公として、なお二カ月程度働かせた。

性病にかかった娼妓もなんとか手段を講じて検診をパスしようとした。彼女たちが入院をのがれるためのカンニングには二つの方法がある。

一つはおまじないである。彼女たちは妓楼の便所に祭られているハバカリの神を信仰して、輪番で掃除をした。これは花柳病にだけは絶対なりたくないという娼妓たちの切ない願いの結果である。

性病検査日に検査台にあがった娼妓は、朋輩としめし合せて、そっと背後から袖や衿をひっぱってもらった。娼妓のなかには検査台のかげに櫛やかんざしをかくす者もいた。彼女たちはそうすれば検査にパスできると信じていたのである。[8]

第二は病気をごまかすためのカンニングである。娼妓は焼き明礬や得体の知れない草の葉や障子のさんにたまるごみ等を患部にぬりつけて、診断医の目をごまかそうと試みた。

花柳病患者と認定されて入院した娼妓は、必ずしも充分な治療をうけて病気を全快させることはできなかった。病院長はつけとどけをうけている貸座敷業者に気がねして、彼女たちに中途半端な治療を施しただけで早期退院させたからである。

警察の管理する病院から見放された娼妓は、花柳病の病原菌を体内に潜伏させたまま、ふたたび妓楼にもどって遊興客の相手をした。こうした娼妓たちの運命は梅毒に脳を犯されて狂い死するか、重病人となって遊廓から追われるかのどちらかでしかなかった。

性病には四種類ある。軟性下疳、淋病、梅毒、第四性病がそれである。第四性病の病状は鼠蹊《けいそ》部淋巴腺のはれである。病状がすすむと内部が膿み、なかなかなおりにくい。軟性下疳は陰茎、膣口、陰唇等がただれ、同時に鼠蹊部の淋巴腺がはれて痛むが、梅毒のような悪性頑固なものではない。

淋病になった男性は感染後四〜九日後に発病する。尿道に蟻がはうような痛みがともない、尿道、膀胱、副睾丸、睾丸が犯される。女性では尿道、膀胱、子宮、卵巣、さらに腹膜が犯される。患者がうっかり淋菌のついた手で目をこすると、一夜にして盲目となる危険がある。淋病患者の男女は不妊症になることも多い。

梅毒に感染した男女は感染後約三週間経つと、感染した局部に硬い小指大のかたまりが生じ、さらに病気が進行すると表面がただれる。また鼠蹊部の淋巴腺がはれることもある。いわゆるよこねである。こうした第一期症状から四〜六週間、長いのになると一年以上を経てスピロヘータ・パリダと呼ばれる病原菌が淋巴腺を通じて血液中に入り、全身に蔓延し発疹を生ずる。これを第二期症状という。感染後三、四年経つと、病原菌が人体の一

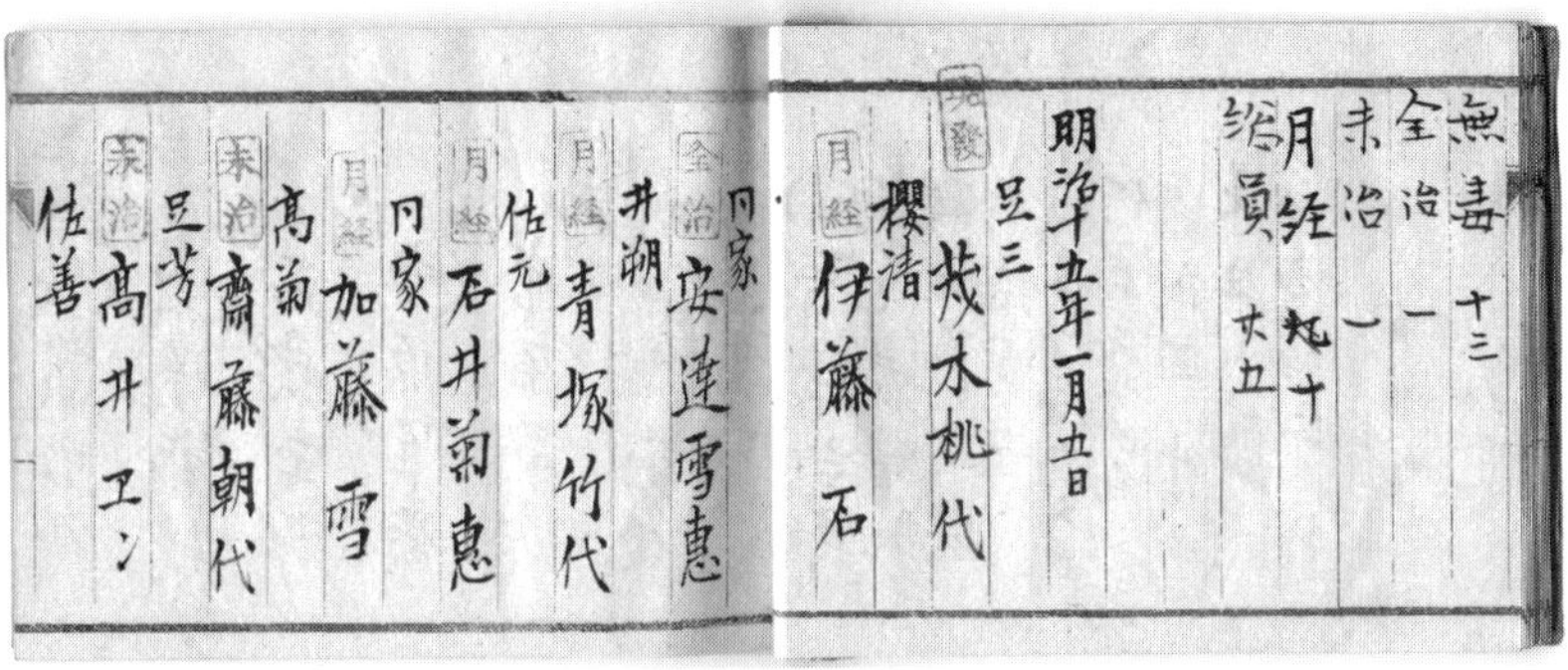

図21　福島県会津若松市七日町の遊廓における検梅帳

カ所を集中的に犯し、ゴム腫をつくる。顔面の場合、鼻やくちびるが欠けることがある。これが第三期症状である。

第四期といわれるのは、発病後二、三〇年後に症状があらわれる場合である。この段階の患者は病原菌に脳や脊髄を犯され、廃人同様となって二、三年で死亡する。梅毒は患者を死に追いやるのみならず、その子供にまで病毒を伝えるもっとも危険な性病である。[9]

私の少年時代には、梅毒で鼻の頭が欠けたために、話をしてもふかふかと言うだけで、うまく話すことができない人を時折見かけたものである。戦前はペニシリンのように安価で効果が上がる治療薬がなかったので、梅毒は国中にひろがっていた。梅毒治療の特効薬としては、六〇六号と呼ばれたサルバルサン療法があったが、その効果はきわめて限定されたものでしかなかったのである。

明治・大正時代に日本最大の性病院の一つであった大阪市難波病院における研究をもとに、大阪市嘱託医の島村医師は、市内七〇〇〇人の娼妓が一年に一〇六万三〇〇〇余人の客に性病を感染させる機会をつくっていると報告している。[10]いま仮にこの恐るべき計算を全国五万の娼妓にあてはめると、彼女たちは一年に七五九万人の人々に性病を感染させる機会をつくることになるのである。

明治・大正の日本では、このような恐るべき性病の感染源はなにも娼妓だけにかぎらなかった。私娼、枕芸者、カフェーの女給、酌婦等々を考慮にいれると、性病の感染源はきわめて広範囲に及んでいたのである。
性病は結核とアルコール中毒とともに、近代日本の三大亡国病であった。

第3章　からゆき物語

1　飛田遊廓設置反対闘争

一九一七〔大正六〕年五月一日、大阪市の上空に爆音高く飛ぶ飛行機が一機あった。大阪市民に空中曲芸を披露するために飛んできた米国曲芸飛行家アート・スミス搭乗の飛行機である。飛行機は空中曲芸中に「酒と女とを廃しなければ日本は滅亡する」という意味のビラを市内から郊外にまき散らして、市民の喝采を拍した。

同じ日、大阪府下天王寺付近の飛田で、手織木綿のごつごつした着物を着た三〇歳ばかりの朴訥な男が、熱烈に飛田遊廓建設反対の演説を行なっていた。飛田二万坪の地は、前年一九一六年四月一五日、焼失した難波新地の代替地として大阪府庁が指定したばかりの土地である。

土佐の山中で材木商を営む中川某と名乗るこの男は、演説に先だって興奮のあまり小刀で自ら左の小指を根元より断ち切ろうとした。しかし、骨が固くてうまくいかない。彼は石をもって小刀をたたいたがそれでも小指は落ちない。ついに近くの民家に入って庖丁を借りてやっと小指を切断した。

中川は、小指のつけ根からあふれ出る血をしたたらせながら、「祝融《しゆくゆう》来る」の四文字を板塀に大きく書き、すみやかに飛田遊廓建設を廃止しなければ、ふたたび火災が大阪市を灰燼に帰してしまうであろうと叫んだ。

五月一日は、はからずもアート・スミスと中川某の二人が天と地から相呼応して大阪市民に啓示をあたえた劇的な日となったのである。

五年前の一九一二年に難波新地はすでに廃止と決定していたはずである。それにもかかわらずなぜ大阪府知事大久保利武は難波新地の代替地として新たに飛田を許可したのだろうか。大阪府庁の発表によれば、新廓建設を許可したのは、「失業者は代地を与へらるべしとの警察部長の口約」を実行したに過ぎないというにあった。

この府当局の説明は事実と相異している。難波新地廃止を決定した当時の府知事犬塚勝太郎は、そのような約束をあたえ、これを後任者に引き継いだことはないと明言していた。してみれば、府知事のまったく知らない口約ということになる。あやしげな口約を理由とした救済案は、飛田に遊廓を建てるための府当局の言いのがれにすぎなかった。

大阪府庁が新廓建設許可にふみきった本当のねらいは一体なんであったのだろうか。それは、当時、新廓建設となれば土地騰貴が起こり、膨大な利益を生むため、土地投機業者、実業家、政治家たちが、新廓建設の決定権をもつ知事に圧力をかけたからである。彼らの思惑どおりに事が運べば、一〇〇万円をこえる大金がそのふところにころがりこむ仕組みになっていたという。

当時、飛田の周辺を学校がとりまいていた。しかも、飛田の北隣りは敷地面積四万七七〇〇坪を擁する天王寺公園であった。公園につづく新世界は大阪名物の高さ七五メートルの通天閣がそびえる三万坪の盛り場である。土地買いしめの政治的陰謀にくわえて、文教地区やアミューズメント・センターに接した地域に遊廓をつくる暴挙にたいして、一九一六年四月一五日の府告発布直後から、大阪市民の憤慨する声は市内に満ちていた。

この好機逸すべからず。林歌子は四月一九日、大久保府知事、新妻大阪府警察部長をたずねて、その責任を糾弾した。彼女はその足で各新聞社を歴訪して援助を乞い、即夜上京して廓清会本部、婦人矯風会本部にも応援を依頼した。歌子はまた、旧知の大隈首相や内務省をもたずねて、飛田遊廓建設の取り消しを請願した。

地元の「大阪朝日新聞」「大阪毎日新聞」の二紙は、かの山本内閣当時のシーメンス事件にたいするように、連日朝夕紙面の半頁以上をさいて、飛田遊廓問題をとりあげ、府知事の責任を追及した。

四月二四日、東京、大阪、神戸の三都市で飛田遊廓設置に反対する廓清会および婦人矯風会主催の大演説会が同時に開催された。島田三郎、山室軍平は西下して大阪市天王寺公会堂で、満堂の聴衆をまえに熱弁をふるった。四月二七日には、大阪教会において市内キリスト教三派の幹部会およびキリスト教徒協議会が開かれ、飛田遊廓設置反対同盟会組織の件が可決された。新しく発足したこの反対同盟会の委員長には宮川経輝が就任し、常務委員の筆頭には林歌子が選ばれた。

これと前後して、大阪府会の府市部議長湯浅豊太郎を指導者とする府会の一六人組なる正義派議員が、大久保府知事に激しく取り消しを要請した。

五月に入って反対同盟会は一日、四日、一八日、二七日と相ついで大演説会を開催し、反対の気勢を高めた。その間、同盟会は連日連夜、大隈首相、一木喜徳郎内務大臣らへの陳情や、路傍演説、あるいは関係各方面への陳情書の発送など、猛然と反対運動を展開した。

図22　大阪婦人200余名のデモ行進（『廓清』第6巻第11号、1916年より）

五月九日には、湯浅豊太郎らの府政、市政関係議員有志により飛田遊廓取消期成会が組織されて、同日および一二日には政談演説会が開かれた。

各政党も調査委員を設けて、飛田問題の真相調査にのりだした。政友会は反対決議をしただけではなく、この問題を党略に利用し、民政党の前身である同志会を攻撃するための好材料とした。政友会から攻撃された同志会は居直って、飛田遊廓にからむスキャンダルを伝えられていた代議士某の首をきって政治責任を回避した。

一〇月二一日、飛田遊廓設置反対の女性によるデモ行進が行なわれた。この日、矯風会大阪支部に集まった女性二〇〇余人は、二列となって、矢島楫子を先頭に府庁に押しかけ、府知事に面会を要求した。知事はこの勢い

図23　久布白落実（久布白落実『廃娼ひとすじ』1973年より）

に押されて不在と称して会わなかったため、デモ隊は一一二一名の署名捺印した請願書を新妻内務部長に手渡して、引き上げた。女性による二〇〇余人のデモ行進は、矯風会大阪支部創立以来のことである。

「大阪朝日新聞」「大阪毎日新聞」は反対運動を支持して、飛田遊廓設置を許可した指令の取り消しを強く大阪府当局に要求した。ジャーナリズムや広汎な市民運動の抗議にもかかわらず、ついに一九一七年一〇月、大久保知事は辞任の置土産として、飛田遊廓建設を許可してしまった。

貸座敷業者側は、飛田の大地主連中で組織した阪南土地株式会社から一軒につき二五〇〇円の資金を供給された。飛田では一〇月三〇日から工事がはじまり、まず一〇六戸の妓楼が完成した。以後工事はすすみ、一九一八〔大正七〕年一二月二七日、ついに広大な土地にコンクリート塀をめぐらせた飛田遊廓が開業するにいたったのである。

これより前、四月二日から五日まで、市内東区玉造のウヰルミナ女学校（現大阪女学院）講堂で矯風会第二六回全国大会がひらかれた。四月三日、参加者一同は林歌子の案内で飛田遊廓地の塀の外を一巡した。その後、飛田を眼下に見下す阿倍野の丘の外人墓地に集まり、飛田遊廓建設阻止失敗記念祈祷会をひらいた。婦人たちは肩を寄せあい泣きながら神に祈りをささげた。

久布白落実は「私共は法治国の民です。法治国にあって参政の権利をもたないのは、兵器なしでの戦争でしょう。……今後私共も、この参政権を獲得することを我らの目標の一つに加えましょう」[1]と一同に語った。

この久布白発言は、これまで国や地方自治体の政治はもっぱら男性にまかせきりだったことが廓清運動の低迷を招き、ひいては飛田反対運動の敗北にもつながった、という深刻な反省にたつものであった。この久布白の提案を契機に、矯風会は公娼制廃止と同時に婦人参政権を要求する運動に立ち上がっていくのである。

2　シベリア出兵と日本娼家

一九一九〔大正八〕年の真冬に、林歌子は二名の矯風会員とともに厳寒のシベリアへ旅立った。歌子一行は日本海を経てウラジオストック上陸後、鉄道を利用してハバロフスク市に赴き、そこからふたたび引き返してニコリスクを経てハルビンへと旅した。

歌子たちはほんの飢をしのぐだけのパンをもって汽車に乗り、英語がまったく通用しないので何事もわからぬまま、厳冬のシベリアを旅行したのである。彼女たちが突然シベリアの地に赴いたのには、つぎのような理由がある。

一九一八年五月に起こったチェコ軍の反ソ反乱をきっかけに、チェコ軍救出を名目として、連合軍の大規模な干渉出兵が開始された。いわゆるシベリア出兵である。日米英中をはじめ一一カ国の軍隊がソビエト領内に侵入し、社会革命党や旧帝政ロシア軍将校らを援助して、シベリア各地に反革命政府を樹立したのである。ロシア革命直後のソビエト政府は労農赤軍、パルチザンを組織して干渉軍と反革命軍にたいして戦った。これはもはやシベリア出兵というよりは、ロシア革命干渉戦争である。

戦争の進行中に、一人の米国婦人から日本の矯風会宛に一通の手紙が舞いこんできた。それには、シベリアで戦争中の米兵が同地のからゆきさんに誘惑されているから、どうか日本の母親が援助して食い止めてほしいと書かれていた。

矯風会はこの訴えをとりあげて協議の結果、シベリア委員会をつくることとし、とりあえずシベリアに林歌子ら三名の視察団を派遣することに決めたのである。矯風会がシベリア委員会を組織するうえで、右の米国婦人の要請とともに強いひきがねとなったのは、静淵（布川孫市）が『婦人公論』一九一八年二月号に掲載した「日本婦人の面よごし」という文章である。静淵はこの論文のなかで、海外とくにシベリアと東南アジア在住のからゆきさんの実状をくわしく報告していた。タイトルからもあきらかなように、静淵はからゆきさんを国家の名誉をいちじるしく傷つける存在としてとらえている。それは、以下の林歌子においても同様であった。

シベリア旅行から帰国後、林歌子は四月一日および二五日発売の『廓清』誌上に、二回連載で「西比利出稼醜業婦」という一文を書いた。つぎにその一部を紹介しておこう。

アラハーアと云ふ所ですが、極く謂はゞ閑村であります。鉱山が其の附近にあつて、人通りの宜い所ではありませぬ。……此処にも日本の醜業婦二人が居つて、さうして其処を根拠地として十里も遠い所や其の方面へ、毎日馬車を駆つて活動して居ると云ふ凄い有様であると云ふ事も聞きました。〔中略〕其の男は島原の或る小学校の教員であつたさうです。それが流れ〳〵て今は西比利に来て、醜業婦の取締と云つては可笑しいが、番頭株であつて其男の云ふには吾々が小学校に居つた時の生徒が醜業婦となつて来て居るから吾々の云ふ事は宜く聞きます、と斯う臆面もなく喋舌つたさうである。〔中略〕ハバロスク府でも在留同胞姉妹の半分は、何れも醜業婦であると云ふ事。……それが延いて我国の同性婦人を悉く侮蔑し、我国の道徳を軽侮し国家の権威を傷けてゐる事幾何だといふ事を訴へたい。

私はこのシベリア・レポートを読んでいるうち、当時の日本人としては当然のことではあろうが、歌子がロシア革命干渉戦争にたいして批判をもっていなかったことを発見した。例えば歌子は、各国の出兵軍隊のあり方についてほとんど言及していない。シベリア占領の日本軍の行動についても他国の軍隊よりも規律が厳重に保たれているると、率直に喜んでいたのである。

歌子はシベリアからの帰途、朝鮮に立ち寄っている。植民地朝鮮における朝鮮人の暮しは貧しかった。当時の在留日本人は朝鮮人を「ヨボ」と呼んで蔑視していた。歌子はそうした日本人の振るまいについてはいささかも批判せず、むしろ朝鮮人の白衣は洗濯に手間がかかって不経済だから、白衣を黒衣に改めさせるべきである、などと書いているのである。

歌子のシベリア旅行は激しい緊張の連続であった。日本統治下の京城市の朝鮮ホテルにたどりつき、しばし憩いのひとときに書かれた歌子の視察記録をとりあげて彼女を責めることは、少々酷にすぎるかもしれない。しかし、関西の廃娼女将軍といわれた彼女のレポートにしては、あまりに貧弱であることは否定できないだろう。歌子ほどの女性でも、日本帝国が植民地の朝鮮民族の搾取のうえに成立していることを見ぬくことはできなかったのである。この事実は、日本帝国の植民地支配にたいして、彼女が毅然たる批判の姿勢を貫くことができなかったことにも関係があるように思われる。

ロシア革命干渉戦争では、日本軍のみならず各国軍隊とからゆきさんとの接触がみられた。一兵卒松尾勝造はシベリア出征のおりに書いた日記の一九一八年九月二一日の項で、米国兵士と日本人娼婦との関係をつぎのように書いている。

市内の支那町（ハバロフスク）に売春婦がゐるが、その大部分は日本人であると言ふ。多くは島原の女である由。それへ米兵が盛んに遊びに行くさうな。米兵は金を持つてゐるからこんなものはとても見逃がしはしない。その支那町へ日本兵が入り込まぬやう我二小隊より村瀬、早瀬、矢野、柏村の四名が衛兵として歩哨に立つことになつた。[2]

シベリア戦争当初は、林歌子も指摘していたとおり、日本軍の軍規は他国軍隊と比較すると厳しかった。日本軍は売春宿のある地区には歩哨をたてて、兵士とからゆきさんとの接触を禁止したのである。しかし戦争が長びくにつれて日本軍の軍規もルーズになり、兵士とからゆきさんの接触を許すにいたった。右の日記の一九一九年五月一四日の項には、「一時間露貨二十八円（日本円四円）」をだして日本人娼婦やロシア人娼婦と遊ぶ兵士のことが書かれている。

シベリアの日本人経営の貸席業は連合国軍の占領地域で営業していたのみならず、革命政府側の支配する地域でも事実上営業を黙認されていた。革命後、革命政府は日本人経営の遊廓の廃止を指令した。その理由は「日本人の経営する娼家は一種の奴隷制度である。……須らく之を解放すべし。之を持続せんと欲せば、営業主は無論婦人の名義にて、一家三人を限り、婦人同志の自由行動にて私娼制を取るべし。解放上、費用を要すとせば、娼婦一人に付日本へ帰国する旅費一切を支弁すべき旨を以てせること」[3]というにあった。

革命政府の処置はデモクラシーの精神にあふれた決定であった。これを知って驚いた在留日本人会は売春宿の主人たちに廃業を勧告したが、彼らは居直って廃業を承認しなかった。そのうち財政事情の悪化により、革命政府側は多額の税金を徴収しうる日本人遊廓の営業を事実上黙認した。

例えば、ブラゴベシチェンスク付近のダンブーキでは、日本人経営の貸席業四軒（男六名女四二名）からあがる税金は、同村の一カ年の予算一万ルーブルの約半分、四八〇〇ルーブルであった。[4]

一九二二〔大正一一〕年一月一日、ウラジオストック港占領中の軍艦石見に座乗中の第六戦隊司令官竹内重利は、同港の情勢をつぎのように報告している。

日本人（ハ）約五千ト称ス三菱、三井、鈴木、大阪商船、正金、朝鮮銀行等ヲ其大ナルモノトシ他ハ何レモ共喰連中ナリ。奥地方安定セサル為商取引モ幾トナク旦内地ノ不景気ノ影響シアルコトモ至大ニシテ無職浮浪ノ徒少カラス。然ルニ新聞ハ浦塩日報、浦塩朝日（以上活版、以下鉄筆）労働新聞、めざまし新聞、慰問タイムス外二三ノ悪徳新聞アリテ盛ニ個人攻撃ヲナシ居レリ。又日本人発展ノ前程ト称セラル、芸妓百余娼妓数百ヲ算シアルモ近頃ノ不景気ニ困リ居ルト云フ……在留日本人トシテハ自己利益ノ為非撤兵ヲ希望ス。[5]〔傍点引用者〕

シベリア戦争が長びくにつれて、ウラジオストック在留日本人の一旗組の連中や「芸妓百余娼妓数百」人は、シベリアが日本の勢力圏になることを期待して、互いにそねみあいつつひしめいていたことが、右の提督報告にあらわれている。

一九二一〔大正一〇〕年、シベリア駐留軍の猪狩中佐はシベリア民情風俗の調査書を公表した。彼はそのなかでシベリアにおいてロシア人経営の遊廓が存在するのはただ一カ所ウラジオストックの朝鮮人町の一隅だけであるが、日本人経営の遊廓はシベリア全土に存在すると報告している。彼はシベリアにおけるロシア人経営の遊廓がない理由をつぎのように指摘している。

（その理由は）婦人ニ対スル観念ト婦人ノ自尊心ヨリ発スルモノカ、男子若シ婦人ノ面前ニ於テ遊廓淫売等ノ言葉ヲ使用スル時ハ最無礼ナルモノ侮蔑スルモノトシテ擯斥セラルモノナリ[6]

国際的道義に反する動機から開始されたロシア革命干渉戦争の実状は、できるかぎり国民の眼からかくされてきた。ことに戦時下におけるシベリア在留のからゆきさんの実態は、これまでほとんど不問にふされてきたのである。しかし、一九一〇年代から一九二〇年代にかけてのからゆきさんの問題を考える場合、右の問題はけっして見逃すことはできない。

3　マレイ半島のからゆきさん

私は偶然の機会に珍しい三束の書類集を手に入れた。この書類集は一九二〇年代の前後、マレイ半島ジョホールの株式会社南亜公司宿大《すくだい》ゴム園で管理人として働いていた一日本人の持ちものである。この書類集には一九一八年から一九四二〔昭和一七〕年までの二四年間のありとあらゆる種類の記録がとじられていた。手紙や絵葉書類、業務関係書類、領収書、広告パンフレット、新聞記事の切りぬき、海外旅行関係記録等々である。

なかでも珍しいものとしては、シンガポールで発行されていた「南洋及日本人」紙、ジョホールのサルタン（イスラム君主）の誕生祝賀運動会のプログラム一式、ジョホール市内で上映されていたアメリカ映画の広告、ジョホール日本人会会則、日本郵船横浜丸のディナーのメニュー、香港の日系企業、ホテル等をしめす地図、青島《チンタオ》の芸者の花代をふくむ日本料理屋の領収書類等々がある。

私はマレイ半島の日系ゴム園で働いていた日本人の汗と涙をにじませたこの膨大な記録を読んで、一九二〇年代のマレイ半島の日本人居留民の生活がかなりよく理解できた。つぎにこの書類の束から発見したいくつかの資料をもとにして、他の資料も補いながら、マレイ半島のからゆきさんと日本人居留民の実態を描いてみることにしよう。

「南洋及日本人」第一一七号〔南洋及日本人社、シンガポール、一九二〇年三月五日〕に、日本人娼妓と日本人居留民との関係をしめす興味ぶかい記事が掲載されている。

月にすれば百五十弗の給料取に当るので物価騰貴も為替の下落も何処吹く風、此頃の大工さんの景気のよい事素晴らしい、処で昔は床屋さん程花街《ステレツ》の娘に持てた者はない相だが、娘達も廃業期の六月にはもう間もないので、国へ帰ろか、それとも南洋で亭主を持とか何れにしよかと迷つて居る者も尠くないが、或娘曰く、「亭主に持つなら床屋さんより大工さんがよかですたい、商売が固いから実意があつて手間も高い」と大分其方面へ目をつけて聟撰《ママ》みをして居る娘達が多いとの事である。……何れはもう身の処置をつけねばならぬ娘達だが大工さんの女房は洵によい考へだけれども之は一方の心持だけで果して大工さんは何と云ふか分らない。思召のある向はどん〳〵女房に持つてやるがよい、功徳になると云ふものです。

右の文中でシンガポールのからゆきさんたちが六月に廃業すると書いてある。一九二〇〔大正九〕年、日本領事館が日本人会の賛成をえて行なったシンガポールおよびマレイ半島のからゆきさんの廃業実施の背後には、つぎのような政治情勢の変化があった。

シンガポール政庁は一九一六年、ヨーロッパ人娼婦のいっせい本国送還を決定した。第一次世界大戦後の一九二〇年、同政庁はシンガポールのみならず、マレイ半島全域にわたってすべての妓楼を廃止した。

この廃娼実施の背景に、大戦後の英領植民地の地位の向上という問題が関係していた。つまり大戦中、大英帝国の植民地人民によって編成された植民地軍隊のめざましい活躍の結果、英領植民地の人民の地位が向上し、大英帝国は大戦後において各植民地の合理化を強く迫られていたのである。マレイ半島の廃娼断行も、こうした植民地合理化政策の一環であった。

このような大英帝国の植民地政策の転換に対応して、シンガポール在住の山崎総領事は永年の懸案であった廃娼を一九二〇年に断行することにしたのである。当時、シンガポールおよびマレイ半島各地のからゆきさんは、それぞれ一五〇〇余名と一八〇〇余名を数えた。

マレイ半島を追われたからゆきさんたちの大半は、日本内地や他国の公娼許可地へと移動した。日本の外務省は警視総監および各県知事にたいして、一九二一年五月三日付で以下のごとき通牒をだした。

廃娼帰国者ニ対シテハ此際相当安定ノ途ヲ得セシメ再ヒ醜業ノ為海外ニ渡航スルカ如キコト無之様保護取締方相当御措置相成度[7]

七月一九日には内務省も同様の通牒を各省次官にだした。右の通牒を読んだかぎりでは、外務、内務両省とも、帰国してくるからゆきさんに「相当保護ヲ与へ」ようとしたように思われる。しかし、当時の原内閣は国内の自由廃業娼妓の更生にさえ、責任をもって対処したことなどはまったくなかった。こうした状況から考えれば、原内閣が本気でからゆきさん救済の社会事業をおこし、その「生活の安定」をはかろうとしたなどとはとても考えられない。

彼女たちは日本帝国の南方進出、いわゆる南進政策の痛ましい犠牲者であった。彼女たちは南進政策がもたらした一種の棄民にほかならない。だから本来なら、時の政府こそが彼女たちに救済と保護の手をさしのべてしかるべきであった。しかし、彼女たちの更生を真剣に考えていたのは、じつは廓清会や婦人矯風会なのである。もっとも、多数のからゆきさんの救済と更生を財源のとぼしい民間の社会事業団体が実行することは、とてもできない相談である。したがって、当時、廓清会や婦人矯風会が基金一六〇万円と年利八万円を擁する愛国婦人会にたいして救済活動に加わることを強く呼びかけていたことは、まことに当然であったと言わなければならない。

シンガポールの日本領事館が廃娼を断行した裏には、マレイ半島在留の日本人社会自身のお家の事情もあった。それはひとことで言うならば、大戦を契機とする同地域への日本資本の進出をいっそう円滑に行なうために、日本人居留民社会の風紀の向上が強く要請されていたということである。

大戦中は、東南アジアから英国の勢力が後退した結果、三井、三菱、横浜正金銀行、台湾銀行、日本郵船、大阪商船、増田貿易、石原鉱業等々がいっせいにマレイ半島に進出した。大戦の軍需をあてこんで、マレイ半島の各邦人ゴム園も栽培面積を拡大したり、ゴム会社を新設したりした。

一九一八～一九年ごろには南洋熱全盛時代を迎え、日本人居留民数は八千数百人となった。こうしためざましい日本人社会の経済力の発展にうながされて、日本領事館は懸案の廃娼を断行することができたのである。

第一次大戦以前には、マレイ半島における日本人社会の経済的実力はまことにお粗末なものだった。邦人経営の理髪業、洗濯業、雑貨屋、洋服屋、大工、左官、ペンキ屋、水産業等は、いずれも事業資金の供給を日本人の貸座敷業者連中に乞うた。

日本人の貸座敷業者は買売春でもうけた金を邦人の零細企業者に貸付けて、そこから高利をかせいだのみならず、現地日本人社会でも威をふるい、日本人社会を牛耳った。彼らはシンガポールに入港する日本艦隊の歓迎や母国の大典祝賀会等に、からゆきさんたちをしばしば動員した。

したがって、この時代に日本領事館が廃娼を断行することはとてもできない相談であった。一九一六年以降、シンガポールにおいてヨーロッパ人の間で廃娼運動が猛烈に起こったときでも、在留日本人はだれ一人として賛成する者はなく、かえって毒舌をふるう者が多かった。

日本人たちは日頃ばかにしている中国人が自国の娼婦の廃娼に立ち上がったときも、知らん顔であった。彼らは大酒を飲んで騒ぎ、遊ぶ金が手に入ると、日本人遊廓に通った。

現地のからゆきさんの大半は九州島原や天草の貧農の娘たちであった。彼女たちは赤い派手な浴衣を着流し、シンガポール市のマライ街界隈で客を誘った。現地人やヨーロッパ人、華僑、インド人等々は、あたかも遊廓なしには生活できないかのように思われる日本人社会を侮蔑の目で見ていた。

第一次大戦後、日本の経済力進出にたいする関心がシンガポールで高まったおりに、日本人社会が廃娼にふみきったことは、そのねらいがなんであったにせよ、時宜に適した処置だったといわねばならない。

4 密航

一九一三〔大正二〕年四月現在で、世界各国在住のからゆきさんたちの総合計は二万二三六二人であった。当時、海外在留日本人総数約三〇万人と比較すると、その約七・五%がからゆきさんで占められていたことになる。当時、からゆきさんたちの足跡は英国、ヨーロッパ、南北アメリカ、ハワイ、シベリア、中国、香港、フィリピン、マレイ半島、インドネシア、オーストラリア、インド等々の世界全域に及んでいた。

からゆきさんのめざましい海外進出にだれよりも悲鳴をあげたのは、海外各地に置かれていた日本領事館である。各国の日本領事たちは、からゆきさんの存在が日本帝国の体面を汚すのみか、現地住民の日貨排斥や排日運動へのひきがねとなることを恐れていた。

一九一二〔明治四五〕年六月一二日付シンガポール領事代理の請訓にたいして、内田康哉外務大臣はつぎのような回答を同年八月一九日付で送付した。

新嘉坡方面へ渡航スル醜業婦取締方ノ義ニ関シ縷々御稟申ノ趣了悉向後其ノ地居留民ヨリ在留証明書発給方ヲ貴館へ願出ツルトキハ申請者ノ身元、業態等ヲ慎重ニ考査セラサ明ニ醜業婦呼寄ノ用ニ供スルモノト信スヘキ理由アル場合ニハ一切証明書発給相成ラサルコトニ御取扱相成度[8]

お役所風のいささかむずかしい表現の内田外務大臣の回訓の内容は、要するに今後シンガポール領事館はあきらかにからゆきさんとわかる女性には、在留証明書を交付しないでもよろしいということである。

この回訓とともに外務省から各地方長官宛に、今後日本からシンガポールに渡航を希望する女性のパスポート発行にたいしては、からゆきさんか否かを厳重にチェックしたうえで下付することを要請する通牒が出された。

同年三月一四日、ハルビン総領事からも、近年来とみにパスポート申請が増加しているロシア方面行き希望の女性たちの審査を厳重にしたいとの請訓が、内田外務大臣宛にとどいている。

この請訓にたいする同年四月一〇日付内田外務大臣の機密扱いの回答は、重要だから煩雑をかえりみず引用することにする。

内地ニ於テハ醜業ノ目的ヲ以テ外国ニ渡航スル者ニ対シテハ一般ニ旅券ヲ下附セサルニヨリ此種婦女中ニハ無旅券ニテ一旦（清国）ニ渡航シタル上其ノ地帝国領事館ニ旅券ノ下附ヲ出願スル者モ可有之ト被存候……貴見ノ通リ将来醜業ニ従事スルモノト認メラルル露領行婦女ニハ一切旅券ヲ下附セラレサル様致度[9]

内田外務大臣はハルビン総領事の請訓にたいして、今後同領事館宛に申請されるシベリア行きからゆきさんのパスポートはいっさい認めるには及ばないと回答しているのである。しかも、内田外務大臣は右回答書中で、事情の如何を問わず今後国内からシベリアに渡航を希望するからゆきさんのパスポートも発行しないと連絡している。

これまでは、正式の娼妓稼業承諾書に、娼妓となるためのやむをえざる事情を警察が証明した書類を添付のうえ出願すれば、シベリア渡航を申請するからゆきさんにたいして、パスポートが下付されていたのである。

一九一二年を期して、日本政府と在外領事館は北も南もからゆきさんの海外渡航を厳重にチェックすることにしたことが、右の二つの外務省の訓令であきらかにされた。しかしすでに前節であきらかなように、からゆきさんたちは厳しい政府の監視の目をくぐりぬけて、日本をあとにして、シベリアや東南アジアの国々へと渡航していった。

では、パスポートもたないからゆきさんたちは、一体どのような手段で海外に渡航したのだろうか。まず長い船旅を必要とした南方への旅について、そのからくりをみることにしよう。

南方への旅に出発するからゆきさんたちはパスポートがないから、大阪商船株式会社などの配船表に掲載されている汽船に乗船するわけにはいかない。そこで彼女たちを運ぶために、国際的な規模で暗躍する女衒《ぜげん》グループが登場することになる。彼らの大半は水夫上りのじつに残酷極まりない人間であった。彼らは、島原や天草などで言葉巧みに誘拐した女性たちを密航船に乗せるお膳立てから、香港の仲買人との連絡まで、いっさいの手配を受けもつのである。彼らは誘拐した女性たちを長崎港から夜陰ひそかに小舟で港外に連れだし、離れ島にいたって外国船の立寄るのを待つ。この密航集団を収容するのは、イギリス汽船を除く外国汽船である。

このほか、税関や水上警察の目が光っている長崎港からひそかに汽船に娘たちを乗りこませる方法もあった。手配師は汽船への石炭積みこみのどさくさにまぎれて、娘たちを汽船の石炭庫に潜入させるのである。

石炭庫にかくれて航海した娘たちは、いよいよ香港上陸となると、石炭のすすで汚れた真っ黒な顔のまま市内に向かう。香港市内のホテルで洗顔し化粧し直した娘たちは、ここでさらに仲買人の手を経て東南アジア各地へと売り飛ばされた。

真っ黒になっても、香港にたどりつけた日本娘はまだ幸せである。シンガポール在住の日本キリスト教会牧師梅森豪勇は、海外渡航のからゆきさんについて、つぎのような恐るべき事実を報告している。

自分が船中に知つた一人は二十六年間海外に醜業を営み、アフリカ辺迄も廻つて来たといふ。彼が始《ママ》めて渡航する時は外国船で密航した。四人連れであつたが其内三人は船底に匿され自分だけ石炭倉の中に積まれた。処が玄界灘で余り動揺したので（船員が）三人の匿れてゐるのも知らず船底の栓を抜いて水を入れた。私は年を老つてゐた為め別に入れられたのが幸となつて助かつたが、船底に三人の姿を発見した時は既に白骨と化してゐたといふ。[10]

からゆきさんの「南の旅」のからくりはこれで理解できたが、「北の旅」は密航という手段が使えないから、パスポートなしのシベリアへの出国は普通は不可能だと考えられる。しかし事実はまったく反対で、「北の旅」のからくりは、まことに奇怪な仕組みになっていたのである。

そこで、前掲の静淵「日本婦人の面よごし」によりながら、パスポートなしのからゆきさんがシベリアへ潜入する方法をあきらかにしておこう。

日本内地から大連または釜山経由で長春、ハルビンまで来るにはパスポートの必要はないが、ハルビンからシベリア地方に入国するには、ロシアと中国の国境であるポクラニーチナヤ駅の税関を通らなければならない。この駅ではパスポートを検査し、手荷物を改める。だが、この駅を無事に通過すれば、もはや自由である。

手配師がからゆきさんを無事ハルビンに到着させると、シベリア各地の遊廓に「新荷何個着」と打電する。電報を受けた遊廓の主人または代理人は、その人数分だけのパスポートを用意してハルビンに赴く。遊廓の主人らに連れられたからゆきさんがポクラニーチナヤ駅を通過するときは、そのパスポートを提出するのである。

ロシア人の検査係は停車時間内に提出されたパスポートに捺印しなければならない。このために旅行者を一人一人首実検して、パスポートの真偽を確認している暇がない。同駅のパスポート調査は、結局パスポートを集めてこれに捺印してまた返すという形式をとるだけに過ぎないのである。

したがって、シベリア地方の遊廓には、古物のパスポートが無数に用意され、何回も悪用された。仮にある人がシベリアから日本に引き揚げたとしよう。その人がふたたびシベリアに帰る必要のない場合には、自分のパスポートをシベリア在留の知人に郵送する。つまり、不用のパスポートはこうして買却されるのである。

在留邦人がシベリアで死亡した場合、その人のパスポートは在留民会に提出されて、埋葬証が渡される。そのパスポートは在留民会で厳重に保管することになっていたが、事実はこれに反してすでに死亡した人のパスポートがまた売りに出される始末であった。

こうした状況がまかり通っていたから、「北の旅」をするからゆきさんは、ハルビンまでたどりつけば、身代りをするパスポートはいくらでも融通されるようになっていたのである。シベリア在留の日本人はまさに、からゆきさん密入国の共犯者であった。

5 国際連盟とからゆきさん

第一次世界大戦中のからゆきさんのめざましい東南アジア進出は、世界各国の良識ある人々の神経をいらだたせた。しかし、買売春は日本だけのことではなくて、二〇世紀の世界的現象であった。人権意識の発達した欧米各国はさすがに公娼制こそ採ってはいなかったが、どの国でも軒なみストリート・ガールが横行し、市民生活には淫蕩な気分がみなぎっていた。

大戦中、交戦諸国ではさすがに買売春行為は一時後退したかにみえた。しかし平和回復とともに、欧米各国では国際的なスケールをもって買売春が拡がりはじめた。

大戦後に創立された国際連盟の初仕事の一つは、国境をまたにかけて蠢動する娼婦たちの動きを各国政府がどのようなシステムをつくって防止するかにあった。

一九二〇年五月一四日、ジュネーブでひらかれた国際連盟第五回理事会の席上、ブラジル代表が立って、国際的規模で進出している娼婦の売買の禁止を提案した。この提案をうけて一二月開催の第一回国際連盟総会は、婦人児童売買禁止の問題を議題として上程した。国内には公娼制を温存し、国際的にはからゆきさんの輸出国であった日本帝国にとって、婦人児童売買禁止の問題は重大な関心事となるにいたったのである。

ヨーロッパにおける婦女売買禁止のインターナショナルな活動は、ジョセフィン・バトラー女史の英国廃娼運動の発展としての、万国廃娼同盟会の第一回国際会議開催（ジュネーブ、一八七七年）に端を発している。

一八九九〔明治三二〕年に英国のナショナル・ビジランス・アソシエーションはロンドンで国際会議を開催した。同会議には一二カ国の協会代表が出席して、婦女売買に関する犯人引き渡しの国際条約などを協議した。つづいて、一九〇一〔明治三四〕年第二回をアムステルダムで、一九〇四年第三回をチューリッヒで開催、以下一九〇九〔明治四二〕年第四回より、一年ごとにウィーン、マドリッド、パリで開催して、婦女売買禁止を協議したのである。

一方、フランス政府の提案によって一九〇二〔明治三五〕年、一二カ国の政府代表がパリに集まり、婦女売買禁止に関する第一回国際会議が開かれた。この会議の結果、国の内外にわたる婦女売買行為についての情報の交換と、右の行為を犯罪として各国一様に処罰することを内容とする国際条約案がつくられた。

つづいて一九〇四〔明治三七〕年、同じくフランス政府主催による第二回パリ会議において、ヨーロッパ一二カ国間に「売春を行はしむる為めの婦女売買取締に関する国際協定」が締結された。

この条約の締結の結果として、「婦女誘拐」はヨーロッパ各国の法律によって処罰されるべき犯罪とされたのである。第一次大戦後、国際連盟の成立とともに、この婦女売買についての国際条約は同連盟に継承されることとなり、その第一回総会は、一九〇四年および一九一〇年の条約調印国の政府にたいして、すみやかに条約の実施を勧告することを議決するとともに、未加盟国の政府にも加盟を要請した。

これまでに開催された各種の婦女売買禁止についての国際会議の決議には違反にたいする制裁措置が欠けていたから、とかく決議だおれになりやすかったことは否定できない。しかし国際連盟の決議には、万一これに違背した場合には国際警察力を発動して、実行を強制させることができるのである。国際連盟の決議はこの点がこれまでの国際会議の決議と異なっていた。

国際連盟から婦人および児童の売買禁止に関する国際条約への加盟を要請されて、原内閣は仰天した。条約加盟の過程で当然、世界に悪名高いわが国の公娼制が列国から集中砲火を浴びることを予想したからである。

一九二〇年九月一一日付で国際連盟から婦人児童売買禁止の問題について意見照会がなされたのにたいして、外務省は「一九〇四年五月十八日及一九一〇年五月四日ノ条約ニハ我国モ亦加入スルヲ適当ト認ム而シテ其ノ結果海外ヨリ送還セラルル醜業婦ニ関シテハ本省ニ於テ之カ保護ノ為ニ相当ノ準備ヲ為シ漸次保護事業ノ徹底ヲ期セントス」と回答した。[11]

外務省の基本線は、前節でもみたように各国駐在領事館のからゆきさんしめだしの方針とも対応するものである。つまり、外務省当局はこの問題への国際輿論のきびしさを十分に知っていたから、からゆきさんを国内に送還することもやむをえないと判断した結果が、右の回答となってあらわれたのである。

しかし、外務省は国内の公娼廃止問題については、内務省の圧力もあって、国際連盟にたいする回答には外務省当局の見解を表明せず、代わりに内務省警保局の意見を回答としたのである。内務省警保局の意見の大要はつぎのとおりである。

現行公娼制度ハ全ク之(人身ノ売買)ト異リ満十八歳以上ノ婦女ニシテ娼妓タラムトスル者ハ本人自ラ警察署ニ出頭シテ娼妓ト為ルノ事由、尊族親等承諾ノ事実其他必要ナル事項ヲ具シタル書面ヲ提出シテ申請ヲ為シ警察署ニ於テハ厳密慎重ナル調査ヲ遂ケ其事情ニ於テ已ムヲ得サル者ニ限リ之ヲ娼妓名簿ニ登録シ之

カ稼業ヲ認ムルモノニシテ貸座敷営業者トノ間ニ人身ノ自由ヲ拘束スルノ契約ヲ認ムルモノニアラス〔傍点引用者〕[12]

右の回答書提出後、内務省内に、条約加盟問題にたいする外務省当局の国際連盟への追随の姿勢を攻撃し、日本および植民地における公娼制を擁護せよという強い意見があらわれた。一九二一年五月、内務省は条約審議の会議に臨む同省派遣の山岡委員に、つぎのような訓令を与えた。

娼妓取締規則所定ノ娼妓タリ得ヘキ最低年齢（満十八歳）ヲ高上シテ成年（満二十歳）以上ト為スコトハ我国ノ現状ニ於テ不適当〔中略〕今回ノ会議ニ於テ右ノ如キ場合（わが国の公娼制が自由稼業として承認されない場合）……我国内地ノ外朝鮮、台湾等ニモ重大ナル影響ヲ及ホス義ニ有之尚充分調査考究ヲ要スル次第ニ付本条約ヘノ加入ヲ留保スル等適当ノ措置ヲ採ルヘキコト[13]

外務省は日本帝国の公娼制擁護の主張が通らない場合は条約加入を留保せよ、という内務省の強硬な訓令を無視して、第一回国際連盟総会に出席中の帝国代表宛に「条約ニ加入ノ問題起ラハ右加入ニ異議ナキ旨言明セラレ差支ナシ」と訓電を打った。

外務省は国際的外交常識に欠ける内務省の方針には批判的な姿勢をとったが、日本および植民地の公娼制擁護の姿勢においては完全に内務省と同調した。万一、公娼制廃止問題が起こった場合には絶対に反対せよ、という指令を外務省は右の訓電中に付け加えていたのである。

一九一〇年の議定書には、二〇歳未満の女性を保護することが規定してあった。一九二〇年の国際連盟の会議では、さらに年齢を一カ年延長して保護の範囲を拡大し、女性の人権擁護の方針を一層徹底せしめたのである。

したがって、日本がこの条約を締結した場合には、当然満一八歳から娼妓稼業を許可している現行娼妓取締規則を改正して、娼妓の最低年齢を満二一歳以上に高めなければならないことになる。だが、娼妓許可年齢を二一歳に引き上げることにたいしては、国内の貸座敷業者がこぞって強硬な反対を表明していた。全国の貸座敷業者は娼妓許可年齢をむしろ一六歳に引き下げることを業者大会で再三決議し、当局に陳情していた。

貸座敷業者たちは、もし娼妓年齢二一歳案を承認すれば、娼妓は私娼に圧倒されて、とうてい営業がたち行かぬことになるだろうと判断していたのである。前述の内務省の条約案にたいする方針は、まさに全国の貸座敷業者の利益を代弁するものである。

公娼問題については外務省派遣の政府代表の方針も内務省派遣の政府代表のそれと大差なかった。日本政府が派遣した代表団は条約案の審議過程で、公娼制が自由契約をもとにして成立しているといっせいに主張し、同時に標準年齢二一歳を一八歳に引き下げることを強く要求したのである。

貸座敷業者の意向で国家の外交が左右される。こうした政治的風土こそ、条約締結をめぐる日本政府代表団の対応の背景をなすものであった。どんな美辞麗句を連ねてみても、これは国家の威信の放棄にほかならない。日本政府のこうした姿勢からは、国民の基本的人権を擁護する意志はまったく感じられない。

林権助大使は一九二一〔大正一〇〕年一〇月四日、条約調印国が国際連盟総会の期間中にしだいに増加し、すでに一五カ国が調印にふみきったという事態に直面して、あわてて条約に調印した。しかし、彼は調印にあたり、狡猾にもつぎのような二つの除外例を付け加えたのである。

(1) 標準年齢二一歳とあるのを一八歳まで引き下げること。
(2) 同条約を朝鮮、台湾、関東州等の植民地には適用しないこと。

一九二一年一一月二八日までに条約に調印した国々のなかで、日本のように条約に留保をつけた国は、イギリス、イタリア、スイス、シャム等の八カ国である。シャムは日本帝国と同じく「年齢の制限を留保」した。イギリス、イタリア等は日本と同じく、条約の植民地への適用を除外することを宣言したのである。

ベルサイユ体制を支えるイギリス、日本、イタリア等の諸列強が、いずれも条約の植民地への適用を除外したことは、植民地人民の権利を抑圧することによって成立している帝国主義国家の本質を垣間みせたものであるといえるだろう。

日本政府とシャム国政府のみが文明国として不面目きわまる年齢留保をつけて条約に加盟したとき、デンマーク政府代表委員は国際連盟において、「一九一〇年の条約は二十歳以下の婦女を本人の承諾如何に拘らず姦淫の目的にて誘拐する者を罰せんとするもので、その処罰は国民の早熟と否とに拘らず必要であって、留保国が何故に此の処罰を避けて婦女の保護を危くせんとするのか了解に苦しむ」[14]と述べて、日本政府代表を痛烈に批判した。

一九二五〔大正一四〕年、時の加藤高明内閣は婦人および児童の売買禁止に関する国際条約について批准する方針をかため、八月二八日、枢密院に条約批准の審議をもとめた。

日頃は憲法の番人を自負しているものの、時代感覚のない老人たちの集まりである枢密院も、さすがに今度ばかりは、保護年齢問題などを留保して国際輿論の笑い者になっている政府の無能ぶりを批判した。日本政府の方針は日本文化の汚点を世界に暴露するものだ、という手きびしい意見を主張する枢密院議員まであらわれた。だが枢密院の審議は最終的には不名誉な除外例（第一項目）の取り消しを政府に要請することで意見がまとまり、九月一六日、政府原案に承認をあたえた。

枢密院の審議の模様がひとたびジャーナリズムによって報道されると、国辱的な政府の処置を攻撃する輿論が一挙に爆発した。この時とばかり、廓清会や婦人矯風会は貧乏世帯にもかかわらず、東京市丸の内の工業クラブのような超一流の会議場を奮発して借りうけ、条約問題懇話会をひらいた。林歌子は九月一四日に開催の懇話会の席上、並いる名士をまえに堂々と政府批判の演説を行ない、「日本だけが除外例を申込んだら、日本の国民は駄目だと思はれませうが、これも私共婦人の力が足りないからです」と結んだ。久布白落実も行動力を発揮して枢密院議員を訪問し、政府原案への反対を陳情した。

ここで注目しなければならないのは、林歌子がすでにこれより五年前の一九二〇年に、つぎのようなからゆきさんと国内公娼制度との関係について述べていたことである。

> 日本国民の正当なる海外発展を計らんとすれば海外賤業婦の埒をあけなければならない。之には国の中から片付ねばなりませぬ。貞操売買の大罪悪である事が国民の胸底に徹しなくてはならない。[15]

林歌子の論理は、日本政府のからゆきさん問題についての対応よりはるかに筋が通っている。歌子にこうした発言ができたのは、彼女がたんに廃娼運動のオルガナイザーであるのみならず、廓の女性や孤児救済を目的とした社会事業においても、確固たる実績をもっていたからである。

枢密院議員から婦人矯風会会員にいたるまで、政府原案への広汎な批判の高まりにもかかわらず、一九二五年一〇月二二日、加藤高明内閣は「年齢制限を留保」したまま、婦人および児童の売買禁止に関する国際条約を批准した。時の外務大臣は平和外交家として著名な幣原喜重郎であった。

第4章　灰色の季節

1　関東大震災と娼妓たち

一九二三〔大正一二〕年九月一日午前一一時五八分、関東大震災が勃発した。東京市の大地は裂け、家屋は倒壊し、八〇余カ所から火災が起こり、市内は火の海と化した。水道は断水し、風勢が強烈なので、消火の術なく、約五〇万戸の家が焼け、死者は九万数千人にのぼった。

図24の石版画をごらんいただきたい。新吉原遊廓仲之町を猛火が襲う図である。上空をつむじ風が舞い、風にふき上げられた人力車、丸テーブル、からかさ、おひつ、瓦などがさながら木の葉の舞うように飛んでいるのが見える。画面右すみに火をふいて炎上しているのは、フォードT型であろうか。新吉原はこの瞬間、焦熱地獄と化したのである。

図24　新吉原仲之町大旋風の風景（1923年）

大地震が起こるや、新吉原遊廓の人々はわれ先にと吉原病院や三業組合に隣接する吉原花園公園に避難した。地震がおさまった後、恐ろしい火災がはじまった。またたくまに角海老楼四階建の高楼や吉原病院等が燃え上がり、やがて廓一面火の海となった。火の渦にまかれて、公園内の花園池に我も我もと飛び込む人々の群れで、あたり一面阿鼻叫喚の地獄と化した。

火勢は一向におとろえず、吉原病院が三時間燃えつづける間に、池内の大半の人々は身体に火傷を負い、池の深みにはまりこんで溺死してしまった。図25はその惨状を大火直後に撮影したものである。

新吉原遊廓の死者でいちばん哀れをとどめたのは、倒壊した妓楼の下敷きになって圧死または焼死したり、花園池で焼死あるいは溺死した廓の女性である。新吉原の廓の女性で死亡した者は、圧死、焼死一七六名、花園池での焼死または溺死四八〇名である。幸運にも生きのびることができた廓の女性の一人は涙ながらに語っている。

> 大震災にあひたる一千二百人の焼死者は、却て幸でありましたらう。何故なれば卑劣極まる男子の性欲と、残酷極まる楼主の強欲とによつて、肉体的にも精神的にも、腐爛した憐な運命で生きてるより、死んだ方がどんなに増でせう。[1]

図25　吉原花園池の惨状（1923年）

川柳に「生れては苦界、死しては浄閑寺」という句がある。一六五七〔明暦三〕年新吉原創業以後、吉原廃業までの三〇〇年間に吉原の花魁ら一万五〇〇〇人余が通称投込寺と呼ばれた浄閑寺にほとんど投げ込み同然に葬られた。この川柳のように花魁の生涯は江戸の昔から大正、昭和にいたるまで少しも変わらなかった。

大震災で救世軍神田本営や赤坂の矯風会本部、神田の廓清会本部はいずれも崩壊焼失し、廃娼運動は大打撃をうけた。救世軍本営会館の焼けあとから、同年六月二日、伝染性黄疸を病み、五三歳ですでに死亡していた伊藤富士雄救世軍中校（大尉より一級上位）の骨壺だけが奇蹟的に発見された。生前、だれよりも烈しく吉原、洲崎を打てと叫びつづけた伊藤中校の執念が骨壺にのりうつってこの世にあらわれ、吉原、洲崎遊廓再興反対運動を激励するかのようであった。

震災一カ月後の一〇月一日、吉原花園公園で廃娼運動の人々による、死亡した娼妓の追悼会が開かれた。一般の人々もまじえた三〇〇名ほどの参加者のなかには、山室軍平や婦人矯風会の小崎千代会頭、守屋東、久布白落実などの顔もみられた。

守屋が久布白に「あなた下着は」とたずねると、久布白は「もちろん、真っ白さ。貴女も?」と問いかえした。この会話にみられるように、彼女たちは真っ白な下着をつけ、いわば決死の覚悟で新吉原にのりこんだわけである。この日、新吉原の楼主たちは、新吉原復興反対運動の大立者が勢揃いするとあって、極度に神経をいらだたせ、すきあらば襲いかかろうとねらっていたのである。

一九一一〔明治四四〕年七月に廓清会がつくられて廃娼運動が本格的にはじまったとき、婦人矯風会、救世軍の二団体をのぞくと、全国のキリスト教会はこの運動に無関心であった。しかし、大震災を契機に新吉原や洲崎などの遊廓の復興についての可否が問われるようになると、東京市のメソディスト教会は猛烈な勢いで廃娼運動に立ち上がった。一九二三年一〇月三日、廓清会と東京市内のキリスト教系各団体が一致して「大東京市に公娼区域を設置せざる事」を内務大臣に請願した。長野県松本市においても、キリスト教会有志が全県下に廓清運動をまきおこす準備をはじめていた。

罹災者救済においても、日本のキリスト教界の活躍はめざましく、大震災直後の九月九日には東京キリスト教連合救護団が設立された。各教会、教派、社会事業団体がそれぞれ救護、児童保護、伝道、慰問の四部門をひきうけた。

東京市内の主要な建物はほとんど焼失していたから、婦人矯風会の大久保婦人ホーム〔娼妓の救済施設および職業婦人の宿舎〕が、市内四〇あまりの婦人団体の救済事業の中心となるにいたった。

久布白落実、吉岡弥生、羽仁もと子、山脇房子、山川菊栄、堺真柄などの顔ぶれがしめすように、大久保婦人ホームにはいろいろな立場の婦人団体代表があつまってきた。彼女たちは大同団結して東京連合婦人会と名のり、罹災民の救済事業に活躍した。内務省のきもいりで婦人ホームの一部に日本赤十字社の救護産院が設けられ、ここで三三〇余名の赤ちゃんが産声をあげた。

婦人ホームや赤坂の矯風会本部のすきま風の吹くつめたいバラック建ての部屋で行なわれた婦人たちの真剣な討論を母体として、全国公娼廃止期成同盟会（一九二三年一一月三日）や婦人参政権獲得期成同盟会（一九二四年一二月一三日）などが誕生した。前者は矯風会の廃娼運動を連合婦人会がさらに発展させることを目的として、久布白、羽仁、山川らを中心に結成された。後者は連合婦人会が普選通過を目前にして、婦人参政権を獲得するために結成したものである。その総務、会務両理事には久布白と市川房枝が選任された。

婦人たちの華々しい活躍の最中に、九一歳の婦人矯風会前会長矢島楫子は独り病んで、ホーム二階の一室で、すべての婦人運動の輪をつなぐ巨大な錨のように臥していた。

震災後のめざましいキリスト者や婦人たちの廃娼運動にたいして、一三宗、五六派、七万の寺、一〇万の僧といわれた仏教界はかならずしも敏感に対応しなかった。仏教徒のなかには高島米峰のように廓清会理事として廃娼運動に献身した人もいたが、その数はごく少数であった。

一般に識者は仏教徒の社会的関心や布教のやり方がキリスト教にくらべて保守的であるとよく非難する。こうした議論にたいして、「自由廃業の援助に奔走したり、貧民窟を軒並みに叩いて慰問品を贈つたり、一人一人行人の袂を捉へて慈善鍋への寄附をすゝめビラを配ると云ふやうな、せゝこましい、瑣々屑々たる遣り方は、不幸にして甚だ東洋人の気風に合はない」[2]という考え方もある。

だが、一九二〇年代の廃娼運動に関するかぎり、仏教界の対応はあまりに退嬰的であったと言わなければならない。一例をあげると、西本願寺のある布教師は函館警察署の招きに応じてその地に赴き、貸座敷組合事務所において六〇〇名の娼妓をまえに講演し、つぎのように述べた。

函館では東京のまねをして耶蘇坊主どもが廃娼の宣伝をしてゐるが、あれは皆自己宣伝だ。……鞍替や借金踏み倒し等の謀叛心を起こさないで娼妓稼業も前世の因縁だとあきらめて仏の慈悲にすがれ。[3]

昔から庶民の信仰の中心として親しまれてきた仏教ではあるが、一九二〇年代の僧侶のなかには貸座敷組合のお先棒をかつぎ、娼妓の素朴な信仰心に乗じて、廃娼運動への敵意を煽動する者も存在したことは事実である。仏教徒が廃娼運動を傍観していた理由を友松円諦は「中外日報」紙上〔一九三一年七月二八日〕でつぎのように述べている。

女郎屋がお寺の得意だからだ。おまけに、一番金ぎれのいい、金づかひの荒い世話人衆だからだ。寺の和尚といへども、この商売がすし屋よりはけしからぬとは知つてゐる。知つてゐるがだ、そこが商売のつらさだ。

仏教徒の大半が友松の指摘したような状況にあるとは思わないが、さりとてこうした寺院の経済組織があるとしたら、聖人君子ならいざ知らず、とても並の僧侶が廃娼運動に参加することはできないのである。

仏教界が廃娼運動に参加することは簡単ではなかったが、廃娼運動が大きな国民運動にまで成長するためには、どうしても全国各地域の住民の動向を知りぬいている寺院の力を借りることが必要であった。

廓清運動側でこの問題の重要性をだれよりも一番よく認識していた人物は、婦人矯風会副会頭久布白落実（一九二一年四月就任）である。彼女は一九二六年ごろから仏教界の廃娼決議をとりつけるために、六年間雨風をいとわず、本山と名のつくほどの東西の名利はかたっぱしから訪れた。

この間、終始、影のかたちに添うように久布白に協力したのは和田満子という老婦人である。彼女は細川家の奥の老女を一五年勤めたあと、海老名弾正牧師の下で洗礼をうけた珍しい経歴の持ち主である。彼女の仕えた細川家はもともと京都市妙心寺に帰依していたから、その縁で和田は昵懇の管長神月徹宗の支援をえることができた。これは仏教界の説得活動に大きな前進をもたらすこととなったのである。

当時、仏教界は関東、関西二つのグループにわかれ、両者はそれぞれ傘下の寺院を構成メンバーとする総会をひらいて運営をすすめていた。東西両グループは東から七名、西から五名の幹事をそれぞれ出しあって全仏教連合会をつくり、両者の連繋を深めていた。

一九三二〔昭和七〕年秋、仏教連合会の一二名の幹事は、六年越しの久布白と和田の努力を認めて廃娼決議案を承認した。一二名よりなるこの幹事会の承認がえられれば、同案は全仏教連合会評議員会に提出されることとなる。

一九三二年一〇月二一日、京都市仏光寺婦人会館で開催された評議員会で、ついにつぎのような廃娼決議が全員一致で採択された。

> 仏教徒ハ之ガ制度（公娼制）ノ廃止ニ関シ従来斯ノ運動ニ携ハリツ、アル諸氏ト相呼応シテ之ガ制度廃止ノ運動ヲナス必要アルト認ム

2 埼玉遊廓存廃の攻防

一九二六〔大正一五〕年五月一日から東京市において全国警察部長会議がひらかれた。会議二日目、警保局長松

村義一は突如として公娼制改廃についての諮問案を会議に上程した。これは警察部長会議はじまって以来の珍事であった。なぜなら、これまで警察の公式の会議に公娼制度の改廃が論議されるなどということは、絶対に考えられなかったからである。

なぜ松村警保局長はこのような大胆な提案をしたのだろうか。それは、婦人および児童の売買禁止に関する日本政府の国際条約への加盟が大きく影響していたからである。つまり、国際連盟レベルにおいて列国から攻撃の的となっていた日本の公娼制の問題点をこの際洗い直してみよう、というのが警保局のねらいだったのである。

会議では、これまでとはまったく異なって自由廃業から廃娼論までが飛びだし、公娼制度の根本にまでおよぶような活発な議論が展開された。警察部長会議において廃娼論が出現したというビッグ・ニュースがいち早くジャーナリズムによって報道されるや、輿論は鼎《かなえ》の沸くような大騒ぎとなった。

全国主要日刊紙が筆をそろえて廃娼論を主張した。婦人矯風会の久布白落実は、時こそ来れりと喜び勇んで廓清会の松宮弥平、伊藤秀吉のもとにかけつけた。

久布白は「廓清会も矯風会も打って一丸となって、猛烈なる廃娼運動を起すべき時です」と二人に膝詰談判した。松宮、伊藤ももとより異存はなかった。

三人の相談の結果、五月一九日、婦人矯風会本部で廓清会と婦人矯風会の連合役員会が開かれ、満場一致で久布白落実による両組織合同についての提案が可決された。かくして、廓清会と婦人矯風会は廃娼問題にかぎり、財政および事業を同一とする連合組織をつくり、廃娼運動に邁進することとなったのである。

六月七日、両会選出の委員会が開かれた。廓清会側委員は松宮弥平、益富政助、伊藤秀吉、永田基の四名であり、婦人矯風会側委員は林歌子、久布白落実、二宮わか、川崎正子、古田とみ、皆川せきの六名である。

会の名称は「廓清会婦人矯風会連合」（後に「廓清会婦人矯風会廃娼連盟」と改称）とし、委員長松宮弥平、副委員長林歌子、事業部長伊藤秀吉、財務部長久布白落実と役割分担が定められた。

新たに発足した廓清会婦人矯風会連合（以下、廃娼連合）は、一九二九〔昭和四〕年六月までを第一期として、(1)中央運動（対政府、議会運動）、(2)地方運動（対県会運動、府県別廃娼同盟会の設置）、(3)教育運動（演説出版等による宣伝）に取り組むことになった。

廃娼連合成立後、対県会レベルの公娼制廃止請願運動において廓清運動の猛烈な火ぶたがきっておとされた。それは、廃娼連合が先頭に立って各府県民の公娼制廃止に関する請願書を多数とりまとめて、各府県会議長および知事に提出し、その採択を要請する市民運動である。

廃娼連合はこの請願運動で府県民の廃娼ムードを盛り上げ、つぎに府県会議員中の廃娼派議員の手によって廃娼建議案を地方議会に提出し、その通過を期そうというのである。

廃娼連合が府県会レベルの公娼制廃止請願運動のなかでもっとも重要視した目標県は、埼玉県であった。その理由としてはつぎの二つをあげることができる。

第一は、埼玉県民の公娼制廃止運動の輝かしい伝統という問題である。一八七五〔明治八〕年、白根多助県令の英断によって、埼玉県は群馬県よりも一足さきに全国最初の廃娼県としての栄光をえた。これを契機として、県民の間には廃娼思想が急激に浸透していった。

しかし、翌七六年、熊谷県廃止により、その一部であった本庄、深谷両遊廓が埼玉県の管轄になった。このため、埼玉県にも遊廓が存在することとなり、全国唯一つの廃娼県という栄光は汚された。

敗北感に打ちひしがれながらも、埼玉県の心ある人々は何とかしなければならないと考えていた。そしてこのような不名誉を挽回する機会はようやく二三年後の一八九九年におとずれた。同年、県下の貸座敷業者が県会に一三カ所の遊廓設置を申請したことを契機として、廃娼運動が燃えあがった。

遊廓建設予定地の最大の牙城であった日本鉄道会社工場の所在地たる大宮町で、廃娼運動は大きく前進し、ここにおいて政治的決断を迫られた小松原知事は、県下の遊廓設置の建議を握りつぶした。

もしこのとき、廃娼運動側が敗北していたならば、予定どおり県内一三カ所に遊廓が建設され、埼玉県は一大買売春王国と化したであろう。廃娼運動の勝利によって、県内の遊廓は本庄、深谷の二遊廓にとどまった。県内に遊廓が二つしかない埼玉県は、全国でももっとも貸座敷業者の勢力が弱い県であった。したがって、廃娼連合が同県を公娼制廃止請願運動の目標県にしたことは、まことに当然であったと言わなければならない。

第二は、当時、婦人矯風会支部が県庁所在地の浦和町に存在していたことである。同支部所属の婦人は二、三人の県会議員を説得して同志に加え、その力は侮るべからざるものがあった。

廃娼連合では、一九二六年一〇月一日、二日の両日、東京市の日本青年会館で全国廃娼同志大会を催し、その決議にもとづき、まず埼玉県において猛烈な廃娼運動を実行することに決めた。

これを知った全国貸座敷連合会（以下、連合会）本部は、ただちに埼玉県北部の高崎線沿線に連なる本庄、深谷両遊廓に急をつげた。一〇月七日、報せをうけた両遊廓のうち、本庄遊廓からは飯島弥平が、深谷遊廓からは大谷栄次郎、森豊吉の両名が各業者の代表としてただちに上京し、廓清運動への対策を協議した。当日の主な協議事項はつぎのごときものである。

(1) 廃娼側の運動方法を絶えず注意すること。
(2) 娼妓と楼主との関係を円満ならしめ、同時に楼主間の結束をかためること。
(3) 廃娼側が輿論に訴えて目的の貫徹に努めるならば、業者側も輿論の力を借りて之に対抗すること。
(4) 若し廃娼側が政治問題として争うならば、業者側も県当局にたいして諒解を求めて、極力これを防止すること。
(5) 本庄、深谷の両地に全国貸座敷連合会の支部を新設し、両遊廓は連絡をとり共同戦線を張ること。
(6) 本部及び本庄、深谷両遊廓から県会へ陳情書を提出すること。[4]

浦和町の婦人矯風会支部員たちは、県民の支持獲得をめざし大車輪で県内を駆け回っていた。またその一方で、同支部は運動の第一歩として、あらたに同志となった県会議員を先頭に他の県会議員にたいして公娼廃止建議書への署名捺印を迫った。

支部員たちはまた県下の医師を歴訪し、廃娼賛成の署名捺印をもとめるとともに、各町村役場宛に廃娼請願書を送り、各町村民の記名捺印を依頼し、これを県知事に提出する戦術をとった。

一〇月二五日、連合会本部幹事長鶴田克復（新吉原遊廓取締）が不安におののく本庄、深谷の両遊廓に乗りこんで士気を鼓舞し、これと前後して東京市新宿遊廓からも永見文太郎ほか数名が応援にかけつけた。

一一月に入ると、北埼玉郡羽生村（現、羽生市）の村長で政友会の会員でもある出井兵吉を先頭とする廃娼賛成者一同が大挙して浦和町におしかけ、県会議員に面会して公娼制廃止を陳情した。このとき、廃娼連合側が県下の各町村青年会や処女会から署名を集めて県会に提出した廃娼請願書は、約二〇〇〇通の多数にのぼった。

形勢不利とみた連合会本部では、副会長浅井幸三郎（東京市品川遊廓取締）、幹事長鶴田克復の両名を浦和町に派遣することになった。一一月一五日、両名は、本庄、深谷の業者とともに県会に出頭して遊廓廃止反対の陳情を行なった。

同月一七日には休会中の県会が開会することになり、連合会本部では浅井副会長、鶴田幹事長、洲崎遊廓取締の山口清次、吉田要、宮下長次郎、新宿遊廓の永見文太郎、丸山常任幹事などを急きょ浦和町へ送りこみ、大いに画策奔走させた。

連合会本部派遣の遊廓の主人連中は、浦和町入りをするとただちに全力をあげて、県会議員の説得にとりかかった。連合会は、かねて強力な組織力と豊富な資金を武器として、楼主たちを府市町村各自治体議会や県議会に議員として送りこんでいた。連合会は、その一方で公娼制存続派の衆議院議員にも献金することをけっして忘れなかった。

日頃から金銭を湯水のごとくばらまくなどの政治工作には慣れている遊廓の主人連中にとって、地方自治体の議員をまるめこむことは朝飯まえの仕事であったろう。それかあらぬか、連合会本部の県会議員工作は着々と効果をあらわし、県会開会にさきだって当時、議員総数四一名（政友会二一名、憲政会一八名、中立二名）中、準政友会の立場をとっていた中立派議員をいれると、過半数を占めていた政友会は、党議として廃娼建議案を県会に提出しないことを決議した。これに呼応して憲政会もまた党議として公娼制の存続を主張する決議を採択したのである。

連合会本部は『公娼廃止建議案埼玉県会通過顛末』〔一九二八年一二月〕なる小冊子のなかで、「斯くて真に危機一髪の間に廃娼の運命を阻止し得たのであつた。尚ほ茲に特筆するの必要あるは、当時本庄、深谷両廓は、貸座敷合計十七軒、娼妓百名に満たず、従つて運動資金の如きも之を支弁するの途なき状態にあつたので、已むなく連合会本部に於て之を負担したのであつた」。

『顛末』には連合会本部がすべて運動資金を供給したと誇らしげに述べてある。この運動資金の実態は県会議員や県の役人を買収するためのものであったろう。

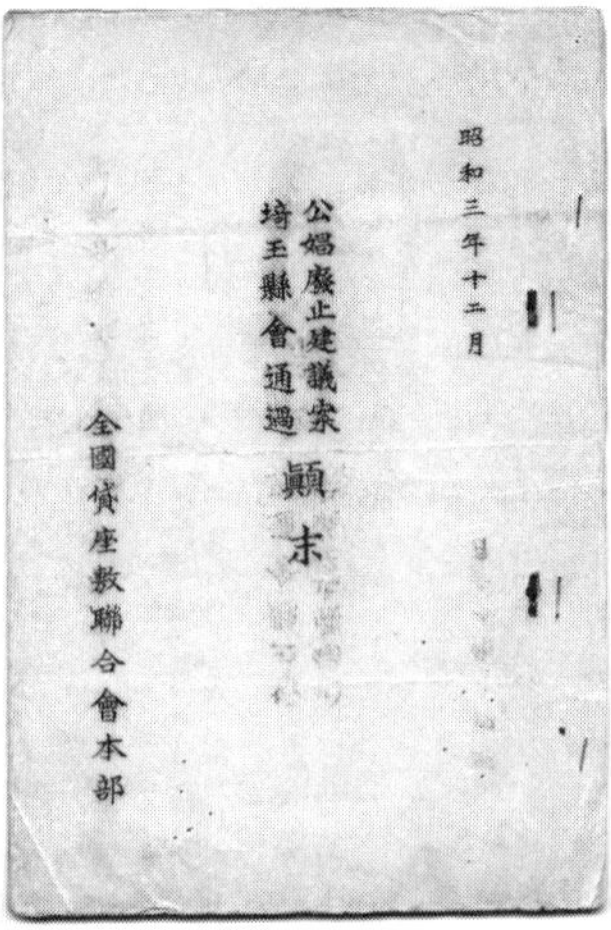

図26　『公娼廃止建議案埼玉県会通過顛末』（1928年12月）

一九二七〔昭和二〕年一〇月一六日、埼玉県廃娼期成同盟会（以下、期成同盟会）の創立総会が、浦和町の埼玉会館でひらかれた。地元浦和を中心に大宮、川越、熊谷、鴻巣などの廃娼運動家ら三一名が参加した。これまで県内の廃娼活動家がばらばらに活動していたものが協力をし、大同団結することで、廃娼を県会に決議させるというものである。会長には前県会議長にして県参事会員の出井兵吉、副会長には石川和助および細田洋が推薦された。会員は婦人矯風会員、牧師、青年団員、処女会員ら二二〇名を数えた。

期成同盟会は運動の第一歩として、五五三二通に及ぶ公娼廃止請願書をあつめ、うち半数を県知事に、残りの半数を県会にそれぞれ提出した。提出された公娼制廃止請願書は一二月一四日、建議案として議案のなかに採択された。しかし、県会は会期の残りがわずかのため、これを審議することなく閉会した。

草の根を掘りおこすような廃娼運動の前進のうちに、本庄、深谷両遊廓はまだ営業をつづけていた。しかし、その廃止はすでに時間の問題であった。

一九二八〔昭和三〕年、期成同盟会に大きな変化が生じた。それは、会長出井兵吉が衆議院議員に当選して県会を去ったことである。廃娼運動のあらたな昂揚をまえにして、会長を失ったことは、期成同盟会にとって大きな打撃であった。しかし、新しい廃娼運動の闘士がその戦列に加わってきた。それは川越市から公娼制廃止一本槍で県会議員選挙に出馬し、見事当選した山内庫之助である。

一方、連合会本部は同年秋が闘いの天王山になると予測し、そのための対策をたてるべく七月初旬、本庄、深谷両遊廓の幹部に上京を促した。しかし、意外にも本庄遊廓からは用事があれば本部から当地へ出張せよ、ただし今後本部と連繋して公娼制存置運動をすることはできない旨の回答が寄せられた。

とくに、深谷遊廓の大谷栄次郎よりは悲痛な長文の手紙がとどけられた。それによれば、組合内部の暗闘軋轢がはなはだしく、自分もその犠牲となりやむなく取締の職を退いた次第、深谷の業者はとうてい一致した行動をとることはできない旨が述べてあった。

本庄、深谷両遊廓が総くずれ状況になった理由はつぎの二点である。第一は、本庄遊廓が一九二八年夏、飯玉新地と呼ばれる新地区に移転したおり県当局からはなんらクレームがつかなかったので、県当局の方針は公娼制存置にありと忖度し、廃娼運動を全然眼中に置かなかったのである。

第二に深谷遊廓は遊廓移転を申請したにもかかわらず認可されず、加えて近来私娼の圧迫をうけて営業成績はすこぶる不振となり、疲労困憊その極みに達していた。組合内部には私娼営業を望む者も多く、しかも同業の有力者は、あるいは廃業あるいは休業というありさまであった。このため深谷遊廓内部では指導する者とてなく、疑心暗鬼の気分が楼主の間にうずまいていたのである。

期成同盟会は、この遊廓側の陣形の乱れをついて一挙に廃娼建議案を県会に提出する作戦にでた。一二月六日の通常県会に提出された建議案は、ついに堂々と県会を通過するにいたったのである。

埼玉ひとたび破れるや、福井一二月一七日、秋田一二月二一日、福島一二月二三日と相ついで各県会を廃娼建議案が通過した。

廃娼建議案が県会を通過したからといって、ただちに当該県内にある遊廓が廃止されることになるわけではない。しかしこのために、全国の貸座敷業者たちは失意のどん底につきおとされた。廃娼運動側はこれに反して廃娼運動の前途に強い自信をもつにいたった。埼玉遊廓廃止合戦が敗北に終わったあと、一九二八年一二月、連合会本部は前述の『公娼廃止建議案埼玉県会通過顛末』をまとめた。同書は公娼制存置運動の反省として、つぎの三点をあげている。第一、本庄遊廓の楽観、第二、深谷遊廓の意気消沈、第三、本庄、深谷両遊廓と本部との連繋の欠如。

『顛末』は最後につぎのような悲痛な文章で、報告をしめくくっている。

> 本部は廃娼案が埼玉県会を通過するが如きことあらば、其影響は広く全国に波及すべきを憂ひ、焦慮措く能はざるものがあつた。併し地元の業者が無関心の態度を取れるに拘らず、本部が之を無視して単独策動を試むるは、深甚なる考慮を要する。これ本部が遂に望《ママ》観的態度を取るの已むなきに至れる所以である。実に遺憾千万である。[5]

3 疑獄松島事件

大阪市西区岩崎町の松島遊廓は、一九二〇年代には八〇〇軒の青楼が軒をつらね、五〇〇〇人の娼妓を擁していた。もともとこの方面は大阪市の工業地帯として早くから開けたところだけに、一九二〇年代にはしばしば遊廓の移転問題がもちあがることが多く、それからそれへと黒いうわさがみだれ飛んでいたのである。

一九二六〔大正一五〕年一月、西区同仁会という団体名で、松島遊廓移転に関するスキャンダルを暴露した怪文書が貴族院と衆議院の両院議員、大阪府・市会の両議員、そして各新聞社にばらまかれた。

怪文書に自分の名前が書かれていることを知った大阪府知事中川望は、事態の容易ならぬことに驚いて、急きょ内務省の指示を仰ぐために上京した。警察は怪文書の発行者を逮捕するために、刑事を八方に飛ばして印刷屋をしらみつぶしに調べた。五日間の血眼の捜査をへて、警察はやっと怪文書を発行した一味をつきとめた。すなわち、怪文書の筆者は著述業実川時治郎、その協力者で元憲政会大阪支部幹事重松又太郎、その書生の入江幸太郎の三名である。

怪文書に名前をだされていた松島遊廓の取締で市会議員の木野正俊は、名誉毀損で三名を告訴した。警察はこれをうけて出版法違反の容疑もあって、三名を逮捕した。大阪刑務所北区支部の独房に収監された実川は二月二三日、佐川弁護士を代理人として、松島遊廓移転運動に参画し、巨額の賄賂をとった疑いのある政党政治家や事件関係者を逆に刑事事件として告発した。

これを機に大阪検事局の大田黒検事長、金山検事正は三月一日以後、汚職事件解明のために活動を開始した。これがいわゆる疑獄松島事件の発端である。

実川はなぜ逮捕の危険をおかしてまで怪文書発行にふみきったのだろうか。この問題を解くための一つの手がかりは、事件の裁判終了直後の一九二七年一月に、松林亮が発行した『疑獄松島事件』と題する八四頁の印刷物である。これには実川の手記が掲載されている。同手記によれば、実川は少年時代から画一主義の学校教育に反感をもち、あるときは秋空を墨染の法衣一着で行脚僧の苦しみを体験した。

彼は深く日蓮を信仰し、「国士たらん者は、親・師・王に倚るべからず」という豪僧立正大師の言葉によって自己の使命に目覚めたという。二〇代の末に政界で身を立てる決心をして上京した彼が中央政界でみたものは、あまりにも腐敗した政治家たちの行動であった。

彼は待合政治に落胆して、機会あらば腐敗した政界の実状を暴露しようと、様子をうかがっていたらしい。実川が三三歳のとき、たまたま政界の黒幕である長島隆二から松島遊廓移転についての情報をえて、政界に関係をもつ関西の実業家の手に約一億数千万円、各政党の幹部に約一〇〇〇万円の金が入るというこのスキャンダルを暴露することを決心したという。

私はこの実川の手記を一〇〇パーセント信用することはできないと考えている。つまり、実川が正義感だけで政界や官界、実業界に重大な影響をあたえると予想される怪文書を発行したかどうかは、きわめて疑わしいからである。私はむしろ怪文書発行のうらには、政治的な陰謀がかくされていたと思っている。

松島遊廓移転についての情報を実川に伝えたという長島隆二とはどのような政治家であろうか。

長島は桂太郎の女婿であり、第二次桂内閣では首相秘書官兼大蔵省書記官であった。その後、理財局長心得、日銀管理官を経て一九一四（大正三）年衆議院議員に当選し、立憲同志会に所属した。長島は松島遊廓の件で実川と関係したと思われる時期には、代議士を一時やめ、政界の黒幕として暗躍していた。怪文書発行に長島の名が垣間みられるのは、いかにも無気味である。

「芋蔓式」という言葉どおり、実川の告発により、つぎつぎに大阪地方裁判所の手で召喚されて取り調べまたは収監された政治家、土地会社の経営者、地主等は三〇〇余名に及んだ。

大阪地方検事局の取り調べまたは参考に訊問をうけた大物政治家、官僚の主な顔ぶれは以下のとおりである。若槻礼次郎（総理大臣・前内務大臣）、川崎卓吉（内務次官）、頼母木桂吉（逓信次官）、床次竹二郎（政友本党総裁）、杉浦五兵衛（政友本党幹事長）、田中善立（憲政会総務）。

大正天皇の大喪儀の準備がはじまった一九二六年一二月三〇日、松島遊廓事件の予審がようやく決定した。服部順次大阪地方裁判所予審判事は、箕浦勝人（憲政会筆頭総務）、平渡信（会社員）、高見之通（政友本党党務委員長）、岩崎勲（政友会幹事長）らを有罪とみとめて、同地裁の公判に付した。予審は現行法では廃止されているが、敗戦以前の裁判では、検察官により起訴された事件について、これを公判に付すべきかどうかを決定するため、公判に先だって予審という訴訟手続きをとり、取り調べを行なったのである。

予審判決によれば、事件の輪郭はこうである。豊国土地株式会社社長田付政次郎および同会社と特別の関係にある万歳信託社長小久保信次郎、同社取締役中村万次郎らは共謀して、豊国土地所有の大阪府西成郡歌島村ほか数カ所の土地に松島遊廓を移転させるべく、一九二三年一二月はじめ、平渡信を介して立憲政友会幹事長岩崎勲にその運動方を依頼した。

岩崎はその際、成功謝礼金一五〇万円の前渡金名義のもとに、運動費として額面二〇万円の小切手一通を受け取っている。一九二五〔大正一四〕年二月五日、松島遊廓移転問題に介在していた政友会随一の実力者で司法大臣の横田千之助の死により、急きょ岩崎は運動のバックの間隙を補うために、憲政会の元老で同会筆頭総務の箕浦勝人の協力を要請した。箕浦はこの申し出を、渡りに舟とばかりに快諾し、以後運動の主役の一人となった。

箕浦と平渡らは三月七日、前記小久保、中村らにたいして、内務省上層部や中川大阪府知事にはすでに了解をとっているから、すみやかに運動費を支出せよと要求し、彼らから額面五万円の小切手一通を受け取った。

一〇月はじめ砂糖にむらがるアリのように、新手の政治家が登場した。政友本党党務委員長高見之通である。彼は平渡信と共謀して、中村万次郎らから移転運動資金三万円を提供させる口実として、中村に同党総裁床次竹二郎へ同額を寄付することを勧誘した。

　高見之通と平渡信は松島遊廓移転問題に関して床次と談合を遂げたことはなく、したがってその了解を得た事実がないにもかかわらず、一〇月一四日に中村から床次へ政治献金の名目で提供された三万円を騙し取った。二人は三万円騙取後、その犯行をごまかすために中村を床次竹二郎邸に同伴して、同総裁に面会をさせ、さらに同家別室において、高見が床次の代理人であることを利用して、同代理人名義の中村ら宛三万円の領収書一通を作成し、これを中村に手渡したのである。

　一一月一九日、遊廓移転問題はもはや絶望の状況におちいっていた。にもかかわらず、平渡信は遊廓移転のあかつきには遊廓営業者に譲渡を予定されていた豊国土地の土地四万坪の処分権をめぐって詐欺を働き、右地所の処分権をもとめる佃順蔵、石橋半吉らより三万円を騙し取った。

　一万余枚におよぶ予審決定書の要点は、ただちに一九二六年一二月三一日の各新聞紙上に大きく報道された。大正から昭和へと年号がかわり、新しい時代の幕があけたにもかかわらず、遊廓移転をめぐる政界、官界、実業界の三者の癒着が暴露されたので、国民はひとしく国家の前途に暗たんたる思いを抱いた。

　悪者は予審で直接有罪となった政治家連中だけではなかった。彼らより遊廓移転の許認可権をもっている政府高官や内務官僚のほうが、その罪ははるかに重かった。

　一九二六年一一月八日、一一日の両日、箕浦、岩崎たちは若槻礼次郎首相（事件当時内務大臣）、川崎卓吉内務次官、中川望大阪府知事を、それぞれ偽証および名誉毀損の疑いで告訴した。告訴理由を一言でいえば、若槻、川崎らは司直の取り調べに際して、当初から松島遊廓移転は絶対に許可する意志などなかったと虚偽の陳述を行ない、箕浦、岩崎らの立場を窮地においこんだというにある。

　憲政会の長老箕浦が、こともあろうに自党総裁で内閣総理大臣の若槻礼次郎を告訴したことは、結果的には不起訴に終わったものの、若槻内閣を震撼させた。俄然、松島事件の裁判は政治問題となり、裁判の成行き次第では、若槻首相の政治責任が追及されることは必至の情勢となったのである。

一二月二四日、予審決定直前にもかかわらず、突如、松島事件担当の角南上席予審判事は、神経衰弱のため職務遂行が不可能になったとの理由で、服部次席判事と交替した。彼は転地療養に赴くと称して大阪港から汽船で別府に向かった。

一二月三〇日付「朝日新聞」は、角南判事の更迭はあきらかに若槻内閣による裁判への干渉であると言明した政友会連合幹部会声明を掲載した。私は、さしあたり角南判事更迭がはたして若槻内閣の事件もみ消し工作の一環であるかどうかを立証する余裕がない。しかし、前述の『疑獄松島事件』に収録されている「朝日新聞」記者の角南元判事訪問記などから、箕浦の告訴に狼狽した若槻内閣が主任判事を更迭して、箕浦らに不利な判決を宣告しようとした意図が推察できる。

一九二〇年代半ばには政党政治がようやく軌道にのったようにみえていたが、その内実はすでにみたように、これまでの待合政治となんら変わらなかった。議員と呼ばれる者は政府の許認可権を利用して、政治資金や利権をひきだすことに狂奔していた。

政党政治家の金づると集票能力は、そのたびに肥大していった。待合という淫猥なクラブを利用して利権獲得のための談合に加わったり、賄賂をうけとったりするという点では、与党議員、野党議員といった区別はまったくなかったのである。

疑獄松島事件は、このような待合政治の存在ゆえに起こったといえるだろう。そして、それがまたより巧妙な疑獄事件を生む土壌となっていったのである。

4　売薬王、有田音松

松島事件裁判で若槻首相、川崎内務次官らの大物が取り調べをうけたニュースに、巷では「なかなかやるじゃないか」という声が多かった。これより数年前、国民の間には、一九二三年に起こった大杉栄、伊藤野枝などの虐殺事件の真相を究明すべしという輿論がたかまっていた。当時、新聞を利用して甘粕大尉の減刑運動をはじめた一人の男がいた。それは性病薬を販売する有田ドラッグ商会の経営者有田音松である。

彼はこれまでも国士を気取り、新聞紙上で梅毒、淋病等の性病薬の広告を掲載する際にも、皇室中心主義や家族主義を鼓吹する文章を一緒にのせて、人々の注目をあつめていた。彼は政党政治には強い反感をもっていたので、月に一〇万円以上を投じて犬養毅や尾崎行雄を激しく攻撃する文章を新聞に掲載したこともあった。

彼は甘粕大尉の減刑運動を成功させるために、「日本人たる甘粕大尉に同情せよ」と題する論文を全国の新聞に掲載し、それに減刑請願の書式までつけた。在郷軍人会は有田の呼びかけにこたえ、戸別訪問をして署名をあつめた。[6]

有田は翌一九二四年一月一三日、五〇余の新聞紙上でいっせいに一口三円の甘粕大尉母堂養老金募集を発表した。彼自身は有田ドラッグ商会の各地専売所主任や出入りの商人連中から、強制的に約三万円を徴集した。新聞広告を見て募金に応じた人々からも、二万余円が集まった。有田は募金総額五万円余のなかから、広告費三万円を差し引いた残りの二万余円を甘粕大尉の母に贈ることとした。贈る金が二万円、売名のための広告費が三万円、これが慈善を利用する有田一流の手口であった。涙を流して喜ぶ甘粕の母親を見て有頂点になった有田は、獄舎に甘粕大尉をたずねた。ところが、甘粕は言下に母親への二万余円の贈与を断ったのである。

このため、義捐金が宙に迷うという前代未聞の事態がうまれた。狼狽した有田はふたたび甘粕の母に会って、大尉への説得を頼みこんだ。すったもんだの末、甘粕家の後見者となっていた岩佐祿郎憲兵中佐の斡旋で、有田は甘粕の母親の手に二万余円をやっと渡すことができた。

義捐金騒ぎはこれだけにとどまらなかった。義捐金募集の広告を掲載した全国五〇有余の新聞紙が、いっせいに罪人庇護ならびに新聞紙法違反の罪で一〇〇円の罰金に処せられた。このため、有田自身も三日にあげず東京や大阪の裁判所に出頭しなければならない破目におちいった。

甘粕大尉の行動に非難が集中しているさなかに、性病薬の発売元にすぎない有田ドラッグ商会の経営者が、なぜわざわざこうした行為を買ってでたのだろうか。いったい、梅毒薬販売と甘粕大尉とはなんの関係があるというのか。

この謎にずばりと解答したのは、無学文盲の有田のゴーストライターで、甘粕賞讃論を一手に引き受けて執筆した渡辺新次という人物である。彼は一九二五年四月号の『実業之世界』に「有田音松とはドンナ人間か」という一文を寄せて、そのなかで義捐金募集の根底には強烈な有田の売名願望がかくされていたことを暴露した。渡辺は言う。

甘粕が大杉を殺した、……機逸す可からずと、彼は僕の所へ飛んで来た。そして甘粕賞揚論を直に書いてくれと云ふ。所が、彼は元々甘粕大尉の行為を良いと思つて居る訳でもなければ、又大尉に、同情して居る訳でもない。只売名の道具に使へば、それで良いのであるから、其論旨の如きも例に依つて滅茶々々だ。

表向きの肩書は有田ドラッグ商会の顧問だが、実は有田のゴーストライターであった渡辺は、右の一文で有田が請け合う梅毒淋病薬の成分は、越中や大和の薬売りの販売する性病薬と少しも変わらないこと、有田ドラッグ商会には薬剤師が一人いるだけであること、有田自筆と称する広告文は全部代筆であること、有田薬による全治体験文が本人の写真入りで新聞広告に出る人は、一〇〇円または薬をもらった人であること等々、有田の悪辣な所業を徹底的にすっぱぬいた。

有田は自己の売名になることなら、どんなことでも平気でやってのけた。例えば二荒芳徳、沢田節蔵共著の『皇太子殿下御外遊記』〔大阪毎日新聞社、東京日日新聞社刊、一九二四年一月〕を一万五五〇〇部購入して、全国の小・中・高の官立系諸学校や警察署に自分の名前で寄贈した。彼にとっては、皇太子の外遊でさえ自己宣伝の絶好の材料であったといえる。

翌一九二五年、有田はいかにも自分が書いた文章を集めたごとく装って、じつはゴーストライターに書かせた文章を編集して本をつくり、これを『有田音松説話集』と題して有田音松出版部から刊行した。九〇〇頁近くもある同書には、歴代天皇の聖徳について書いた文章をはじめ、中江藤樹や水戸光圀、維新の志士らの美談や逸話が目白おしに並んでいた。国士を気どる有田はこの本でも「忠孝破滅の普選論」「在郷軍人青年団奮起せよ」等と、大正デモクラシー運動への敵意を露骨にあらわしていた。

彼は本業である性病薬の広告にも、驚くべき巨額の資金を投じていた。一例をあげると、国内はもとより朝鮮、台湾、中国東北部、ハワイ等の一五〇種類の新聞広告のために彼が支払った代金は、一回約一万二〇〇〇円、月額にすると約五万円にも達した。東京府知事の年俸が六〇〇〇円（一九二〇年）であったころの一万円〜五万円であるから、いかに彼が性病薬の広告に大金を投じたかがわかるだろう。

彼は「広告の天才」であった。全国各地の有田商会の専売所のショーウィンドーには、背景を黒幕でかこい、性病に犯された男女、胎児、赤ん坊など

図27　有田ドラッグ商会の広告（「毎日新聞」1925年3月14日号より）

の蝋製模型が飾られていた。本物そっくりの出来栄えの模型は、いずれも両眼はうみで赤くただれ、皮膚には赤いイボイボができているという物すごさであった。私も子供のころ近所の有田ドラッグ商会の蝋製模型が飾られたショーウィンドーを見て震えあがったことがある。

目をおおうばかりのこのディスプレーは、性病の恐ろしさを世間の人々にアピールして、性病薬を売るための小道具であった。しかし、このディスプレーは、あまりに生々しくその害毒をアピールしていたから、たしかにそれは人々に性病の恐ろしさを啓蒙する教材の役割を果たしたことも事実である。

無学な有田が一代で有田ドラッグ商会を築きあげ、一〇〇〇万円近くと噂された富をうることができた裏には、じつは波瀾万丈の物語がある。有田は一八六七〔慶応三〕年、広島県三原に生まれた。一四歳で大阪に赴き、商家に小僧として奉公した。彼は一四歳ですでに女遊びを知り、一七歳のときには奉公先の反物を持ち逃げするなど素行が悪かったので、そこをお払い箱になった。

大阪で食いつめて東京へ働きにでたのは、彼が一八歳のときである。おりしも一八八七〔明治二〇〕年前後、国会開設、憲法制定、地租軽減、不平等条約撤廃などをもとめる自由民権運動が昂揚し、天下の志士たちが各地で政府の弾圧に抗して闘っているときであった。有田もいつしか壮士の群れに投じ、聞きかじりの神道論や自由民権論をぶって、演説会の前座をつとめた。後年、彼が甘粕大尉の減刑運動などに国士ぶった行動をするルーツはここにある。

やがて彼はオッペケペ節で有名な川上音二郎や、伊藤仁太郎（痴遊）の地方興行の驥尾《きび》にふして、五、六年間全国行脚の旅に出た。後年、有田が自慢するところによると、全国いたるところの演説会で警官と衝突し、幾度も拘留処分をくったという。この当時、有田が西条治安裁判所、熊本地方裁判所において恐喝、詐欺などの罪で重禁固刑をうけていることから察すると、当時の彼は自由の壮士とは名ばかりで、その実、やくざかごろつきのような無鉄砲な生活をしていたと思われる。

全国放浪のすえ、神戸に落着いた有田は、壮士（?）から一転して侠客大辰の子分となっている。そして彼は、大辰の周旋でその縄張りである福原遊廓内の長谷川楼にワラジをぬぎ、客引き、俗にいう妓夫太郎となった。

そのうち、彼は持ちまえのハッタリで妓夫太郎連中の兄貴分となり、羽振りを利かせた。そのころ彼は同楼のやり手婆のたかと結婚している。その後、有田は楼主たちのあとおしをえて小さな半紙判の刷物を発行し、遊廓で乱暴を働く沖仲仕を攻撃して男をあげた。

図にのった彼は『警鐘』と題するパンフレットを刊行して、脇の浜埋立工事にからむ汚職を暴露し、市参事会員坪田十郎などから二〇〇〇円を恐喝した。坪田側は金を渡す条件として、『警鐘』の廃刊、有田の神戸退去を提示してきた。有田はやむなく神戸を去り、大邱で淫売屋をしていた姉を頼って朝鮮へ渡った。日露戦争が終わりに近づいていたころのことである。

図28　有田音松（『実業之世界』第22巻第4号、1925年より）

彼は釜山で満韓売薬商会の看板をかかげ、自分で調合したと称する淋病薬を発売した。当時、有田自身、慢性の淋病患者であったというが、なにごとにもむきになる彼は、自分の局部を実験台として淋病薬の効果を試した。

山師気分たっぷりだった有田の人柄を物語るこんな話が残っている。釜山で売薬行商をしているとき、彼は食いつめ者の日本人を雇って異様な服装をさせ、ねじりはち巻に法被姿の妻子とともに、太鼓や銅鑼をたたきながら性病薬を売りつけたという。

大阪市道修町の薬種問屋相手に一〇万円相当の薬の取込詐欺を働いたあたりから、彼は幸運に見放されて、商売は下り坂となった。結局はにっちもさっちもいかなくなって、彼はほうほうのていで朝鮮から逃げだし、ふたたび神戸市に帰った。

転んでもただでは起きない有田のことである。彼は朝鮮で性病薬を売ってぼろもうけをしたことが忘れられず、神戸でも性病薬を販売することにした。彼は新聞を利用して「朝鮮で能く売れ」た性病薬の販売という広告をだし、人々の関心をさそった。

この広告作戦があたって、市内北長狭通りの九尺二間の裏店からはじまった有田ドラッグ商会はとんとん拍子に発展して、ついに大阪に進出するまでになった。『実業之世界』の発行者兼編集人の野依秀一は、同誌一九二五年四月号のなかで、有田の財産は一〇〇〇万円近くあると書いている。

私の手もとにある「続日本之資産家、大阪府、京都府、兵庫県の部、五十万円より百万円まで」(発行年月日不明、明治末または大正初期と推定)によると、大正期前半の関西の富豪の資産相場は五〇万円から一〇〇万円程度である。

こうした資料から推定すると、野依のいう一〇〇〇万円説は少々あやしい気もする。しかし野依説はともかく、一九二〇年代の有田は、関西の富豪、金子直吉(鈴木商店)、松方幸次郎(川崎造船所)、塩野義三郎(薬種商)、稲畑勝太郎(染料商)、伊庭貞剛(住友重役)、島津源蔵(理化学用品商)、大浦新太郎(金融業)などと肩をならべる大金持ちに成り上がっていたことだけは間違いない。

有田が妓夫太郎から一躍売薬王にのし上がった秘密は、すでにみたように広告にたいする卓越した才能のみならず、彼が性病患者の心理を巧みにつかんだことにある。すなわち、性病は名誉なことではないから、性病患者はだれでもできることならそっと治療したいと考えていた。この患者の心理につけこんで、有田は忠君愛国思想で権威づけた広告で大勢の患者をあつめ、高い薬ほどよくきくという彼らの迷信を利用して、法外にたかい価格の性病薬を売りつけたのである。

しかし、有田を大金持ちにしたのは、彼の破廉恥な商才にあったというよりも、むしろ花柳病が恐ろしい勢いで蔓延していた当時の社会の現実に、その最大の原因があったというべきだろう。その意味では、まさに有田ドラッグ商会のたくましい成長ぶりは、買売春王国日本の象徴であったといえよう。

第5章　日本人のエロス

1　一九二〇年代の性意識

菊池寛が最初に書いた新聞小説は『真珠夫人』である。『真珠夫人』は一九二〇〔大正九〕年六月から一二月まで「大阪毎日新聞」「東京日日新聞」の両紙に連載された。芥川龍之介、久米正雄らとともに第三次新思潮のグループである菊池寛が初めて書いた通俗小説として、『真珠夫人』は圧倒的な世評を博した。

物語の主人公瑠璃子は美少女で、父は男爵である。瑠璃子は青年貴族杉野を恋していた。しかし、船成金荘田に謀られて彼女はその妻となる。瑠璃子は妻となっても夫と肉体関係をもたず、夫を翻弄する。荘田は先妻の残した白痴の息子との格闘の末、心臓麻痺で死ぬ。

やがて瑠璃子は社交界の女王として崇拝者の青年たちに君臨する。その一人青木淳は失恋の悲しみにたえきれず死ぬ。瑠璃子の義理の娘美奈子は青木の弟稔を慕っていた。結局、稔は恋する瑠璃子を凶器で刺して、芦の湖に投身自殺をする。

息をひきとった彼女の肌襦袢には、かつての恋人杉野の写真がひそかに縫いこまれていた。不幸な結婚のため心ならずも男の心をまどわした彼女も、その内心には真珠のように清らかな初恋の人への思慕の情がかくされていたのである。

私たちがいま『真珠夫人』を読むと、時代感覚のずれを感じる。しかし、家政婦兼性的奴隷のごとき境遇に甘んじていた当時の主婦にとって、真珠夫人のような上流社会の美貌の女性が、性的ストライキをもあえて辞さず、男性のエゴイズムに挑戦するという物語は、自分たちの鬱積した不満を代弁しているように思われたのである。

大衆文化が成熟して社会全体に娯楽が氾濫している現代とは異なって、一九二〇年代の日本では、一流の文士が書いた新聞の連載小説を毎朝読むことが庶民のもっとも大きな楽しみの一つであった。一九一六〔大正五〕年に伊藤小坡が文展に出品した「つづきもの」と題した絵は、早朝、新聞小説を読む女性を描いたものである。この絵には、洗顔後台所の一隅に腰をかけて新聞小説に読みふける若い主婦の心の躍動がよく表現されている。

一九一九〔大正八〕年一月五日、女優松井須磨子は恩人であり愛人でもあった島村抱月のあとを追って縊死した。鉱山王伊藤伝右衛門の夫人白蓮が夫をすてて愛人のもとに去ったのは、一九二一〔大正一〇〕年一〇月二一日である。二年後の二三年七月六日には、軽井沢の別荘で有島武郎と「婦人公論」記者波多野あき子の心中死体が発見された。

こうした心中事件の続発が象徴しているように、一九二〇年代初頭には、人々の間に貞操や愛の純粋さをひたすら追求しようとする風潮が強かった。菊池寛は時代のそうした動きをとらえて『真珠夫人』を書いたのである。文中にでてくる真珠夫人のつぎの言葉は、まさに一九二〇年代の女性の貞操観を的確に反映している。

男性は女性を弄んでもよいもの、女性は男性を弄んでは悪いもの、そんな間違つた男性本位の道徳に、妾は一身を賭しても、反抗したいと思つて居ますの。今の世の中では、国家までが、国家の法律までが、社会のいろ〳〵な組織までが、さうした間違つた考へ方を、助けてゐるのでございますもの。[1]

『真珠夫人』を連載していた「東京日日新聞」は、一九二〇年代には職業婦人の愛読紙のトップであった。[2] 教師、女医、タイピスト、女子事務員等の職業婦人層を読者にもつ同紙は、おそらく当時の女性のなかではもっとも男女同権ということに目覚めていた彼女たちを意識的にねらって、菊池寛に『真珠夫人』を執筆させたのであろう。だが『真珠夫人』が通俗小説の枠内にとどまるかぎり、男性上位社会の現実にいらだっている女性の心を和らげ、結果的には男女同権に目覚めはじめた女性を男性上位社会に同化させる役割を果たすことになったことも事実である。

一九二〇年代の貞操問題に現実的な解決をあたえようとした最大の功労者は、なんといっても『青踏』の輝ける旗手平塚らいてうである。一九二一年、彼女は自ら先頭に立って、花柳病患者との結婚を拒否する運動を提起した。『真珠夫人』の性的ストライキは観念の世界のできごとに過ぎなかったが、らいてうのこの提案は婦人運動の立場から提起された現実的な主張であった。

ブノワット・グルーはその著書『最後の植民地』〔新潮社、一九七九年〕で、このらいてうの主張を高く評価し、世界の婦人運動の貴重な遺産であるとしている。

一九二四〔大正一三〕年ごろ、全国的にストトン節というのが流行した。

今日は会社の勘定日、お金もしこたま貰うたし　芸者買ほうか女郎買ほか　嬶《かかあ》に相談してどやされた
ストトンストトン

「芸者買ほうか女郎買ほか」とあるが、ここに一九二〇年代のサラリーマン社会におけるセックスの享楽の姿が典型的にしめされている。当時は、女性を買うことがなんら罪悪視されなかったのである。

わが国の庶民生活では、女遊びは日常的レベルのさまざまな交際の内部にビルトインされ、仲間同士で遊廓へ遊びに行くことが人々の共通の楽しみであった。人前でははばかられる猥談ですら、仲間うちで語られるときは、秘密を共有した一体感をわかちあう有効な社交手段であった。

この国の買売春を媒介とした性的「共同体」意識は、ひろく演歌から落語の世界にまで浸透していた。大正の初期に流行した演歌に「奈良丸くずし」というのがある。この演歌は後年の炭鉱節のルーツである。

僕の未来は法学士、君の未来は文学士　よかろ吉原交際《つきあ》はう　親たちやお国で芋を掘る

「よかろ吉原交際はう」というあたりに、当時の学生生活に浸透していた買売春を媒介とする仲間意識の昂揚がみられる。落語においても、事情はまったく同様である。例えば「品川心中」「明烏《あけがらす》」「羽織の遊び」「子別れ」など極めつきの落語には、仲間たちと女遊びをするなかでの失敗談などから生まれた笑いが表現されている。

「品川心中」といえば、だれでもまず、品川の新宿《しんしゅく》に栄えた庶民的な廓の雰囲気を思い浮かべる。その品川の新宿に白木屋という妓楼があった。そこに板頭《いたがしら》（一番の売れっ子）をつとめるお染という女郎がいた。お染は寄る年なみにはかてず、やがて売れなくなる。彼女は悲観し、客と心中してこの世を去ることを決意する。この落ち目の女郎と神田の貸本屋の金蔵というお人好しの男とが、品川の海に飛びこむことで相談がまとまる。しかし、金のできた女郎に裏切られて、金蔵だけが海にとびこむことになる。浅瀬のために一命をとりとめた金蔵は、賭博開帳中の町内の親分の家に駆けこみ、その手助けでお染に仕返しに白木屋に乗りこむ。

「明烏」は堅物の若旦那を柔らかくしてくれと大旦那に頼まれ、源兵衛ら二人の遊び人が若旦那と吉原にくりだすが、なぜかうぶな若旦那のみがもてるというところから噺《はなし》がはじまる。

これらいずれの落語にも共通するのは、仲間と連れだって廓に遊びに行くことを良しとする気分がベースとなっていることである。

戦前は、庶民のみならず政財界のエリートたちも花柳界をクラブ的に利用して、交際兼用で性の享楽にふけった。すでにみたような待合政治やお茶屋、待合を利用したビジネスが、「社用」という名の大企業、銀行等の支出

に支えられていたことは言うまでもない。

わが国の社会では、男同士があたかもゲイ社会のごとく結びつき、妻以外の女性との性の享楽をさまざまな利益をからませつつ共有していたのである。こうした社会的風土のもとでは、一家の主人たる男性の女遊びにたいして、その妻が貞操を守れと要求することはきわめて困難であった。当時の社会的通念からいえば、女遊びは男の甲斐性の一つであり、大切な交際の手段でもあったから、妻が文句を言うすじあいではなかったのである。

2 宮武外骨と『猥褻研究会雑誌』

一九一六年六月、廃娼運動の重鎮大隈重信を首班とする内閣は、宮武外骨編集の『猥褻研究会雑誌』第一号を発行と同時に発売禁止処分とした。図29のように、この雑誌は半紙半裁横綴という体裁の、雑誌というよりはむしろパンフレットである。

表紙に禁売買とあるように、それは一般に市販するものではなく、「色道研究をせられる学者態度の人々百名ばかりの会員」を対象に発行された研究雑誌であった。

雑誌の目次も、つぎにみるように性風俗研究が中心である。


神秘と猥褻、猥褻の字義、陰陽の別は一と二、且也《そや》は両性の象形文字、肉交の収賄罪（警部と女犯人）、便所楽書の心理、男子の証明物、股部に白粉、婉曲なる広告文、猥褻見世物譚、夫婦の契り餅、色界浪漫《ローマンス》集、質義五件、猥褻研究会規則

図29　宮武外骨『猥褻研究会雑誌』第1号（1916年）

当局の発売禁止処置にたいして、外骨は翌七月に号外を発行して研究誌廃刊を宣言し、あわせて「不可解の禁止令」という文章を掲載して治安当局に抗議した。

　記事中の何処がイケナイのか分りませんが始めから終りまで最も真摯に筆を執つて、「肛門」と書いては汚らしいからとて「戸口」といふ熟語を用ゐるなど、注意に注意を加へたもので、現代の風俗を害するやうな所は一言半句もないツモリで、実に立派な学者態度の記述でありました。

外骨のこの文章の論旨はまことにもっともである。しかし、これだけ慎重に用語に気をつけていたにもかかわらず、一方で外骨は雑誌名に当局が嫌う猥褻という言葉を平気で使用している。自ら猥褻主義者と称したことからもわかるように、外骨という人物を語る場合、猥褻という言葉がキーワードである。いったい外骨の経歴のなかで猥褻とはなんであったのだろうか。

大隈内閣がいわゆる猥本などのたぐいではなく、性風俗研究を目的とするわずか一六頁のパンフレットを弾圧したことは、少々常軌を逸しているように思われる。

猥褻というものにきわめて神経質になっていた当時の権力の焦慮が、そこには垣間みられるとしても、なぜ大隈内閣はたかが在野の性風俗研究者の研究にそれほど恐怖をみせたのだろうか。

私はつぎにこの二つの疑問を解きながら、第一次世界大戦時に大隈内閣が行なった猥褻追放とはいったいなんであったのかという問題について考えてみたい。

まず第一の疑問を解く手がかりとして、二三歳の青年外骨が第一回目の発禁処分を受けた一八八九〔明治二二〕

年当時の事情をみることとしよう。

一八八九年といえば、帝国憲法が発布された年である。青年外骨は帝国憲法発布の式典を記念した錦絵が飛ぶように売れるのをみて、ただちに自らが発行していた『頓智協会雑誌』の二月号に「頓智憲法発布」の戯画を掲載した。玉座には天皇にかわって骸骨（外骨）が坐り、憲法第一条をもじって「大頓智協会ハ讃岐ノ平民外骨之ヲ統轄ス」と書いた。

この戯画戯文は天皇政府への痛烈な批判であったから、仰天した黒田内閣は即座に雑誌を発禁処分とした。外骨は裁判で不敬罪重禁固三年を言い渡されて、石川島監獄に投獄された。

刑を終えてふたたび娑婆にもどった外骨は、当時流行していた性にたいする潔癖主義に敢然と挑戦した。明治時代までの日本の農村を支配していた性思想は、性器とセックスを崇拝するという素朴で天真らんまんな考え方であった。

性にたいする潔癖主義や隠蔽主義は、これまでの農民的な性思想や儒教的性差別の延長ではなく、安田徳太郎が指摘しているように、じつはハイカラ好みの明治政府の性にたいする方針によるものであった。


明治政府は日本を文明国にひきあげるために、欧米に見ならってさっそく風俗カイラン罪、図書検閲制度、堕胎禁止法を制定して、性に関するものをワイセツとして、かたっぱしから圧迫した。だから、明治時代の官吏階級やインテリ階級は、古い性思想を代表する農民を、まるで未開人のように軽蔑して、かれらの性にたいする天真らんまんな素朴さを、日本人としてじつに恥しいとなげいたほどであった。庶民的な、これまでの古い性思想をたたきつぶすということは、いちおう進歩的であったが、ただたたくだけで、それに代るものは何ひとつ与えられなかった。[3]

安田氏がいうとおり、明治政府は新しい性思想を何ひとつ与えなかったのみならず、かえって強い兵士やよく働く労働者を大量につくるために、丈夫な男子を産むことを性教育の名のもとに民衆に強制したのである。外骨は、このようなわが国固有の性思想と断絶したハイカラな性にただよう卑劣な匂いをだれよりも敏感にかぎつけて、それを強制する権力者に激しい批判を浴びせた。外骨の浮世絵、あぶな絵と言われたエロチックな浮世絵についての研究、あるいは性についての古川柳、古くからの性風俗の研究等々は、いずれも、明治国家との性をめぐる対決の過程で生まれたものである。

これにたいして、明治国家は外骨の研究に「風俗壊乱」のレッテルをはり、しばしば彼を投獄（四回）したり、数十回にも及ぶ罰金や発禁処分によって脅迫したのである。国家が弾圧すればするだけ外骨は激しく抵抗し、ますます猥褻＝性のタブーを破る者は自分以外にはないという確信をもつにいたった。彼があえて猥褻主義者と自称したのは、韜晦したかにみえてその実、性のタブーを破ることに意気さかんなその心情のいつわりない表現であったとみてよかろう。

外骨のこうした経歴から考えるならば、『猥褻研究会雑誌』の発行はけっして突飛な行動ではなかった。そこにみられるのは、従来とかくハッタリ的な雑誌を刊行して柳田国男などの知識人のひんしゅくを買った外骨の面影ではなく、不思議な魔力を秘めた人間の性を冷静に研究しようとする外骨の真摯な姿勢なのである。

つぎに第二の疑問、すなわち大隈内閣がなぜ『猥褻研究会雑誌』を即日発禁処分にしたかという問題について考えてみよう。

研究会誌の発禁以前に外骨が著したもののうち、一九一一年発行の『猥褻風俗史』〔半狂堂刊〕がすでに発禁処分をうけている。このことから推定すると、吉野孝雄が『宮武外骨』〔河出書房新社、一九八〇年〕で指摘しているように、大隈内閣の発禁処分の理由もまた猥褻という題名にあったと一応は考えられる。しかし私は、猥褻という挑発的な題名が大隈内閣の神経をさかなでしたのは事実であったにしても、研究会雑誌発禁の真実の理由は別にあったと考えている。以下において私見を述べておこう。
外骨は雑誌発行に異常な執念をもやし、一九一六年までに玉石混淆のさまざまな雑誌や新聞を発行している。なかでも注目すべき雑誌の一つに、浮世絵研究雑誌『此花』の創刊〔一九一〇年〕がある。

この雑誌には常連寄稿者の一人として、和歌山県田辺在の植物学、民俗学の国際的権威である南方熊楠がいた。熊楠は一万五〇〇〇枚の『日本産菌蕈類彩色図譜稿本』をまとめるかたわら、和漢の古典籍、英独仏希羅露各国語文献を自由自在に博引傍証して、民俗学上高水準の数々の業績をあげた在野の碩学である。柳田国男すら熊楠には一目おいていたといわれる。

外骨は熊楠を尊敬して教えを乞い、熊楠も在野の人として敢然と性のタブーを破るために孤軍奮闘している外骨の姿勢をよしとして、支持をおしまなかった。『此花』〔一九一〇年一月創刊―一九一二年七月二二枝（号）終刊〕以後も、熊楠と外骨は親しく交際をつづけた。例えば熊楠は、柳田が一九一三〔大正二〕年一二月二三日付南方宛書簡で「日刊不二新聞」について、「調子あまりに低く、俗士の好奇心をそゝる」と忠告したにもかかわらず、その忠告を無視して外骨が編集する月刊雑誌『不二』〔一九一三年創刊〕に「陰毛を禁厭に用《ママ》る話」等の論文を寄稿している。

図 30 『此花』第十枝（1910 年）

したがって、もし「猥褻研究会雑誌」が大隈内閣の手によって弾圧されなかったならば、一〇〇名を予定していた研究会員の筆頭に、熊楠の名前がみられたであろう。熊楠の国際的スケールをもった学識によって導かれるならば、外骨編集の研究会誌は、在野の権威ある民俗学的立場からの性風俗研究誌に成長したことであろう。

前述のように、熊楠が奇人、変人で通っていた外骨に強くひかれた理由は、在野にあって屈せず性のタブー打破にひたすらうちこんでいる外骨の叛骨精神のなかに、自分と共通するものを発見したからである。
熊楠もまた外骨以上の奇人であった。例えば柳田国男とただ一度対面のおりには、熊楠は初対面のきまり悪さをかくすために大酒を飲み、泥酔して会った。その翌日、柳田が熊楠をたずねると、寝床で掻巻きをかぶり、その袖口から話をしたといわれる。[4]

熊楠は、叛骨精神においてもけっして外骨に劣らぬものをもっていた。熊楠の叛骨精神を明瞭にしめすものは、一九〇六〔明治三九〕年にでた内務省による各地の神社合祀策への反対運動である。熊楠は、由緒ある神社の廃止はその社地の森林を破壊するのみならず、神社合祀のうらで私腹を肥やそうとする連中の蠢動を許す以外のなにものでもないと批判して、六年もの長い間、内務省を激しく攻撃しつづけたのである。

もし権力が研究の自由を抑圧するならば、一歩もひかないという点では、熊楠といい外骨といい、二人はともに在野の双璧である。しかも熊楠―外骨のあとには一騎当千の在野の研究者一〇〇名余がつづくのである。治安当局がこれらの人々に、生殖を目的としない性研究は国家への反逆であるなどと脅迫してみたところで、まったく通用しなかった。

研究会誌が刊行された一九一六年は、第一次世界大戦がはじまってから二年目の年である。大戦を契機とする日本経済のめざましい発展によって、社会の相貌は大きく変わろうとしていた。人口の流動化や都市集中、都市と農村の対立、大量生産と大量消費や大衆文化の出現、全国的マスメディアの成立、教育水準の上昇、労働運動の台頭等々を背景として、伝統的な家族制度が動揺する兆しをみせ、「新しい女」に象徴されるような男女平等の思想も急速に拡がりはじめていた。

巷では、景気の上昇にともなって不良少年少女の性犯罪が増加の一途をたどり、女学校の寄宿舎では、寄宿舎病と呼ばれるレスビアンが流行した。浅草公園一帯には大私娼窟が生まれて、派手な化粧をした私娼が懐の温くなった職工や腰弁と呼ばれていた安サラリーマンたちをささそっていた。

この時代の性風俗の特徴は、生殖を目的としない性的享楽が大衆化したことにある。この時期に熊楠―外骨の線に連なる性風俗研究会の発足が宣言されたのであるから、その社会的影響は今日では想像もできないぐらい大きかった。

大隈内閣にとって、熊楠―外骨の性のタブーを破壊する研究活動と、時勢の変化とともに禁欲的な性風俗に反逆しはじめてきた庶民大衆とがむすびつくことは、絶対に容認することはできなかった。大隈内閣がそうした傾向を放任するならば、それは必然的に良妻賢母主義や家族制度を根本から揺るがす一つの運動をうみだすことにもなりかねないからである。

このようにみてくるならば、大隈内閣が『猥褻研究会雑誌』を発行と同時に弾圧したのは、まことに当然な処置であったといわなければならない。

外骨が権力による性の抑圧という現実を、新しい自由な「猥褻研究」を組織することで変革しようとしたことは、当時としては画期的な企てであった。

しかし、外骨はけっして過激な主張をしたわけではなかった。もし家庭の絆を強くしたいならば、権力の干渉やお説教によってではなく、性の不思議な魔力を解放することによってのみなされるべきである、というのである。

3　「いき」という名の性的魅力

歌舞伎や永井荷風の小説などにみられる「いき」と呼ばれる性的魅力は、現代の大衆文化とはまったく次元の異なった江戸の文化、いわゆる化政文化の産物である。

性の自由が飽満となっているかにみえる現代においては、「いき」が包摂していたつやっぽさや、抑制された叙情性は失われ、性はあたかも一種のスポーツのごときものとなっている。

私は他の機会に一九二〇年代のわが国の文化の構造について考えたことがある。[5] そのとき私はかつて読んだことがある九鬼周造の著書『「いき」の構造』〔岩波書店、一九三〇年〕を読みかえして、江戸風の媚態がかもしだすエロティシズムに強くひかれた。

それ以後、私は江戸風の「いき」を忘却したかにみえる現代の大衆文化のあり方に、ある種の危惧の念をいだいてきた。日本人のエロスを対象とする本章で、『「いき」の構造』が提起していた問題を考えてみるのも、あながち無駄なことではなかろう。

九鬼は「いき」を定義して「垢抜して（諦）、張のある（意気地）、色っぽさ（媚態）」といっている。「いき」はなによりもまず「異性に対する媚態」、すぐれて男女関係に関するものであるから、右の三つの要素のなかで基本は媚態ということになる。

「いき」の第二の要素は意気地である。九鬼は意気地を説明するために、江戸の花と呼ばれた町火消の侠気や、江戸紫のはちまき姿も凛々しく歌舞伎の舞台に登場する助六の例などをあげている。

「いき」の第三の要素は諦めである。九鬼は諦め、つまり無関心は「世智辛い、つれない浮世の洗練を経てすっきりと垢抜した心」であるという。花柳界の例で言えば、このような爛熟した性的魅力は若い芸者のものではなく、長年もまれて婀娜っぽくなった年増芸者に特有の性的魅力ということになるだろう。

九鬼が「いきは『浮かみもやらぬ、流れのうき身』といふ「苦界」にその起源をもつてゐる」と書いているように、「いき」という名の性的魅力は江戸の苦界＝遊里にそのルーツをもつ。つまり「いき」は「操は売っても心は売らぬ」花魁の生き方と深くかかわっているのである。

さらに言えば、「いき」はタテマエで本音を縛る「野暮」とはあきらかに対立する理念である。

もっとも九鬼の研究では、歴史的、経験的諸事実を捨象して、「いき」の純粋モデルを抽出したものだから、それを江戸の遊里の問題にのみひきつけて論じることはさけなければならない。文化・文政期に、いずれの遊里においても九鬼が理想化したような「いき」が存在していたわけではない。とにかく私たちは「いき」という名の性的魅力が江戸の遊里という遊びの世界と深い関わりがあったことを理解すればそれでよいのである。

遊里と呼ばれた遊びの世界は、異性同士のコミュニケーションが中心となって成り立っている。この世界はいわば職場と家庭にたいする第三の生活空間＝余暇の空間である[6]。だが、それは江戸時代の都市機能の一つとしてビルトインされていたために、遊びと町人の実利の世界は、それぞれ成立原理を異にしながらも、両者は相互補完の関係に立っていたのである。

江戸時代の封建的な色彩の強かった家庭生活では、異性間の愛情にもとづくコミュニケーションは、かならずしも充分ではなかった。この事情が花魁や芸者の存在を必要としたのである。もし江戸時代の人々が生活の場において真実の愛情を貫く生き方をしようとすれば、近松門左衛門の一連の作品が象徴しているように、人々は心中せざるをえなかった。

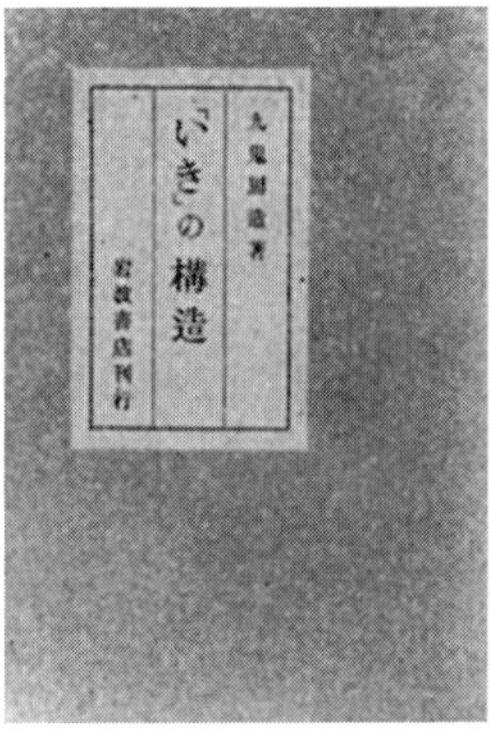

図31　『「いき」の構造』（岩波書店　1930年）

したがって、私は恋愛の自由が抑圧されていた江戸時代においては、遊里における異性間のコミュニケーションから生まれた「いき」という名の性的魅力は、日本人のエロスを昂揚させるうえで、唯一の貴重なモメントであったと考える。

江戸の庶民の「浮かみもやらぬ、流れのうき身」という感覚を反映した歌舞伎や音曲、浮世絵等々がいずれも、「いき」を写すことにつとめたことは、そのことと深く関わっているといえる。

もちろん私は、買売春を包摂した男性本位の遊びの世界から生まれた「いき」を、手放しで礼讃しようとは思わない。「いき」について論じた文学者や詩人たちの文章のなかでもとくに私が共感をもって読んだのは、北村透谷の「粋を論じて『伽羅枕』に及ぶ」[7]という論文である。透谷はそのなかで、「いき」と恋愛の相違について、つぎのように述べている。

恋愛が盲目なればこそ痛苦もあり、悲哀もあるなれ、また非常の歓楽、希望、想像等もあるなれ。愛……粋道と恋愛と相撞着すべき点は、粋の雙愛的ならざる事なり。抑も粋は迷はずして恋するを旨とする者なり、故に他を迷はすとも自らは迷はぬを法となすやに覚ゆ。若し自ら迷はゞ粋の価値既に一歩を退くやの感あり。

すなわち透谷は、恋愛は相思相愛、自己と相手との一体感をもとめる心の動きであり、「いき」はむしろ、「他を迷はすとも自らは迷はぬ」という二元的立場を自己に課すものだというのである。

私もまた、自由な人間の意志にもとづく恋愛と「いき」との間の異質性は厳密に区別しなければならないと考える。もちろん、九鬼もこの点については充分に承知していたはずである。

しかしそれにもかかわらず、九鬼が『「いき」の構造』において、「いき」を積極的に評価しているのはなぜであろうか。ここにくわしく書く余裕はないが、九鬼の生活環境―九鬼男爵家の複雑な家庭の事情もそのことと無関係ではないように思われる。

九鬼の母星崎初子は京都祇園の舞妓出身であった。東京美術学校の創立者岡倉天心との悲恋に狂うがごとく燃えた初子にたいする周造の思慕の念が、『「いき」の構造』に投影しているとみるのは考えすぎであろうか。

京都帝国大学で哲学を講じた九鬼が、日々の研鑽のかたわら、しばしば祇園で遊んだことは、九鬼の母への思慕をしめす一つの証明である。

しかし、九鬼の哲学が永井荷風の文学とともにいささか「いき」にとらえられる傾向をもった本質的な理由は他にある。九鬼は「凡そ異性との通路は人間自然の欲求である」[8]という立場に立っていた。

男女間の性のコミュニケーションにおいては、恋愛の場合も花柳の巷の恋もともに人間自然の欲求の解放という点では共通している。人はだれでも結果や将来は二の次として、人間自然の欲求に素直になるとき、軽やかに遊びの境地に没入することができる。

今日、性の遊びを考えるとき、性交のクライマックスにおける失神こそが最高の快楽であるという人もいる。しかし、異性間のコミュニケーションにおいて一種の神がかり状態に過ぎない失神は、けっして最高のものとはいえない。[9]

このように考えると、男女間のコミュニケーションの極限をかぎりなく追求する場合、性そのものの不可解さにこだわらない、性を媒介とした洗練された男女の遊びが人間にとってもつ意義が、きわめて重要になってくる。この意味で、九鬼にとってはたとえ苦界から生まれたものであるにせよ、「いき」という名の性的魅力は人間の遊びの本質を究めるための一つの重要な学問的対象であったということができる。

私は九鬼の『「いき」の構造』によりながら、「いき」という名の性的魅力の深さの一端を追求してここまできた。戦後の大衆消費社会では、江戸風の「いき」はオールド日本の感傷であり、グラマーな肉体とむすびついた性的魅力が礼讃されている。否、それは人々が自ら礼讃しているというよりは、性を致富の手段とするレジャー産業やマスコミなどによってつくられた幻想を礼讃しているに過ぎないのではないか。

とすれば、人々が遊びとしての性の本質について、自分自身で考えないかぎり、現代人の性は不毛ではないか。その意味で九鬼の『「いき」の構造』は、今日においても学ぶべき多くのものをもっている。現代の性における遊びの探求は、まさに古くて新しい問題というべきである。

4　家族計画のパイオニアたち

一九二二〔大正一一〕年八月、アメリカの産児制限会会頭マーガレット・サンガー女史が、ロンドンで開かれる万国産児制限会議に出席のため旅行の途上、わが国にも来遊することになった。国際的に著名なこの産児制限の闘士をわが国に招待することを計画したのは、改造社である。

サンガー夫人来日の報をうけたサンフランシスコ駐在日本領事は日本政府の訓令にもとづき、夫人のパスポートの査証を拒否し、それとなく日本上陸は禁止することを予告した。しかし、夫人はこれに屈せず、大洋丸の船中でも産児制限（以下、産制）の宣伝をつづけ、三月一〇日、横浜港に到着した。

大洋丸の横浜港岸壁到着以前に、神奈川県警察は船にのりこんで夫人を訊問した。結局、当局は夫人の持参した数万部の宣伝パンフレットを押収し、講演会ではいっさい産制をテーマとする講演はしない約束を夫人からとりつけて、日本上陸を許可した。当局が承認した唯一の例外は、京都医師会主催の講演会の開催である。これは特別に医師、薬剤師等を対象とする専門家のための集会であったからである。

当時のわが国はきびしい警察の監視下にあり、堕胎や産制は一般的には禁止されていた。女性は強姦されても身ごもった子供は生まなければならなかった。女性を出産機械としかみなさなかったわが国にサンガー夫人が上陸したのだから、俄然大正の黒船騒ぎといわれるような異常な興奮が社会をつつんだ。三月一四日、東京市神田青年会館で開催の夫人の講演会には、突然であったにもかかわらず、新進思想家や進歩的な婦人連中がつめかけて、活況を呈した。

当局との口約を守って演題は「戦争と人口論」となっていた。しかし、老練な夫人は産制という言葉を使わずに、巧みに産制の原理を講演した。

夫人の講演題目が「戦争と人口論」となっていたように、本来産制運動と人口問題は深い関係がある。産制運動がはじめられた一九世紀においては、急激な人口増加によって地球上の人類は破滅するのではないかと考えられていた。

この恐怖を世界の人々に最初に説教したのが、『人口論』〔一七九八年〕で知られる英国の牧師トーマス・ロバート・マルサスである。彼はこの本のなかでそのことについてつぎのように説いている。

人口はその発達になんらの障害さえなければ、指数関数的に増加する。これに反して、食糧など生活資料は等差級数的以上にすみやかには増加しない。マルサスによれば、貧困や戦争は、人口が生活資料よりすみやかに増加することが原因となって勃発するものである。そうした悲惨な結果をさけるために、マルサスは人々がセックスをひかえて、なるべく子供を産まないことを暗示した。彼は道徳の問題からそのことを論じたのだが、その論理をつきつめていけば、貧乏人は子供を産む権利はないということになる。

マルサスの「道徳的抑制」にたいする疑問から、いわゆるフランシス・プレースたちの唱える新マルサス主義が生まれた。彼らは、家族を養えない夫婦はセックスを抑えずに子供の数を制限する手段をとるべきだと主張した。つまり貧乏人を救済するために、社会は避妊の知識を啓蒙すべきであるというのである。

サンガー夫人の産制運動は新マルサス主義の系譜につらなるものであった。当時、新マルサス主義の洗礼をうけることのなかったわが国の知識人たちは、サンガー夫人の主張にたいして、避妊を許せば日本古来からの性風俗がみだれるとか、神からあたえられた子供を産むという神聖な行為を人間が勝手に制限することはけしからんなどと批判した。

一般大衆も、子供を産まないことは国家への反逆であるという奇妙な性教育のおかげで、産制を罪悪であると思っていた。したがって一般家庭では、サック等を使用する本格的な避妊はあきらめられていたのである。

新マルサス主義への反対がまきおこる一方で、サンガー夫人の立場を認め、わが国にも産制運動が必要だということを主張する人々もあらわれた。安部磯雄、男爵夫人の石本静枝（加藤シズエ）、馬島僩、松岡駒吉、鈴木文治、山本宣治、安田徳太郎、平塚らいてうなどである。

安部磯雄は家庭円満で子宝にめぐまれていた。それかあらぬか、産制論者のなかで彼ほど悪口をいわれない人も珍しかった。しかし、たくさんの子持ちだった安部が熱心な産制論者だったことは、まことに身につまされる話である。

産制問題が新マルサス主義についての論議の段階から実際の運動の段階になると、当時の産制運動のパイオニアたちが直面した苦労は大変なものであった。産制運動は当然産制を実行する手段として、ルーデサックと呼ばれるサックや避妊ピンなどの避妊器具を使用しなければならなかった。前述のように、わが国では避妊についての知識がそれまでにほとんど普及していなかったから、産制運動のパイオニアたち自身でさえ、避妊器具を手にとってたしかめたことがなかったのである。

当時の産制運動についてのそうした苦心談を、馬島僩はつぎのように語っている。

> 私はちょうどそのころ、神戸の貧民窟におったもんだから、これは大変いいことだ、ひとつ産児制限をやろうと思ったけど、方法が全然分らない。第一、コンドームを医者だった私ですら見たことない。だからサック買いに行くのにえらい苦労したことがある。薬屋に行って、はずかしくてとてもサックくださいとはいえない。……私も知識の第一歩はルーデサックを見ることから始まった。薬屋へ行って買おうとして、「何ですか？」といわれるのではずかしいから、「袋だ」といったら「うちは袋物屋じゃありません」といわれ（笑）、往生したこと覚えておりますよ。[10]

当局のきびしい弾圧にもかかわらず、産制運動をまっさきに支持したのは、馬島の回顧談にもあるように、関西の貧乏な勤労大衆である。当時大阪、神戸等の大都市の勤労大衆は、大戦後の深刻な不況によって生活難にあえいでいたのである。労働者たちは、生活を守るために労働組合を組織し、資本家に賃上げを要求して闘いながらも、貧乏人の子沢山という現実に、たえずいらいらさせられていた。

関西の産制運動は、このように労働組合とむすびついて発展していったところに特徴がある。大阪市では、一九二三〔大正一二〕年春、日本労働総同盟大阪連合会が後援して産児制限研究会が生まれた。一九二二年一二月、神戸市でも日本労働総同盟神戸連合会の主催で、青年会館において安部磯雄、馬島僴を弁士に招いて産制問題の演説会が開かれた。神戸労働学校は翌年四月から馬島を講師とする産制の講義をはじめた。

私たちが関西の産制運動を語る場合に、まず頭にうかべる人物は関西労働学校連盟委員長、京都労働学校校長の山本宣治である。その経歴がしめすように、山本は東京帝国大学理学部動物学科出身の理学士であったが、関西労働運動とは深いつながりをもっている。

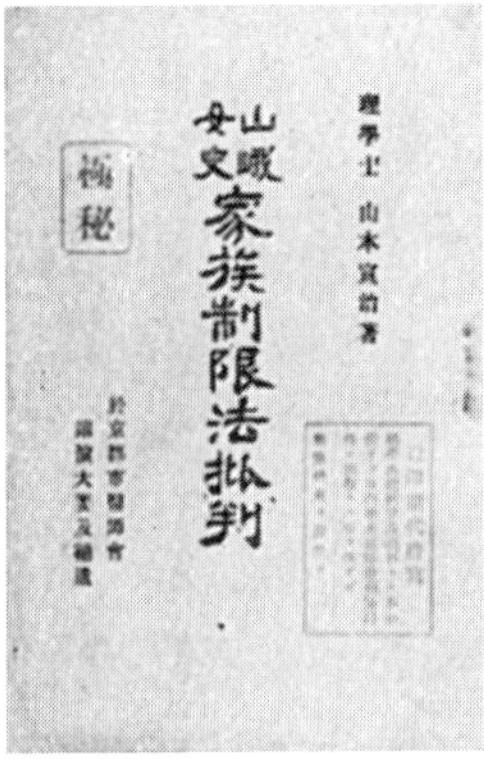

図32　山本宣治『山峨女史家族制限法批判』(1922年)

山本は京都医師会主催のサンガー夫人の特別講演会の通訳をしたこともあって、夫人の主張する産制運動にたいしては、深い関心をもっていた。彼は一九二二年、夫人が日本を去ったあとで、『山峨女史家族制限法批判』という古風な表題をもった極秘印刷物を発行した。彼は同書ではっきりと夫人の避妊法をつぎのように批判している。

> 医界の衆人公知の事柄許りで何等「超常識的秘法」も無い。……女史携帯の器具類は米国一流に徹底した近代科学の応用と機械力利用に敬服するとしても、其ピカピカさ加減に正比例して能率が挙がるかどうかはすぐ云へぬ。[11]

山本は夫人の避妊法を自然科学者らしく冷静に受けとめていた。

しかし彼は、アメリカで数回にわたる投獄にも屈せず貧しい母親たちのために産制運動を推進する夫人の情熱には深く脱帽した。

山本は自分も夫人とともに同じ道を歩むことを決意し、従兄弟の医師安田徳太郎とともに京都産児制限研究会を組織した。彼はたんに京都の産制運動のリーダーたるにとどまらず、関西一円はむろんのこと、遠く東京や長野、あるいは山陰地方にまで赴いて産制や性教育の講演を五〇〇数回、一万三〇〇〇人の聴衆を相手に行なった。一九二五〔大正一四〕年二月以降、山本は安部磯雄、弁護士水谷長三郎らとともに『産児調節評論』(月刊)を創刊し、全国的な産制運動のリーダーとしても活躍した。

山本の仕事で忘れてならないのは、性教育の啓蒙活動である。彼は東京帝大卒業後、京都帝国大学の大学院に進学したが、京大在学中は同志社大学予科の講師を兼任していた。

彼は、同志社大学予科の生物学概論の講義を通じて知りあった学生たちが人知れず性になやんでいることを発見した。そのころ男子学生は女性と親しく交際するような環境にはめぐまれていなかったから、彼らの心中では女性へのロマンチックな憧れと、性にたいする異常な昂奮とがせめぎあっていた。異性がたまらなく恋しくなり、毎夜のように色町をぶらついて、人知れず色欲に燃える学生も多かった。

山本は、青年の性のなやみを救うためには、生物学を基礎とする系統的な性教育が不可欠であることを悟った。彼は自分自身の生物学的研究、イモリの睾丸の染色体の研究をしばらく中断して、青年の性教育の問題に全力をあげてとりくんだ。彼と安田徳太郎は、まず青年の性のなやみを知る手段として、青年を対象として性欲初発や性交初体験などを記入させるアンケート調査を開始した。

同志社、京大の学生、新潟県魚沼自由大学、長野県飯田町信南自由大学、日本総同盟大阪労働学校、高知市性教育講習会等を対象として、四年間にわたってアンケート調査が実施された。山本はこの結果、四〇〇通近いアンケートを回収することができた。

山本―安田による性生活の集団調査は世界でも例をみないことであった。彼らの仕事はいわば日本版キンゼー調査といえるだろう。アンケート調査によると、青年の最初に目覚める性欲のうちで自発性四五・四%、誘発性四七・八%、強制性六・八%とされている。[12]

性欲初発の自発的な例として、「十四歳の春……所謂春のめざめとでもいふのでせうか。」「十八歳の時、……自然の時恰も花咲く春であり、生理的にも人生の春であつた。そして京都は美人多きにより、何となく異性を求めるやうになつたと思はれます。」「五歳の春、郷里の某神社の祭に芸者の手踊り中[13]」等々が紹介されている。

今日、私たちは山本が行なったアンケート調査によって、一九二〇年代の青年たちの性行動―性欲の生じた最初の状況、夢精の初経験、マスターベーションの初体験、最初のセックスの状況、性意識などをくわしく知ることができる。

山本の残した性教育についての業績を読んで感じさせられるのは、日本にもとうとう自然科学の厳密な知識をふまえた新しい性教育が出現したということである。

山本―安田の新しい性教育の出現によって、日本のインテリが「これまでの隠蔽主義の殻を破って、はじめて性を口にする[14]」時代がきたのである。

山本―安田による青年たちの集団的性行動のカタログは、けっしてめぐまれたアカデミックな環境の産物ではなかった。とにかく山本―安田の性研究・性教育は、社会のなかで生活している人々の性にたいする要求と深く結びつき、社会の矛盾を一身に背負って苦悩するなかから生まれたのである。

こんな深刻なインテリの苦しみ方は現代に生きる人々にはほとんど理解できないであろう。やはりこれは、日本の社会が性をきびしく否認してきたことの反映であろう。

第6章 「非常時」の性

1 モダンガールとカフェー

第4章で書いたように、一九二八〔昭和三〕年埼玉県議会が廃娼決議を可決した。一九三〇〔昭和五〕年一二月二七日、埼玉県知事丹羽七郎は県会の廃娼決議どおり、ついに公娼制廃止を指令した。

この結果、廃娼実行県は群馬、埼玉の二県となった。北海道および三府四三県中すでに廃娼決議を宣言した県は、秋田、福島、福井、新潟、長野、神奈川、沖縄の七県に達した。一九三一〔昭和六〕年現在で、全国の約五分の一の県が廃娼実行県または廃娼決議県となったのである。

このほか一九三〇年末の各地県会においては否決になったが、廃娼意見書の提出されたもの、または廃娼質問が提出されたものは六、七県にも及んだ。社会の機運は一路廃娼へとすすみ、廃娼運動家は四万九四七七人（一九二九年末）の娼妓の解放も近いと確信していた。

帝国議会にたいする廃娼運動においても、一九三一年は運動の転期となった。前年末の一二月二六日から開かれた第五九帝国議会に、廃娼派議員三宅磐、坂東幸太郎、長尾半平、星島二郎、出井兵吉、松山常次郎、田川大吉郎、片山哲など一一名から提出された公娼制廃止に関する法律案は、結果的には可決されなかった。しかし、衆議院における公娼制廃止に関する法律案委員会は前後六回開かれ、真剣な質疑が行なわれた。

委員会内部の反対派の意見は、要するに公娼制を廃止したら私娼が増加するという一点につきていた。廃娼派代議士は彼らの誤りを指摘して万丈の気焔をあげたのみならず、委員会で「政府は大調査機関を設けて調査すべし」という付帯決議をさせることに成功したのである。

これは第一には、婦人および児童の売買禁止に関する国際条約との関連において、わが国が公娼制廃止問題に積極的に対応することを余儀なくされていたことの反映である。第二には、一九二二〔大正一一〕年の第四四帝国議会で、横山勝太郎が島田三郎などの賛成をえて「公娼制廃止に関する建議案」を提出して以来の、長年にわたる廃娼派代議士の運動の積みあげの成果であった。第三は廃娼実行県同決議県の増加に象徴される全国的な廃娼運動の発展である。

第五九帝国議会で廃娼派は敗れたが、彼らは「議会の空気が本年は全く一変した」ことを喜んだ。議会内外の廃娼運動の進展にともなって、浜口内閣の公娼制廃止にたいする姿勢にも新しい変化が生じた。浜口内閣は、これまでの政府のように社会政策上、公娼制の存置が必要であるという姿勢をとらなかった。浜口内閣は「公娼制度は……一種の奴隷制度と思ひます。速に廃止したい」。「(将来廃娼案通過のあかつきには)院議を尊重しなければならない」等の意向をしめすまでになった。

ここで目を転じて、一九三〇年代初頭の社会風俗の様相をみてみよう。大恐慌直後のこともあって、時代は急テンポで動いていた。経済界は金解禁と世界的大不況をもってはじまった。

世相の移り変わりも尖端から尖端へと目まぐるしく動いていた。いわゆるモダンガールやスタンドガール、スピーキングガール、超モダン芸者などが横行し、彼女たちは「尖端婦人」と呼ばれていた。ジャーナリズムの世界では、ナンセンスなムードをテーマとするナンセンス文学が流行し、吉行エイスケや中村正常たちがその旗手としてさかんに活躍した。

ナンセンス文学の一つの変種は、エロチック文学である。映画「大学は出たけれど」が共感をよぶ深刻な不況のなかで、理想もなく心さびしいサラリーマンたちは、ナンセンス文学にあきると、しだいに強烈なセックス・

アピールをもったエロチック文学やグロテスクな記事を満載した読み物を歓迎する傾向に走った。

当時のサラリーマン社会のナンセンスな女遊びとエロ・グロに耽溺する享楽生活を裸にして透視してみると、そこにはカフェーやダンスホール全盛の時代相が浮かびあがってくる。

一九三〇年三月四日、銀座八丁が成立し、銀座の街々は大銀座と総称されるようになった。この年の春、大阪の大型カフェー美人座の女給三〇人が旅客機に搭乗して上京した。

ビル全体を五色の電気サインで輝かした大型カフェー美人座は、わずか半年たらずの間に数多くの銀座のカフェー群をしのいで、一躍夜の銀座のスターにのし上がった。

人々は、永井荷風や菊池寛等の文士が出入りする気どったカフェーよりも、エロの乱舞に徹した大阪の大型カフェーにあらそって群がった。美人座の成功に刺激されて、おなじく大阪の大型カフェー日輪、赤玉等も相ついで銀座に進出してきた。

一九三〇年から三一年の満洲事変が勃発するころまでの銀座のカフェーは、かつてのフランス風のシックな面影を失って、エプロンがけに束髪姿の女給の私娼化が際立ち、好色な男たちのサロンのごとき観を呈した。

この時期、買売春を専門とするいわゆる枕芸者と気軽に遊べる待合も全国的に増加している。またモダンガール風、女学生スタイル、女給などに装った私娼を多数とりそろえた玉の井、亀戸、横浜、本牧等の私娼窟も全盛をきわめていた。

一九二九年末現在の統計によると、芸妓八万七一七人、娼妓四万九四七七人、酌婦七万三九四二人、カフェー女給五万一五五九人である。右の娼妓数四万九四七七人を四年まえの一九二五年末の娼妓数五万八〇〇人とくらべると、三カ年間に一三二三人減少している。

廃娼同盟の運動は公娼制廃止という面では着実に成果をあげていた。しかし、大都会のカフェー、待合、私娼窟の繁栄に象徴されるような、私娼を中心とした買売春の日常化にたいしては、廃娼同盟の対応はいちじるしく立ちおくれていたのである。

2　呉越同舟の売笑問題対策協議会

一九三一年六月九日、東洋における婦人児童売買の実状調査という目的をもって、国際連盟から派遣されたバスコム・ジョンソン博士を委員長とする一行八名の調査委員が東京に到着した。

調査団来日にいちばん神経をとがらせたのは、政府当局である。もし権威ある国際的調査団の調査によって、目をおおうばかりの買売春王国日本の実状が暴露されるならば、国際連盟での帝国日本の威厳が失墜することは目にみえている。政府は調査団来日の報を受けるや、あらかじめ質疑のリハーサルを真剣に行なっていたのである。

調査団の公娼制度への質問にたいしては、娼妓は前借金のためにその稼業に従事することを強制されることはない。もし強制の事実ある場合は、これを犯罪として処分する——の嘘でかためた答弁を用意した。

国際的に悪名高い吉原遊廓は当然調査の対象となる。そこで、調査には最高級の妓楼角海老楼がモデルケースとして指定された。角海老の楼主は知恵をしぼって、調査当日には娼妓を花魁道中のごとく盛装させ、遊芸で客をもてなすホステスのごとく見せかけ、舞台効果を考えて部屋には金屏風、生け花、掛軸を飾り、香をたいて、本物の吉原は「こんなに芸術的な館だったのか」と外国人調査団が驚くようにすることとした。

とりわけ娼妓の生活調査にたいするリハーサルには細心の注意が払われ、政府委員と楼主は急所にふれるような質問はいっさいはぐらかすことを娼妓に厳命した。

調査団来日前のてんやわんやのリハーサルが功を奏したのか、政府委員にガイドされて吉原遊廓を訪れた国際連盟派遣調査団一行は、哀れな娼妓の窮状にふれることなく引き揚げざるをえなかった。

しかし、さすがに国際連盟の調査団は役者が一枚上であった。一行中の四人の紳士は外国汽船のマドロス風に変装し、日本語のできるカリフォルニア州立大学出身のクリスチャンを通訳にして、昼間行った吉原に夜ふたたび赴いたのである。

調査団はこの奇襲作戦によって、娼妓が搾取されている実態、すなわち前借金のこと、衣裳代、化粧品代等のつけがかさんで前借金が雪だるま式に増加すること、貸借いっさいの精算にともなう楼主の悪質な詐欺的行為、自由廃業を妨害する警察のこと、まわしと称して一晩に何人もの客をとることの強制等々を、すっかり調べあげることができた。

調査団の報告書は一九三三〔昭和八〕年に公表された。同報告書は東洋の婦女子売買の有害な役割を、つぎのように指摘している。

> 支那に次いで重要なのは日本の国籍を有する婦女子の売買である。その大多数は日本帝国より支那、殊に満洲へ売買されるものであるが、これも又日本国内及び目的地に於ける公認妓楼の存在に基くものである。

この報告書によって、日本帝国内にはあきらかに公娼制が存在し、それがからゆきさん密輸出の基礎となっていることが、全世界に暴露されたのである。

国際輿論の強力な支援を背景にして、各県レベルの廃娼運動は公娼制廃止を実現すべく全力をあげて展開されていった。ここで外崎光広『高知県婦人解放運動史』〔ドメス出版、一九七五年〕によりながら、一九三四〔昭和九〕年度のキリスト教婦人矯風会高知支部の活動をみてみよう。

同支部風俗部は廃娼の上陳書を政府に提出する運動をすすめる一方、一〇月二九日、大阪で開かれた廃娼協議会に代表を送るなど、その運動は県の内外に及んだ。同支部はまた、東北地方の凶作による娘身売りを防止するために、「拾銭袋」を市内私立女学校、女塾等で募集し、一二〇円を矯風会本部に送金した。

この年の風俗部の活動は以上のほかに、全国廃娼デーにビラ配布、自由廃業および身の上相談二件、婦人保護一名、身上調査二件等の活動を行なっている。

同支部の活動をみる場合、とくに注意すべきことが二つある。一つは同支部が天皇や公共団体から多額の寄付を与えられている事実である。例えば高知支部は、四年前の一九三〇〔昭和五〕年以降、毎年宮内省と内務省から各一〇〇円の寄付を受けていた。

これは国家機関による社会事業の貧困さを民間の社会事業団体への育成でカバーするという、わが国社会事業の発展過程における特徴の端的な反映であるのみならず、矯風会の社会教化事業がこの時期、すでに体制内化されていたことをしめすものである。

第二の留意点は、当時、矯風会高知支部の社会教化事業が満洲事変以降の「非常時」体制を反映して、内務省系の愛国婦人会と陸海軍省系の大日本国防婦人会の各支部の婦人活動の急速な発展に圧迫されていたということである。

図33　モダンガールも大日本国防婦人会員となる

その実態をくわしくここに書く余裕はないが、例えば矯風会高知支部の会員数二〇六名にたいして、高知県内の愛国婦人会の会員数が一万六二一三名（一九三五年末現在）であったことをみても、そうした状況が推察できるだろう。

一九三三年三月八日、東京ステーション・ホテルにおいて売笑問題対策協議会が開かれた。

会議を開いたのは政友会代議士星島二郎、出席者の顔ぶれは政友会代議士川島正二郎、同高橋熊次郎、民政党代議士三

宅磐、同土屋清三郎、国民同盟代議士後藤亮一、廃娼連盟理事長松宮弥平、廓清会本部常務理事伊藤秀吉、廃娼連盟石毛晴雄、新吉原三業組合取締市川伊三郎、同副取締斎藤直一、品川三業組合取締浅井幸三郎、洲崎三業組合副取締井上唯助、新宿三業組合副取締柘植康太郎、千住貸座敷娼妓組合取締市川忠吉、社会事業家壺井弘である。

星島、三宅は本章の冒頭でみたように廃娼派代議士である。松宮、伊藤らも廃娼連盟の古強者である。これにたいして存娼派の立場をとる人々は業者側のほかには、川島、土屋の両代議士である。土屋は買売春制度の合理化の方向を検討するには、存娼派、廃娼派各代議士、政府当局の三者が一致して調査する必要があるという立場に立っていた。

品川三業組合取締の浅井は、かつて埼玉県本庄、深谷両遊廓廃止運動のおり、全国貸座敷連合会副会長として廃娼運動抑圧の指揮をとったのみならず、対県議会工作のため浦和にのりこんでいる。新吉原三業組合副取締斎藤も、深谷に赴いて動揺していた地元遊廓側陣営のてこ入れを計っている。

出席者の顔ぶれからもわかるように、売笑問題対策協議会（以下、協議会）には、廃娼運動をめぐる敵味方が一堂に会したのである。会の音頭をとった星島、三宅、松宮らは呉越同舟のこの会で、いったいなにをやろうとしたのだろうか。それを理解するには、会議の冒頭で行なった星島や三宅の発言をみるのがいちばん手っとりばやい。星島は挨拶のなかでつぎのように述べている。

公娼の制度が法律で認められてゐるといふ、これがどうも体裁の上から見ても甚だ面白くない。これを廃めてもらひたい。換言すると事実上は存在しても致方ないが、看板だけは塗りかへてもらひたい、とかういふのが私共の主張なんであります。[2]

三宅も星島と同一の立場から公娼制廃止後、遊廓が存続するための具体的処置について、つぎのように主張した。

風紀関係営業地区を設定してその中で営業する婦女が一つの組合を組織する。組合から組合員である婦女に組合員章を渡す。……区域外の私娼は徹底的に撲滅の手段を講ずる。かうすれば法律上の所謂公娼は無くなつて廃娼問題は解決され、しかも従来の営業は事実上存続し私娼の撲滅から却つて保護を受けるといふ結果になる。[3]

この星島、三宅の主張が端的に物語るように、当時、安部磯雄をもふくめた廃娼派代議士グループは、公娼制の存置は国際連盟にたいする国家の体面上面白くないから、公にこれを認めるという制度を改めて、なにか適当な方法に変えるべきであるという立場をとっていた。つまり彼らの廃娼論は、体面論となっていたのである。星島、三宅説は貸座敷業者側でも賛成できる論理であった。三月二二日の第二回目の協議会で彼らは星島、三宅提案に賛成する姿勢をしめすにいたった。彼らは異口同音に、検梅制度で保護されている娼妓の花柳病率は低いが、これに反し私娼の花柳病率ははるかに高いと力説し、私娼窟撲滅のために強力な措置をとるように要求した。

彼らはその方法として、公娼制廃止後の風俗関係営業地区(以下、指定地)設定の際には、亀戸は洲崎へ、玉の井は吉原へとそれぞれ編入すべきであると提案した。

貸座敷業者側は狡猾にも、廃娼運動側からの公娼制廃止の提案を利用して、目の上のたんこぶである私娼窟をこの際一挙に撲滅し、私娼を遊廓へ全面的に吸収して働かせることをねらっていたのである。

彼らは図にのって、公娼制廃止後、法の保護がなくなると営業の自由が脅かされるから、内務当局は貸座敷業者を保護するために、新しい法的措置を考えるべきだという主張を行なった。

協議会内部で廃娼派代議士の星島、三宅、そして廃娼連盟理事長の松宮らが提案した公娼制廃止論が審議されていたにもかかわらず、奇妙なことに、『廓清』誌上には協議会の記事はまったく掲載されていない。

これは呉越同舟の会議という性質上、一定の見通しがつくまで全国の廃娼運動家には知らせないほうがよいと判断したからであろうか。それにしても、『廓清』編集部のこうした姿勢には疑問が残る。

この疑問を解く手がかりは、六月六日開催の第四回協議会における廃娼派政友会代議士松山常次郎のつぎのような発言である。

> 今議会はとう〳〵廃娼法案の提出を差控えることになりました。……同志のうちには大分杞憂を抱いて、単に業者がこの議会に法案の提出を阻止する目的でやつてゐるのではないか、さうだとするとそれに引摺られては困ると云ふやうな意見もあつたのです。……従て今後この問題の解決がぐづ〳〵に終るやうなことがあると、星島君の立場が大へん苦しくなつて非常に困る結果になりはせぬかと思ふ。[4]

この松山発言から推察すると、星島—三宅—松宮—伊藤の線で公娼制廃止案が協議会に提起されたことにたいして、廃娼連盟内部にそれを危惧する声があったと推定される。

しかし星島、松宮らは自分たちの公娼制廃止案で存娼派代議士、業者側の賛成がえられると判断し、連盟内部から強い要求がでていた帝国議会への廃娼建議案の提出をにぎりつぶしたのであろう。

したがって、廃娼連盟指導部は、協議会での交渉が挫折すると計画全体が大きくくずれるから、協議会の討議のめどがつくまで、その審議経過いっさいは『廓清』には掲載しないことにしたと推定される。星島、松宮らの政治的判断は現実的かつ実際的であったにしても、結果的には業者側の狡猾なかけ引きに乗せられたことは否めない。

松宮は婦人矯風会機関誌『婦人新報』一九三四〔昭和九〕年一〇月号に「廃娼断行の機運と断行後の対策」と題する文章を寄せて、そこで協議会の報告を行なっている。しかし彼は、「(廃娼)断行機運の促進に与つて力のあつた一つの会合」として協議会を自画自賛するのみで、その実態についてはまったくふれていない。

七月二二日の第六回協議会の席上、廃娼運動側と業者側とが意見の一致をみて、つぎのような公娼制廃止案がまとまった。

(1) 現行内務省令娼妓取締規則及之に伴う府県令貸座敷取締規則の廃止。
(2) 右にともなう善後策として警察犯処罰令及行政執行法その他の法令の改正。
(3) 貸座敷指定地においては貸座敷組合を組織し規約を設け所轄警察署の認可を得ること。指定地へ併合しない集団的私娼は断然撲滅を期すること。

この具体案をみると、廃娼運動側は公娼制廃止という名をとったとしても、その内実はこれまでに書いたような業者側の厚顔無恥な要求をほとんど一〇〇%受け入れたものである。もしこの公娼制廃止案なるものが政府当局の賛成をえて帝国議会に提出されたならば、その可否をめぐって廃娼運動内部でも異論が続出し、廃娼連盟は分裂の危機さえ招いたかもしれない。

廃娼連盟結成以来の最大の危機を救ったのは、皮肉なことに内務省である。星島はあらかじめ了解をえるために、山本達雄内務大臣に同案を提示した。しかし、内務省事務当局は同案があまりに業者側の利益を主張しすぎているとして、これをにべもなくはねつけた。

このため同案は空中分解する運命をたどった。そればかりではない。同案折衝の過程で内務省の役人は協議会の幹事にたいして、「よくこれで廃娼運動をやってる人達が承知したものですね、これじゃまるで公娼廃止になっていないじゃありませんか」という調子で叱ったという。

当時、戦火が中国大陸に拡大し、そのあおりで一時は衰退のきざしをみせていた遊廓は、ふたたび息を吹きかえそうとしていた。中国大陸においても、日本軍相手の娼婦が横行していた。国内の買売春業者は軍隊駐屯地の遊廓へ日本人や朝鮮人の女性たちを売りとばすために、女給募集等の名目で公然と人あつめをしていた。

「非常時」に乗じた買売春ブームの台頭につれて、廃娼決議県の拡大をてことする公娼制廃止の気運は、暗礁にのりあげた観があった。星島、松宮らが協議会で内務省の役人連中にまで皮肉られるような公娼制廃止案をかついだことは、そうした状況にいらだっていたからであろうか。

一九三五〔昭和一〇〕年二月六日、廃娼連盟は国民純潔同盟へと改組し、今後は公娼制廃止後の事態にそなえて、国民道徳の教化に努めることとした。しかし、廃娼運動の国民倫理運動への傾斜はすでに一九三二〔昭和七〕年ごろからはじまっていた。

例えば同年四月、群馬純潔同盟が前橋市で結成されている。「結婚以前に於ては、男子は童貞を、女子は処女を、結婚以後は一夫一婦を正守[5]」する純潔運動の発端である。当時の純潔運動は、「淫風蕩々として停まるところを知ら」ないエロ・グロ・ナンセンス時代にたいする批判として提起されたものであった。

図34　久布白落実サイン入りの『日本基督教婦人矯風会五十年史』(1936年)

だが、前述のような売笑問題対策協議会の顛末にみられるような廃娼運動の指導部の変質とともに、この純潔同盟の運動は戦時体制下の青年男女の性道徳昂揚運動へと転化していくのである。

当時、久布白落実など婦人矯風会の幹部も、一九三四年ごろには公娼制廃止の可能性があったと考えていたらしい。彼女は死の翌年一九七三年に刊行された自伝のなかで、その理由をつぎのように述べている。

（売笑問題対策協議会で）業者たちは自分たちの生活が維持できれば、公娼の看板はおろしてもいいといった肚だった。……政府のほうもその年の警察部長会議で、内部から公娼と私娼は同じ業態でありながら、一つは公認、一つは黙殺されているのは矛盾である、同一法規で取締るべきであるとの意見が出たとき、内務当局としては廃娼を断行する旨の根本方針を明らかにした。また国際会議に出席した役人は廃娼決議県の増えたことを報告するものだから、国際連盟では廃娼志望国として二十六番目のリストにのせたなどの帰朝談をきかされた。[6]

すでにみたように、売笑問題対策協議会における廃娼連盟、廃娼派議員の対応は業者側の要求にたいする屈服以外の何ものでもなかった。こうした状況にあっては、かりに内務省が思いきって業者側に打撃となるような廃娼を決意したとしても、草の根からの廃娼運動の強力なバックアップはとうてい望むべくもなかったろう。また、内務省の廃娼案が帝国議会で審議された場合、それは業者側と連繋する存娼派議員グループの集中砲火を浴びて、あえなく敗退せざるをえなかったであろう。

要するに、買売春王国日本にたいする国際連盟の非難をかわすための、内務省の役人主導の公娼制廃止では、根本的な娼妓解放は不可能だったということである。久布白など婦人矯風会の幹部が公娼制廃止の可能性を一九三四年ごろと考えていたのは、あまりに楽観的な時代認識であったといわなければなるまい。

3　乙女をみぬ山村

今年は不作で、私の家では一粒の米もとれず、お母さんとお父さんは毎日夜になると、どうして暮らそうかといっております。……お父さんが家に帰ると、すぐ私に「疲れたろうから寝ろ」といって、先に私にだけお米のごはんを食べさせますが、お母さんとあとでわらびの根などを食べてるのをみて、私はすまない気持になり涙がこぼれます。[7]

一九三四〔昭和九〕年夏、低温、冷水、多雨、日照不足等の気象異変のため、東北地方は一七八四〔天明四〕年、天保の飢饉以来の大凶作となった。夏のさかりの田の草とりのときでも、わたこという綿入れ襦袢を着なければ、寒くて田には入れなかったという。

右の作文は、東北六県中でも福島県南会津郡とともに水稲被害が最大であった山形県最上郡の西小国小学校六年生男子が書いたものである。この村（現在最上町）は陸羽東線瀬見駅―羽前向町駅間の両側にひらけた山村である。

表5がしめすように、山形県内の水稲被害のなかでは、最上郡の被害が際立っている。同郡中でもとくに東西両小国村の被害は甚大であった。当時の記録によると、米の作柄は二分作以下だったといわれている。

同年に行なわれた娘の身売りは、東北六県中山形県がもっとも多かった。とりわけ凶作の被害が甚大であった東西両小国村では娘身売りがさかんなので、乙女がいないという索漠としたありさまであった。

一例をあげると、西小国村の一部野頭地区（五三戸）では、娼妓九名、芸妓五名、酌婦八名計二二名の娼妓や私娼を県内外に送りだしていた。

一九三四年一〇月三日、野頭地区で開かれた凶作対策協議会の席上、全村あげてこれまで以上に働いて収入を増加させることにつとめるが、なお不足が生じた場合には娘身売りもやむなしという決議をした。このニュースはたちまち新聞に書きたてられて、全国民を震撼させた。

この村の娘地獄がクローズアップされたのはじつはこのときが最初ではない。一九三一年の大凶作のおり、一〇月三〇日付「朝日新聞」は「生きる悲哀煉獄の山村」との一号活字をもって、西小国村の娘身売りの実状を報道し世間を驚かせた。

廃娼連盟はあまりに悲惨な娘地獄の現状を調査するために、同年一一月五日より一週間の予定で、明治学院高等学部講師松宮一也と東京帝国大学農学部橋本成之の二名を同村に特派した。

表5　山形県下水稲被害状況（1934年10月1日現在）

	減収数量（石）	減収額（円）	減収歩合（%）
山形市	6, 491	162, 275	30
南村山郡	25, 407	635, 175	26
東村山郡	31, 025	775, 625	19
西村山郡	48, 274	1, 206, 850	29
北村山郡	110, 090	2, 752, 250	60
最上郡	132, 553	3, 313, 825	71
米沢市	3, 989	99, 725	37
南置賜郡	38, 011	950, 275	51
東置賜郡	66, 784	1, 669, 600	36
西置賜郡	78, 039	1, 950, 975	57
鶴岡市	5, 971	149, 275	28
酒田市	2, 076	51, 900	25
東田川郡	123, 771	3, 094, 275	32
西田川郡	30, 108	752, 700	18
飽海郡	68, 342	1, 708, 554	25
計	770, 931	19, 273, 295	

出所：図司安司『東北地方の大凶作の原因・現状・対策』（1934年）の表より。

二人の調査によって、西小国村出稼人中、もっとも多い者は娼妓であることが判明した。同村役場の一九三〇年度調査によれば、その数五三名、今回の調査の結果によると、四名増えて五七名となっている。これは、同村居住の一五歳より二五歳までの女子人口総数四六七名の約一二％にあたる。

主な娼妓出稼先府県別は新潟県二八名、東京府八名、山形県六名、長野県四名、秋田県二名などである。新潟県への娼妓出稼が第一位を占めている理由は、新潟県からやってきた女衒《ぜげん》が同村を定期的に巡回し、農民に娘を売ることを勧誘していたからである。同村の世帯数八二三戸（総人口五五五四人）にたいして、娼妓出稼数はその約六・九％となる。少々荒い計算ではあるが、約一四軒に一戸の割合で娼妓を出していることになる。

松宮と橋本は調査の結論で「娘を売るのは食へないから売るのである。……この地方の男性たる父親が、伝統的家族制度に於ける家長の権威を振り廻して娘を売り飛ばす位は平気であらう。却つて娼妓になつて家を一時の困窮から救つたことは『孝行娘』として賞讃せられるのである」[8]と書いている。

いくら背に腹はかえられぬとはいえ、村民自らが娘の身売りを認める考え方こそ、買売春を民の側から支える思想的基礎である。そこに一貫してみられるものは、被支配者としての民がその裏がえしとして自分の娘を支配するという考え方である。前述したように、一九三四年度の大凶作で娘身売りを決議した素地は、村民の伝統的な意識のなかに存在していたのである。

小国村を管轄する新庄警察署は、その全組織をあげて娘身売りの防止に躍起となった。一九三四年七月三日、同署は東小国村派出所と協力して、身売矯正会をつくって村内を監視する一方、女衒の活動を撲滅するためにその取締規則を改正した。この規則改正によって、女衒が同村の娘と娼妓契約をかわすときは、事前に新庄警察署に届出をしなければならなくなったのである。

山村新庄警察署長の苦心の作である「娘売り防止数え唄」が県内各地の農民の間で歌われたのもこのころのことであった。

一つとや人のいやしむ娘売り、最上は県下で第一よ〱

草間八十雄「人間市場の女衒研究」（『犯罪公論』第二巻第一一号、一九三二年）は、女衒や当時「口入れ屋」ともよ

表6　窮乏地方婦女就職資金状況（1938年1月までの分．単位円）

	委託資金	貸付			回収		
		人員	金額	一人宛平均	人員	金額	貸付に対する歩合
北海道	12, 855. 50	200	13, 794. 50	68.97	167	6, 737. 66	48. 8
青森	35, 626. 61	895	46, 149. 87	51.60	638	12, 316. 91	26. 7
秋田	17, 227. 62	651	27, 667. 00	42.50	547	16, 014. 32	57. 9
岩手	13, 768. 74	282	15, 133. 74	53.67	274	2, 800. 51	18. 5
山形	25, 961. 00	536	27, 437. 00	51.19	306	8, 127. 20	29. 6
宮城	22, 251. 03	531	33, 900. 03	63.84	315	10, 778. 63	31. 8
福島	22, 004. 00	584	25, 842. 00	44.25	431	12, 583. 50	48. 7
計	149, 694. 50	3, 679	189, 924.14		2, 608	69, 358. 74	

出所：「婦人新報」1939年12月号の表より。

ばれた私設職業紹介業の恐るべき実態についてつぎのように暴露している。

各地方営むでゐる女衒五千六百三十人の運動で一ヶ年に売られて行く女の数は約四万人と看做されてゐる。〔中略〕東京地方に於ける公認の女衒は多い年で二百六十人位で、最近では二百十七人であるが此二百人余りの女衒の周旋紹介で売られ行く女となったものも其人数を調べると最近九ヶ年間に、芸妓二万九千四百〇六人、娼妓九千五百九十四人、田舎達磨である酌婦に売られたもの九千八百四十三人、合せて四万八千八百四十三人で此れを平均するも一ヶ年に五千四百二十七人と云ふ多くの女が此東京の其処彼処から哀れにも笑ひを売る女に堕ちて、各所の色里へ運ばれたのである。

山形県警察当局が新庄警察署を先頭にその総力をあげて、県下に身売防止のさまざまな網の目を張っているころ、久布白落実が山形県内の凶作地帯の視察におとずれた。久布白は石建県警察部長との会談の際、石建から、愛国婦人会の就職資金貸出制度を利用して身売防止資金をつくることを示唆された。

久布白は帰京後、愛国婦人会東京本部と交渉し、身売防止資金というものを誕生させた。愛国婦人会の資金のほかに、三井、わかもとその他の義捐金が加わって、身売防止資金の制度が本格的に発足した。表6がしめすように、身売防止資金の活用によって、一九三八〔昭和一三〕年一月までに、東北六県ならびに北海道で就職を斡旋されて救済された女性は、三六七九名に及んだ。活用された金額は一八万九九二四円一四銭、約一九万円で、一人当たりの貸付金は五一円六二銭である。一人当たりわずか五一円余で多数の女性が救済されたということは、身売防止資金制度の創設がいかに適切な事業であったかを物語るものである。

一九八一年の夏、私は陸羽東線を走って、かつての凶作地帯をたしかめた。陸羽東線は瀬見温泉から山間部を東にぬけると、最上を経て鳴子温泉に通じている。鳴子温泉は東北有数の温泉郷として知られるばかりでなく、鳴子こけしの里としてもその名が高い。

私の泊まった宿近くの小道にも、親子二代でこけしづくりを営む人形師の店があった。色白でりんごのように頬が赤いみちのくの乙女ににせてつくられるのだろうか、店先に並ぶこけしはあまりに可憐であった。

宮城県の県北に位置する玉造郡鳴子町は、一九五四年四月一日、鳴子町、川渡村、鬼首村の三つが合併してできた町である。面積三二五・二九平方キロメートルの鳴子町は、仙台市の約一・三七倍の広大な地域を有し、県内市町村中では最大の広さを誇っていた。

しかし、一九七九年四月、総理府告示第一四号で特別豪雪地帯に指定されたことからもわかるように、同町の冬季の生活は豪雪のために困難をきわめる。わが国で明治以後の大凶作の年といえば、一九〇二〔明治三五〕年、一九〇五〔明治三八〕年、一九一三〔大正二〕年、一九三一〔昭和六〕年、一九三四〔昭和九〕年の各年であるが、鳴子町はそのいずれの時期にも県内で最大の被害を被った。

図35は、日露戦争に出征中の兵士が故郷の宮城県の村に凱旋したときの絵である。絵の解説には、兵士が故郷

でみたものは最愛の妻の死と飢餓に苦しむ愛児と老父の姿であった、とある。

極寒の中国東北部（旧満洲）で戦われた日露戦争では、寒さに強い豪雪地帯東北の各師団が先頭をきって動員令をうけた。貧農出身の兵士が戦場で生命がけでロシア軍と戦っているとき、故郷東北一帯が大凶作に見舞われていたのである。

日露戦争当時の東北地方は受難の地であった。戦争で一家の大黒柱ともいうべき主人を戦場にとられ、そのうえ凶作の襲撃をうけて薪水の欠乏に見舞われた。戦争と凶作という二重の打撃で生活を破壊された貧しい農民たちを助けてくれる者はだれもいなかった。彼らはまさに背に腹はかえられず、娘を身売りすることにしたのである。

『近事画報』東北飢饉号〔一九〇六年二月〕には、数多くの娘身売りの惨状が記録されている。たとえば宮城県栗原郡長崎村のケースであるが、同村の一貧農夫婦は一二歳の長女を年期もたしかめず、わずか二円で女衒に売り渡した。遠田郡北浦村、志田郡敷玉村、栗原郡花山村、および玉造郡の二、三村でも、各町村役場の必死の説諭にもかかわらず、貧農の娘身売りが続出した。貧農たちは北海道から来た旅商人にたいてい三、四年間の年期、一時金手取り二、三〇円で娘を手放した。

図35　凱旋兵士を迎える村（『近代画報』第80号、1906年）

話をもとにもどすと、一九三四年の大凶作から数えて二年目の一九三六〔昭和一一〕年に東京市に一大事件が勃発した。同年二月二六日午前五時、雪の朝、陸軍皇道派青年将校に率いられた下士官兵一五五八名の部隊が蜂起したのである。このクーデターによって、岡田啓介内閣の斎藤実内大臣、高橋是清蔵相などが殺された。世にいう二・二六事件である。

二・二六事件に決起した東京市麻布の歩兵第三連隊第六中隊

の兵士たち一五九名の証言によれば、中隊長安藤輝三大尉は決行直前の兵営における精神訓話の時間に、とくに東北地方の農民が娘を身売りせざるをえないような窮乏した生活状態を、克明に兵士たちに話していたという。[9]
鈴木貫太郎侍従長を襲撃し重傷を負わせた安藤隊の指揮官であった安藤大尉は、皇道派青年将校の中心の一人である。安藤大尉が表明したように、青年将校グループは陸軍の対ソ戦略のかなめである東北師団の兵士の故郷が、凶作によって荒廃することにたいして、烈しい危機感をつのらせていたのである。
岡田啓介内閣がこうした青年将校の心情を敏感にキャッチできずにいたことが、事件を事前に阻止できなかった最大の原因であった。
わが国のみならず、全世界を驚かせた青年将校のクーデターは失敗に終わった。しかし彼らの国家改造思想には、一九三〇年代の東北大凶作による農民の悲惨な現実が反映していた点において、それは、自由の過剰は国民を堕落させるものであるというウルトラ・ナショナリズムの主張に一つの現実的な根拠をあたえるものとなった。この事件を契機に、国家の救世主という仮面をかぶった軍部は、政党政治を足蹴にして、国防国家体制の確立に邁進する。

4　産めよ、ふやせよ

一九三七〔昭和一二〕年七月、日中戦争勃発以後、日本国内は戦時色一色にぬりつぶされた。「つき合いに芸者時局を口にする」（富士野鞍馬、一九三九年）という川柳が諷刺したごとく、「時局」という言葉が巷にあふれていた。

戦争勃発から数えて二年目の三九年九月、林歌子婦人矯風会会頭（三八年就任）は、四度目の中国大陸視察旅行に出発した。当時、歌子は七〇歳の高齢であった。しかし、彼女は驚くべきことにわずか一カ月足らずの間に、大連、奉天、遼陽、北京、天津、南京、上海等の主要都市をくまなく視察したのである。

旅行最後の地となった上海でも歌子の精力は一向に衰えず、風邪をおして矯風会支部の集会、女学校や婦人会での講演、中国人の婦人矯風会、そして上海特別陸戦隊本部の訪問など目白おしのスケジュールをこなしていった。

歌子は一〇月二三日、「時代の波に棹さして力強い働き」をしている矯風会上海支部の活動に十分満足の意を表して、上海港から長崎丸で一路帰国した。歌子の中国大陸視察記は『婦人新報』一九三九〔昭和一四〕年一二月号に「よたび大陸に旅して」と題して掲載されている。

今日その文章を読むと、そこにはいささかも中国派遣軍への批判はみられない。歌子は当時、日本軍駐屯地において軍隊慰安婦の実態を見聞したはずであるが、それについても何らふれていない。むしろ彼女の文章全体の調子から判断すると、戦争を肯定する姿勢が垣間みられる。

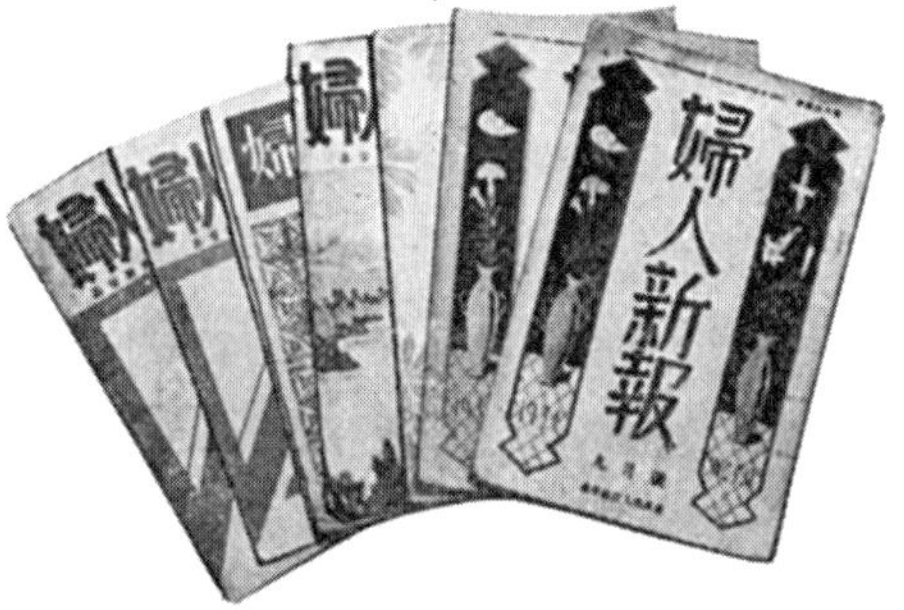

図36 『婦人新報』の表紙

もちろん、国をあげての戦時体制の最中であるから、廃娼女将軍と言われた歌子でも、正面きって軍部批判、とりわけ軍部が軍需品扱いをしていた軍隊慰安婦の実状について批判できるわけがない。しかし、私は高齢の彼女が四度も大陸視察旅行に赴き、中国派遣軍の占領政策に協調する方向で在留邦人の婦人運動の指導にうちこんでいる姿をみると、その輝かしい経歴を知っているだけに、まことに痛々しいおもいが残るのである。

これより先の一九三五年、婦人矯風会は創立五〇周年記念として一つの運動を計画した。それは時局に対処し東洋への奉仕、とくに中国人民にたいし人道的、教化的事業を推進するための資金募集である。つまり満洲事変以後の戦局の進展に際して、婦人矯風会内部に「大陸に何等かの奉仕に当らねばならぬと云ふ心が一同の中に動い」た〔『婦人新報』一九四二年三月号〕というわけである。こうした経過からみれば、林歌子の中国大陸での活動はこの東洋教化の線につらなるものであった。

日中戦争は泥沼におちいり、第二次世界大戦が勃発した一九三九年当時、婦人矯風会では銃後奉仕の諸事業への参加計画が目白押しだった。本命の廃娼運動はもとより、大蔵省の貯蓄委員、方面委員、人事調停委員などへの就任、禁酒運動、純潔問題協議会、学生風教問題懇話会、黎明会、満洲キリスト教開拓村設置運動などへの取り組みである。

ここで学生風教問題懇話会と黎明会、および満洲キリスト教開拓村設置計画の三つの事業について説明しておこう。一九三五年、廃娼連盟が国民純潔同盟に改組され、国策への参加を考えるようになってから、婦人矯風会はあらたに二つの新運動を発足させた。

それが学生風教問題懇話会と黎明会である。前者は東京の高等学校以上、専門学校、大学まで一二万余の学生を対象としたクラブ設定の事業である。当時、東京市内には八〇〇〇軒のカフェーがありながら、将来の国家の指導者たるべき一二万の学生のための健全なクラブはまったく皆無であった。婦人矯風会はこの現状を打開するために、学生たちのためのクラブ設置と健全な娯楽の提起を目的とする懇話会を設立したのである。

黎明会は、一般男女を対象とした純潔運動を発展させるために、男女青年の健全な社交機関として設立された。満洲キリスト教開拓村設置計画は、すでに一九三八年から賀川豊彦らによって計画されていた。具体的には、キリスト教連盟の農村伝道部が中心となって、クリスチャンをハルビン郊外長嶺子七五〇町歩の広大な土地に入植させ、同地に満洲キリスト教開拓村をつくろうというものである。

婦人矯風会は、満蒙開拓義勇軍運動の一環としてのこの事業に双手をあげて賛成し、同開拓村の青年のために、未来の花嫁さんを送りこむ計画をすすめていたのである。

日本の軍事ファシズム体制というものを考える重要なメルクマールは、結局のところ国内では一九三八年の国家総動員法ということになる。国家総動員法とは、日中戦争の長期化にそなえての人的・物的資源を独占的に統制し、運用するための法令である。

政府・軍部はこの法律で国民生活のすみずみまで統制したばかりでなく、思想や文化まで管理した。国家総動員法のもとで、個々の産業を統一するために各種産業の統制会もつくられた。

この統制会が財閥の支配下におかれたことからもわかるように、財閥もまた軍部と手を結んだのである。一九四〇〔昭和一五〕年、大政翼賛会がつくられ、政党は天皇の政治をたすけるという大義名分のもとに自ら解散して、大政翼賛会になだれこんだ。全国の市町村には情報伝達、思想統制、日用品配給のための末端組織として隣組がつくられ、一九四〇年代の日本は一気にファシズムの方向へところがりこんでいったのである。

国家総動員体制のもとでは、性が快楽であることは許されず、性は戦争遂行のための人的資源づくりとむすびつけて考えられた。軍国の母たちに、「産めよ、ふやせよ」のスローガンが最高の使命をあらわす標語として提起されたのはけっして不思議ではない。

図37　山室軍平（山室武甫編『民衆の友　山室軍平回想集』1965年より）

このようにみてくると、前述の婦人矯風会の実践は、まさに国家総動員体制下における性動員の方向に対応するものであったことが理解されるだろう。

婦人矯風会が国家総動員体制の一翼をになったと同様に、山室軍平に率いられた救世軍も、日中戦争の勃発を契機として、戦争に協力する姿勢を色濃くみせていった。

一九三七年一〇月一二日、第一次近衛文麿内閣は国民を戦争体制に動員するために挙国一致、尽忠報国、堅忍持久をスローガンとする国民精神総動員中央連盟を創立した。翌三八年中央連盟が白米禁止をきめ、買いますまい運動を推進したあたりから、運動はモラル昂揚の域を脱して、ぜいたく禁止、愛国献金、国債応募など国民生活への国家統制運動の性格を強めていった。

同年一〇月一日、山室は救世軍機関紙『ときのこゑ』において、国民精神総動員運動に対応するつぎのような五つの指導方針を発表した。

(1) 皇恩に報いるための最善の努力。
(2) 紀元二千六百年の歴史的伝統をもつ日本の国民として生れた特権を自覚し、国恩に報いるための最上の奉仕。
(3) 出動軍人は尽忠報国の誠をつくすこと。
(4) 出動軍人の家族、遺族の慰問に務めること。
(5) 軽佻浮華の風を却け、忠良な臣民としての生活と奉仕の実行。

これは神の下における人間の平等に代わって、日本国民は特選の民であるという自覚にたつ忠君愛国のスローガンの提起であった。山室がこのスローガンを提起したことは、救世軍がウルトラ・ナショナリズムに完全に屈服したことを意味している。

一九〇〇〔明治三三〕年以来、救世軍は一貫して娼妓の自由廃業運動を闘いぬき、三七年までに約八〇〇〇人の女性を解放した。救世軍のめざましい廃娼運動は山室軍平の卓越したリーダーシップをのぞいては考えられない。

山室の大局的判断の正しさ、徳富蘇峰のようなナショナリストをも信頼させる巧みな政治的手腕、そして機敏な行動力などが、しばしば救世軍の危機を救ったのである。

全生涯を廃娼運動一筋にかけた山室の功績は、国内のみならず国際的にも広く知られている。彼は日本を代表するキリスト者の一人であった。しかし山室が国民精神総動員運動に対応して提起した新運動方針なるものは、あきらかにキリスト教の愛と奉仕の生き方からの逸脱であった。

一九三八年の『救世軍士官雑誌』に、山室の「講壇に別る」の一文が掲載されている。

私は近来健康を害し、足がよろめいて長く立つこと能はず、声はしはがれて困難になつた。今やこのなつかしい思ひ出に満ちた講壇に暇を告げんとして居る。

晩年の山室は健康を害し、もはや人の心を燃え上がらせる独特の伝道説教はできなかった。一般大衆に神の啓示を説くことを生涯の勤めとしてきた山室にとって、これはまことに淋しいかぎりであったろう。

一九四〇年三月八日、第七五帝国議会において山梨県選出の代議士今井新造は、山室の著書『平民の福音』を国体に反する不敬の書物として弾劾した。今井は内務大臣、司法大臣、文部大臣、陸軍大臣等に向かってその発売禁止を強く迫った。

この事件のわずか五日後の三月一三日夕、山室は急性肺炎のためにこの世を去った。自閉症のごとき日本国家は、病み衰えた山室をけっして許さず、むち打ったのである。

注

第1章

1 伊藤秀吉『売淫公認制度廃止意見』廓清会婦人矯風会廃娼連盟、一九二九年。
2 根岸橘三郎『新島襄』警醒社書店、一九二三年、三二二―三二三頁。
3 森林太郎「公娼廃後の策奈何」、『大日本私立衛生雑誌』第八十号、一八九〇年、六―三九頁。
4 高知新聞社編『植木枝盛日記』高知新聞社、一九五五年、一七三頁。
5 足利市編さん委員会『近代足利市史』第一巻、通史編、足利市、一九七七年、一四二五頁。
6 守屋東『矢島楫子』婦人新報社、一九一三年、一三二頁。
7 同前、八頁。
8 木本至『オナニーと日本人』インタナル株式会社出版部、一九七六年、一九一―一九三頁。
9 石川天崖『東京学』、明治文化資料叢書刊行会編『明治文化資料叢書第一一巻世相編』風間書房、一九六〇年 五〇三頁。
10 山室武甫編『山室軍平選集VI』山室軍平選集刊行会、一九五二年、八一―八二頁。
11 竹村民郎「大連・廃娼事始――明治社会事業の一齣」上下、『北業』第二七・二八号、一九八二年（竹村著作集本巻所収）。

第2章

1 『廓清』（復刻、龍渓書舎、一九八〇年）第二一巻第二号、廓清会本部、一九三一年、一二頁。
2 『廓清』第四巻第九号、一九一四年、三頁。

3 田辺ひさ「張店の格子の中から」、『婦人公論』一九二一年夏季臨時増刊「誇りか恥か」号、四三頁。
4 『食道楽』一九三一年四月号、一一〇頁。
5 F・S・クラウス『日本人の性生活』、『世界性学全集』第三巻、河出書房、一九五七年、一九五頁。
6 月岡朝太郎『昭和史の花魁』日刊プロスポーツ新聞社、一九七一年、二八頁。
7 橋川学『秘録陸軍裏面史』上巻、大和書房、一九五四年、三五八頁。
8 小松原敏「検診カンニング」、『猟奇』一九四八年四月一日号、二〇頁。
9 榎本貴志雄『性』三一新書、三一書房、一九六二年、一二五—一三四頁。
10 『廓清』第一〇巻第二号、一九二〇年、二頁。

第3章

1 久布白落実『廃娼ひとすじ』中央公論社、一九七三年、一二四—一二五頁。
2 松尾勝造『シベリア出征日記』風媒社、一九七八年、一〇二頁。
3 静淵「日本婦人の面よごし」、『婦人公論』一九一八年二月号、七八頁。
4 石光真清『誰のために』中公文庫、一九七九年、一九九頁。
5 「第六戦隊司令官竹内重利報告書」、一九二三年一月一日、一一—一二頁。
6 猪狩中佐「シベリア民情風俗調査」、一九二一年、五三—五四頁。
7 外務省「醜業婦渡航取締ニ関スル外務当局ノ訓令通牒」、一九二一年、五頁。
8 同前、一—二頁。
9 同前、一二頁。
10 島田三郎「移民問題と我風俗」、『廓清』第九巻第一号、一九一九年、六頁。
11 外務省「婦人児童売買問題経過」外務省、一九二四年、五頁。

12　同前、六―七頁。
13　同前、一一―一二頁。
14　伊藤秀吉『紅灯下の彼女の生活』実業之日本社、一九三一年、四三五―四三六頁。
15　林歌子「第二維新」婦人矯風会大阪支部事務所、一九二〇年、一八―一九頁。

第4章

1　石田良助「公娼問題雑感」、『廓清』第一九巻第一一号、一九二九年、二〇頁。
2　谷崎潤一郎「懶惰の説」、『陰翳礼讃』創元社、一九三九年、一八四頁。
3　『廓清』第一四巻第一号、一九二四年、四〇頁。
4　全国貸座敷連合会本部『公娼廃止建議案埼玉県会通過顛末』同連合会本部、一九二八年、三頁。
5　同前、一八頁。
6　ねず・まさし『日本現代史4』三一新書、三一書房、一九六八年、二四二頁。

第5章

1　菊池寛「真珠夫人」、『菊池寛文学全集』第九巻、文藝春秋社、一九六〇年、三三三頁。
2　山本武利『近代日本の新聞読者層』法政大学出版会、一九八一年、二三三頁。
3　安田徳太郎「日本における科学的性研究」、『思想』一九五六年一〇月号、一三一頁。
4　益田勝実「野の遺賢」、南方熊楠『南方熊楠随筆集』筑摩書房、一九六八年、三六〇頁。
5　拙著『増補新版　大正文化　帝国のユートピア』三元社、二〇一〇年。
6　荒川幾男「男性社会と第三空間」、『ジュリスト増刊総合特集　二十号』一九八〇年、一七八頁。
7　北村透谷「粋を論じて『伽羅枕』に及ぶ」、勝本清一郎編『透谷全集』第一巻、岩波書店、一九五〇年、二六八―二六九頁。

8 九鬼周造「カフエとダンス」、『九鬼周造全集』第五巻、岩波書店、一九八一年、一七七頁。

9 鎮目恭夫『性科学論』みすず書房、一九七五年、七九頁。

10 馬島僴、太田典礼、山川菊栄、青木尚雄、山本杉、家族計画パイオニア今昔座談会「産めよ！　殖やすな！」日本性学会編集『性問題の研究』第一巻第二号、一九五六年、六〇―六一頁。

11 山本宣治『山峨女史家族制限法批判』、一九二二年、九二頁。

12 山本宣治『性と社会』、安田徳太郎他編『山本宣治全集』第四巻、ロゴス書院、一九二九年、四二頁。

13 同前、四九頁。

14 安田徳太郎「日本に於ける科学的性研究」、『思想』一九五六年一〇月号、一三三頁。

第6章

1 拙稿「クリスタル娘とモガの比較行動学」、『婦人公論』一九八一年六月号。拙稿「ナンセンスの背景」、『泉』三四号、一九八一年（竹村著作集第二巻所収）。

2 「売笑問題対策協議会議事録」第一回、一九三三年、一頁。

3 同前、六頁。

4 同前、第四回、四―五頁。

5 戸谷清一郎『群馬純潔同盟年報』第一号、群馬純潔同盟事務所、一九三二年。

6 久布白落実『廃娼ひとすじ』中央公論社、一九七三年、二三二頁。

7 最上義友会機関紙『葛麓』一九一号、一九三四年。山形放送編著『聞き書　昭和のやまがた50年』東北出版企画、一九七六年、七九―八〇頁より重引き。

8 『廓清』第二二巻第六号、一九三二年、二三―二四頁。

9 埼玉県史編さん室編『二・二六事件と郷土兵』埼玉県史刊行協力会、一九八一年、二九〇頁。

第二部　大連廃娼事始め

大連廃娼事始め　明治社会事業の一齣

1　米騒動と社会事業

わが国に微温的ながらさまざまな社会事業が台頭したのは、一九一八〔大正七〕年の米騒動以後のことである。米騒動の結果、国民を食わすことのできなかった寺内内閣はあえなく崩壊して、わが国最初の政党内閣として原内閣が誕生した。いわゆる大正デモクラシー運動の昂揚を背景としてにわかに社会政策とか社会事業という耳あたらしい言葉が、社会全体に拡がっていった。

原内閣は一九二〇〔大正九〕年八月、内務省社会課を拡大して、社会局を設置し漸く社会事業へ本格的に取り組む姿勢をあきらかにした。東京市も一九一九〔大正八〕年一〇月に社会局設置の建議案を満場一致で可決し、すみやかに社会政策の実行を申し合わせた。

翌一九二〇〔大正九〕年、東京市に社会局が新設された。この年は第一次大戦後の不況が猛威をふるった年である。新設の社会局は方面委員の設置、職業紹介所の増設、公衆食堂の拡張、市営住宅の建設等を推進することになった。

東京市に日用品市場や軽便食堂が開設されたのは、一九一九〔大正八〕年のことである。この日用品市場について少し触れておきたい。

東京市の日用品市場では大戦後日本の勢力範囲となった中華民国の青島から輸入した値段の安い青島牛肉が販売された。青島牛肉の販売が牛肉は高価なものだという大正の主婦たちのイメージを大きく変えたのである。

東京市の日用品市場開設よりも一歩早く、大阪市では一九一八〔大正七〕年四月に、公設日用品市場を設立している。日用品供給所という古風な名前の公設市場は、米騒動勃発の四カ月以前に、すでに生鮮食料品を半値にちかい価格で市民に販売していた。米騒動以後この公設市場は、白米の安売り市場として市民の台所を守った。

大阪市の公設市場の目のさめるような活躍は当時、驚異の話題であった。大阪市の公設市場はわが国の公設市場のルーツであるばかりではなく、消費者サービスのモデルとなり、その経験は前述の東京市や全国の諸都市に波及した。

米騒動以前には歴代政府の最大の政治的課題は、国民の福祉ということではなく、富国強兵にあった。政府のみならず国民も福祉にたいする認識が浅かったから、社会政策や社会事業はほとんど問題にならなかった。明治から大正にかけて国家による上からの産業化は、国民に生産的緊張を強いたのみならず、産業化の恩恵からとり残された下層社会の姿は悲惨なものであった。

国家の棄民政策によって、貧困と生活苦にあえいでいた人々を救済するために、明治から大正にかけて、民間レベルの善意による多彩な社会事業が展開している。そのなかでも日本の内外の娼婦の存在に近代日本の悲劇をいち早く感じとり、その救済を自らの使命とした救世軍や婦人矯風会等の廃娼運動は特筆に値いする。

一九一一〔明治四四〕年四月七日、吉原が全焼したとき再興に反対する世論の昂揚にもかかわらず、吉原はふたたび復活された。吉原復興に反対する救世軍や婦人矯風会の廃娼運動を中心として、七月八日に廃娼運動の国民的組織・廓清会が生まれた。廓清会による国内および植民地の廃娼運動の発展を、世界のなかでなりふりかまわず東アジアへ侵略することをはかった大正の日本帝国の姿と二重写しにして、廓清会の社会事業は日本の良心の証しであったことが明確になる。

私は拙著『大正文化』〔講談社新書、一九八〇年、『増補　大正文化　帝国のユートピア』三元社、二〇一〇年〕において、廓清会の廃娼運動を貴重な歴史的遺産であると評価しておいた。ここでは私のこうした問題意識にしたがって、廓清会の理事であり、名著『日本廃娼運動史』『紅灯下の彼女の生活』の著者でもある伊藤秀吉の、大連における廃娼運動を紹介することにしよう。

今回公表する伊藤秀吉の大連における廃娼運動は、前記の伊藤自身の伝記ともいうべき二著、そのほか伊藤が書いたいずれの出版物にも掲載されていない未発表のものである。

2　大連婦人ホーム

伊藤秀吉の廃娼運動への参加は、南満洲鉄道会社の社員であった大連時代から始まっている。南満洲鉄道会社の社員伊藤がなぜ廓清会の活動家になったのか、廓清会の機関誌『廓清』編集事務から、廓清会の常任としての膨大な量の仕事に至るまでを、伊藤が一身に引き受けて、日本人娼婦救済の社会事業にひたすら献身したのはなぜか。

右のような疑問は伊藤秀吉の大連時代の廃娼運動をくわしく調べていくことにより、はじめて解くことができるだろう。伊藤の大連時代の記録は廓清会創立前のかくされた歴史を知るうえで不可欠なものであるばかりではなく、民間レベルの二〇世紀初頭、明治社会事業史の貴重な一齣でもある。

二〇世紀初頭の大連での伊藤の廃娼運動を紹介するまえに、まずこの時代の救世軍による大連婦人ホームの創設事情をみておくことにしよう。

一九〇五〔明治三八〕年日露戦争がようやく終わるきざしをみせたころから、大連をへて大陸の奥地へと入りこんでゆく日本人娼婦の群れがいちじるしく増加していった。彼女たちの大半は、悪辣な女衒《ぜげん》の口車に乗せられて日本から海をへだてた大陸にまで売り飛ばされてきたのである。

キリスト教青年会から日露戦争で出征中の軍隊慰問のため渡満していた益富政助や有志によって、悲惨な運命に泣く日本人娼婦救済の機関として大連に満洲婦人救済会がつくられた。創立当初の満洲婦人救済会は、会が救済した日本人娼婦たちを東京の救世軍ホームに送っていた。しかし、救済活動が軌道にのるとともに、満洲婦人救済会は大連に一軒の家を借りて、女性たちを収容することにした。東京へ女性たちを送りだすことは、あまりに手間と費用がかかったからである。

一九〇六〔明治三九〕年二月から一〇月までのわずか九カ月間に、満洲婦人救済会は六〇余人の日本人娼婦を救済した。この数字は世界の娼婦救済のレコードを破るものであった。一九〇六年、満洲婦人救済会の事業は、あらためて日本救世軍が正式に引き継ぎ、その名を大連婦人ホームと改称された。救世軍本営から事業を監督するために山田弥十郎が大連に派遣された。

大連婦人ホームはこれまでの施設があまりに狭く不便なので、新施設を大連市内の飛騨町に新築して移転した。新築に要した費用大枚八〇〇〇円はすべて救世軍本営と大連の在留邦人有志が拠金した。大連婦人ホームはその後八～九年間に七〇〇人余りの哀れな日本人娼婦を救済するというめざましい活躍をしている。

一九一二〔明治四五〕年、救世軍本営から救世軍大佐山室軍平が、関東州の社会事業の実状視察のために大連に派遣された。白仁武・民政長官は山室大佐と会見し、救世軍の手で日本から「女中さん」を斡旋することを依頼した。白仁長官の奇妙な依頼を聞いた山室大佐はこの計画に即座に賛成した。

当時の『やまと新聞』が伝えるところによると、事情はつぎのようなものであった。元来どこの国の植民地でも、植民地本国からの女性移住者はきわめて少数である。日露戦争後の大連はまだ治安も安定せず婦女誘拐の悪風が横行していた。こんな大連にわざわざ赴いて真面目に家政婦をしようなどと考える日本人女性はほとんどいなかった。当時大連婦人ホームでは家政婦の払底という事情を利用して、収容していた日本人娼婦に家政婦づとめをすることを積極的にすすめていた。給金も高く行儀作法をきちんと仕込んでくれる良家への女中奉公は、彼女たちの社会復帰の手段としては、好都合だったからである。

山室大佐が白仁民政長官の家政婦の満洲への斡旋という奇妙なプランに賛成したのは、けっして理由のないことではなかった。山室大佐は日本から大連に農村出身の健康で人柄の良い日本女性を送ることは、大連の風紀の向上に資するだろうと考えていた。日本から送った娘たちをホームで一カ月ぐらい家政婦の心得を教えたあと、二、三年家政婦づとめをさせ、その後は素行の正しい独身の在留邦人に嫁入りさせるプランをたてていたのである。

大連婦人ホームの懸命な努力にもかかわらず、救済をもとめる日本人娼婦たちの数は日ごとに増加していった。日本から続々と送りこまれてくる膨大な日本人娼婦の数からみると、大連婦人ホームの努力は焼石に水のごとき観があった。

山室軍平『社会廓清論』〔警醒社書店、一九一四（大正三）年〕の二五二頁から二五五頁にあたるところに、中国全土と関東州在留の日本人娼婦の数字が紹介されている。

中国	一六、四二四
内関東州	八、三八八

じつに驚くべき数である。当時日本人娼婦が海外に渡っていたのは、たんに中国大陸だけではなく、マレー連

邦、シベリヤ、インド、南洋、アフリカ、アメリカ東海岸にまで及んでいた。大正初期日本人の海外在留総数は約三〇万人で、その一割ぐらいは日本人娼婦であったといわれる。

3　伊藤秀吉の自画像

山室大佐の大連視察以前の一九〇八（明治四一）年ごろ、明治の廃娼運動のリーダーとして著名な島田三郎と安部磯雄が、大連をおとずれている。島田と安部は日露戦争直後、めざましい満洲の植民地化が、日本人娼婦の大量進出と平行して進行している現状を詳しく視察した。二人はこうした彼女たちの惨状に憤慨し、自分たちの力でできる限り日本人娼婦を救済することを決意した。

島田と安部は救済を求める日本人娼婦がいたならば、満洲のどんな奥地にまでも足をのばして赴き、女性たちを解放して大連につれて帰った。二人は救済した女性たちをつれて、満鉄社員の伊藤秀吉をたずねた。当時島田と安部は伊藤とまったく面識がなかった。それにもかかわらず二人が救済した女性たちを伊藤宅にあずけようと考えたのは、伊藤が満鉄の少壮社員のなかでは、数少ない妻帯者であったという単純な理由からである。

本来ならば島田と安部が救済した女性たちは、大連婦人ホームにあずけられるべきであろう。島田たちがそうしなかった理由はわからない。恐らく大連婦人ホームはすでに救済した日本人娼婦の数があまりに多いので、定員オーバーになっていたのだろう。

伊藤秀吉と妻きんは島田と安部の突然の依頼にもかかわらず、その依頼を快く承諾した。国のことを第一に考える明治の日本人のいさぎよさであろうか。伊藤夫妻はあずかった女性たちを二階の六畳二間に収容した。当時伊藤家は夫妻と誕生後まもない長男秀行の三人家族であった。一〇数人の女性に二階を提供した伊藤一家は、階下の六畳と四畳半の二間で生活することを余儀なくされた。

島田、安部の救済活動がすすむにつれて、小さな煉瓦づくりの伊藤家に収容される女性の数はしだいにふえて、とうとう二〇数人にふくれあがった。

ここではからずも日本人娼婦の保護司にさせられてしまった伊藤と妻きんの人柄と経歴を紹介しておこう。当時大連在留の日本人は戦勝気分におごって、傲慢な態度をとり、中国人を蔑視していた。味けない植民地生活の日々、彼らは荒んだ心を酒や女性を買うことでまぎらせていた。

伊藤は年若いにもかかわらず、植民地の風紀の乱れになじまず、酒や女遊びとはまったく無縁な生活を送っていた。妻きんとの生活は貧しかったが、夫婦仲は円満であった。伊藤の唯一つの趣味は友人とカルタ（百人一首）に興じることであった。

ちなみに紹介しておくと、伊藤の次男秀文氏は伊藤秀吉の影響をうけてカルタの道に志し、のちに全日本カルタ協会の会長もつとめた。伊藤秀文氏はカルタをとるには、なによりもおだやかな和の心と落着いた生活態度が大切であると私に語っている。つまりいらいらしてかっとなり、夫婦げんかをしたり、青筋をたてて怒鳴ったりすることは、カルタ遊びにはなによりも禁物ということである。

満鉄の上司や同僚たちは、数少ない妻帯者であり、おだやかな心をもった伊藤を愛していた。当時まさに満鉄は創業期にあり、仕事は多忙であった。しかし職場での伊藤はこれという責任あるポストを与えられていなかった。伊藤秀文氏はその理由として、父秀吉のひどい不器用さを指摘している。秀吉が職場の人たちから不器用な男であると思われていたという事実は、私にとって大変に興味ぶかい。

恐らく伊藤はその人柄からみて与えられた仕事はきまじめに一生懸命やったことだろう。それにもかかわらず職場では、上司や同僚から大して役には立たない男として軽くみられていたのである。

これは一体どういうことなのだろうか。私はその理由の大半は伊藤のやさしい性格によるものであると考えている。伊藤は優雅にかるたに興じ、お国のためだと頼まれれば日本人娼婦の世話を、無償で引き受けるといったナイーブな魂の持ち主である。

満鉄の社員は日本人一〇万人、現地人二〇万人で合計三〇万人の大世帯であった。満鉄は国策会社として、ほぼ満洲の全鉄道にたいする独占的支配権をもっていて、社内の空気はのんびりしたものだった。だから伊藤のような変わりものも、どうにか存在できたのだろう。

デリケートな感覚よりも、開拓者としてのたくましい根性が要求されていた創業時代の満鉄では、伊藤のようなタイプの人間は、仕事への突っ込みが弱く、気がきかない職員であると判断されていたのかもしれない。

満鉄では所をえなかった彼にも、社内のだれにも負けないと自負する特技があった。彼は達筆の持ち主であり、筆をとらせれば彼の右にでる者はいなかった。少年時代の秀文氏は古風な武士気質の父秀吉から、教科書や参考書類は一切買わず、心をこめて筆写することを命じられた。伊藤の字は書家に習ったものではない。しかし父親の寺子屋式教育のおかげで、いつしか達筆の持ち主になっていたのである。満鉄内部の筆を使う仕事は彼が一手に引き受けた。いかにも伊藤らしい執務ぶりである。

伊藤は一八八六〔明治一九〕年一二月一日、福岡県久留米市京町に生まれた。父は文吉、母はしま、秀吉は三人兄姉（兄は虎之助、姉はヨシノ）の末っ子である。明治以前の伊藤家は久留米藩の士族であり、代官職をつとめる名家であった。

伊藤の従兄弟に文化勲章受賞者の画家坂本繁二郎がいる。坂本の祖父は殿様のちごさん（刀持ち）であった。坂本家には殿様から拝領した品々がたくさんあった。それらは坂本のパリ留学に際して、旅費捻出のために売り払われたという。

伊藤は郷里の小学校卒業後一六歳で、向学の志を抱いて上京する。上京した伊藤は早稲田中学校の夜間部に入学した。当時上京して絵の勉強をすることを夢みていた坂本は、伊藤の上京の報を聞いて、先をこされたと残念がった。坂本もやがて伊藤のあとを追って、二五、六歳ごろ上京し、美術学校に入学している。

早稲田中学校時代の伊藤は、明治の苦学生の多くがそうであったように、人力車夫として車をひくことをアルバイトにえらんだ。上京後二年目の一八歳のとき、伊藤は苦学生仲間の一人で共立女子職業学校の和裁科の生徒きんと学生結婚した。

伊藤ときんは神田美土代町の秀吉の下宿に世帯をもった。きん二〇歳、秀吉一八歳、二つ違いの姉さん女房である。きんは福島県白河の生まれ。父はつくり酒屋に働く杜氏であった。きんの母は髪ゆいを業としていた。大正婦人の代表的な髪型である束髪は、きんの母が考案したものらしい。

明治時代には女性の苦学生は珍らしかった。小柄ではあったが、向上心にもえたしっかり者のきんは、お金のことには無関心で、ひたすら裁縫の勉強にうちこんでいた。共立女子職業学校はきんの律義な性格をみこんで、きんが卒業すると母校で教鞭をとることを許した。

伊藤は早稲田中学校卒業後は、しばらく中央大学の校外生制度などを利用し、講義録をとって独学で法律を勉強したらしい。

山室軍平は伊藤の著書『紅灯下の彼女の生活』の序文のなかで、「其の知識は該博にして、其の所論は公正である。加ふるに流暢明快なる文章を以てし」と、伊藤の仕事を賞讃している。後年、伊藤が『紅灯下の彼女の生活』など廃娼問題に関する名著を書きあげることが出来た素地は、彼の東京時代の真摯な独学によって培われたのであろう。

満鉄に入社した伊藤は、エリート社員ではなかったから、満鉄の俸給だけでは生活は苦しかった。妻きんは大連刑務所の女囚取締役（看守）となって家計を助けた。

大連の生活にようやくなれて、生活も落着き、待望の長男秀行も無事出産し、前途に明るい希望がさしはじめたおりに、突如島田と安部が日本人娼婦たちをともなって、伊藤家をたずねたのである。

島田らが人の良い伊藤に後事をすべて託して帰国したあと、伊藤一家はこれまでの静穏からうってかわった盆と正月が一緒にやってきたような大騒ぎとなった。伊藤は不幸な女性たちの更生のために、読み書きを初歩から教えた。きんはお得意の裁縫の教授を受けもった。伊藤家ははからずも彼女たちが社会復帰をするための私塾となったのである。

私塾の塾長となった伊藤の心労もさることながら、妻きんの生活上の負担は想像を絶するものがあった。きんにとっては共稼ぎの負担だけでもたいへんである。そのうえ大連刑務所から帰宅すると、きんには誕生後まもない長男秀行の育児、二〇数人の居候たちの食事の世話、彼女たちへの裁縫教育等々が待っていたのである。

しっかり者のきんは不平を言わずに、共立女子職業学校での教師体験を生かして、てきぱきと妹のような女性たちを指導した。このころの伊藤家は精神的には愛の灯がきらきらと輝いていたとしても、物質的には想像を絶するひどい生活を強いられていた。伊藤家の悲惨な暮しぶりを伝えるエピソードがある。

当時満鉄と刑務所から伊藤夫妻に支給される俸給だけでは、食べ盛りの若い娘たち二〇余人を満足させる食事を用意することはとてもできなかった。伊藤家の食卓はお金がなくなるとおかゆや重湯だけの日がつづくことも多かった。

米櫃《こめびつ》がほとんど空になった日に、伊藤夫妻は残ったありったけの米を炊いておじやをつくり、秀行と二階の女性たちに食べさせた。伊藤夫妻はなにも食べるものがなかった。夫妻は女性たちが心配しないように、居間に食卓を整えた。夫妻は空の茶碗をはしでたたいたりして食事をするふりをした。

しかし二階の女性たちはたちまち夫妻のかなしい芝居を見ぬいてしまった。彼女たちは自分たちのような人にさげすまれる境遇にいる者を、これほどまでに一生懸命保護してくれる伊藤夫妻の温かい心情に感激して、夫妻にすがりつくと泣きくずれた。

どん底の生活を強いられていた伊藤一家に、最大の悲劇が襲った。一九〇九〔明治四二〕年二歳の長男秀行が、栄養失調による母きんの乳不足が原因で死亡したのである。

4　大連高等女学校

満鉄当局はこれまで二〇数名の日本人娼婦をかかえた伊藤一家の悲惨な暮しぶりをまったく知らなかった。伊藤の長男秀行の悲惨な死が巷に伝わるころ、容易ならない事態に気づいた満鉄の幹部たちは、あわてて対策を協議した。協議の結果満鉄が日本人娼婦を更生させるための学校をつくって、そこに伊藤宅に保護されている女性たちを収容することとした。

満鉄が直接経営にのりだした学校は、大連高等女学校といういかめしい名前がつけられた。満鉄の手で新任の校長がきめられ、教師も集められた。伊藤夫妻も当然に教師陣に加わった。きんは大連刑務所をやめて女学校の専任教師として裁縫を教えることになった。

大連高等女学校の体裁が整えられると、やがて在留邦人の子女たちも、この学校で勉強することになる。女学校の経営が軌道にのった一九一二〔明治四五〕年ごろ、伊藤夫妻は大連を去ることを決意した。

伊藤夫妻が大連を去ることを決意した理由は複雑である。一つは一九一二年九月に生まれた次男秀文を、今度こそは丈夫に育てたいという伊藤夫妻の決意である。日本人娼婦救済のためとはいえ、長男秀行を犠牲にしたことは、夫妻の心に深い傷あとを残した。日本に帰国しめぐまれた環境のもとで二男秀文をすこやかに育てたいと願う夫妻の心情は十分に理解される。

二つには満鉄経営の大連高等女学校の教育理念や運営方針にたいする伊藤夫妻の不満である。女学校に収容された日本人娼婦たちは、いわば伊藤塾の卒業生たちである。

伊藤夫妻は手塩にかけた女性たちが、なにを欲しているのか、なにを喜ぶのか、将来どうしたいのか等々については、だれよりも一番よく知っている。伊藤夫妻自身短かい期間であったが、彼女たちを献身的に教える過程で、希望を与える教育とはなにかについて多くのものを学んだ。夫妻はもはやたんなる保護司的存在をこえて、日本人娼婦解放の真実の指導者としての資質を備えるまでに成長していたのである。

満鉄当局は大連高等女学校を創立したとき、このことに気づくべきであった。言い換えれば、満鉄当局は教員人事に際して、これまでの経過とまったく無関係な校長を任命するのではなくて、伊藤夫妻の実績と教育者としての力量を率直に承認して、夫妻に女学校の管理運営を委ねるべきであった。もし下級職員である伊藤を校長職に抜擢するのが無理であるならば、女学校の管理運営について、伊藤夫妻の意見を積極的に聞くべきであった。

しかし官僚的な気風の強かった満鉄当局はそうしたきめ細かい配慮を最初からまったく放棄していた。満鉄当局は伊藤夫妻をこれまでのいきがかり上から女学校の一教師として招いたに過ぎなかった。

伊藤夫妻がこうした満鉄当局の処置につきはなされたような気持と、焦だちを感じたのは当然なことであろう。秀文氏は私に後年父親が大連高等女学校のことを回想するときはいつも、強い不満を述べていたと語っている。失意のうちに大連を去って帰国した伊藤夫妻を迎えた故郷久留米の実家も夫妻にとっては安住の地ではなかった。父親文吉は可愛いい孫秀文の顔を見て暮すことのできる日々を喜んだ。しかし母親しまは暮しに困るわけではなかったが、夫妻が居候として居坐られては困るという気分を露骨に顔にだした。

伊藤夫妻は半年足らず久留米に滞在しただけで、石もて追われる心持ちで故郷を離れて上京した。上京後伊藤は大連時代に知遇をえた島田三郎に会って、今後の生活への援助を乞うた。島田は再会を喜び、伊藤の無償の愛にあふれた実践を賞讃した。伊藤は島田の世話でキリスト教系の鉄道青年会に奉職することができた。きんも久しぶりにたずねた母校共立女子職業学校で歓迎され、とんとん拍子に話がすすんで和裁の教師として復職することとなった。

伊藤夫妻の疾風怒濤《シュトルーム・ウント・ドランク》の時代はようやくここに終わりをつげ、一家は東京に安住することとなった。しかし大正の日本の激動は伊藤夫妻がおだやかな日々を送ることを許さなかった。時代は再び伊藤夫妻に数奇なる運命を強いた。それがどのようなものであったかについては、いずれ稿をあらためて、他の機会に書くことにしたい。

＊この原稿中の伊藤秀吉に関する事項は、すべて伊藤秀文氏からの聞き書きに負っている。あらためて伊藤秀文氏の御厚意に感謝の意を表する。

公娼制度の定着と婦人救済運動

二〇世紀初頭大連において

序

「満洲」と称せられた中国東北部に関するわが国の研究をかえりみてゆくならば、そこにはきわめて特徴的な傾向があることを知るだろう。すなわち性を基調とした国家による女性管理の問題や、買売春にあらわれた日本人の性生活や性意識の問題は、ほとんど研究対象になっていなかったということである。このような研究の動向は、つぎのような歴史的事実を確認することにおいて、つよく反省されなければならないであろう。一九〇四～五年の日露戦争をさかいとしたからゆきさんの、満洲への渡航はそれ以前とは比較にならぬほど拡大した。山室軍平『社会廓清論』〔警醒社、一九一四年〕によれば、中国在留日本人娼婦は一万六四二四人に上り、うち関東州は八三八八人であった。これはじつに驚くべき数字である。まさに日本の植民地支配において、からゆきさんの存在がけっして軽くなかったことを明瞭に示すものである。

しかも一九〇五年一二月、大連の逢阪町遊廓設置を契機として、大連に公娼制度が始まった。やがて公娼制度は満洲のいたる地域に拡大するとともに、国家による性の管理が定着していった。このように国境なき買売春にとって、日露戦争は重大な画期となった。つまり満洲のからゆきさんは、公娼制度の定着によって、国家による性管理体制にくみこまれたのである。

私は本稿において、これまでの満洲研究の系譜を反省して、大連における公娼制度定着の問題および大連における婦人救済運動の展開と、それが日本の廃娼運動にあたえたきわめて重大な影響について考察する。この考察によって、二〇世紀初頭における日本とその植民地における性を基調とした、国家による女性管理の構造、およびそれに対抗する婦人救済運動と廃娼運動の連繫についての全般的理解に、すこしは役立つものと信じている。

1　植民地支配の誤算

一九〇五年、日露戦争に勝利した日本は、同年九月八日の日露講和条約ならびに同年一二月、満洲に関する日清講和条約によって、関東州と長春以南の南満洲鉄道、その付属地の租借権を確保した。大連占領当時は軍政が布かれていた。翌一九〇五年二月一一日「紀元節」を期して満洲軍総司令部はダーリニーを大連と改称し、同年六月、関東州民政署が開設され、翌一九〇六年九月、関東都督府設置とともに大連民政署を置き、ここに大連は民政治下の都市となった。これより先の一九〇五年九月一日、一般日本人の自由渡航が許可されたことにより、大連に大量の日本人が流入した。南満洲鉄道（満鉄、後藤新平総裁・中村是公副総裁）が一九〇七年四月一日より営業を開始した。鉄道は南満洲における日本の権力扶植の原動力となり、その南満洲の産業が都市形成に及ぼした影響はきわめて大きかった。なかんずく満鉄による大豆を筆頭とした農産加工物の輸送およびそれらの大連港からの輸出の増大は、満鉄の起点たる大連の都市化をめざましく促した。

大連における戸口の増加は非常に著しく、その膨脹率は米国シカゴ市についで世界第二位といわれている。旧中国時代には一小漁村であった大連は、一九〇六年末には総戸数五〇三七戸、人口一万八八七二人（うち日本人の戸数一九九三戸、人口八二四八人）となった。一九一一年末には総戸数一万二八三一戸、人口五万九〇三人（うち日本人戸数八七九八戸、人口二万九七七五人）となった。一九一五年末には総戸数一万六一五一戸、人口八万一二〇人（うち日本人戸数九八六六戸、人口三万八四三八人）に増加し、特別市制を実施するに至った。[1]

右の数字が示すように日本人人口は順調に増加した。当時満洲における日本人労働者の就職は困難であったことが、植民政策上の大きな弱点であった。だが大連では日本人労働者の賃金は日本国内の賃金と比較すると、約五〇パーセント高かった。さらにこれを中国人労働者の賃金（最高一円、最低二五銭）に比較すれば、倍額以上にあたっていた。このため満鉄や企業は概ね日本人労働者より中国人労働者を多く雇用する傾向が顕著であった。[2]

日露戦争直後関東州施政当初の大連における工業は主として煉瓦、石炭の製造および油房等であった。しかし一九〇七年、満鉄営業開始当時より近代的工場の設置が始まった。満鉄の鉄道工場、および電気作業所、日清製油会社大連工場、満鉄のガス製造工場、翌一九〇八年、川崎造船所ドック等の有力工場が続々と設立された。かくして一九一二年ごろまでに大連には染織工場、機械および器具工場、化学工場、飲食物工場、印刷工場、新聞印刷、および靴工場等の設立をみるに至った。[3]

日露戦争後大連における戦後ブームに乗って、軍用達商や一攫千金をねらう中小商人が実業界に進出した。材木商や貸家業者から成金も生まれた。しかし彼らがその活力を誇示した期間は、戦後そう長い期間ではなかったのである。一九〇八年、不況後日本人社会の経済活動は沈滞していった。満鉄調査課の『南満洲ニ於ケル日本ノ経済的勢力』は一九一二年に「今ヤ我日本ノ経済的勢力ヲ益々確実ニ振張セシメンカ為メ有識ニシテ且ツ資本アル起業家ノ渡来ヲ切望スルノ時期ニ達セリ」と述べた。すなわちこのころ一攫千金をねらう人々と、資金力のある実業家との交替の時期が到来しつつあったことが知れるであろう。

いまもみたように資金力のある一流の実業家の来満が望まれていたにもかかわらず、大連をはじめとする日本人社会には、相変わらず日本からの一旗組のみならず、政客や政商、利権屋などが続々と乗り込んできて、いよいよ深く地盤を食い荒らしていった。一九二五年、世界各国の植民地政策についての研究者で、大連の憂国の志士をもって任じていた山田武吉の言うところは明快であった。

日清戦役後間もなく台湾に渡り、約十年間台湾に居住し、日露戦役後転じて朝鮮に赴き、朝鮮には約六年間居住し、其後更に転じて満洲に来り、満洲には居ること既に十三年以上になる。……満洲では都督府時代から現在の関東庁時代に亘りての種々の変遷と満鉄会社の移り替りなど見た。……日本の植民地といふ植民地が一種の戦利品であるため、軍人先づ行き、官吏之れに亜ぎ、更に御用商人、医師、売薬商、高利貸又は娘子軍《じょうしぐん》などが之れに続くといふ有様なので殖民の根抵が甚だ脆弱なる事である。……落付いて眞面目に気永く仕事に従事する気が起らず、何でも早く儲けて早く内地の郷里に帰らうと云ふ事になり、随つて商業方面、別して投機的方面に走り易くなる。利権屋などの掻払ひ連中が来るのも之がためだ。それに付けても支那《マ》漢《マ》人種の移住発展力の強いには感心する。満蒙を原始的にせよ今日の如く開いたのは山東、直隷両省より移住した漢人種の力で、満清朝廷はこの清朝発祥の地を護るため一時彼の封禁政策なるものを行ったが、それにも拘らず、漢人種はドシドシ満蒙に発展した。[4]

山田武吉によれば日本の植民地というものは「亜細亜有色人種同士の関係より成立」するものであった。日本の植民地と欧米諸国のそれと異なる特色はそうしたところにあった。山田は「満蒙」における日本の植民地は「亜細亜有色人種の結合とその文化並に実力の向上を旨とし、亜細亜主義への第一歩、若くは亜細亜連盟の理想に到達すべき一階梯として行ふべきもの」と確信していた。しかし彼の認識によれば、二〇世紀初頭「在満日本人の生産事業も根の堅まったものは極めて少」いのみならず、戦勝の結果、彼らは中国人を「非常に低く見るといふ一種の優越感」を抱き「一方には欧米人を極度に崇拝すると云ふ事大思想」を生ずるに至った。[5]すなわち欧米列強に支配された中国の民衆を侮る反面、必然的に欧米列強の優越を崇めることになる。このことは海外在住の日本人だけのものではなかった。明治維新以降対アジア侵略の過程において、国民のあいだに深く浸透しつつあったことを忘れてはならないであろう。ここで山田は「満蒙」の民衆にたいしその反感を増大させるような日本人の活動が反省されないならば、満鉄を中心とした経済的、文化的、社会的へゲモニーの確立は悲観的であることを述べているのであった。そして上海の仮寓において、山田の著書に序文を寄せた浄土真宗本願寺派本願寺第二二世宗主大谷光瑞《おおたにこうずい》もその趣旨を支持していた。

中国東北部在住の日本人の利権的、投機的、腰掛的、退廃的生活状態を、ここでは山田武吉の著述を中心としてみているのであるが、彼らの享楽生活——飲む、打つ、買うといった暮らしぶりを強く批判した文章をみるに至っては、そうした状態はより明瞭となるであろう。日露戦争直後中国東北部に日本人がめざましく移住してきた状況を、以下のように描いている。

其多数は博徒ゴロツキの輩で且つ婦人の殆んど凡ては醜業婦であった。殊に後者の跋扈は甚しく至る処の開放地は瞬く間に彼等を以て満されたのである。当時此醜態を見た吾等は実に国民として一大恥辱たるを感ぜずには居られなかった。[6]

当時満洲へ移住してきたそのような日本人たちと接触した中国人たちは、いずれも彼らを軽蔑のまなざしでみていた。『満洲日日新聞』一九〇七年一一月三日付の記事は、私たちにそうした中国人の日本人観を垣間みせてくれる。

恐らく清国十八省中満洲程邦人の威厳が保たれない土地はない……思ふに此観察は南北両清を旅行した人には必す首肯せらるる所であろうと、確信するが、其例として挙げれば何れの地に行くも相当の風采をする日本人であれば必す、先生若くは大人の尊号を呈せらるるに反し、此満洲に於ては独り大連旅順等に限らす吉林奉天の内地に行くも、至る処爾として呼び捨てにされる……戦時戦後各地には駐屯軍が居って軍隊の威厳は普く行はれて居ったが、其去るや……威厳は其銃影のかくるると共に消え去ったのである。其後引続て内地に入り込む連中と云へば多くは売薬の行商であるか、然らずんばブン回しをやって賭博をする連中であるから焉んぞ我を慢り我を疾まざるを得んやである。

こうした中国人の日本人にたいする軽蔑のまなざしは、乱れた日本人の性生活を見聞することによって、一層強められた。それは日露戦争後中国東北部の各地に雨後の筍のごとく出現した妓楼《ぎろう》、芸酌婦を抱える料理屋等での日本人の遊興ぶりや、娼妓や芸酌婦を仮の妻＝「満妻」とする日本人の悪習にたいする反発にもっともよくあらわれていた。[7] このことはきわめて憂慮すべきことでなければならなかった。なぜならば日本の本格的な満洲支配が始まっていまだ日が浅いにもかかわらず、早くも一般中国人の民心の動向は、日本の植民地統治への反感と日本人にたいする軽蔑を増大させていたことの明瞭な表現であったからである。

2 大連における公娼制の成立

関東都督府は一九〇五年一二月に元市外地西南の山麓を遊廓地に指定して逢阪町と名づけた。大連市役所発行の『大連市史』なかで、加茂貞次郎は遊廓設置についてつぎのように言っている。

関屋さん（関屋貞三郎―引用者注）が初代の民政署長として市街計画から総ての色々のお骨折になって居ったのですが、その中でも土地の貸下に非常に御苦心になった……第一遊廓の問題、これは何うしても商業地区と少し離れた箇所に置かなければ風紀取締、或は衛生の方面から云っても都合が悪いと云ふことで、その当時現在の逢坂町《ママ》、これは山の陰の一寸人離れがして居る、で遊廓として指定（した。）[8]

すなわち逢阪町遊廓は初代民政署長の指導で実現したことがあきらかにされているのである。民政署にとっては遊廓設置は大連行政の最重要事項であり、遊廓設置とともに貸座敷規則が公布され大連における公娼制度が始まったのである。初期の大連は遊廓は言わずもがな、いたるところに日本人経営の魔窟が存在し町の風紀を乱していた。貝瀬謹吾《かいせきんご》も『大連市史』のなかでつぎのように述べている。

総裁（後藤新平満鉄総裁―引用者注）は馬に乗って歩きました。祝賀のある時にシルクハットを被って西通が魔窟だった、あすこを書間通られる時に、女が飛び出して来て後藤さんをひっぱってシルクハットを取って了った、盛にやられて到頭上田君が五円だかやって帽子を返して貰った。[9]

満鉄総裁の権威の象徴であったシルクハットが、大胆な私娼のふるまいによって奪い去られたというこのエピソードほど、二〇世紀初頭の大連の治安と風紀の乱れをよくあらわしているものはないだろう。今一度くり返せば、公娼制度成立のころの大連では、昼間でも私娼が街路で開けっぴろげな客引き行為を行なっていたのである。さて逢阪町遊廓についてであるが、一九〇七年一二月二七日付『満洲日日新聞』は民政署による遊廓地指定以前の逢阪町について説明している。

逢阪町は大阪市北区の田中宗一なる人が（明治）三十八年七月十五日時の軍政長官たりし神尾少将から許可を受けて目下の場所へ八千坪の地を卜し遊廓を建て始めたのが最初で当時は軍隊引揚の期間であったから市中は到る処アンペラハウス多く熾むに密売婦が出没して居たので若し軍隊が之等の醜業婦に接したなれば忽ち怖る可き病毒を感染する之には神尾氏も閉口した結果が一方に公然遊廓を構へさせ一方に例の西風を吹かせてドシドシ醜業婦を狩りえてたから逢阪町は自然の勢で発達の緒に就いたのだ

右の文章から大連を守備していた遼東守備軍の軍政委員神尾少将の許可のもとに、大阪市の田中が遊廓を建て始めたのが逢阪町のルーツであることがわかる。さらに重要なることは軍隊と遊廓との関係であった。すなわち遊廓とはいっても、いまだ貸座敷規則公布以前の妓楼のことではあるが、軍隊と妓楼とは密接に結合していたのである。当時軍隊にとっては兵士の体力を蝕む性病は最大の脅威であった。一九〇五年ごろ日本国内の兵士の約二五パーセントが性病に犯されていたとみられる。[10]このために遼東守備軍は兵士と私娼との遊興の防止策として、娼妓の登録や性病検査を強要できる軍管理下の妓楼の設置を許可したのである。

前述のように一九一四年ごろ全中国のからゆきさんの総数は一万六四二四人であり、そのうち関東州に在る者は八三八八人の多数にのぼった。[11]今手もとに在る大連商工会議所『経済都市大連　東亜経済事情叢刊第四輯』（大連商工会議所、一九三七年）の一〇頁にあたるところの統計をみると、一九一二年、関東州の日本人の人口は四万五三六五人である。したがって二〇世紀初期関東州在住のからゆきさんの数は同在住日本人人口にたいして、少くとも一八パーセント以上ということになる。これらの数字でも明瞭にわかるように、二〇世紀初頭娼妓、私娼、酌婦は急激に増加していった。

娼婦の異常な増加は、性の享楽を求めて廓や魔窟に通う男性たちの数がいちじるしく増大していったことの反映であった。逢阪町遊廓の設立者田中宗一は遊客の増大にたいする対策として妓楼の数を増やすことを決意した。彼は国元の大阪の大工に依頼して、家屋の土台を作らせ、これを大連に運んだ。この未完成な建物を大連の大工八〇名が完成させた。この急場しのぎの方法で、逢阪町には芙蓉楼、山遊楼、松の家の三軒が誕生した。これらの新妓楼に七〇余名の娼妓が傭われた。逢阪町遊廓のめざましい繁盛に誘われて、魔窟の女性たちの多くが移ってきた。

一九一一年、大連慈恵病院専務理事柴田博陽は『廓清』〔第一巻第五号、一九一一年〕のなかで「満韓の地を視察せし者は、京城の新町と大連の逢阪町を瞥見し、其地不相応に遊廓の殷盛なるを怪しむと共に、其建築物の雄大なると完備せるとに一驚を吃する」と書いた。この文章からも、逢阪町遊廓の隆盛ぶりが垣間みられるであろう。かくして逢阪町遊廓は大連に定着し、公娼制度正統化の象徴となった。平常は大連の西通界隈の私娼窟などで遊興している職工や職人たちも、正月や祝祭日などには逢阪町に通った。

ただここで注意しなければならないことは、逢阪町の規模は、満洲各地の廓や魔窟などと比較すると群をぬいていたということである。柴田博陽によれば、満洲の奥地のからゆきさんは「豚小屋と擇び難き陋屋」において買売春を強制されていたのである。こうしたからゆきさんの悲惨な状態は、誇張でもなんでもなかったのである。一九〇七年一二月二七日付『満州日日新聞』は、逢阪町遊廓を特集してつぎのように記した。

今は芙蓉楼、山遊楼、勇楼、東楼、第二・第三勇楼、松の家、金岡、紫雲楼、紅葉楼、三好楼、福住楼、第四勇楼、花月楼、勇戯楼の十五軒の外に飲食店、小間物店等三四ヶ所ある、兎に角事務所を中央に設け三十六名の芸妓と百六七十名の娼妓を収容して営業して居るところで遊廓建設に要した費用であるが、田中宗一は当初予算二〇万円で始めたというから、その資本力というものは相当なものであったに違いない。遊廓建設が始まってから、田中は中国人に支払った移転料および道路改修費、建築費等として七万六〇〇〇円を投じている。これにたいして収入としては家賃収入として、一カ月一九〇〇円を得ていた。彼はその豊かな経済力と商才をもって、さらに数万の資本を投下して、遊戯場等を設置し廓を一新する計画をもっていた。大連の逢阪町はその運営の中心をこのような巨額の資本を運用していた大阪商人によって握られていたのである。今二〇万円という数字をあげた。それは一九二四年ごろの大連で敷地総坪数三四五坪の最高級住宅（一万六五〇〇円）が約一二軒購入できるぐらいの価格であった。

われわれはいま遊廓の形成をその経営者と投資からみているのであるが、この関係をさらに芸妓、仲居等を抱えた料理屋においてみるならば、そこには大連日本人社会の遊興にたいする欲望と消費の広範な領域を発見するものである。

一九〇七年、大連の料理店は一六〇軒を数えた。これらのなかでもっとも隆盛を誇っていたのは千勝館、扇芳亭、湖月、梅花の四軒であった。この四つは大連の四大料理店と称されていた。なかんずく千勝館はその規模において群をぬいていた。

千勝館の経営者多田仙之助は元大川組土木建築請負業者として京都、大阪、神戸の業界の中枢に身を置き、斯界に盛名を博した経歴の持ち主であった。彼は日露戦争直後大連におけるめざましい建築ブームに乗じて、攻めの経営で大川組と千勝館を拡大し、大連実業界に羽ばたいた。一九〇七年には二つの事業の経営者として五一〇円を納税して、大連の多額納税者の上位を占めるまでになった。しかし一九〇八年、大連の建築ブームが後退すると、成金の一人として土木建築請負業のなかで威をふるっていた多田も、事業縮小を余儀なくされた。一九〇八年以後、彼は事業活動の重点を千勝館のみに特化するようになったと言われる。[12]

しかし彼は花柳界のなかで義理だてや任侠心に富む男として振るまっただけではなく、その資本力にまかせて、千金を投じて千勝館の増築をつづけ、巷の話題をさらった。一九〇八年一月二九日付『満洲日日新聞』はそのことをつぎのように述べている。

湯殿丈けの設備に小千円の資を投したる九尺二間の欄間丈けに二百円を投じたる……新座敷四間の如きは坪数僅々八十余たるに対し諸設備に投資したるもの約一万円なり……千勝館は一昨々年即ち三十八年十二月に建築成りたり爾来漸次建増を為して今日に及ぶ外部は和洋折衷の建物にして客に備ふる室の数二十八此畳の数二百四十九外に三間に五間の舞台を有する百畳敷の大広間と三十畳敷の広間等を合すれば畳の総数は三百七十九の多きに達す……実に千勝館は大連の料理屋として成功したるのみならず安東県、営口、奉天を通して斯の如き大設備のもの未だあらす……大連の花として称するに足る総体の建築及び其他の粧飾費即ち座敷設備の為め今日までに五万五千円を要し其他抱芸妓の衣裳額に約三万資金を投ぜりと……現在芸妓の数三十一名大連全体の芸妓の六分の一を占む外に仲居十一人、帳場二人、男衆二人、板場四人、下働女三人、男七人之れに主婦等を加ふれば家内総員六十余人の多きに上り昨年中の収入なきも一ヶ月四五千円多きは九千余円に上りし月ありといふ

この千勝館の繁栄は満洲のいずれの都市の料理屋とも比べものにならない利益をもたらした。千勝館はまさに「大連の花」として満洲の花柳界に君臨したのである。それかあらぬか一九〇七年一一月一五日の大連料理屋組合総会において、多田仙之助は取締に就任している。ついでに書いておくと、この組合総会には大連警察の保安課品部警部出席の下に開催され、品部警部から各料理店の風紀の退廃について厳重な訓戒と、料理店取締法に違反する行為を行なわないことのほか、つぎのような数カ条が言い渡されている。

一、料理店にして貸座敷同様の設備を倣せるものは全然料理店の体面に改造すべき事
一、芸妓酌婦を店頭に整列せしめ又は戸外に出して客引き間敷事を為さしめざる事
一、芸妓酌婦の貸金に対しては一切利子を附せざる事
一、同上貸金に対しては双方通帖やうのものを備え置き其貸借を一目瞭然たらしむべし若し不明瞭なるものは其貸借を認めざる事
一、警察署の許可無くして芸妓酌婦に五十円以上の貸金をなさゞる事但し稼業の前借金はこの限りにあらず
一、芸者酌婦の営業願には必ず戸主又は親権者の承諾書を添付すべき事[13]

満洲における急速な都市化にともなった拝金主義や享楽主義は、花柳界からその末端の料理屋の経営者に至るまで道徳的に退廃した雰囲気をみなぎらし、買売春がこうした環境から育っていった。港都大連も例外ではなかった。大連料理屋組合は表向きは芸妓、酌婦らに不法な貸金を行ない、彼女たちの進退の自由を奪うような行為や、「貸座敷」類似行為を防止し、「料理店取締法」を守って営業していることになっていた。しかし芸妓、酌婦等にたいする不法な貸金や買売春の強制、「料理店取締法」からの逸脱した営業行為は、大連のみならず全満洲の花柳界で行なわれていた。

一九〇七年一一月一二日付『満洲日日新聞』には、大連市内の多田仙之助らの料理店主が協議の結果、芸妓、酌婦の逃亡防止策として全満洲の料理店の連合組織を結成することに決め、警察に許可を願い出たことが書かれてある。また一九〇七年一一月一七日付『満洲日日新聞』によると、千勝館抱芸妓一名と花屋抱芸妓二名は「昨日健康診断ありしになあに妾なんか大丈夫よと大平楽を並べて出頭せざりしため大目玉を頂戴し何れも科料に処せられたり」とある。この健康診断とは、性病の検診である。

柳沢遊氏が一九〇八〜九年不況あたりをさかいとした大連の実業界の変化の叙述を試みて記しているように「特産物貿易業、土木建築請負業、海運業、鉱工業、卸小売業に携わる有力企業家が大連経済界をリードしていくようになった」[14]。大連実業会は、こうした経済界の合理化を反映して、一九〇九年、会員一二五名中、大連支店長、出張所長として日本国内から来連した営業者は四三名となった。大連実業会の会員構成[15]が象徴するように、満鉄、横浜正金銀行、朝鮮銀行、三井物産、大阪商船、日清製油等の企業の幹部や民政署等の官僚、教員等として渡連した者は、大連の職縁社会の上層部を形成し、その給与、慰労金の額は日本国内のそれに比較してはるか優遇を与えられた[16]。満鉄社宅が象徴するように概ね官界、教育界、実業界のエリートは高級文化住宅を支給された。彼らは名実ともに社会の指導的階層となった。彼らの価値観や豊かな消費生活のスタイルは大連の市民社会のモデルとなった。

彼らの享楽的生活がどのようなものであったかについて、一九〇八年一月二九日付『満州日日新聞』は「本年一月の宴会（千勝館—引用者注）数左の如し　一日満鉄調辨所　魚市場　四日満鉄土木課四十四人　六日満鉄用度課六十二人　八日佐賀県人会三十五人　九日三井物産十五人　十日満鉄建設課六十七人　同高橋商会三十五人　十一日満洲建築家大会九十人　十二日福井県人会二十五人　十五日大連実業会百七十人」と記している。これをみても大連日本人「職縁社会」のエリートたちの羽ぶりの良さの一端が理解されるだろう。

前述した千勝館が大連全体の芸妓の六分の一を占めた三一名を抱え、「満洲一」の料亭と誇っていたことも、こうした大連職縁社会との結合の賜物であった。だがより注意されるべきことは表では紳士として振るまいながら、その裏面では色と欲むきだしのエリート社員の享楽と奢侈のみではなく、二〇世紀初頭大連にあらわれた一流企業と花柳界の結合である。

一九〇九年一二月一三日付『満洲日日新聞』も指摘しているように、横浜正金銀行大連支店の竣工披露会には千勝館、扇芳亭、浜の家、梅花等の料理屋の芸妓が模擬店を手伝ったばかりではなく、余興の手踊にも参加して興をそえた。博覧会や企業の祝賀会などに花柳界から芸妓が参加することは、日本国内でもごく普通のことであった。しかし大連に居住している中国人や外国人の眼には、こうした習慣はどう映ったのであろうか。芸妓のなかにも生活面ですさんだ生活をしていた女性がたくさんいたから、彼らのまなざしにはきびしいものがあったのではなかろうか。

では職縁社会の階層秩序のなかで下層に位置していた職工や職人の買売春はどうであったか。安東県、営口、奉天と同様に大連でも西通などを徘徊し客を引く私娼や、市内のあいまいやといわれていた料理屋にたむろする酌婦を相手に、職工や職人、商店の従業員たちは遊興した。

一九〇七年一二月一七、一八日付『福岡日日新聞』は満洲買売春事情について「満洲の至る処、本邦人の経営する魔窟を見ざる事なき有様」と指摘し、さらに同年五月現在「大連には芸妓が百六十七人、酌婦が二百八十三人、娼妓が百十三人、支那娼妓が七十六人、即ち七百余名の売春婦が居る。此以外に無届無許可の淫売婦が幾許あるかは想像の外である」と記していた。

いずれにせよ大連における公娼制度の出現は買売春を公認したことにほかならず、それによって廓をもつ大連の町の風紀はいっそう乱れた。芸妓を抱える料理屋、魔窟、あいまいやと呼ばれた料理屋等もまた性病の感染源となって、大連における性病の蔓延を促した。性病患者の増加に驚いて、一九〇七年一二月一三、一四日付『満洲日日新聞』は「花柳病」の特集を組んで、その恐るべき病毒が家庭を破壊に至らしむる危険性について警告した。

かくして二〇世紀初頭の大連においては緊急な社会問題として、性病に犯された女性患者から決死の想いで自由廃業を望んでいた娼妓に至るまで、社会の根底で苦しんでいる女性たちの救済活動が日程にのぼっていたのである。それは大連における市民性確立の問題であると同時に、日本の廃娼運動の再生にふれる問題でもあった。

3　大連における婦人救済運動

婦人および児童を誘拐してこれを国外に売却する非人道的行為は、一九世紀後半期から二〇世紀初頭にかけて、ようやくヨーロッパにおける関心を集め、いわゆる「白奴売買」の禁止を提唱する世論が台頭した。ヨーロッパ各地にこの運動のための民間諸団体が設立され、ついに国際的輿論を喚起するに至った。この結果一九〇二年、パリ国際会議の開催をみた。しかし同会議は単に「(1)白奴売買及之カ禁遏《ママ》ニ関スル報道ヲ交換シテ国際的協力ノ実ヲ挙グベキコト　(2)白奴売買ヲ犯罪トシテ各国一様ニ之ガ処罰ヲ為スベキコト」につき二つの条約草案を作成するに止まった。ついで一九一〇年、パリにおいて英独仏などヨーロッパ一二カ国間に「醜業ヲ行ハシムル為ノ婦女売買禁止ニ関スル国際條約」が締結された。[17]

だがこうした国際条約の締結にもかかわらず、一九世紀後半期日本においては、「大日本帝国憲法」下、婦人児童を誘拐してこれを国内外に売却する非人道的行為にたいする取締りはきわめて弱かった。すなわちそこには公娼制度やからゆきさんの海外渡航などが前面におしだしてきた女性売買や誘拐の問題が取り締られることなく存続してきたのである。

そしてそれがある意味においては、日本の版図拡大に貢献するものになっていた。一八九六年、ようやく移民保護法が公布され、これによってからゆきさんは職業の範囲が決められ、娼妓稼業や妓楼の海外営業は許可されないことが明瞭になった。しかし朝鮮と清国はこの法の適用外となっていたから、法の抜け道を利用して妓楼の経営者が女性を連れて両国に自由に渡航できたのみならず、そこから外の地域へと女性を移すことも可能であった。

この時代における娼妓は、年期が明けるまでは絶対に廃業の途がなかった。それは彼女たちが廃業する場合は楼主とその地域の貸座敷組合長の連印による廃業届が必要であったから、娼妓が自らの意志で廃業を申し出ても、連署がなければ書類不備の理由で廃業届は却下されたからである。

また娼妓が逃亡を試みても、廓の入口には交番があり、娼妓は許可なく廓外に出られなかったから逃亡は不可能であった。娼妓は文字どおり籠のなかの鳥であり、娼妓が自らの力で自己を解放できるなどと考えた者は一人もいなかったといって差支えないだろう。

ただ一八九三年、女権運動の拠点として日本キリスト教婦人矯風会の成立、一八九三年、日本有数の機業地帯桐生・足利を擁する群馬県における廃娼運動の成果としての公娼制度の廃止、一八九五年万国救世軍の指導による救世軍日本本陣の創設等によって、廃娼運動の力というものが表面におし出されたのである。

そうした時勢に目ざめた人々は、公娼制度廃止を実現しなければならないと考え始めた。そしてそれは一九〇〇年大審院による娼妓は楼主にたいする借金の有無にかかわらず、「何時ニテモ娼妓廃業」できることをあきらかにした判決によって、いよいよ大きな昂揚を生じ、一九〇〇年から一九〇一年にかけての自由廃業を掲げた烈しいクリスチャンを中心とする廃娼運動があった。G・モルフィ、矢吹幸太郎や島田三郎そして木下尚江、秋山定輔、安部磯雄、江原素六、矢島楫子、林歌子等々の闘いがあったのも、この自由廃業問題である。廃娼運動はついに内務省を動かし、一九〇〇年一〇月、娼妓取締規則が公布された。政府は公娼制度を固守しながらも初めて娼妓の自由廃業を法制のうえに明示した。[18]

二〇世紀初頭、廃娼運動はこれを中心として、市民的自由と人権の問題を根底から解決する運動の一つに成長しつつあった。しかし前述したように一九〇五年、日露戦争がようやく終わりを迎えるころから、満洲大連を経て奥地へ移動する日本のからゆきさんが急速に増えたのみならず、なかには婦女誘拐の事実も顕著となった。こういう状態はもちろん日本だけのことでもなかった。

二〇世紀初頭ロシア政府は「その極東の殖民政策を励行すべく、盛に醜業婦を満洲の地に集め」[19]た。大連では

「金髪夜叉」と称せられたロシア人娼婦が一九〇六年までは「頗る多数なりしも漸次哈爾浜《ハルビン》、奉天、芝罘《チーフー》、北京等何れも志す方面に居を移して残るは僅に四軒のみ」[20]となった。そしてロシア人娼婦らは『大連』に於て千円の貯金を拵えると假定すれば……如何なる不景気に遭遇するも予定金額に達せざれば断じて其地を去らず」「彼等が高価に酒を売りつくるは常態としてビール一本の価一円……チョコレート一箱同じく一円といふ法外なる貪り方」[21]という状態であった。

それればかりではない。彼女らは恐るべき病毒の保持者でもあったから、「日本人は物新しき為めその窓を叩くとも断じて之は戒めざる可らず」[22]と言われていた。

大連における外国人の娼家といえば、小崗子《ショウガンズ》には中国の遊廓も四〇軒を数え、七〇余名の中国人娼婦が抱えられていた。そのなかの一軒の娼家に抱えられていた五名の娼婦は、日本人以外の客はとらなかった。彼女らはかたことの日本語を話して、客と遊んだ。[23]まことに大連は日本の遊廓、魔窟そしてあいまいやといわれた料理屋が存在したのみならず、ロシア人や中国人の娼家もあり、その結果として性病が蔓延していたのである。国際的魔都大連では公娼制度が公認され、娼婦のほか博徒が胸を張って徘徊し、私生児や死産が増加し、私生児は中国人に売られた。こうした荒んだ状態をみて、中国人や外国人たちは、日本人は酒と女と博打がなければ暮らしていけぬものかと軽蔑した。それが排日思想を醸成することにもなった。そしてまた大連市内を病娼や病毒に犯されて狂った女性が徘徊して、大連慈恵病院などに収容された。[24]

日本から多数の婦女が誘拐されて大連や満洲の奥地に連れて来られ、淪落の淵に身を沈めていた状況にたいして、敢然と彼女たちの救済に立ち上がったのは、キリスト教の人たちであった。日露戦争当時クリスチャンの旺盛な伝道熱と、そのうえに戦場の兵士の荒んだ精神を救済するという激しい使命感の高まりが、益富政助ら数名の青年をとらえて、満洲に伝道に向かわせたのである。

彼らは満洲上陸後遼陽において三名の少女を救済し、東京救世軍婦人救済所へ送った。しかし満洲の地には救済をもとめる女性があとをたたなかった。そこで益富政助（当時大連青年会軍隊慰労部主事）らは、婦人救済をより効果的にすすめるために、陸軍満洲倉庫長日疋陸軍三等主計をはじめ有志の後援をえることとした。かくして益富らが大連の浪速町に婦人救済所を設立したのは、一九〇六年四月のことである。

若きクリスチャンたちは、使命感に燃えて婦女救済事業に立ち上がった。その結果一九〇六年二月から一〇月までの間に六〇余名の婦女子を救済することができた。これは婦人救済事業における世界的記録である。今や大連の婦人救済事業は国際的な大事業となり、一九〇六年九月、この経営は救世軍本営に委譲されるところとなった。山田弥十郎夫妻は新たに管理者として赴任した。その後婦人救済所のめざましい活動にともなって、大連の有志と救世軍本営が約八〇〇〇円を醵金し、当局からも土地無償貸与をえて、翌一九〇七年、飛騨町に新婦人救済所を開くに至った。

救世軍と当局は協力して、大連港到着の汽船を監視し、誘拐者の手から婦女子を救済した。婦人救済所は開設以後から一九一二年までに六八〇名の気の毒な婦女子を収容したほか、日本または親元に送還させた婦女子は二二三人を数えた。このほか就職させた婦女子は三九二人となっている。[25]

友愛とはかくの如きことをいうのである。救世軍の人たちはさらに救済した女性たちに再就職の訓練をも行なった。すなわち、婦人救済所に収容された婦女子は、日々の課業として洗濯や洗い張り、裁縫等を行なった。こうした作業は彼女たちにとって、女中奉公などの再就職のための訓練でもあり、花嫁修業でもあった。当時大連では家政婦が払底していた。給金も高く行儀作法を教えてくれる良家への女中奉公は、彼女たちの社会復帰の手段としては好都合だったのである。

ところで大連におけるキリスト教の伝道は中国人の信仰する天主教、カトリック教、福音ルーテルなどが、日本人居住以前より多少普及していた。日本人にたいするキリスト教の伝道は、前述した日疋陸軍満洲倉庫長とその部下のクリスチャンの軍人、軍属が、一九〇四年ごろ大連西広場教会を創設したときから本格化した。そのキリスト教会は外国人宣教師の伝導によって建てられたものではない。救世軍の活動や後述する大連キリスト教慈恵病院の建設は同教会を中心として成立したのである。すなわち西広場教会には比較的知識人の信者が集い、救世軍などがおし出してきた満洲における婦女子誘拐や、性病に犯された人々の救済の問題が実践的課題とされていたのである。それはまさに大連における日本人の良心の証になろうとしていた。

このようにみてくると、ひろくクリスチャンのあいだから、悪性の性病に犯された娼妓、私娼、酌婦たちを治療し再び心身共に健全にしたいという要求が生まれてきたのは当然であったろう。彼らはその治療活動の拠点として、一九〇六年、浪速町に大連キリスト教慈恵病院を創立した。病院を創立するにあたって、日疋陸軍三等主計は院長にクリスチャンの市瀬忠次郎を抜擢した。

キリスト教の奉仕事業として誕生した病院の患者収容力はわずかに二〇名足らずであった。しかし病院の創立は時代の趨勢をしめしていた。そうした方向に支持が集まり、関東都督府より毛布の下付と、東京市の三井三郎次郎、米人ローレン、市民有志からそれぞれ一〇〇〇円、一〇〇円の寄付が寄せられた。他にも演芸会収入として二四〇円が集められた。それればかりではない。毎月有志の寄付金四〇〜五〇円があり、この慈善事業はここにおいていよいよ軌道にのった。一九〇七年九月、大連伏見台に病院が移転したことはその反映であった。患者は一九名であり、その内訳は女子四名、男子一五名であった。彼らはことごとく重い性病に犯された患者である。

移転後経営者の日疋は大連のみならず、関東州全域の性病に犯された妊婦の治療のために、「楽園的転地療養」まで考えていた。空気の稀薄な大連逢阪山に一三万坪を借地して、オンドル式の病室や出産室を設けるほか、ビアホールとミルクホール、そして桜を植樹した運動場も完備した高地療養所を建設しようというのである。一般人の娯楽施設として、公会堂、新聞縦覧所、舞踏室等も設置することとした。道路は幅員五メートルとして交通の便をはかることとしていた。

慈恵病院によって提唱された性病治療は、ヨーロッパ・アルプスの山地を利用して行なわれていた先進的な高地療法を、積極的にとり入れるものであったのである。経営者の日疋をはじめとして、院長市瀬、職員、看護婦のいずれをみても、患者に「親切丁寧」[26]に接していた。そこにはクリスチャンとして「博愛」「平等」の自覚が共通してみられたばかりではなく、誰一人として性病患者を軽蔑する者はなかったといえる。それゆえにこそ一九〇七年一一月二六日付『満洲日日新聞』は「救世軍婦人救済所と此の基督教慈恵病院とは誠に関東州に於ける慈善事業の双璧」と賞讃した。

こうした婦人救済活動はもちろん大連のクリスチャンばかりではなかった。一九〇八年ごろ満洲におけるからゆきさんの大量進出を憂慮した廃娼運動の指導者島田三郎と安部磯雄は渡満して、その実態を調査した。二人は救済を求めるからゆきさんがいたならば、いかなる奥地にまでも足をのばして赴き、女性たちを救済して大連に連れて帰った。

新しく大連に日本から赴任した満鉄社員の間からも、伊藤秀吉のような婦人救済活動に献身する人物があらわれてきた。後年伊藤は廓清会常務理事となり日本の廃娼運動の中枢に位置した。とくに伊藤の筆になる名著『紅灯下の彼女の生活』〔実業之日本社、一九三一年〕と『日本廃娼運動史』〔廓清会婦人矯風会廃娼連盟、一九三一年〕は、ともに廃娼運動研究の必読文献である。廃娼運動の性格と意義を考えようとする者にとって、伊藤秀吉の思想と行動の解明がいかに重要であるかは、いまさらここで論ずる必要はないだろう。「廃娼運動は余が一代の使命である。二十五にして志し、廓清会の創立と共に、廃娼運動を職業とした」[27]とは伊藤自身の言葉であるが、彼が廃娼運動に志したのは、まさに大連における満鉄社員の時代である。

では伊藤は満鉄社員時代にいかなる状況において廃娼運動に志したか。だがそれについては前述の著書はもとより『廓清』等に発表された論文にもまったく記述されていない。かつて私はこの問題を解くために、一九八〇年に伊藤秀吉の御子息秀文氏に乞うて、満鉄時代の秀吉についての聞き書きを行なった。私はこの聞き書きをもとに仕事にとりかかったが、それは後に「大連廃娼事始め」と題して公表した。[28]

二〇世紀初頭における廓清会の成立に際し、その指導的中核を形成した島田三郎、安部磯雄、山田弥十郎、益富政助、伊藤秀吉の線を辿っていけば、それは満洲大連における婦人救済活動に収斂する。このことは廃娼運動の自立性の確立が、根本的に大連の婦人救済運動の影響を受けたことを是認させるものである。さらに言うならば、大連における婦人救済運動より以前を、いわば日本の廃娼運動の形成時代、これより以後を自立時代として示すことも出来るであろう。

廃娼運動が確乎として自立するに至ったのは何故であろうか。それは大連の婦人救済運動が、植民地における性の国家的管理に抵抗する自由な市民運動としての実績を示し、日本の良心を代表したからであった。かくして大連の婦人救済運動が準備したものは、廓清会を通じての公娼制度廃止への道であり、婦人救済運動の台頭は大連におけるリベラルな市民精神の醸成にも相当の感化、影響を及ぼしたことを知るのである。

注

1 井上謙二郎編『大連市史』大連市役所、一九三六年、一四頁。
2 木下竜『南満洲ニ於ケル日本ノ経済的勢力』南満洲鉄道株式会社調査課、一九一二年、三〇—三一頁。
3 篠崎嘉郎『満洲工業状勢』大連会議所、一九二六年。
4 山田武吉『日本の植民政策と満蒙の拓殖事業——其の更新と振興の要を論ず』、一九二五年、一—三〇頁。
5 同前、四〜一二頁。
6 『廓清』(龍渓書舎版)第四巻第三号、廓清会本部、一九一四年、一頁。
7 遼東豚「予の見たる満洲(一五)」、『満洲日日新聞』一九〇七年一〇月二〇日。

8　『大連市史』、三〇七頁。
9　同前、三一〇頁。
10　日下主計編『日本花柳病予防会報告』日本花柳病予防会、一九〇五年。
11　山室軍平『社会廓清論』中央公論社、一九七七年、六〇頁。
12　柳沢遊『日本人の植民地経験――大連日本人商工業者の歴史』、「シリーズ、日本近代からの問い2」青木書店、一九九九年、三四―三七頁。
13　『満洲日日新聞』一九〇七年一一月一七日。
14　前掲『日本人の植民地経験』、七〇頁。
15　同前、六五頁。
16　例えば一九〇六年伏見台尋常小学校創立時、東京市から大連に赴任した教師は当時の勤務条件についてつぎのように述べている。「東京は割合に俸給も良かったが、此方では八割それに宿舎を呉れる。箪笥もかしてくれる倍以上になる。……暮の慰労金を六十三円貰った時は魂消てしまった。東京に居った時は九円しか貰ったことがない」（前掲『大連市史』七〇七頁）。
17　『婦人及児童　売買禁止ニ関スル諸條約』、一九三三年、一―二頁。
18　娼妓取締規則の運用にあたって、警察官は専ら楼主の債権保護に偏して、娼妓の自由廃業はつねに防止される傾向を生じた。こうした弊害は法文上の欠陥にあった。つまり同規則第二条にしたがって、楼主は警察署において、娼妓の廃業に拘る債権についての交渉を娼妓とともに行なう結果、娼妓が楼主に説得されて廃業を断念する結果が生じた。警察官の不当な介入によって、自由廃業はその実を失なうに至った（伊藤秀吉『日本廃娼運動史』廓清会婦人矯風会廃娼連盟、一九三一年、一七八―一八〇頁）。
19　「金髪夜叉」（二）、『満洲日日新聞』一九〇七年一一月五日。
20　前掲「金髪夜叉」（三）、一九〇七年一一月六日。

21 同前。
22 前掲「金髪夜叉」(四)、一九〇七年一一月七日。
23 「日本人贔屓の支那娼家」、『満洲日日新聞』一九〇七年一一月一二日。
24 一九一二年二月一〇日付『満洲日日新聞』は、長春発の列車が大連駅に到着の際突如裸となった長春の酌婦についてつぎのように述べている。「昨年八月頃から精神に異状を来し近頃に至りて益々甚しきより大連の満鉄病院に入院せよとて楼主が手当の一五円五十一銭を持たせ乗車させたもの」。
25 廓清会評議議員・救世軍大佐補山室軍平「満洲に於ける婦人救済」、『廓清』第二巻第六号、一九一二年、三〇頁。「誘拐されたる婦人の運命――救世軍婦人救護所の現況」、『満洲日日新聞』一九〇七年一一月九日。
前掲『大連市史』、七五一―七五二頁。
26 「大連基督教慈恵病院」(三)、『満洲日日新聞』一九〇七年一一月二四日。
27 前掲『日本廃娼運動史』、一頁。
28 『北茱』第二七・二八号、一九八二年(竹村著作集本巻所収)。また『廃娼運動』の第一章中に本論文を要約して再録した。

【凡例】
1 資料引用は、原文のままであるが、漢字は原則として正字を使用せず、可能なかぎり当用漢字をもちいている。

公娼制度成立前後　二〇世紀初頭大連の場合

1　国境なき買売春と公娼制度

日露戦争（一九〇四～五年）の前後わが国では満洲に対する野心が顕著に台頭したことは、新聞、雑誌に明白にみられた。政治、経済、軍事等の各領域において枚挙にいとまがない。このことは雑誌『太陽』にあらわれた満洲についての論評からも理解されるであろう。『太陽』はそれをつぎのようにいう。

概して満洲に対する我国民の熱情は、近頃著るしく冷却し来れるの感あり。一時の如く猫も杓子も満洲を語らされば肩身の狭きを感ずるが如くなる狂態は、固より望む所にあらざるも未だ一時の満洲に為す所のものなくして、早くも熱冷一変の観を呈するは、甚だ憂ふべきことなり。官吏然り、政客然り、民間の実業家に至りて殊に然り。諸市は続々開放して吾輩の全満洲主義は益々拡充せられ、大いに飛躍すべき地域は愈よ拡大されつゝあるに当り、此無為の状は何事ぞや。[1]

すなわち『太陽』は日露戦争前後に燃え上がった満洲にたいする国民の熱情が著しく冷却しつつあることを憂慮して、露・清両国が長春《チャンチエン》、吉林《チーリン》、ハルビン等の五市を開放した今こそ、日本人が「北満洲」の「重要なる一要素たるべき」と主張したのである[2]。日露戦争を契機とする「猫も杓子も満洲を語」るという狂態は、大日本帝国の権益拡大に拘る偏狭なナショナリズムの問題であると同時に、二〇世紀初頭におけるわが国民のアジア認識の根底にもふれる問題である。しかし満洲にたいする国民の関心が熱しやすく冷めやすかったなかでも、『門司新報』、『福岡日日新聞』、『満洲日日新聞』などの、満洲のからゆきさんや彼女らの密航・誘拐等についての報道は、日露戦争の時期を問わず一貫して多数の記事を掲載した。

　前述の三紙がそのような報道の姿勢をとりつづけた理由はこうである。『門司新報』、『福岡日日新聞』両紙の地元である福岡県は、門司、福岡の二港を擁し、海をへだてて満洲、朝鮮に隣接していたから、からゆきさんの密航に深くかかわっていたのである。また『満洲日日新聞』の地元の大連は日露戦争直後からからゆきさんの人数が顕著に増大した都市であった。

　いまわれわれは満洲とからゆきさんの関係およびからゆきさんの誘拐や海外渡航（密航）の問題を、当時のジャーナリズムの報道からみているのであるが、この関係をさらに掘り下げていくならば、そこには公娼制度と融合した国境なき買売春の問題を見い出すのである。それはからゆきさんの誘拐、海外渡航（密航）にとって不可欠な女衒《ぜげん》の組織と密航斡旋業の問題でもある。

　からゆきさんの誘拐、海外渡航（密航）の問題、および底辺女性史の視点からのからゆきさんに関する研究について、もっとも先駆的な業績をあげてきたのは、森崎和江氏であり、山崎朋子氏であった[3]。しかし両氏の研究にもまた時代的な制約があった。それは廃娼運動研究の立ちおくれから来ていたものであり、資料的な困難によるものであった。われわれは森崎氏が「からゆきどんという呼び名には、ふるさとがそれへこめてきた熱い流れがある」[4]と指摘されるような認識を積極的に摂取して、国境なき買売春研究を深めていかなければならないだろう。

かつて私も『廃娼運動』〔中公新書、一九八二年〕のなかで、そうした視点を念頭に置きながら、廃娼運動の歴史学的な全体像との関係においてからゆきさんの問題を位置づけるとともに、国境なき買売春との関連で女衒や密航幹旋業者の国際組織の一端にもふれておいた。

私の本稿で考察するところは、二〇世紀初頭大連における公娼制度の定着と国境なき買売春の歴史的事実の究明にあるのであるから、この課題を考察するにあたっては、是非以上のことは念頭におく必要があると思う。一九〇〇年一月から約半年間『毎日新聞』に連載された「社会外之社会」はつぎのように述べた。

彼等（からゆきさん—引用者注）の大多数は決して初より態々《わざわざ》志を立て、売淫に従事したるに非ざるなり〔中略〕彼等の終に他界の空に故国の耻を晒《さ》らし、〔中略〕己れ亦た一生を魔鬼の群中に果さゞるべからざるに至る所以の者は、一に彼等無智の少女を虚偽惑導して不義の悪銭に口腹を充さんと欲する「誘拐専業徒」の黒腕に在り。[5]

同欄は『毎日新聞』の若き社員であった木下尚江が執筆した部分が多いと推測される。すなわち同欄は明確に国境なき買売春という人権の重大な侵害の元凶は「誘拐専業徒」にあることを指摘している。

私はここで「社会外之社会」がしめす二〇世紀前後の国境なき買売春の元凶としての女衒の全国的な結合と、女衒と貸座敷業者との関係を紹介しよう。そうすることにおいてはじめて、公娼制度における女衒の役割が明白となるであろう。

一九〇〇年の日本において「幾多の女衒は東京を始め日本国中到る所に存在し、東西に気脈を通じて、幾多の女子を誘拐した。彼等は貸座敷と娼妓の間に立ちて、周旋の労」を取った。「吉原及び洲崎の二遊郭《ママ》を通じて、其の受持となせる女衒は総計五戸あり」「其の配下には幾多の悪漢を使役し、常に府下は勿論各地方に其の配下の者を巡廻せしめ、又至る所、女衒と気脈を通じて、以て盛に人身売買」を行なった。「此東京府下に居住せる五名の女衒は、関東及び東北を管轄し、外には名古屋、大阪、岡山、広島及び長崎の各地に女衒の親分」があり、「名古屋の女衒は、伊賀、伊勢、大和、紀洲及び岐阜、長野の二県を其の縄張り」とし、「大阪の女衒は山城、和泉、摂津及び土佐、阿波を其の所領」とした。「岡山と広島の女衒は、互いに山陰と山陽の両道を分割し、尚四国の一部に及び長崎の女衒は九州を以て其の本領」となした。「各自の領分厳然として、封建割拠の勢を示せるが故に、互ひに無断にて他領の婦女を連れ出す」ことは出来なかったのである。[6]

以上の長い引用につづいて、さらに貸座敷業者と女衒の関係にもふれているのであるが、それを一言にしていうならば、貸座敷業者は女衒による誘拐婦女の供給と、高利貸による資本の提供において開業できるのである。貸座敷業者と検梅を担当する医師、そして娼妓の逃亡を監視する巡査、無銭遊興の客を始末する破落戸《ごろつき》との関係がどのようなものであったかは説明する必要はないだろう。このようにみてくるならば「社会外之社会」が「公娼制度の存する間は、到底此の女衒と称する怪物を絶つ能はず」[7]と言い切ったのは、誇張でもなんでもなかったのである。

ここで注意すべきことは一九世紀末以降から日露戦争後にかけての時期、北九州における女衒と密航斡旋業者との結合が強まり、両者によるからゆきさん誘拐業が一段とめざましく進展していったことである。すなわちこの時期、からゆきさんの海外渡航（密航）の増大が、じつはそのまま国内外の女衒と密航斡旋業者のネットワークを合理化して満洲においても、大連を拠点とした公娼制度の定着や私娼街形成の強力な支柱となったことは注意すべきである。

とするならば北九州の女衒と密航斡旋業者はどのような買売春ルートを海外との間で形成していたのであろう

か。あるいは婦女誘拐をするだけの実力を持ち始めていたのであろうか。一九〇〇年三月一〇日付『門司新報』は「醜業婦のはなし（門司の輸出振り）」を掲載して、国境なき買売春を論じたのであるが、そのなかに「本邦より年々香港に向けて密航する醜業婦の頭数は尠《すく》なくも五〇〇人に下らずと聞こえ此等の九州方面に於ける輸出港は長崎、口の津、門司の三港を以て最もとし」「幾多の誘拐者は門司の港湾を利用して謀を千里の外に運《めぐ》らしつゝあるなり」「此の醜業婦引受け処は香港にて彼地には印度、スマダラデレー、クインスランド、其他の南洋諸島、新嘉坡《しんがほうる》、濠州方面より周旋人の出張せる者夥多敷《おびただしく》待ち合せ居る」といっている。

そして誘拐されたからゆきさんは「大概二百弗以上の相場を保」っていたが、「香港より目的地までの旅費を始め化粧品衣裳」の費用は、いずれも抱主の支出に属し負債のなかに計算されるために、「目的地の遊郭《ママ》に達する迄は五百弗内外の負債を有するに到り三年乃至五年の稼ぎを為すに非ればこれを払戻すこと思ひも寄らず」としているのである。こうしたからゆきさんの密航の非人間的シナリオは、シベリア、中国、中国東北部、朝鮮、台湾への渡航ルートでも同様であった。ではこうした北九州の女衒や婦女誘拐業の実体はどうであったか。

「台湾、南清、南洋を股にかけ多年密航誘拐を為し博徒の大親分として乾児《こぶん》五百余名を有し」た長崎市浦上の松岡次郎は、「二十二年乾分を引連れ密航婦を誘拐して清韓台湾を荒し廻り三十二年香港を中心として東洋各方面に対し戎克船《ジャンク》にて密航せしめし婦女二千名に達し捲き上げし金子は十萬円に上」った。また松岡は「三十八年バタビヤにて同じく密航婦誘拐の親玉大蛇《おろち》小僧亀太郎を殺し遂に死刑に処せられんとせしを大金を出して減刑せられ本年出獄」した。しかし彼は「又もや密航の大計画を立て乾児《こぶん》を配置し置き自身密かに当地（長崎市―引用者注）に入込み」水上署に逮捕された。[8]

東アジア、東南アジアを股にかけてからゆきさん二〇〇〇名を誘拐した博徒の大親分の実体がかくのごとくであるとすれば、当時のからゆきさんの誘拐と密航にともなう利益が巨大なものであったことは、改めて説明を要しないであろう、公娼制度と癒着した国境なき買売春組織の跳梁のまえに、門司、長崎などの水上警察、警察の機動力が立ちおくれるという時代が始まっていたのである。

2 日露戦中、戦後における大連の花柳界

一九〇五年、日露戦争に勝利した日本は、同年九月八日の日露講和条約ならびに同年一二月、満洲に関する日清条約によって、関東州と長春以南の南満洲鉄道、その付属地の租借権を確保した。大連占領当時は軍政が布かれていた。翌一九〇五年二月一一日、満洲軍総司令部はダーリニーを大連と改称し、同年六月関東州民政署が開設され、翌一九〇六年九月、関東都督府設置とともに大連民政署を置き、ここに大連は民政治下の都市となった。これより先の一九〇五年九月一日、一般日本人の自由渡航が許可となり大量の日本人が大連に流入した。大連渡航の日本人は「大連湾を管轄する軍衛の規則乃命令を遵守」[9]することが義務づけられた。南満洲鉄道株式会社（満鉄）が一九〇七年四月から営業を開始した。

ところで一九〇五年一月四日、陸軍省は「渡航商人規則」を公布した。この報が一たび伝わると、渡航商人第一号を希望する花柳界関係者や一攫千金の夢を追う投機的商人らが、陸軍省に押し寄せて願書を提出した。このとき最初に料理店営業の許可を獲得した者は、九州小倉市の河村啓介である。彼は許可証を握るとすぐに小倉市にもどり、渡航希望の女性募集を開始した。大連への夢と欲をふくらませた女性たちが殺到して、たちまち募集人数は満員となった。

彼女たちは「地球を跨《また》にかくる天草技天を中心とし之に遠賀の炭坑婦北方の白首隊」等であったと、一九〇五年九月六日付『福岡日日新聞』は記している。ただし、当時ジャーナリズムが海外の娼婦について報道する場合、彼女たちの出身地を調査せずに、天草や北九州北部の地域を記すことが多かったのも事実である。

「大連」に渡航した河村は市内東郷通りに、大連で初めての料理屋を開業した。もっとも料理屋とは名ばかりで、中国人家屋を改造して、内部をアンペラで仕切り、二畳半から三畳敷位の莫座敷を設けたものであった。しかし占領下の殺伐な気分が濃厚に存在していた大連の人々には、粗末な料理屋も三層五層の青楼とみえたかも知れない。開店と同時にたちまちこの店は千客万来の繁昌となった。この繁昌ぶりに、我も我もと料理屋が開業したが、それらもまたアンペラで仕切られた粗末なものであった。

その年六月になって初めて料理屋らしい外観の整った料亭が出現した。美濃町に新規開業した芙蓉楼は一万円を投じて建築された。外形洋風の二層楼は、大連の新しい名所となり俄然人目を集めた。さらに八月には扇芳亭や萬花、鶴屋などが相ついで開業した。これらの料亭の芸妓や酌婦は主に九州の島原、天草、筑前等の出身者で占められた。彼女たちは芸妓、酌婦と称していたが、その実体はまったく娼婦と変わるところがなかったのである。一九〇五年九月八日、日露講和条約が締結された。この日の『福岡日日新聞』はいう。

大連の芸妓は三味線を持ちて座敷へ出れど、実際三味を要せず、中には法界節さへ知らざる者あり。偶《たまた》ま客より注文さるれば平気の平左にて「ありません」の一点張なり、夫も其筈、彼等の前身は内地に在って曖昧屋の酌婦たりし者多く、中には芸妓たりし者あれど、此等は何れも各所を股に掛け喰詰めし者なれば、素より絶体の芸妓と云ふを得ず、……線香代（玉代—引用者注）は一時間一円五十銭乃至二円五十銭、若し夜の十二時より之を聘《へい》せんとせば十五円乃至四十円を仕払はざる可らず、……其所得分配法は家により異るとは云へ、多くは四分六即ち芸妓が六分楼主が四分の所得なり、試みに野戦病院へ至り見るに彼等より故郷へ送る金は一口百円以下は少なく中には四五百円送金する者あるを見る。

以上の長い記事につづいて、さらに酌婦についてもふれているのであるが、酌婦もまた「純然たる売春婦なり」

とし、彼女たちも優に一カ月四〇円の所得を得ていたとしている。これはやや高級に属していた料理店の実体であった。これらの遊興費は少くとも二〇〜三〇円を要したから、兵隊や労働者などが遊ぶ場所ではなかったことは説明する必要はないだろう。この時期すでに利に敏い業者は兵士や労働者たちを客とする私娼窟を開業し、その繁昌ぶりはさながら「人肉販売所の観」があった。

ここでついでに記しておくと、一九〇八年ごろ刊行された『花柳の園』は当時の回顧談を掲載して「組合や規則のない時分だから、線香代も区々《まちまち》で一時間四円取る家もある。又芸妓の枕金も二十円から七十円の相場であった。一カ月六七百円の水揚げはさのみ珍しくも無かった」[11]と述べている。いま参考までに一九〇七年高等文官試験に合格した官吏（高等官）初任給五〇円[12]を基準として、大連の「芸妓らしい女」性の枕金の相場を考えてみるならば、戦時下の大連という土地柄に応じた遊興費の法外な価格が理解できるだろう。

一九〇五年九月一日、一般日本人の大連への自由渡航が許可された時期までには、大連は軍人、役人、利権屋、政商、御用商人、医師、売薬商、高利貸そしてからゆきさんが蝟集《いしゅう》する新開地となっていた。九月一六日付『福岡日日新聞』は大連の花柳の巷を論じたのであるが、そのなかに、料理店、私娼窟の著しい増加によって揚げ代が下落したことを伝え、同時に「今後一、二カ月間に遊郭の建築成りて愈々酌婦連の運命に関する重大事件の発生すべき憂ひもあり、大抵ならば今後は渡航せぬこそ身のために却って幸ひなるべし」と警告した。

大連における花柳の巷の遊興費の下落は社会的にはなにを意味するものであるか。それは早急に結論をいうならば、日本の新「租借地」となった満洲の窓口である大連において、理想都市建設の壮大な夢とともにある活気縦横の日本人社会も、その皮一枚をはげば裏面はじつに買売春に明けくれる日本人の淫靡な生活がみられたということである。芸妓から酌婦さらに魔窟につどう私娼まで、日露講和条約成立直後の大連は方向を失って、混濁の迷路に入り込んだようであった。

なぜ大連は荒み、溌剌とした市民精神が見失われそうになったのか。それは遼東守備軍、大連民政署等があえて、大半はあいまい屋と称されていた料理屋、私娼窟などの買売春の現場を黙認していたということである。当時「売春婦をもって植民地経営の急先鋒とす」という言説が識者によって唱えられていた。まさに遼東守備軍や大連民政署は誘拐されて大連に密航してきた多数のからゆきさんを、都市建設の労働力の足を留める方便として利用したのである。当時満洲の日本人社会の大半の人々は日本の優越を確信して、中国人を蔑視していた。しかし大連に典型的にみられた淫靡な日本人の生活様式は、中国人の反発をいっそう激化させることとなった。

一九〇五年一一月末、日露講和条約締結の結果、日本に引き揚げるため大連に集結した日本軍は、衛生上の顧慮のために軍用バラックに収容されて乗船待命中であった。衛生上の顧慮とは、性病の感染を予防するために、娼婦との性的接触をさけるということである。大連市中でとくに目立ったことは、最近渡航したばかりの娼婦たちが、続々と日本へ帰国していく姿であった。すなわち彼女たちはわずか一週間ほど前に、大連集結中の軍隊のニュースを聞いて急きょ渡航してきたのである。しかし軍隊がバラックに宿営したために目的を達することができず、再び日本に逆もどりすることになったというわけである。

一九〇五年一一月下旬、大連を視察したジャーナリストは、「凱旋兵が土産品買入れのため日々諸物価騰貴しつゝあり」「怪しげなる料理店の多きと白首の多数市中を散歩」し、「目下の大連は百鬼昼行と申すも敢て差支へなかるべく」「当地に名高き某楼に快飲したるが二三の妓を招きしとは言へ仕払勘定四十一円二十八銭なりしは一驚」「席上に於て妓の曰く妾等当地に来る以前は日本の金は支那婦人に捲上られしも妾等の渡航以来決して支那人には渡さず一時職工三千在りし大連も目下減じて八百名許なるも妾等毎月本国への送金二百円を下らずと怪気焔を吐」いていると述べている。[13]

地獄のような戦場から生還した軍人たちの凱旋土産の買い漁りから、料理屋の芸妓たちの怪気焔まで、大連における「戦後」はまことにすさまじいものであった。「戦後」の大連に群らがる夥しい日本人の姿を、戦死した軍人の無念と重ね合わせると、日露戦争とはなんであったかという想いがわいてくる。

3　大連都市計画と公娼制度

関東都督府は一九〇五年一二月、南山西南麓を遊廓地に指定して逢阪町と名づけた。大連における公娼制度の開始である。やがて公娼制度は「満洲」のいたる地域に拡大するとともに、国家による性の管理が定着していった。このように国境なき買売春にとって、日露戦争は重大な画期となった。つまり満洲のからゆきさんは、公娼制度の定着によって、国家による性管理体制にくみこまれたのである。ところで大連における公娼制度成立の一年前ごろ、遼東守備軍司令部が公娼制度について秘かに検討しつつあったことは、遼東守備軍司令部において出された通達のなかに読みとることができる[15]。

それは一九〇四年一二月二八日付遼東守備軍司令官西寛二郎が公布した「青泥窪《せいでいわ》（大連の旧名―引用者注）衛生委員会業務規定」である。同通達は全部で一一条からなっている。第二条において衛生委員会委員長は「軍司令官ニ隷シ委員以下ヲ指揮監督シ衛生ノ普及ヲ圖ルモノトス」と定められている。第三条「委員ノ管掌スル衛生事項」の第六として「公娼」とあるが、それこそ遼東守備軍司令官および司令部が、この時期すでに公娼制度について検討していたことを意味するものであった[14]。

遼東守備軍司令部は大連が軍事輸送の重要地点となり、いまだ一般日本人の渡航を許可していなかったが、守備軍、御用商人、酒保等の居住営業者のほか、中国人もさかんに来住するために、軍隊の花柳病対策および私娼対策に留意し、いち早く衛生委員会のなかで公娼制度の検討を始めていたのである。遼東守備軍司令部が公娼制度の実施に積極的な姿勢をしめしていたことは、当時を回顧した記録からも読みとることができる[15]。

当時軍隊にとっては兵士の体力を蝕む花柳病は最大の脅威であった。一九〇五年ごろ日本国内の兵士の約二五パーセントが花柳病に犯されていたとみられる。[16]このために遼東守備軍は軍人と私娼との遊興の防止策として、娼妓の登録や性病検査を強要できる軍管理下の妓楼の設置を許可したのである。

では、この逢阪町遊廓はさらに具体的にいうならば、民間の遊廓経営者に許可を出す以前、軍部および当局内部で、どのように構想されていたのであろうか。それは初代大連民政署長関屋貞三郎を囲む座談会記録のなかに、その一端を垣間みることができる。一九〇五年、児玉源太郎・満洲軍総参謀長（一九〇六年参謀総長、同七月満鉄設立委員長兼任）が田中義一満洲軍参謀を連れて、関屋を関東州民政署に訪ねた。児玉はこのとき巻紙に大連の都市計画の概略を書き記して関屋にしめした。都市計画の概略のなかには水道、電灯、警察、税等の基本的な問題から、屎尿、火葬場、墓地といった細部に至るまで網羅されていた。座談会参加者たちの発言から推察すると、児玉大将の都市計画概略についての指示のなかには、遊廓設置計画もあったようである。逢阪町遊廓を市街地から離れた中国人居住地区にあえて決定したのは、都市計画の具体的作業過程における関屋の指示に負うところが多かったようである。[17]

児玉大将といえば日露戦争を勝利に導いた陸軍のリーダーであり、稀有の謀将とのイメージが強い人物である。彼は大連の都市計画についても卓越した見識があったようである。大連市役所発行の『大連市史』が「市街の全般に渉り下水道の完備せるは、東洋に於ては未だ其の比を見ず本市の誇とするに足るもの」[18]と自画自賛している。この大連市の下水道の卓越性は、あるいはかつて児玉が指示した大連の屎尿計画の構想にその一端があったかもしれない。それはともかく「理想都市」大連の建設こそ、児玉大将が日本陸軍の栄光と優越性を世界に知らしめるために強く念願していたものであった。

大連滞在中の児玉大将は市街視察の途中、日本橋の上から遊廓予定地である逢阪町方向を眺めた。案内役が遊廓予定地が市中から遠く離れた地域になったことを説明するのを聞いていた児玉大将は「思ふて通ば千里も一里といふこともあるから遠くも却って情趣があらう」[19]と語ったという。大連市民の間にひろく伝えられていたとみられる有名な兒玉伝説は、兒玉大将が都市計画のなかで遊廓設置を重視していたことと考えあわせると、本当の話のような気もする。

しかし日本橋を舞台とした兒玉大将の飾らない人柄を反映した「視察話」は、『大連市史』の三〇八頁にあたるところにも掲載されている。いかにも日露戦争の時期の大連らしいエピソードは、国民的英雄としての兒玉大将に対する熱狂的な人気が生んだ産物のような気もする。つまりこれらのエピソードによって、兒玉大将は卓越した名将のイメージとあわせて、「遊び心」をもった英雄というイメージがあらたにつけ加えられたと思われる。ここで再びくりかえすと、兒玉大将にとって欧米都市に比肩する理想都市としての大連の構想は、陸軍凱旋の最高のシンボルにほかならなかった。

しかしそれにしても兒玉大将が「輝かしき都市計画」構想に、東京市の吉原遊廓と同様の張店《はりみせ》をもった逢阪町遊廓[20]を包摂させて考えていたのはいかがなものであろうか。この張店とは妓楼の道路沿いの部屋に格子をはめて、客待ちする娼妓を遊興客にのぞかせるようにしたものである。好色な遊興客は好みの娼妓を自分の目で選べるという張店を大歓迎していた。彼らは濃艶な花魁が格子の内から吸付煙草をサービスしてくれる張店を口々に礼讃していた。だが多くの娼妓はさながら動物園のおりのなかの動物のような自分たちの姿に屈辱を感じていたのである。要するに当時の遊廓の一般的な風俗であった張店は、女性の人権侵害の明白なシンボルであったということである。

逢阪町遊廓設置が軍部、関東州民政署が強力に推進した植民地政策の重要な一環であったことは、それが花柳の巷にまきおこした影響も大きいものがあった。すでに述べておいたように、当局は遊廓設置後きびしく市中の西通りを中心として私娼を取り締った。この結果一九〇六年芙蓉楼が市内から逢阪町に移転し、一富士、常盤、勇等の料理屋も立退いていった。魔窟の女性たちの多くも逢阪町に鞍替えした。

しかし市中の料理屋の一部は、一九〇六年三月、料理屋組合を組織し、取締に岐陽館の石井鼎を選んで花柳界の統一を許った。これらの料理屋経営者のなかから千勝館の多田仙之助（土建業大川組経営）のように、一九〇七年大連多額納税者の六位となった者もいた。また同年の多額納税者の九位、一一位に湖月、扇芳亭もそれぞれランクされている。[21] これらの料理屋はいずれも日露戦争後大連の戦後ブームに巧みに乗り、「成金」となったのである。

はなはだ大胆にいえば、逢阪町遊廓設置後から大連の戦後ブームにかけての時期、大連花柳界は所得の高い料理屋経営者と低い経営者に二極化する傾向をしめしつつあった。料理屋の経営者のなかには逢阪町に移転して、遊廓の経営者になかった者も存在したのである。

逢阪町遊廓設置の影響はこれだけではなかった。逢阪町遊廓の設立者である田中宗一は遊廓建設に先立って、逢阪町に先住していた約三〇軒の中国人部落に三〇〇円を移転料として渡した。彼らは三〇〇円を資本に中国人居住地区の小崗子《ショウガンズ》に移転して中国人目当の妓楼を設けた。小崗子《ショウガンズ》とは、中国人居住地区の中国人を対象とした妓楼のことである。『大連市　一九三一年版』は五六八頁にあたるところで、そのことをつぎのようにいっている。

（中国人たちが―引用者注）三〇〇円の移転料を資本に今の小崗子開拓の祖先として先を導いたといふに至っては人の世の盛衰はかられね《ママ》ものと言はざるを得ぬ

そして日露戦争中の大連松公園付近に存在し、日本軍人、軍属を対象として営業していた中国人経営の妓楼も、からゆきさんの大量流入に押されて小崗子に移転したとしているのである。

以上私は逢阪町遊廓が設置されるに至った経緯および大連における私娼の増大を、国境なき買売春の問題と関連させて考察してきた。大連における公娼制度の定着と婦人救済運動そして日本の廃娼運動との連関については、他の機会に発表した拙稿[22]に譲るであろう。この二つの論文を書くことにおいて、私は大連における公娼制度成立をめぐる問題は一つの要約を得たと考えている。

注

1 「北満州の開放」、『太陽』第一三巻第二号、博文館、一九〇七年、一八頁。
2 同前、七頁。
3 森崎和江『からゆきさん』朝日新聞社、一九七六年。
山崎朋子『サンダカン八番娼館——底辺女性史序章』筑摩書房、一九七二年。
4 前掲『からゆきさん』、四九頁。
5 毎日新聞社「社会外之社会」、一九〇〇年、谷川健一編『近代民衆の記録3——娼婦』新人物往来社、一九七一年、一六三頁。
6 同前、一四八頁。
7 同前。
8 『東京朝日新聞』一九〇九年一二月二五日付。
9 『東京新聞』一九〇五年八月二九日付。
10 大陸出版協会編『大連市 一九三一年版』大陸出版協会、一九三〇年、五六二頁。本書籍の閲覧は文芸評論家西原和海氏のご好意による。
11 同前、三六二—三六三頁。
12 週刊朝日編『続値段の明治・大正・昭和風俗史』朝日新聞社、一九八一年、一五九頁。

13 鳩川生「大連便り」、『福岡日日新聞』一九〇五年一一月二二日付。
14 井上謙二郎編『大連市史』大連市役所、一九三六年、二八九—二九一頁。
15 『満洲日日新聞』（一九〇七年一二月二七日付）によると、遼東守備軍の軍政委員神尾少将の許可のもとに、大阪市の田中宗一なる人物が遊廓を建て始めてたのが逢阪町のルーツであることがわかる（竹村著作集本巻「公娼制度の定着と婦人救済運動」、一九四頁参照）。
16 日下主計編『日本花柳病予防会報告』日本花柳病予防会、一九〇五年、一二三頁。
17 前掲『大連市史』、二九六—三〇八頁。
18 同前、六六八頁。
19 前掲『大連市　一九三一年版』、五六八—五六九頁。
20 同前、五六九頁。逢阪町遊廓の張店営業は同遊廓開業時から、一九二三年まで続けられた。しかし張店にたいする世論の台頭に逆えず、一九二三年からは娼妓の写真掲示に改められた。
21 柳沢遊『日本人の植民地経験——大連日本人商工業者の歴史』、「シリーズ・日本近代からの問い2」青木書店、一九九九年、三六—三七頁。
22 拙稿「公娼制度の定着と婦人救済運動」、『環』第一〇巻、藤原書店、二〇〇二年（竹村著作集本巻所収）。

廃娼運動思想の往還 満洲婦人救済会に関連して

1 廃娼運動史研究の原点

二〇世紀初頭、大連におけるからゆきさん救済運動の思想と性格と、そして、そこからでてくるわが国の廃娼運動思想との往還の問題とを考えるものにとって、満洲婦人救済会における益富政助や大連慈恵病院と柴田博陽、そして両者における山田弥十郎の役割、独自の立場からからゆきさんを救済した伊藤秀吉等の考察がいかに重要であるかはいうまでもないだろう。たしかに植民地大連における彼らの運動と思想は、その後の日本の廃娼運動の方向を決定的に基礎づけていたのである。

植民地大連における廃娼運動および日本の廃娼運動の思想的往還の概観は、一応わたくしの研究にゆずるであろう。あえて一言述べると、わたくしが研究をはじめた一九七〇年代において、国内の廃娼運動で見逃された側面、おそらくもっとも決定的な側面として、前述した満洲婦人救済会（一九〇六年三月創立、一九〇八年、救世軍大連婦人育児ホームと改称）と、大連キリスト教慈恵病院（一九〇六年九月創立、一九一〇年、大連慈恵病院と改称）に着眼したのである。この研究方向が廃娼運動の基本方向となるべきであるというわたくしの確信は今日まで一貫しており、研究のぶれはないと思っている。[1]

わたくしが研究をはじめたころ、この問題は歴史から抹殺された存在で、評価よりも存在すら知られていないほどであった。先行研究としてわずかに森崎和江氏の『からゆきさん』〔朝日新聞社、一九七六年〕[2]があった。森崎氏は同書において、島原半島の伝統的な民俗の世界と、帝国日本の東アジアへの侵略がもたらした「植民地」の世界を複眼的にとらえ、その時空でたくましくけなげに生きたからゆきさんを描いた。しかし森崎氏の研究にもまた時代的な制約があった。それは廃娼運動研究の立ちおくれからきていたものであり、資料的な困難によるものであった。

一九八〇年代から現代までの時期、従軍慰安婦について日本政府の歴史的責任を追及する内外の輿論の昂揚もあり、からゆきさん救済問題と従軍慰安婦とを結びつけて考察する風潮が強まった。一九八九年、倉橋正直氏は『北のからゆきさん』〔共栄書房〕でシベリアや満洲のからゆきさんを描き、そこで益富政助たちの満洲婦人救済会にふれている。二〇一〇年、倉橋正直氏は『従軍慰安婦と公娼制度』〔共栄書房〕において、従軍慰安婦問題と国内外の公娼制度とを結びつける視点を積極的に提起されている。

海外娼婦問題と従軍慰安婦との結合という言説の続出という結果に、はじめて疑問を出されたのは小谷野敦氏である。氏は『日本売春史――遊行女婦からソープランドまで』〔新潮選書、二〇〇七年〕において、「一九九〇年代に入ってから、海外娼婦の問題は従軍慰安婦に結び付けられてしまった。……そうした言説が簇出《そうしゅつ》した結果、平和時に日本人女性が海を渡って娼婦となった事実が陰に隠れるようになり、あげくの果ては、戦時の従軍慰安婦強制連行を疑問視する学者（秦郁彦ら）が激しい攻撃にあう一方で、人身売買である徳川期遊廓を女性学者が美化しても誰も攻撃しないのみならず、フェミニスト上野千鶴子までが近世遊里美化に手を貸すというおかしな現象が現れた」〔一六三頁〕と述べられた。わたくしはこうした批判が提起されたのは、廃娼運動研究の目的が見失われてきたことがすべての問題の根底にあると思われる。

今日、もう一度廃娼運動史の原点にかえった検討が必要であろう。その意味ではキリスト教会問題研究の立場からではあるが、倉橋克人『満州』における『からゆき』救済事業——益富政助と満州婦人救済会をめぐって(1)〜(3)」〔『キリスト教社会問題研究』五六号〜五八号、二〇〇八年〜二〇一〇年〕は示唆にとんだ論文である。倉橋正直氏も直接廃娼運動を対象にしたのではないが、「柴田博陽と大連慈恵病院」〔戦前・戦中期アジア研究資料3 植民地社会事業関係資料集『満洲・満洲国』編 別冊〔解説〕、近現代資料刊行会、二〇〇五年〕において、柴田博陽と大連キリスト教慈恵病院の問題とをむすびつけて考察された。この二つはけっして別々に考えられてはならぬものである。大連における満洲婦人救済会と大連キリスト教慈恵病院の問題は、われわれが必要とするかぎりにおいて、ここに一つの要約を得ている。わたくしは両氏の論考から問題の糸口をみつけだしていこう。

両氏の研究では柴田博陽と大連キリスト教慈恵病院、益富政助における満洲婦人救済会の再評価において、いずれも二つの運動の限界を強調される。倉橋正直氏はいう。

> 植民地支配の枠組みの中にとどまる以上、彼（柴田―引用者注）が精根こめて経営した病院（大連キリスト教慈恵病院―引用者注）も、残念ながら客観的には植民地支配の一環に組み込まれていたと評価せざるをえない。[3]

倉橋克人氏はいう。

> 彼らの働き（益富らの婦人救済事業―引用者注）は、戦争の遂行をめぐる日本政府の対外政策や、戦後の占領地における経営方針とは決して無縁ではなく、殊に、関東民政署の後ろ盾があってこそ可能だったの

であって、また、益富らが従事した同盟の軍隊慰労事業にせよ、救済会の運営に尽力した大連日本キリスト教教会の信徒たちにせよ、さらに、救済会の働きを引き継いだ救世軍にしても、日本政府による軍事侵攻や植民地統治については基本的に首肯し、その前提の上で、自らの活動を展望していた点では、変わるところはなかった。[4]

たしかにそうである。益富—柴田らは主観的には新しい植民地満洲を統合する思想的基盤としてのキリスト教の役割を積極的に肯定していた。彼らにとっては愛国心とキリスト教の信仰は対立しなかった。しかしその反面、柴田が属した大連のキリスト教会が日本人のみで構成されていたことからもわかるように、益富や柴田の信仰は多元主義や多文化主義といわれるものとは距離があった。宗教の多元主義を認めることが、信仰の自由であるとするならば、益富、柴田においてはその愛国主義、戦争肯定の故に結局曖昧なる現状肯定の姿勢が生まれた。そのかぎりにおいて、満洲婦人救済会は国家が満洲支配にあたって、男性は産業化のにない手に、女性は性的慰安にという性役割を強制した現実を批判できなかった。[5] 両倉橋氏がとくに満洲婦人救済会や大連キリスト教慈恵病院の再評価において、そうした側面に心惹かれたことに賛意を表したい。

そこで両倉橋氏の再評価であるが、満洲婦人救済会と大連キリスト教慈恵病院の事業における体制内化の批判はたしかに一つの役目をなしとげた。だがその視点に立って、一応あらゆるものが説明されているとはいえ、二〇世紀初頭、廃娼運動なかんずく廃娼思想の往還の意義が過少評価されている。倉橋正直氏は益富、柴田らの事業の体制内化を云々されるけれども、それが関東都督府・大連民政署の公衆衛生・医療政策といかに執拗なたたかいをつづけて、大連キリスト教慈恵病院の基礎を確立したのかをみられないようである。倉橋克人氏もまたＹＭＣＡ同盟の軍隊慰問のための天幕事業の問題を考えるにしても、これを後述するような軍隊とキリスト教の結合としてとらえ、それと同時に起こる諸問題の影響を十分に考察されてはいない。両倉橋氏らの意見は多くの聞くべき成果をもつとしても、日露戦争を契機とした廃娼運動の新段階の意義についての解明がない。両倉橋氏以外の業績にたいしてはいまここであきらかにしようという考えはもってはいない。わたくしは満洲婦人救済会に源流をもった廃娼運動に関するもっとも代表的な研究にわたくしの率直な批判を述べ、本稿におけるわたくしの意図を明快にしておきたいと思ったまでである。

2 関東都督府下の公衆衛生政策

一九〇五年、日露戦争勝利後、日本は同年九月五日、「日露講和条約」ならびに一二月「満洲に関する日清条約」によって、関東州と長春以南の南満洲鉄道（以下、満鉄と略す）とその大蛇のごとき附属地の租借権を確保した。一九〇五年二月一一日、満洲軍総司令部はダーリニーを大連と改称した。翌年九月一日、陸軍将官を都督とした関東都督府が設置された。都督は駐屯軍の指揮とともに関東州と鉄道附属地の行政を掌握した。またあわせて大連に大連民政署が置かれ、ここに大連は民政治下の都市となった。

軍政から民政への過渡期、遼東守備軍および植民地行政当局のもっとも重要な公衆衛生政策は、軍隊の将兵を性病から守るための一連の施策——娼妓の登録や性病検査を強制的に実施できるための軍管理下の遊廓の設置であった。『日本花柳病予防会報告』〔一九〇五年〕によれば、当時「兵士ノ殆ド四分ノ一」が性病に罹っていたとされる。

遼東守備軍司令官西寛二郎が一九〇四年一二月二八日、「青泥窪《せいでいわ》（大連の旧名—引用者注）衛生委員会業務規定」を公布した。その第二条に、衛生委員会委員長は「軍司令官ニ隷シ委員以下ヲ指揮監督シ衛生ノ普及ヲ図ルモノトス」とある。第三条「委員ノ管掌スル衛生事項」第六に「公娼」という文字がある。これこそ遼東守備軍司令官および司令部が、戦争中に公娼制度について検討していたことを明瞭にしめすものである。[6] つまり彼らは将兵にたいする性病対策のみならず、戦後大量移住が予想された日本人、中国人にたいする性病対策として、秘かに公娼制度の検討をはじめていたのである。

一九〇五年一二月、関東州民政署は大連南山山麓を遊廓地に指定し、逢阪町《おおさかちょう》と名づけた。再びくりかえすと、軍部と植民地当局にとって遊廓設置は公衆衛生政策の最重要事項であった。遊廓設置とともに娼妓取締規則、貸座敷取締規則、娼妓健康診断施行規則があいついで公布され、大連に公娼制度がはじまった。やがて公娼制度は満洲のいたる地域に拡大するとともに、国家による性の管理が定着していった。つまり満洲の娼妓は公娼制度の定着によって国家による性管理体制にくみこまれたのである。

ところで一九世紀後半、満洲では日本国内に幾倍する各種急性伝染病や結核が発生していた。日露戦争のさい日本軍隊の軍事力は欧米のそれに比してほとんど遜色がなかった。だが軍隊における感染病対策、衛生管理体制はきわめて立ちおくれていた。そのため戦争中ヂフテリアとペストをのぞく感染病や脚気等が軍隊に蔓延した。例えばもっとも日本軍隊を悩ましたのは腸チフスであり、患者総数はじつに二万四二六〇名に達した。[7] 一方ロシア軍もまた炎熱と疫病による死亡者がいちじるしかった。

多門二郎『余ガ参加シタル日露戦役　附日露対照戦記　座間塾選書』〔文淵閣、一九四四年〕の二二四頁にあたるところに、「西伯利第三軍団第一〇軍団ト遼陽トノ連絡ハ全ク杜絶シタリ加ウルニ時恰モ炎熱ヲ加ヘ軍隊ノ病者著シク増加シ赤痢発生シ其ノ他戦闘ニ因リ軍隊ノ減員甚シ即チ第一〇軍団第九師団ノ一万六千名ハ一万一千名ニ減ジ『タムボフ』第百二十二連隊ノ如キハ定員ノ半数ニスラ達セザルニ至レリ」とある。また同書三六四頁にはロシア軍による偽情報として「日本兵ハ遼陽戦後前進ヲ拒ミ将校不足シ防寒服及靴ノ欠乏ヲ告ゲ窒扶斯流行シ」（傍点引用者）とある。先にも言えるごとく日本軍は腸チフスで悩まされたから、この偽情報もまったく根拠がないわけでもないだろう。

さて一九〇六年九月一日、旅順に関東都督府が設置されると同時に軍政を撤して民政を施行し、州内に三カ所(大連、旅順、金州)の民政署を置いて、地方行政の機関とした。一九〇七年二月、関東都督府令をもって衛生組合規則を公布し、民政署長の必要と認めた区域に衛生組合を組織し、組合が汚物掃除清潔方法、伝染病予防等に関する事項を担当した。かくして大連、旅順および金州に衛生組合が組織された。この衛生組合は市民レベルの唯一の自治公共機関であった。

しかし前述したように戦争中、大連、旅順の軍隊を司っていた軍隊の伝染病管理・衛生体制の不備がそのまま民政に継承されたのみならず、大連、旅順等にはまったく市民病院が設置されなかった。このため市民なかんずく貧窮者の感染症に罹った人々にたいする何の対策も打ち出せず無力だった。しかもこうした公衆衛生・医療施設の貧困が、戦争後における天然痘、猩紅熱、結核等を恐ろしい勢いで蔓延させた一つの要因にもなった。大連民政署は感染症対策、例えば種痘施行に懸命に取り組んだ。『満洲日日新聞』一九〇七年一一月三日には、「本年は悪疫流行して目下稍下火の姿なるも尚ほ病毒の潜伏するありて明年迄持続するやも計られざる……同署にては生後三ケ月以上三十才以下の者にして未だ種痘を施さざる者並に種痘後五ケ年を経過したる者に対し是又近日施行すべし」とある。

当時、中国人社会では種痘はまったく実施されず、天然痘の蔓延は野放しにされていた。このため中国人には痘痕がきわめて多かった。関東都督府は一九〇七年春より、中国人にたいして種痘を実施した。それとともに毎年医師を地域に派遣、または常置し天然痘の流行を防いだ。この時期、普蘭店警察署の一巡査は種痘実施をつぎのように証言している。

全然種痘に対する知識なく甚しきは毒薬を注入して支那人《ママ》を殺す為めであるとか又何等かの試験材料にせらるゝのであると流言を逞うする者があって噂は噂を生んで一般は極度に恐れをなし種痘日に出頭する者

が非常に少いので巡査補、会勇を総動員して出頭を促し狩出しに死力を尽し巡査も刀を執って怪し気なる手附で接種を為し医者の手伝をした。[8]

この談話からも中国人への種痘実施の状況が垣間みられるだろう。警察を総動員して種痘を実施したが、植民地当局は天然痘の感染患者を医療施設に収容することはまったく考慮しなかった。関東都督府の防疫行政の裏面には、民族排外主義が張りついていたのである。

つぎに猩紅熱予防はどうであったか。一九一九年以降一〇カ年における、在満日本人一万人にたいする猩紅熱罹患者は三二五人であった。この数字を日本国内と比較すると相当な罹患率となり、さらに一九二四年以降六カ年間の対人口一〇万人死亡率は日本国内の〇・四二人に比し、在満日本人では三・〇人であった。また患者一〇〇人当たりの死亡率も日本国内の二・二パーセントに比し、満洲は八・七パーセントであった。これらの数字からみても、日本国内とは比較にならぬほど、満洲の猩紅熱の流行は恐ろしい勢いで広まっていたのである。[9] とくに日本と満洲とをむすぶ交通の要衝大連では、毎年四〇〇名以上の猩紅熱患者が発生し、世界でも指折りの流行地帯であった。[10]

すでにあきらかなように猩紅熱は満洲在留日本人、なかんずく児童にとって衛生上の重大問題であった。しかしその対策は患者の隔離とうがいなどの消極的処置しかなかった。いま隔離と書いたが、じつはひとたび猩紅熱患者となると、防疫所から警官が黒塗の防疫車で訪れ、患者は療病院に隔離された。療病院の患者は親族の者にさえほとんど面会できず、一室に閉じこめられて医者の治療を受けるほかなかった。当時の伝染病の隔離政策は病んだ人間の生活の自由を奪ったのである。そのうえ死亡しても遺骸さえ家族に渡されず、火葬場で火葬され白骨となってはじめて家族に下げ渡された。

前述した大連キリスト教慈恵病院理事柴田博陽の妻秀子は長男亨《とおる》の猩紅熱に感染し、腎臓病を併発して、一九一五年一一月一二日に大連の療病院で死亡（享年二七歳）した。彼女は一九〇六年、大阪堂島高等女学校卒業後の一九〇八年、柴田と結婚した。柴田が大連キリスト教慈恵病院経営に成果をあげえたのも、秀子の内助の功によるもので、経営がきわめて困難であった同病院の会計事務を担当したことはそのことを証明するものであった。[11]
また秀子は大連西広場の大連日本キリスト教会の日曜学校教師としても活躍した。山室軍平救世軍大佐は弔電をよせて、「日本の慈善救済事業に従事するもの、妻女にして御夫人の如く不幸夭逝せられ候もの甚だ多く、石井十次君夫人、留岡幸助君夫人等其例に候」[12]と述べている。植民地大連で女性たちはどう生きたのか。植民地で女性は何だったのか。こうした問いにたいして、秀子の生涯から多くのものを汲みとることができるだろう。柴田は六歳の長男亨と生後百余日の長女娜美子《なみこ》を残して亡くなった秀子について、つぎのように書いている。

伝染病中の悪性たる猩紅熱などに犯されし患者は宛ら死刑の宣告を受けて断頭台上に在りし心地し、ベット《ママ》の上に母は子を、子は母を、妻は良人を良人は妻を、思いを懐しき人の上に寄せつゝ空しく死期を待つのである、ア、哀れむべき者は伝染病者である、而も此哀れむべき伝染病者の数の中に吾が妻も今は数えられるに至った、何と云う可憐なる事であろう、二十七才の未だ裏若き身を以て寂しく此世を去るなどとは、夢か、夢ではない、妻は確かに逝んだのである。[13]

秀子の病気が猩紅熱であったために、柴田は隔離された妻の臨終にさいしても、妻の顔すらみられなかった。柴田夫妻には慈善事業にかける連帯感と暖かい夫婦愛があった。秀子を想う柴田の文章を読むと、祈らずにはいられない気持になる。
では結核にたいする予防対策はどうであったか。二〇世紀初頭、満洲においては前述した各種急性伝染病の流行と同様に、結核のごとき慢性伝染病も、国内に幾倍する発生率をしめしていた。このため陸軍は日露戦争の戦訓として結核を軍事医学の重要な対象としてとりあげた。[14] チフス、コレラ、ペスト、赤痢、猩紅熱その他の急性伝染病の蔓延は、一応公衆衛生の徹底をもって防ぎえるとしても、結核のごとき国民病にいたっては、予防事業の効果が短時日にはあらわれず、予防事業はきわめて困難であった。とにかく満洲において恐るべき結核の蔓延にもかかわらず、予防対策を欠き窮状正に極まれりという状態であった。日露戦争から一五年後の一九二〇年一〇月、関東庁衛生課は満洲結核予防会を組織し、本部を関東庁衛生課内に置き、関東州内ならびに満鉄附属地の主要都市に支部を設置し、もって結核予防と結核についての啓蒙活動をはじめた。

参考までに日本国内の結核予防について記しておこう。一九〇四年二月四日、内務省は省令をもって、肺結核予防令を公布した。この省令は世に痰つぼ省令[15]と揶揄されたように、喀痰による結核菌の散乱を防止するということだけにかぎられた規定であった。当時結核は欧米においては着々減少のきざしをしめしていたにもかかわらず、わが国では非常に増加していた。そして国民もまた国民病である結核の恐るべきことを知っていても、結核予防の知識はきわめて幼稚であった。したがって結核予防令の趣旨も充分に浸透しなかったのである。さらにいうならば、結核予防令のごとき感染源対策とともに決定的に必要なのは結核病院、療養所の設置であることはいうまでもないが、日露戦争の戦費調達に全力を使いはたしたわが国としては、国家財政や植民地財政ともに余裕のあるはずもなかった。肺病対策のみならず急性伝染病の対策が空転した原因はここにあったのである。

もっとも一九〇六年一一月、設立された満鉄は、綜合病院経営からゴミ収集まで行なうなど、公衆衛生・医療体制の充実は満洲はもとよりわが国のなかでもトップレベルであった。なぜ満鉄の医療体制は高水準であったのか。満鉄の公衆衛生・医療体制をとらえ直すとき、初代満鉄総裁に就任した後藤新平の公衆衛生・医療思想に気づく。後藤は一八八九年、衛生行政官として内務省衛生局に勤務していたとき、『国家衛生原理』〔忠愛社〕を刊行した。同書は社会政策の国家論的な考え方の基本理念としてあらわされたものである。

国家衛生ノ盛衰ハ国民ノ命価ニ関係ス〔同前、一五四頁〕

これは一八八六年五月、大日本私立衛生総会での後藤の演説の一節で、同書に収録されたものである。この時期彼は「国家衛生」の基本的構想をまとめていたといわれる。その構想の根源とは、生命の尊厳、知識（科学と教育）にもとづく、衛生は国民生活の基本原理である、とするものであった。かつて沈潔氏は日本の植民地支配政策のなかでは後藤の唱えた「国家衛生」が強調される傾向があったと指摘されている。

「国家衛生」で植民するとの論調が、日本植民地開拓思想の中によく見られる。満鉄初代総裁後藤新平による満洲植民開拓の時期にこの日本植民地支配の独自性が、より具現化・体系化された。[16]

満洲の公衆衛生・医療政策の問題を解明するにあたって、注意すべき視点であろう。そしてこれは建設費のみで六五〇〇万円もかかった東洋一と称される大連の満鉄病院の建設や、奉天の医科大学および満洲各地の二八カ所に及ぶ病院設立によって後藤の実践性をみてもよいと思うのである。沈潔氏も指摘されているように、後藤が地方部に衛生課を設立したことなども勘案すると、彼は満洲の衛生・医療体制構築の先駆となった。[17] しかしそこからみえてくるのは、一握りのエリートとしての満鉄職員と家族、そして系列会社の人々のための衛生・医療体制の確立であった。公衆衛生が貧困の防止に並んで、人々の生活を支える社会の柱として位置づけられるならば、後藤の唱えた「国家衛生」の具現化とは、じつは名ばかりであったことが、満洲で明瞭にさらけだされたのである。

話をもどすと、関東都督府の衛生行政はたんなる取締防疫行政の域を一歩もでることはなかった。いいかえると、労働能力のある勤労者や職業婦人たち、健康な生活が保障されている家庭の主婦や子女らの「規格」からはずれたひ弱な生活困窮者層、囲いこまれた空間である遊廓に囲われている娼婦たち、行旅で病に倒れた者たちは排除されていったのである。国にとってそれらの人たちの生命のことなどはほとんど埒外のことであった。

日露戦争の「戦後」という時空を貫いていたのは、拝金主義の一旗組や「売楽の行商」か「ブン廻しをやって賭博をする連中」（『満洲日日新聞』一九〇七年一一月三日）が横行する貧寒たる風景であった。人と人の結びつきや、そこから生みだされる信頼や規範などがまったくなかった植民地社会が、不幸にも疾病で倒れた生活困窮者や社会的弱者の息の根をとめた。死が訪れた彼らは一見自然のようにみえたが、この死は隠蔽された陰険な殺人であった。「無縁」「孤独」「貧困」の社会的弱者の死は、まさに「社会的殺人」[18]である。一九〇六年九月一日、益富が設立した大連キリスト教慈恵病院（以下、慈恵病院と略す）はその創立時の状況をつぎのように描いている。

図１　大連慈恵病院本館（大柴恒『山田弥十郎　その人と生涯』1972年より）

「明治三八年九月邦人の自由渡航開始せらるるや来り来住するもの陸続として相踵《あいつ》いだが、「裏面に於ける社会的状態は実に戦争の惨状よりも惨なるものありて存し豺狼の餌食たらずんば即病魔の虜となり落魄困憊医薬の資なきに苦むもの漸く多きを到し之が救済養護は最も焦眉の急なりしなり」（『大連慈恵病院沿革史』大連慈恵病院、一九一一年、序文）。

植民地民政当局は社会的弱者の施療救済を直接の目的とせず、ただ疫病や性病の重症患者のみを、益富に命じて大連キリスト教慈恵病院に収容させた。当局がそのうえ社会的弱者の死にさいしてあたえた贈物は、誰も責任をとらないということであった。

3　日露戦争とキリスト教界

そこで益富と慈恵病院であるが、ここで簡単に益富の経歴をみておこう。

益富政助は一八七八年七月七日、熊本県球磨郡藍田村（現在の人吉市）に父熊平、母さいの八男として誕生した。彼は高等小学校卒業後一時農業に従事した。一八九七年、長崎の東山学院普通部に入学し、両親からの送金なしで自学自活生活を過ごした。東山学院は、G・F・フルベッキの後継者として長崎に赴任したヘンリー・スタウトが、一八八七年に創立したスティルス記念学校を前身とした米国のオランダ改革派教会が経営する男子校であり、創立以来、神学部が設置されていた。在学中彼は長崎一致キリスト教会で受洗した。彼は実業家志望であったが、クリスチャンになってからしだいに伝道者を夢みるようになった。一九〇二年、進学を予定していた神学部が事実上休校措置がとられたので、他の伝道者を志願する普通学部の学生らとともに上京して、一九〇二年明治学院にすすんだ。一九〇四年、高等学部二年を修了して、益富は神学部にすすんだ。

日露戦争開戦後、キャンパスの空気は一変し、学生たちは非戦派と主戦派に分かれて激しく対立した。一九〇五年四月、県立徳島中学校から神学部予科に進学した賀川豊彦は反戦集会を開くなど威をふるった。倉橋克人氏の研究によれば、当時主戦派であった学院総理の井深梶之助はキリスト教青年会同盟（YMCA）の副委員長であったが、学院青年会に属していた益富は、その影響をうけて主戦論の立場になっていたと推定される[19]。彼は在学中にYMCA同盟本部の一事務員として働き、本部の機関誌『日本の青年』の編集などをして学資を稼いだ。そのあいだに一九〇四年、日露戦争が勃発した。分割された植民地の再分割、資本輸出等をめあてとした帝国主義時代、戦争を肯定するナショナリズムの昂揚におされて、YMCA同盟はいちはやく、一九〇三年一一月、東京で開かれた主事会で軍隊慰労事業を提起していた。事業の内容は朝鮮、満洲の一一カ所に天幕その他による慰問部を設けることであった。では主事会が提起した天幕を利用した慰労事業とはどのようなものであったろうか。それは兵士の入浴、洗面などの設備と、理髪所の設営および文具を備えた家族との通信の便宜、新聞、雑誌、書籍の自由閲覧所や音楽、幻灯、講演、映画等の会場の設置、説教、宗教講話による伝道等であった。益富はこの事業の主事として一九〇五年に渡満することとなった。

ここに詳述する余裕はないが、当時キリスト教は国体に合わない宗教として邪教視されていた（一八九一年、内村鑑三の不敬事件を見よ）。日露戦争という未曾有の「国難」が勃発するや、植村正久、本多庸一、海老名弾正らの教界の指導者たちはいずれも文明論的戦争肯定論ともいうべき立場から、日露戦争に協力を表明した。だが教界主流の戦争協力の姿勢に反発した内村鑑三、安部磯雄、木下尚江たちは教界を離れ、あるいはキリスト教社会主義の立場に立つ人々も多かった。しかしキリスト教界は全体的に戦争に協力する立場であったことは、仏教界や一般の市民団体と同じように奉公同志会や、前述のごとき軍隊慰労事業を組織したことでも明瞭であろう。

ＹＭＣＡ同盟の軍隊慰労事業はキリスト教界が積極的に支持した。『基督教会』〔一九〇四年九月一日〕は「青年会の軍隊慰労」と題する論説で「青年会をして斯る光栄ある使命を全うせしめんは我教界信徒の責任なり」というように述べていた。キリスト教界以外の雑誌、たとえば苦学渡米学生を対象とした『力行』（日本力行会機関誌）の主筆島貫兵太夫は『軍人と基督教――日露戦争と日本軍人』〔日本力行会、一九〇五年〕（巻末資料参照）で「基督教は世界列国文明の真基礎なり。されば国家の干城なる軍人諸君が基督教を学ばざるべからざるは勿論の事なるべし」と論じた。ＹＭＣＡ同盟幹事小松武治も同書のなかでつぎのように述べた。

今回戦争の開始せらるゝや、即ち天幕を戦地に張り親しく将卒の間に交り、慰労の実を挙げん事を期し再三再四請願して漸く其許可を得、昨秋八月以降鎮南浦に安東県に鳳凰城に営口に大連に旅順に遼陽に到る処に開設して歓迎を受くる事非常此報遂に天聴に達し両陛下より一万円の恩賜金を受く今や基督教徒は軍隊より歓迎せられ将た皇室より嘉称せらるゝに至る、豈に時代と人心の一大発展にあらざらんや。吾人は更らに励精して益々吾人の所信を実現し神の福音の全地に普ねからん事を庶幾《しょき》するものなり。

小松は天皇・皇后の下賜金に恐懼し、この大御心の致すところは、キリスト教がその基礎を深く軍人の心に扶植したことの証明であると位置づけたのである。天皇家および明治政府も戦争初期から欧米列強の支持をうるために、軍隊とキリスト教との協力が不可欠であることを十分に認識し、YMCA同盟の軍隊慰労グループの事業を全面的に支援した。

日本軍は全く露国軍とはちがいいかにも正義と平和との為に戦う天兵の如く、又文明世界の軍隊の如くにして、しかも不義なる事は小児にも柔弱なる女子にも加えず却て之を保護致しまたこゝが日本軍のエライ処であり升。日本軍は仮令野蛮なる露軍を相手にして、戦争をする事とは云え今や世界の多くの文明人が見物して居る舞台にあがって、戦争をしてをるのでありますから、露軍が如何に非道禽獣の様な振舞をしても、日本軍は飽までも文明的の戦争を致して居り升。〔同前、二一〜三頁〕（傍点引用者）

前掲『軍人と基督教』の著者島貫兵太夫はこのような口調をもって、日本軍は「文明世界」の軍隊として、ロシアを相手に「文明的の戦争」を遂行していると論じていたのである。島貫は「文明国・日本対野蛮国・ロシア」の対立構図をもちだすことで、軍隊と文明国の宗教キリスト教との「幻視の共同性」をつくりだしたというべきである。それかあらぬか、彼の著述は前述のごとくYMCA同盟軍隊慰労部委員平澤均治のお墨付きをえて、同グループの手をへて出征将兵のあいだにひろく配布されたのである。YMCA同盟にたいする天皇・皇后の下賜金が象徴するごとき戦争へのめざましい協力は、前述のごとくともすれば邪教視されてきたキリスト教―YMCA

同盟が社会的に認知されることにもなった。

ところでＹＭＣＡ同盟軍隊慰労事業主事の益富であるが、彼は渡満後まず営口に上陸しそれより大石橋、遼陽、奉天、大連、旅順等で天幕を張り、軍隊慰労事業を実施した。岡田藤太郎編著『遼陽基督教会史――群像と回想』〔遼陽教会ゆかりの会、一九九一年〕は、二八頁から二九頁にあたるところで、『福音新報』一九〇五年一一月一六日号に掲載された益富の「満洲だより」を掲載している。

営口税関長黒沢礼吉君、嘗て余に告げて曰く此戦争に於て日軍は露軍に克ち、基軍は日軍に克てりと。又曩日《さきのひ》両陛下の恩賜に接するや更に曰く今後の日本歴史は必ずや異なる色を以て書かるべしと。小生は敢て全然然りとは申さず、然も傾向は実に斯の如しと言うを得べく候。嘗て大塚総主事が大山総司令官以下の幕僚に会見するや、皆々大に感謝満足の意を表せられ、又軍隊の凱旋に就て之が準備の為め総主事が柳樹《リュウジュ》屯《トン》大連に赴くや井口遼東兵站監閣下は特別に公式の援助を与へられ、又去月遼陽に於て招魂祭の挙行されし際は本願寺連枝と相並んで弔詞を読し如き（基督教が軍隊の死者に対し公式に関係したるは恐らく之が嚆矢なるべし）聊か満洲に於ける基督教の勢力を察知するに足るべし。……此頃当地（遼陽―引用者注）兵站病院長曽我部氏懇切なる感謝状を贈らる。……会場に於ては毎夜蓄音機若くは幻灯会を催すを例とせるが来会者平均約百五六十名（但し日中来るものを加えず）殊に快心に堪えざるは水曜の聖書研究会、及び日曜の説教会に於て比較的来会者の多きことなり。（大抵百七八十名以上）（傍点引用者）

ここで益富は戦争そのものが罪悪であるとする非戦論とは対極の位置に立つ主戦論の立場から、キリスト教と軍隊との結合を強めた結果、満洲において仏教と比肩しうる地位を占めることができたと自画自賛している。たしかにこの時期、軍隊慰労事業のめざましい活動の副産物として、大連、京城などに日本人ＹＭＣＡが創設された。

またＹＭＣＡ同盟は後藤新平満鉄総裁の依頼をうけて、満鉄沿線の各駅にアメリカの鉄道青年会に準じた活動をはじめるために、主事と経験者を送った。当時アメリカでは鉄道青年会の事業は二六〇以上を数え、ニューヨークグランドセントラルステーション会館は二〇〇万ドルを投じて建てられた。日本では一九〇八年一二月六日、後藤新平を総裁とし、益富によって鉄道青年会が創立された。益富の自伝である『私の歩んできた道』（益富政助先生鉄道奉仕55周年記念会、一九六三年）の二九頁に同会の創立宣言が掲載されている。

図２　晩年の益富政助（益富政助『私の歩んできた道』1963 年より）

鉄道青年会を設立し、以て鉄道軌道その他之に関係ある業務に従事する青年のために、親愛なる朋友となり、同情ある顧問となり、互に相励まし、精神を修養し、品性を陶冶し、技能を練磨し、職務を尊重し而して所謂良心を手腕に運用するの人物たらしめ、以て斯業の発達に寄与し、以て国家の進運に貢献せんことを期す。

鉄道青年会は、鉄道青年の親睦と職能教育を目的とした相互扶助の会であり、誰も文句をつける筋合はないように思われる。だが鉄道青年会が前述したように後藤新平総裁―満鉄と結びついていくとしたら、それは植民地満洲の支配と被支配に帰結する。

ここでひるがえって、前掲『遼陽基督教会史』の二四〇頁から二四一頁に掲げられた満洲のキリスト教伝道「年表」をみておこう。一八九五年から一九〇〇年までは、欧米の宣教師による満洲伝道の飛躍時代であった。たとえばアイルランドとスコットランドの両ミッションの統計によると、一八八九年、五七八八人の信者は、一八九九年には一万九六四六人に増えている。一九〇六年の夏ごろからアメリカ人宣教師ハロード・ジョンストン、カナダ人宣教師ヨナタン・ゴフォースらによって満洲、朝鮮にわたって伝道が行なわれた。二〇世紀前後の時代、欧米各国の満洲におけるキリスト教伝道はめざましく展開した。前述した大連、京城における日本人ＹＭＣＡ同盟の拠点づくりや、鉄道青年会の満鉄沿線への進出は、欧米のキリスト教伝道と対抗して行なわれたものであったといってよろしいだろう。

しかし満鉄と結合したＹＭＣＡ同盟の布教活動は日本人信者および信奉者中心であり、中国人を伝道の対象とした欧米宣教師の伝道とはかかわりをもつことはなかった。キリスト教とはいえ、両者のあいだにこれほど断絶があるとき、両者は同じ信仰をもったキリスト教徒とはいえないだろう。しからば、益富をはじめＹＭＣＡ同盟の満洲、朝鮮等における伝道活動とは何であったのだろうか、という根源的な問いと結びつかざるをえない。

4　満洲婦人救済会と益富政助

ところで益富は遼陽の軍隊慰問部で執務しているとき、遼陽憲兵長から慰問部門前の道で見かけた一二、三から一五、六歳にもみえる日本人の三名の少女がいわゆる女衒に誘拐されて渡満し、買売春を強制させられていることを教えられた。彼はただちに東京の救世軍本営の山室軍平中佐に協力を乞うて、彼女らの救出に着手した。彼はＹＭＣＡ同盟の友人で帰京する友人に彼女たちの身柄を託し、救世軍本営に送還した。帰京後、この三人の少女のうち二人は救世軍の婦人ホームに、一人は鎌倉の保育園の世話になった。そして一人は高等女学校卒業後、大学出の男性に嫁して数名の子供の母となり、他の一人も警視夫人となって幸福な家庭を営んだ。もう一人は天草の故郷に帰国した。この三名の幼ないからゆきさん救済からはじまった益富の婦人救済事業は、雪だるまのように一人ふえ、また二人、三人とふえて、ついには大連に満洲婦人救済会を設置するまでにいたった。[20]

「我救済会は単に植民政策の欠陥を救うのみならず、彼等の為に身を挺して、之を救うにあらざれば、同胞をしての胸中の悲痛を医する能はざるものあれば也」[21]とは満洲婦人救済会の趣意書の一節である。いまそこにある危機に起たずば止まずという会員の決意が率直に綴られている。右の趣意書全文は日本婦人矯風会（以下、婦人矯風会と略す）機関誌『婦人新報』一〇九号〔一九〇六年〕に掲載されている。同会はその紹介文においてつぎのように記している。

醜業婦と云えば直に日本帝国を連想せしめ、日本の国は先づ彼等醜業婦によりて世界各国の前に紹介せられ、また代表せらるる有様にて、之がために我等日本婦人の面目を汚すは勿論、日本の国威を損すること如何ばかりか分らないのでありますが、今は列国視線の集中せる新領土に於て彼等の跋扈《ばっこ》を逞うし、婦人救済会の必要を見るに至りたるは誠に痛哭《つうこく》すべきことであります。〔同前、三頁〕

当時の婦人矯風会はつねに廃娼運動の前線に立つ存在ではあったが、一身を犠牲にして家族を救うために満洲の地に出稼ぎに赴いていたからゆきさんを見下して、国家の体面を汚す者として、「醜業婦」とよんでいたのである。当時の廃娼運動家もまた平然と「醜業婦」という言葉をつかって恥じなかった。国家の体面を汚す「醜業婦」という文脈は、婦人矯風会の婦人たちや廃娼運動家たちの歴史認識の断層をしめすものである。前述した趣意書は益富が中心となって執筆したと推定されるが、残念ながらここにも「醜業婦」という言葉がある。しかし後述するように、満洲婦人救済会でその後鍛えられた益富は「醜業婦」という言葉をつかう人々への批判をしめすこととなる。

醜業婦を食物に為せる猛悪なる醜業家の跋扈は、満洲人男女間の道徳に開闢以来の悪感化を及ぼせし事実は、応々にして途上を歩する我邦《わがくに》の貴婦人に、非礼を加るに見るも明白なりと謂う可し、[22]

趣意書は差別と蔑視の外被をまとっていたとはいえ、満洲婦人救済会こそがからゆきさんの唯一の友であることを明快に宣言していたのである。趣意書はからゆきさん救済計画についてつぎのように説明している。

一、大連に婦人救済所を新設し、同時に責任者を置き感化遷善《せんぜん》の任に当らしむること、
一、此計画は婦人矯風会、女子青年会、又本会と尤も関係ある青年会本部、及各地婦人会の賛助を仰ぐ事、
一、此目的を達する迄は、本会に引取たる者を内外の寄附金によりて、救世軍婦人救済所、及び東京慈愛館に送りて、之を教育すること、
一、本会の趣旨を賛し、在奉天の英国紳士ドクトルローズ氏は既に三百弗の寄附金申込を成せり、
一、本会の趣旨を遊説するため、満洲軍慰労部主事西内天行、同米澤尚三両氏を特派すること、
一、本会永久責任者の確定する迄は、満洲軍慰労部主事益富政助氏当分一身を犠牲にして当ること、[23]

この趣意書が救世軍、婦人矯風会、女子青年会、青年会本部、各地婦人会等に送られたほか、西内、米澤両遊説委員の国内遊説が実施されると、廃娼運動家や婦人矯風会の女性のあいだにたちまち満洲婦人救済会を救えとの声がまき起こった。そうした救援活動の一環として、一九〇六年六月一日、西内を会主として、東京市神田青年会館において満洲婦人救援会が開催された。『婦人新報』一一〇号は八頁においてこう報じた。

弁士としては会主西内天行氏本会の性質と婦人問題に就て熱心訴うる所あり、矢島会頭（矢島楫子日本キリスト教婦人矯風会会頭―引用者注）の挨拶、醜業婦感化論と題して山室軍平氏、本能主義と芸娼妓と題して安部磯雄氏、公娼と国民の品位と題し島田三郎氏の演説がありまして、何れも当夜の聴衆に対し大なる感動を与えました。……此夜会するこの千余名にして中頃醜業婦救済費として醵金を求めしに即座百三十七円余の献金ありて、之は救世軍の婦人救済所に寄附することとなりました。誠に近来の盛会でありました。〔同前、八頁〕

そして、これは一つの勢いとなって、日本国内はもとより、満洲各地域にひろく浸透していった。

満洲婦人救済会の看板を浪速町の同所に掲げて尚幾干の日子も過ぎないのに此微々たる事業は恰も電火の如く四辺に知られ、満洲は勿論、内地に於て最早此事業を謳歌する様になった、[24]（傍点引用者）

われわれは右の『婦人新報』一一〇号に掲載された『遼東新報』の記事を読むならば、とにかくそこには廃娼運動のフロントすなわち状況としての「現場」があったことを知るであろう。

満洲婦人救済会の当面の責任者を益富は引き受けたが、当時彼は独身者であった。したがって彼が年若いからゆきさんたちの収容所を運営することは、なにかと世間の誤解をまねきかねなかった。そこで彼は「一切の毀誉褒《きよほう》貶《へん》を度下にして、立ち上らざるを得なくなったのである。かくて先づ石塚民政長官を訪問し其の志を述べ、更に浦警務部長……関屋民政署長……の助力を得、又教会側（大連日本キリスト教会―引用者注）に於ては、当時の満洲軍倉庫長日疋信亮先生の一方ならぬ御援助を受た」[25]のである。ここで注意しなければならないことは、益富の文章がしめすように、益富は世間の誤解を解くために、やむなく植民地当局や満洲軍倉庫長に助力を乞うたということである。

かくして益富は「満洲婦人救済会」の責任者として、満洲滞在中にじつに七〇余名のからゆきさんを救済して、会に収容した。収容されたからゆきさんのある者は、後述するように大連キリスト教慈恵病院の見習看護師となり、またある者は電話交換手となった。また収容された女性のなかには故郷や東京の救世軍に送還される者もいた。しかしからゆきさんたちのなかには性病や肺結核等の患者が存在した。このため婦人救済事業には、ぜひとも慈善病院の設置が伴わなければならなくなったのである。

ついに益富は日疋や教会関係者の助力をえて、婦人救済会に附属病院を設けることになった。彼は浪速町にあった大連民政署家屋の一棟を借りうけ、五、六個の寝台を置いて、診療所とした。これが大連キリスト教慈恵病院の発端である。[26]ところが深刻な事態が発生した。病院は感染症に罹った男子の患者をも収容せねばならなかった。益富はいう。

> 病院が出来て、先づ第一の入院者は婦人ではなくて男子（肺結核性の行路病人）で、何でも民政署の依頼で入院させたのだと記憶するが、とにかくわれ〳〵の病院は婦人のための病院ではあったが、何分にも慈善、救済的の施設というものが、当時此の婦人救済会と、その附属病院たる大連慈恵病院の外はないのであるから、男女の区別などを厳重に言って居る訳にいかず、大連慈恵病院は、最初からして、男女共同の慈善病院になってしまったのである。[27]（傍点引用者）

一九〇六年九月一日、大連の浪速町四丁目にわずか五、六個のベッドを置いただけの小さな大連キリスト教慈恵病院が開院するや否や、これまで窮民にたいする結核対策を放棄してかえりみなかった民政署は渡りに舟とばかり、さっそく行旅の末結核に感染した男性を益富に依頼して病院に収容させた。当時結核の流行により、結核で悩む生活困窮者はじつに夥しかった。そのなかの重症者は前述のごとく大連キリスト教慈恵病院に収容されたのである。

同病院開院後一年目の一九〇七年、入院患者死亡数二二名中、結核死亡者は約四一パーセントの九名であった。そのうちの女性死亡患者は六名で、うち四名の職業は酌婦とある。この数字からも、大連在住のからゆきさんのなかで結核に感染していた者が多数存在していたことが垣間みられるだろう。参考までに一九〇七年に結核で死亡した者の死亡月日、職業、性別、病名、年齢等一覧を掲げておこう（表1）。

表1　1907年肺結核入院死亡者数

死亡月日	職業	性別	病名	年齢	出身地
1月12日	酌婦	女性	肺結核	18	不明
4月11日	酌婦	女性	肺結核	19	福岡県
5月6日	無職	男性	結核性肋膜炎	30	福岡県
5月15日	大工	男性	肺病	45	佐賀県
6月26日	酌婦	女性	肺結核	17	岡山県
8月28日	無職	女性	肺結核	32	大阪府
9月1日	酌婦	女性	肺結核	21	名古屋
11月11日	無職	女性	肺結核	23	広島県
11月30日	酌婦	女性	肺結核	20	佐賀県

（注）『十周年記念沿革史』大連慈恵病院、1916年、79-80頁の表より作成。

かくして益富は満洲婦人救済会のみならず、大連キリスト教慈恵病院までひきうけてその運営に全力で取り組んだ。自らの努力で満洲婦人救済会と病院を守らないかぎり生き残れない、との危機感からである。しかも彼にはクリスチャンの固い宗教心のみならず、曾祖父福右衛門が飢饉にさいして蔵を空にして窮民を救ったという家の歴史への誇りがあった。彼の前掲『私の歩んできた道』には「（領主相良公から—引用者注）その褒美として、益す富むようにとの意味で益富の姓を賜わり、また副賞として桝と唐箕《とうみ》を頂戴し『郷侍《ごうさむらい》』になったという歴史があります。さような益富家の血統は、平素から私は心に一種の誇りを持ち、父祖の名を傷つけてはならないという信念が底流をなしていました」（一七—一八頁）とある。彼は同書の二二頁にあたるところで、満洲婦人救済会と大連キリスト教慈恵病院について「この二つの社会事業は私の社会奉仕事業のいわば初穂であって、いずれも成功でした」と述べている。

益富にみる阿修羅のごとき大連における婦人救済運動がけっしてクリスチャンによってだけになわれたのではなかったことのなかに、植民地大連における廃娼運動の深さが遺憾なくしめされていた。たとえば、満鉄の下級職員伊藤秀吉と大連刑務所看守の妻きんのからゆきさん救済活動や満鉄の大連高等女学校設立などがあげられる。伊藤夫妻らの活動の詳細については別稿にゆずるが[28]、一言くわえておくと、満鉄を辞して帰国した後、伊藤は一九一一年七月八日、廃娼運動の全国組織である廓清会の発会にあたり、益富とともにその運営にかかわることとなった。奇しくも大連におけるからゆきさん救済につながる益富[29]と伊藤は、ふたたび廓清会において廃娼運動の同志として活躍することとなったのである。

5　大連慈恵病院と柴田博陽

先に指摘したように大連キリスト教慈恵病院の経営における益富の役割はきわめて大きかった。しかし彼は元来ＹＭＣＡの一主事であり、学業半ばで渡満した事情もあって、いつまでも婦人救済事業と病院経営をつづけるわけにはいかなかった。

一九〇七年、益富は帰国することになったが、婦人救済事業は救世軍に引きつぎ、病院経営は遼東新報記者の柴田博陽に後事を託した。柴田は満洲婦人救済会設立当時から毎日のように救済会に出入していた。収容されていたからゆきさんたちは柴田を兄のように親しんでいた。また当時益富は『遼東新報』紙上で「少女救済物語」を連載していた[30]。こうした関係から柴田はきわめて自然に病院経営を引き受けたのである。

柴田はクリスチャンの新聞記者の変わり種であった。一八八九年、『下野日日新聞』『北国新聞』『大阪新報』で新聞記者生活をつづけていたとき、片山潜や『二六新報』による労働懇親会というキャンペーンに参加した。下野日日新聞記者の柴田は会主となり栃木県労働者懇親会を開催した。そのさい宣伝のためにチラシを無届けで配布したことが、出版法違反に問われて処罰された。[31] 柴田はクリスチャンで労働運動の経験をもっていたという点で、また文章が書けるという点で、友愛と克己心を必要とする慈善病院の経営には適任であった。

益富の後任として柴田が病院経営を引き受けてから二年五カ月後の一九〇九年三月、柴田は『遼東新報』を退職し、病院専属の常務理事に就任した。柴田の就任後、病院はめざましく発展して、五〇余名の患者を収容するまでになったのである。翌年三月、大連キリスト教慈恵病院は改称して、大連慈恵病院（以下、慈恵病院と略す）となった。[32] 慈恵病院の目的に「内外人を論せず」とあるように、病院の外来は中国人患者を診察した。しかし中国人患者の入院治療は、中国の伝統的慈善団体である宏済善堂が経営する宏済病院に委ねた。病院のこうした対応は、民族的差別の潮流に棹さしていたと思わざるをえない。

なぜ柴田は病院名称からキリスト教の文字を削ったのだろうか。植民地当局は大連キリスト教慈恵病院にたいして、病院用家屋、敷地の無償貸与、不定期の補助金支給、臨時に感染症患者の隔離室への収容を委託した費用（治療および飲食費）の支給、毛布一万枚等物品の支給、大連胞衣（後産）取扱所の権利授与等を行なってきた。[33] 植民地当局は市民からのキリスト教という特定宗派の病院への補助金支給という批判を避ける理由から病院側に名称変更を要求したと思われる。[34]

ここで日本国内の慈善病院と大連キリスト教慈恵病院との際立った相異を具体的にしめしておこう。日本国内の慈善病院は「単に其病者を収容し施療する」ことですんだ。しかし「満洲植民地は何れも出稼人なれば……同時に妻子を引取り収容し救護者として取扱」った。つまり一人の患者を収容するにあたり、二、三人の健常者を収容し救護したということである。入院患者が全治して退院する場合には、その落着き先や就職の斡旋を必要と

表２　慈恵病院５周年の成績表（自 1906 年至 1911 年）

	年別	種別	邦人	外人	合計	治癒	死亡	轉歸
入院普通患者	39	男 女	6 15	1 0	22	4 10	2 3	0 3
	40	男 女	45 30	0 0	75	21 12	11 11	13 7
	41	男 女	48 17	10 0	75	22 6	7 7	20 4
	42	男 女	46 18	4 0	68	21 8	10 6	10 4
	43	男 女	47 13	0 0	60	25 7	15 4	7 2
	44	男 女	43 12	5 1	61	37 7	5 3	7 2
外来普通患者	39	男 女	57 43	20 0	120	—	—	—
	40	男 女	221 114	13 10	358	—	—	—
	41	男 女	313 105	74 13	505	—	—	—
	42	男 女	269 197	85 18	569	—	—	—
	43	男 女	219 187	63 10	470	—	—	—
	44	男 女	1033 871	258 32	2194	—	—	—
入院特別患者	41	男 女	108 26	0 0	134	53 19	10 0	45 7
	42	男 女	129 41	0 0	170	86 31	16 1	27 9
	43	男 女	75 45	7 0	127	33 5	11 5	38 35
	44	男 女	107 80	6 —	193	87 59	9 11	19 8

	年別	種別	邦人	外人	合計	治癒	死亡	轉歸
外来特別患者	41	男 女	543 145	3 0	691	—	—	—
	42	男 女	639 419	14 1	1123	—	—	—
	43	男 女	559 395	2 0	956	—	—	—
	44	男 女	2109 1834	— —	3943	—	—	—
委託保護患者	41	男 女	30 6	0 0	36	15 3	9 3	6 0
	42	男 女	72 13	0 0	85	31 4	24 7	17 2
	43	男 女	39 12	0 0	51	15 6	14 3	10 3
	44	男 女	46 11	0 0	57	25 2	10 4	9 7
委託伝染病	43	男 女	16 6	20 0	42	18 2	8 1	10 3
	44	男 女	9 5	4 —	18	15	3	0

参考
事故退院繰下げ現在数等は便宜上轉歸中に計算したり

取扱総数　一二二二二
内
普通（入院 三六一 外来 四二二五）
特別（入院 六二四 外来 六七一三）
委託（保護 二二九 伝染 六〇）
入院死亡　二四二

注）『大連慈恵病院沿革史』大連慈恵病院、1911 年、82 頁の表より作成。

した。しかし病後の身なので就職先をみつけることは容易ではなかったのである。病院は全快後帰国する者にはやむをえず旅費を支給した。また夏季の入院者で冬季に退院する者は単衣のままではどうにもならないので、衣類を支給せねばならなかった。こうした諸事例に対応するため、病院側は入院時に保証人を望んだが、実行できなかった[35]。

創設期の病院にとり重要な問題は、感染症に罹った入院患者を看護する看護師を雇用する財源がなかったことである。柴田はやむなく満洲婦人救済会に収容され、信仰に生きていたナツ子（一七歳）とナミ子（一七歳）に頼み、見習看護師とした。当時は満洲で流行した多様な感染症についての知識はきわめて低く、しかもナツ子とナミ子はともに看護師の専門的知識も訓練も皆無であったから、たちまち肺結核に感染してしまった。ナツ子は就任後四カ月、ナミ子は七カ月で、一九〇六年、一九〇七年に相ついで死亡した。柴田は二人の死を悼み、『慈恵病院沿革史』に殉死者としてその名を記録した。[36] あまりに悲劇的な二人の年若きからゆきさんの殉死は、植民地当局の棄民的公衆衛生・医療政策の犠牲者でなくてなんであろうか。

益富はナツ子にたいする追悼の言葉を、『婦人新報』一一二号〔一九〇七年〕に寄せた。

> 人は只一概に醜業婦とさげすむ。然し処女か《ママ》全く醜業婦と化する迄にはどれだけの苦き杯を飲み、如何計り重き十字架を負うか知れない。余は之を思う毎に娼婦に対する世人の態度の余りに冷酷なるを口惜しく思う。[37]

表3　慈恵病院取扱患者病類別表

病類別	男	女	計
伝染性疾者	427	212	639
花柳病	1,116	450	1,566
発育栄養障碍症	353	169	522
皮膚筋諸症	532	236	768
骨及骨節諸症	286	139	425
血行器諸症	231	154	385
呼吸器万病	829	526	1,355
結核性諸病	248	173	421
消火器系病	1,227	786	2,013
泌尿生殖器病	348	361	709
神経諸病	383	239	622
耳科疾病	222	121	343
眼科疾病	378	323	701
歯科疾病	262	162	424
脚気病	489	185	674
外傷	380	171	551
精神病	43	36	79
中毒及変死	3	2	5
合計	7,757	4,455	12,212

注）前掲『大連慈恵病院沿革史』、83-84頁の表より作成。

益富は当時の廃娼運動家や婦人矯風会が無意識に「醜業婦」という言葉を常用して恥じなかったのにたいして、醜業婦という言葉に異議申し立てをした最初の廃娼運動家でありまた最後の人でもあった。すでにあきらかなように大連における唯一の慈善病院であった慈恵病院の経営は、想像を絶する危機の連続であった。しかし一九〇六年九月一日から一九一一年八月一〇日までの五年間に、取り扱った患者数はじつに一万二二〇〇余名の多きに達した。[38] 参考までにこの五年間における慈恵病院の「成績表」と、「取扱患者病類別表」を掲げておこう（表2・3）。

ところで一九一六年三月一日、慈恵病院は財団法人となった。これより先の一月、評議員会は関東都督府より補助をうけて、第一期計画として一〇万円の予算で播磨町の敷地（四三〇〇坪、別に一〇〇〇坪余の宿舎敷地）を借入れ、移転拡張することを決定した。一九一七年九月一日、慈恵病院は播磨町の宏壮な新病院に移転し、再出発した。かくして新病院は一五〇名の収容設備をもち、他に一日平均一五〇名の外来患者を診察できるまでに拡張をとげた。創設当時の関係者で病院に残っていたのは、ただ柴田理事長のみであった。ここで注意すべきことは、病院の移転拡張にともなう関東都督府の巨額な補助金（一九一六年度本館および附属建物建築費約一一万円、経営費補助月額一〇〇〇〜一二〇〇円以内）である。これについて関東都督府長官白仁武はつぎのように述べている。

斯る事業は当然官庁に於て経営すべき性質の者である。然るに夫れ位（病院拡張後の経常費予算一カ年金三万五〇〇〇円—引用者注）で経営が出来るとすれば其一部分の補助金を与えて事業の助成を計る方が好いと思う。或る一部には官営論もあるが、官営にては到底夫れ位の経常費では難かしい。殊に今日慈恵病院の経営を他に移管する抔は考うべき事と思う。折角君（柴田—引用者注）が多年苦心して経営し来たる事業を無視する様な者になる。又補助をするに就ても余り官庁の干渉がある様では君も仕事が遣り憎い事と思う。[39]

白仁長官は慈恵病院のごとき医療施設経営は関東都督府の関与が不可欠であることを談話のなかで表明している。そうして官営医療施設経費の支出に比較すると、拡張後の慈恵病院経常費予算一カ年分三万五〇〇〇円に補助金をあたえて事業の助成を計るほうが、はるかに都督府にとっては経費削減になると主張していたのである。ここにこそ関東都督府の公衆衛生・医療政策の原点があったのであり、この点にこそ、関東都督府が慈恵病院を上手に利用した理由があった。こうした白仁長官の談話にたいして、柴田は「何と云う理解あり同情のある言葉であろう」[40]と感涙に咽《むせ》んだのである。

状況として病院移転という切迫があり、その切迫を通じて経営の革新をすすめるべく、補助金を乞うたところに、病院経営における柴田の立ち位置があった。一九一五年、妻秀子の亡きあと、柴田は幼児（浪子）を抱えて孤軍奮闘のすえ、一九一七年やっと新病院での再出発にいたったのである。こうしたことを考えると、彼が病院経営の打開の道を関東都督府の補助金に求めたことが、結果として当局の医療政策の肩代わりの役廻りを演じることになったとしても、それを問うのは酷ではあろう。むしろ厳しく問われるべきは、一貫性を欠く関東都督府の医療政策であろう。先の白仁長官の発言もこのような無定見ぶりからでたとしかいいようがない。

一九一四年、第一次大戦を契機にして、満鉄を基軸に諸産業が勃興し、人口増加もいちじるしくなり、救療患者の数は増加の一途をたどるにいたった。もちろん前述した慈恵病院の移転拡張もこうした状況と無関係ではなかった。この時期柴田と慈恵病院が関東都督府の医療政策とかかわることにより、どのように変わっていったかは、前述の倉橋正直氏の研究にゆずる。

6　山田弥十郎——日本救世軍との訣別

一九二〇年六月、柴田は「関東庁や満鉄会社より補助」[41]二〇〇円と友人の醵金を得て、欧米社会事業視察の旅に赴いた。一九二〇年六月四日、大連港を出帆後、日本を経由し太平洋を越えてアメリカに渡った。アメリカ大陸を汽車で横断して、ニューヨーク港からヨーロッパに赴いた。そしてイギリス、ドイツ、イタリア、フランス等を歴訪し、マルセーユから乗船し上海を経由して翌二一年四月一〇日、大連港へ帰着した。柴田が約一〇カ月の欧米視察旅行を実現できた背景には、柴田と慈恵病院の社会的地位が、創立当初よりもはるかにあがっていたことがあるであろう。

柴田の『世界一周回顧録』（大阪屋號書店、一九二三年）によるのであるが、彼はニューヨークで旧友であり、かつアメリカの共産主義運動の権威でもあった片山潜と再会している。また彼は産児制限論者として名高いマーガレット・サンガー女史にも会見している[42]。欧米を飛び回った社会事業視察についての記述の熱さは、一九〇一年ころ栃木県労働者懇親会を組織した若き柴田とまっすぐに重なってみえる。できるだけ多くの人々を、キリストの愛で包むために、友愛の心とそれを実現する知恵をあわせもつことが社会事業家には必要であるが、まさに柴田の生涯こそは、そうした社会事業家の典型であったのである。

図3　柴田博陽（柴田博陽『世界一周回顧録』1923年より）

一九二一年四月一〇日、柴田が欧米視察を終え大連港に帰着したとき、埠頭には妻子、教会関係の友人などのほか、彼のもっとも信頼する親友の山田弥十郎も出迎えた。柴田が執筆した『山田弥十郎氏記念誌』（太田信三商店印刷部、一九三九年）によれば、彼が山田を相知ったのは、一九〇七年一月であった。そのころ山田は救世軍中校で大連における救世軍婦人救済所（救世軍婦人ホームの前身）監理であり、柴田は遼東新報記者で慈恵病院を経営していた。同『記念誌』には「婦人ホームと山田君、慈恵病院と僕、斯んな関係で遂に水魚の交わりとなった[43]」とある。

そこで山田の救世軍時代であるが、彼が救世軍に入ったのは一八九八年八月、二三歳のときである。山室軍平『神田小隊開戦記』〔一八九八年〕に「山田氏ハ爾来余ト同宿シテアリ。自給候補生ノ姿ナリ。二人相助ケ相励マシテ日々ニ義戦ヲ戦ヘリ。文才アリ、言語ニ巧ニ而モ、信仰最モ盛ンナリ。日本救世軍将来ニ為スアル者ハ此人ナランカ」とある。日本救世軍の生みの親山室軍平が神田三崎町の時代から、山田をいかに信頼し高く評価していたかがわかるであろう。

当時の救世軍は第三代目ブラード大佐のもとで、一九〇〇年、廃娼運動をめざましくたたかっていた。救世軍の廃娼運動は遊廓の楼主側の暴力団をつかっての暴力的危害活動の激しい抵抗にあった。山田もつねにそのたたかいの先頭に立って危険をかえりみず、よるべなき娼婦たちの救援のために尽した。しかし彼がこのたたかいをとおしてこうむった肉体への傷痕は、年齢を重ねるとともにうずき、頭痛が彼の持病となった。大連における山田の晩年時代に「今の自分は伏見台（其頃の精神病院）の御厄介になるかならぬかと云う其分岐点に立って居るのだ此一線に注意して居るが脳の悪い程苦しいものはない[44]」と語っていたという。

自由廃業運動における山田のめざましい活躍はしだいに脚光を浴び、一九〇五年一二月、山田はロンドンの救世軍の万国士官学校に留学を命じられた。彼は留学してキリスト教研究に励むかたわら、社会事業を研究し、翌年一二月に帰国した。一九〇七年一月、山田救世軍中校は救世軍士官の妻喜仕子を伴って、婦人救済所（婦人及育児ホームの前身）監理として大連に赴任した。ここでふたたびくりかえすと、柴田との関係がこのときより結ばれたのである。山田が赴任後の救世軍婦人ホームは家屋を不良少年たちに焼き払われたり、幾度となく遊廓関係者や暴力団に襲われた。彼は大連でも少しもひるまず、暴力的危害活動にたちむかった。山田はひときわ体格が大きかったように、心も大きい社会事業家であったから、大連日本キリスト教会の人々はもとより、ひろく市民から「クリスチャンであるとともに愛国者[45]」であると賞讃された。

一九一〇年一一月、彼は東京市神田三崎町の大学植民館の監理者となるために帰国した。大学植民館とは四〇人を収容する学生寄宿舎であるが、ほかに毎日曜の宗教講演、また通俗講談会、法律顧問部、貧民医療部（救世軍病院の前身)、無料代筆部、身上相談部等を設置し、労働者や生活困窮者のために尽力した。[46] 山田は大学植民館の監理者の任務のみならず、山室中佐をたすけて救世軍の枢機に参与した。だが廃娼運動にたいする情熱は衰えてはいなかった。一九一一年、彼は救世軍廃娼部を担当、東京、群馬、埼玉などで遊廓関係者の暴力にひるまずに勇敢にたたかった(一九一一年六月、吉原遊廓における山田の娼妓救出活動を見よ[47])。

ここで特筆することは、廓清会の創立にさいし、山田は江原素六(発起人代表)、島田三郎、安部磯雄、山室軍平、鈴木文治、益富政助らと当初から趣意書や会則等を審議していることである。会発足後彼は益富とともに、理事に就任した。山田は一九一七年八月、東京在住七年にして救世軍遼東部長に任命され、再び大連に渡った。

後述するようにこのころより彼は救世軍にたいする観念の変化を生じて悩む日々となった。一九二〇年八月、四五歳の彼は二一年間にわたる救世軍を辞し、自由伝道を決意した。九月、彼は大連の慈恵病院の一室を借りて妻と四人の幼ない子供を置き、単身遼陽教会に赴任した。苦悶のすえ、この日がくるのを覚悟していたとしても、つねにたたかいの先頭に立った自分が、救世軍を去ることを決意した瞬間の山田の衝撃と苦悶とは大きかった。その決意するまでの心の葛藤はたとえば、一九二〇年一一月一八日、柴田宛の書簡がつぎのように述べていることによっても知られるであろう。

君も御承知の通り小生が大連へ再び赴任する様になってから絶えず頭脳が悪いと云うて引籠勝であった、……其当時既に精神的には救世軍の基督教と小生の宗教との間には到底調和する事の出来ない相違が生じて居ったのです……素より之は精神的に見れば重大問題には相違なけれど、其理由だけで永年縁故を有する軍隊と絶縁するには忍びない心持もあり殊に山室大佐を初め先輩の諸君なり同輩の諸君なり又後進の諸君なりが一生懸命に働いて居るのを、然り本気で一生懸命に働くと云う点から云えば慥かに誰れにもまけぬ程働き居る事は間違なき事実である、此の如き同労者の一生懸命に働き居るを見捨てる事も出来ない様にも思われ、然らばと云うて救世軍の宗教なり組織なり働き振りなりは我等の微力を以てしては如何ともする事が出来ず、恐らくは山室大佐と雖もこれを如何ともする事が出来ないであろう此の如き状態にありたる小生が非常なる苦悶に陥り居りたる事情御憐察下され度く一時は何んでもかまわず山室大佐に殉ずる様な心持となりたる事もありて一時の少康を経験した様のこともあれど、宗教家の悲しさソンナ妥協的なことでは満足が出ずこゝ最近の数年間を苦悶の中に送り居りたる次第に御座候[48]（傍点引用者）

図4　救世軍士官当時の山田弥十郎（1910年）　左より弥十郎、基男（長男）、喜仕子（妻）（前掲『山田弥十郎　その人と生涯』より）

長い引用となったが、ここにあきらかなように、山田が救世軍を辞任した原因は、日本のキリスト教の自立性、固有性の確立にかかわるものであったろう。日本救世軍時代、山田と山室の悲願は、かならずしも外国の宣教師の派遣を必要としない日本固有の救世軍を生みだすことであった。つまり彼らは万国本営から派遣された司令官のなかには、日本人の心性に合致しない人物もいると考えていたのである。

大柴恒氏は、山田の辞職した背景には、一九二〇年赴任してきたデュース少将と山室との深い対立関係があったと指摘している。[49] もちろんわたくしもそのあたりを問題とすることには異存はない。一九二〇年当時、二〇〇〇人をこえる日本人兵士が救世軍におり、[50] 彼らは山室の実績と指導力を深く信頼していた。しかし彼らは着任後日も浅く日本の実状を十分に把握してはいなかったデュース少将の指導にしたがうことに不満があったとみてよろしいだろう。山室もまたそこに救世軍の限界と運営の危機を感じ、デュース少将のもとを去ろうと思い惑っていたのである。[51] ここにおいて山田は決然と山室を司令官とする主張を強力に唱え、救世軍本営と交渉した。これは日本人救世軍士官や兵士の要望とはいえ、軍隊のごとき統率のもとにあった救世軍では越権的行為とみなされたのであろう。山田は遼東部長に左遷された。[52]

わたくしは廃娼運動における状況としての「現場」こそ満洲婦人救済会と大連慈恵病院であると評価してきた。しかしながらデュース少将指揮下の救世軍本営の認識はそれとは質的な相違があり、廃娼運動の受けつぐべき「現場」としてはまったく考えていなかったのである。山田が救世軍本営のあり方を強く批判したのはまことに当然であった。大柴氏は山田が救世軍本営のあり方と決別した理由についていう。

当時のわが国の社会は、政治的にもまた思想的にも、大きな転換を見せはじめていた。それは、第一次世界大戦後(大正九年)から芽生えてきたファシズムへの傾向である。日本のファシズム化は、満州事変(昭和六年)以降急速に進展し、軍部独裁の方向をたどっていくが、この戦時体制進展の過程の中で、国民の思想傾向も次第に「日本化」を迫られていく。このことは、好むと好まざるとにかかわらず、キリスト教界にとっても同様であった。後年、これが「日本的キリスト教」という言い方で表われてくるが、そこには、多分にわが国の国情に沿った形で、キリスト教を弁護しようとするにおいがあった。右のことからしても、日本の救世軍は、わが国の国情の推移と伴ない得ない、思想的矛盾が生じていたことは事実である。山室軍平が、デュース司令官との間にしっくりいかない情況が生じたのも、この辺にあると考えてよい。[53]

大柴氏はキリスト教の日本化をファシズム概念を借りて説明されている。しかし一九二〇年からファシズムが芽生えてきたとは、なにを根拠としていわれるのであろうか。ファシズム概念なるものの安易な適用は、このますすむと、容易ならぬ観念論の泥沼に陥ってしまうだろう。またキリスト教の日本化について指摘されるならば、拙稿があきらかにしたようなキリスト教と日露戦争協力の問題について考えてほしかった。

一九三五年、六〇歳の山田は大連市の婦人ホームで日本救世軍の問題を語っているときに脳溢血で倒れ、夕刻自ら布教した場であった聖愛病院で永眠した。

彼は一箇の戦士であった。彼は基督の軍人として、よく戦うたのである。即ち彼は貧苦と戦い、窮乏と戦い、反対迫害と戦うて、最後まで戦いつゞけたのである。[54]

今日、救世軍関係者以外では忘れられている山田弥十郎を顕彰するには、この言葉もなお十分であるとはいえない。思うに山田が救世軍のなかで一頭地をぬくことができたのは「今そこにある危機」に正面から一身を顧みずたたかいつづけたからではないだろうか。彼はデュース少将の権威にたいしても、まったく自由な立場から国の内外における廃娼運動の実状をふまえて批判を加えることができた。

君は真のクリスチャンであると共に真の愛国者であった。……基督教は其本質を損はざる限り、その植付けられた郷土に即して栄ゆべきである。此意味に於て我国の基督教はもっと日本的特色づけられていゝし、基督者は何人にも劣らず愛国の人たるべきである。[55]

これは大連日本キリスト教会牧師白井慶吉が寄せた山田の葬儀の辞である。そこには救世軍ロンドン万国本営の教義と組織から解放された自由伝道者山田弥十郎によって、キリスト教の福音が満洲の精神的風土に根づいてゆく予兆が語られていたのである。もちろんこのような批判は廃娼運動思想の往還において早くから芽萌えていたのであるが、それをはっきりと救世軍辞任というかたちでラディカルに批判したのは、山田のみであった。そして彼はその立場の当然の帰結として、自由伝道への第一歩を踏み出している。

山田の自由伝道はその信仰の核心を考えるうえで決定的に重要な意味をもっている。彼は自由伝道についていう。

唯伝道の為にのみ働き度候即ち唯神のみを信じて生き、全力を尽して人を愛する生活を営み度候時々刻々接触する有ゆる人々に我有する最善のものを与えんとする生活を送り度候而して小生はこれが実現の道は唯伝道にありと相信じ伝道の道を択び申候満洲に自己の使命を感じたる理由何れの教派教会にも属せざると共に何れの教派の方々とも御附合を願う訳など申したき事いくらでもあれど凡てを御面会の前まで残し置き候[56]

キリストにならうことが信仰であり、キリストにならうこと、すなわちその足跡をふむことが、山田のいう自由伝道であった。そしてこの救世軍や既成の教会から離脱したところに位置する信仰態度の背後には、満洲における益富―柴田とともにたたかった廃娼運動の実践があったことはいうまでもない。さらにいうならば、山田の日本救世軍からの離脱、自由伝道は、その宗教的信念の透徹性を明瞭にしめすものであった。

それらを十分に理解したうえで、最後に遼陽キリスト教会時代をとりあげて、山田の自由伝道活動についていう。山田が赴任した遼陽の日本人キリスト教会は、一九〇七年に創立された。遼陽は英国など外国ミッションにとっても伝道の重要な拠点であり、「明治」初年には英国スコットランド・ミッションによって中国人伝道が行なわれ、中国人教会も創立されている。一九二〇年、遼陽の日本人キリスト教会の柏木熊吉牧師が腸チフスに罹り、満洲病院で病死した。山田は柏木の遺志をつぎ暫定的に教会の牧師に就任したのである。

前掲『遼陽基督教会史』は「山田弥十郎牧師時代」と題する一節を設け、「唯伝道の為にのみ働く」山田を見事に描いている。山田は遼陽在住一年有半のあいだ伝道だけに没入することはなく、信徒の要請する教会本館建設につねに真正面から取りくんだ。彼が遼陽を去って一二カ月後に、遼陽の日本人キリスト教会本館が完成し、信徒たちは「遼陽組合教会の育て親」と称えた。だが山田の遼陽キリスト教会在任中には、中国人伝道はもとより、外国人宣教師との人脈もなかった。キリスト教は神の前における平等を説くが、実際は山田をはじめ在満日本人キリスト教会の活動はそんなものではなかったのである。

むすび

満洲婦人救済会を源流とした廃娼運動思想往還の問題は、二つの方向にすすんだ。すなわち一つは一九一一年七月八日、廓清会結成を通じて、公娼制度廃止の前提をつくりだしていったことであり、一つは公衆衛生の名のもとに公娼制度を導入した軍部・植民地当局の棄民的医療体制を鋭敏に受けとめ、からゆきさんや貧者のための「自立」した医療施設の基礎を築いていった方向である。そしてそれはともに救世軍と軍隊の抱合状況のもとでの制約を受けざるをえなかったのであり、そのかぎりにおいて、廃娼運動思想の弱さのあかしでもあったといわざるをえない。

一九一一年、廓清会発会式にあたり島田三郎、江原素六、島貫兵太夫、安部磯雄、山室軍平、田中正造らの名士の出席を前にして、益富政助が廓清会組織の経過報告を行なったことは、あきらかに廃娼運動における彼の声望が増大したことの証明であった。すなわち彼は満洲婦人救済会と大連キリスト教慈恵病院の結合という新しい廃娼運動の方向を提起し、国内外における廃娼運動のフロント形成への手がかりをあたえたのである。彼にあってはつねにキリスト者としての「現実的な存在」から発し、満洲において誰一人なしえなかったからゆきさん救済事業の先駆者となった。「満洲に於ける道徳的経営」を肯定した益富にあっては、信仰と愛国とは矛盾しなかった。そしてじつにこのところにおいて、一九〇八年、彼が組織した鉄道青年会[57]が後藤新平の要請をうけて、満鉄の労資協調に思想的基盤をあたえることにもなったのである。

ついでいえば益富とともに廓清会結成に参加した伊藤秀吉においても、大連における窮乏生活下でのからゆきさん救済活動で培ったその人権意識は廓清会の運動にも継承された。彼は満鉄在職中はエリートではなく、不器用で目立たぬ下級職員として軽じられていた。しかし彼はからゆきさん救済活動をつうじて人権に目覚め、満鉄における疎外に目を向けることができたのである。そうした筋金入りの人権思想は廓清会機関誌『廓清』の編集ならびに廃娼運動での試行錯誤の実践を重ねる過程でいっそう鍛えられた。伊藤が著述した『日本廃娼運動史』〔廓清会婦人矯風会廃娼連盟、一九三一年〕や『紅灯下の彼女の生活』〔実業の日本社、一九三一年〕には、彼の人間と世界を肯定する楽天主義思想が脈々と流れている。注目すべきは廓清会創立二五周年の一九三六年、『廓清』第二六巻第一〇号において、山室、益富とともに伊藤は二五年間の廓清会の運動を総括していることである。大連におけるからゆきさん救済運動に献身した三人の闘士は、一九三六年ふたたび公娼制度廃止の先頭に立っていたのである。

では山田弥十郎はどうであったか。彼もまた廓清会結成にさいし理事として連なった。すでにみたように、山田は山室軍平日本救世軍司令官就任の画策者であった。救世軍が日本人として「自立」するために山室を推したのである。彼が救世軍から去ったことを、世間では常軌を逸した活動という者もいた。だがそれは山田の妥協を許さぬかたい宗教的信念が、突破口をもとめて、そうした行動として表現されたものであった。だからこそ彼の遼陽、沙河口、各キリスト教会そして大連聖愛医院宗教主任としての伝道活動は、信者のみならず市民のあいだに語りつがれたのである。一九三九年、柴田博陽が著述した前出『山田弥十郎氏記念誌』をみると、山田によって救われクリスチャンになる者がすくなからずあったことがわかる。それだけ彼が講壇の説教者でなくして、個人伝道者であったということか。しかし在満時代彼の伝道が日本人信者にかぎられていたことはいなめない。

日本救世軍からの山田の辞任を考えると、彼の直言によって救世軍本営が改革への道筋をしめすことはなかった。山田の辞任は捨て石であった。しかしその六年後の一九二六年、山室は日本人初の将官として少将に昇格し、日本救世軍司令官に就任した。山田の辞任は報われたというべきであろう。前述したように日本救世軍の外国人司令官本営には、遼東部長の地位を軽視する空気があった。そのために満洲婦人救済会の系譜に立つ運動と救世軍本営とのあいだには目にみえない壁ができていたのである。しかし満洲のからゆきさん救済運動の最初から支援してきた山室日本救世軍司令官の就任は、そうした障壁を打ち破るものであった。これは廃娼運動の画期的な前進を意味するものであった。

さて柴田博陽の思想であるが、彼はすでにみたように大連キリスト教慈恵病院の経営者であった。だから彼を廃娼運動に思想的寄与した者としてみることは正しくない。しかし彼を大連における社会事業思想において位置づけて考えるとすれば、『大連慈恵病院沿革史』〔一九一一年〕、『十周年記念沿革史』〔一九一六年〕、『二十周年記念沿革史』〔一九二五年、以上三冊はすべて大連慈恵病院発行〕というものがあり、これらの著述をとおしてわずかに彼のクリスチャンとしての思想が垣間みられるのである。

慈善事業は普通の観念を以て到底経営が出来る者ではない。第一其局に当る者は自己と云う者を抛って其身を公的に献げなければならぬ。[58]

というような言葉こそが、柴田にあっては慈恵病院史の叙述を貫く最高の方法をしめしていた。したがってこの三冊のいずれを当たっても、公平であり、無私であり、しかもキリストの恩恵に頭を垂れる愛の心がこもっており、いささかも自分の経営手腕を誇るところはなかった。彼の著述には「死者と難民」の記録や、職務に殉じた職員たちの記録が掲げられていた。そこに前述したごとき病死した妻秀子や、からゆきさん出身の見習看護師への哀悼の言葉がそえられていたのである。この著述と木下鈴雄『大連聖愛医院二十五周年史』〔大連聖愛医院、一九三一年〕と比較してみると、前者の叙述の方法には入院患者および病院職員への思いやりの視線に満ちている。

柴田もまた廓清会発足にあたり『廓清』に幾度となく寄稿している。たとえば「満韓に於ける惨憺たる醜業婦」〔『廓清』第一巻第五号、一九一一年〕、「大連の風紀」〔『廓清』第二巻第四号、一九一二年〕、「北満洲の醜業婦」〔『廓清』第三巻第一二号、一九一三年〕等がそれである。

大連には娼妓というものがない、逢坂町という遊廓町があって、娼妓のないのは聊《いささ》か矛盾して居る様であるが、税金の関係上で、営業者側より民政署に対い《ママ》、娼妓を酌婦という名義に変更を願ったのである。民政署もその情状を酌量し許可して娼妓の名称を全部酌婦とした。[59]

柴田はこのように満洲における植民地公娼制度下のからゆきさんたちの悲惨な状態を告発しつづけた。柴田の文章は「醜業婦」といった差別用語をともなってはいたが、買売春の現場を微視し、そこから廃娼運動の新しい課題を具体的に提起した。その意味では彼は廃娼運動が生みだしたジャーナリストの白眉であったといってよろしいだろう。

以上、わたしは山田―益富―伊藤―柴田の線に連なる廃娼運動の軌跡をみてきた。たしかに時代の大きな物語は、そのような貧乏で無名の若者たちによってつくられてきた。そこには帝国の欺瞞を見抜くまなざしと怒りがあった。『福音新報』はいう。

今日我国の基督教会に於ては、組織に拘束せられざる個人の努力を尊敬するの必要を感ぜずんで《ママ》あらず。……基督教は生命なり。或る変化なき伝説若くは教義に閉じ込め置かるべきものにならず。[60]

この文章は山田をはじめとするクリスチャンの闘士にも通用する言葉であろう。旧来のクリスチャンや廃娼運動家たちがつくりあげてきた運動の価値に代わるまったく新しいものを創造しようとするならば、それは組織の制約や教条化した教義を守るスタイルを超える新しい運動の質を提起しなければならない。しかもそれはすぐれた個人の努力といえども限界がある。いわば複数の改革者の啓発がなければ実現されないのである。幸運にも満洲婦人救済会とはそうしたキリスト者たちが相互に、啓発と啓蒙を可能にする世界であった。彼らはそこから大きなムーブメントをつくりだし、廃娼運動の革新を実現した。廓清会結成において、彼らが指導的中核を形成したことは、その一つの表現であろう。大連婦人救済会が準備したものは、廓清会をつうじた公娼制度廃止実現の力量の蓄積であり、植民地大連における「自立」した市民運動と社会事業の醸成である。

あえて廓清会についていえば、その出発からきわめて不幸に直面していた。その不幸は一言にしていえば、一九一二年二月二五日、第二次西園寺公望内閣による三教合同である。すなわち同内閣の内務次官床次竹二郎が、仏教、神道、キリスト教の各宗教代表者を招き、国民道徳の振興と社会風教の改善を決議させたのである。政府の意図は一九一〇年、大逆事件後の国民教化のために宗教を利用するところにあったことは明白である。

クリスチャンたちは政府がキリスト教を、仏教、神道と比肩する三大宗教の一つとみなしているとして、積極的にこれを支持した。例えば山室軍平は「国民の信念を鼓舞奨励する」とし、廓清会顧問で早稲田大学総長大隈重信も「教育と宗教と相依り相扶けしめて、一国の道義を健全にせねばならぬ」とした。また日本キリスト教同盟は二月二六日、仏教、神道代表者とともに三教合同についての協議会を開き、三宗教団体から提出した決議案に賛成した。

吾等は今回三教者合同を催したる政府当局者の意志は、宗教本来の権威を尊重し、国民道徳の振興、社会風教の改善の為めに、政治、宗教、教育の三者各々其の分界を守り、同時に互に相協力し、以て、皇運を扶翼し時勢の進運を資けんとするに在ることを認む。[61]

日本キリスト教界の主流は、日露戦争勃発にさいし国家への忠誠をあらわす絶好の機会としたのと同様に、三教合同にたいしても思想的無節操をしめしたのである。では廓清会はこの悲劇にどう対応したのだろうか。しかしこの課題については他の機会にゆずる。

注

1 拙著『廃娼運動』中公新書、一九八二年（竹村著作集本巻所収）。
拙著『増補　大正文化　帝国のユートピア――世界史の転換期と大衆消費社会の形成』三元社、二〇一〇年。

拙稿「公娼制度の定着と婦人救済運動――二〇世紀大連において」（竹村著作集本巻所収）。

拙稿「公娼制度成立前後――二〇世紀初頭大連の場合」（竹村著作集本巻所収）。

2 同書の一五九―一六四頁に益富政助と大連婦人救済所についての記述がある。また村上信彦氏も『明治女性史　下巻　愛と解放の始動』（理論社、一九七二年）の一三三―一三七頁で満洲婦人救済会について指摘されている。両氏の著書はともに右の問題の先行研究である。

3　倉橋正直「柴田博陽と大連慈恵病院」、『戦前・戦中期アジア研究資料3　植民地社会事業関係資料集「満洲・満洲国」編』別冊「解説」、近現代資料刊行会、二〇〇五年、七六頁。

4　倉橋克人「『満州』における『からゆき』救済事業――益富政助と満州婦人救済会をめぐって(3)」、『キリスト教社会問題研究』五八号、二〇一〇年、三二頁。

5　前掲『増補　大正文化　帝国のユートピア』、一八五―一八六頁。

6　井上謙二郎編『大連市史』大連市役所、一九三六年、二八九―二九一頁。

7　陸軍軍医総監合田平『満洲事変ニ於ケル陸軍衛生勤務ニ就テ』第九回日本医学会総会、一九三四年、五頁。

8　関東局文書課編『関東局施政三十年業績調査資料』関東局文書課、一九三七年、二二七頁。

9　同前、二二五―二二六頁。

10　同前、二二六頁。

11　『遼東新報』一九一五年一二月二五日、柴田白陽『故柴田秀子記念録』柴田白陽、一九一六年、一七頁より重引。

12　前掲『故柴田秀子記年録』、五八―五九頁。

13　同前、二―三頁。

14　岡田晴恵『感染症は世界史を動かす』ちくま新書、二〇〇六年、一九九頁。

15　日本公衆衛生協会編『公衆衛生の発達――大日本私立衛生会雑誌抄』日本公衆衛生協会、一九六七年、四八七頁。

16　沈潔「『満洲国』の衛生・医療体制」、前掲『戦前・戦中期アジア研究資料3』別冊「解説」、一一一―一一三頁。

17　同前、一一三頁。

18　エンゲルスは一八四〇年代、イギリス労働者階級の苛酷な生活を厳しく告発して「社会が、こうした社会的殺人――このようにイギリスの労働新聞によってまったく正当にも名づけられている――を毎日、毎時間犯している」と述べた（フリードリヒ・エンゲルス『イギリスにおける労働者階級の状態――著者自身の観察および確実な文献による』、

19　大内兵衛、細川嘉六監修『マルクス＝エンゲルス全集』第二巻、大月書店、一九六〇年、三三六頁)。
20　倉橋克人「『満州』における『からゆき』救済事業――益富政助と満州婦人救済会をめぐって(1)」、『キリスト教社会問題研究』五六号、二〇〇八年、一三六頁。
21　益富政助「其頃の思い出」、大連慈恵病院『二十年記念沿革史』大連慈恵病院、一九二五年、一一頁。
22　『婦人新報』一〇九号、一九〇六年、四頁。
23　同前、四頁。
24　同前、四―五頁。
25　『婦人新報』一一〇号、一九〇六年、一九頁。
26　前掲「其頃の思い出」、一四頁。
27　同前、一五頁。
28　同前、一五―一六頁。
前掲『廃娼運動』(竹村著作集本巻所収「廃娼運動」第1章7節)。
29　拙稿「大連廃娼事始め」(竹村著作集本巻所収)。
30　益富は廓清会の常務理事であり、廓清会の機関誌『廓清』の編集兼発行人でもあった。当時『廓清』は廃娼運動の組織者としての役割を果たしていた。
31　前掲「其頃の思い出」、一六―一七頁。
32　前掲「柴田博陽と大連慈恵病院」、四四頁。
33　『大連慈恵病院沿革史』大連慈恵病院、一九一一年、四五頁。
34　同前、二七頁。
35　前掲「柴田博陽と大連慈恵病院」、五三―五四頁。
同前、七二―七四頁。

36 同前、七九―八一頁。
37 『婦人新報』一二二号、一九〇七年、一二頁。
38 前掲『大連慈恵病院沿革史』、八一頁。
39 前掲『大連慈恵病院二十年記念沿革史』、二四―二五頁。
40 同前、二五頁。
41 柴田博陽『世界一周回顧録』大阪屋号書店、一九二三年、三頁。
42 同前、一〇五―一〇七頁、一二七―一二九頁。
43 柴田博陽『山田弥十郎氏記念誌』太田信三商店印刷部、一九三九年、一〇三―一〇五頁。
44 同前、一二六頁。
45 同前、一九頁。
46 山室軍平『救世軍略史』救世軍出版及供給部、一九二六年、三五頁。
47 大柴恒『山田弥十郎――その人と生涯』改訂新版、キリスト新聞社、一九七九年、七四―七九頁。
48 前掲『山田弥十郎氏記念誌』、一一七―一一八頁。
49 前掲『山田弥十郎――その人と生涯』、九〇―九二頁。
50 前掲『救世軍略史』、五四頁。
51 デュース少将赴任以降、山室はデュース少将との対立により、救世軍を去ることを考慮していた（三吉明『山室軍平』吉川弘文館、一九七一年、二三七頁）。
52 前掲『山田弥十郎――その人と生涯』、九二―九三頁。
53 同前、九〇―九一頁。
54 前掲『山田弥十郎氏記念誌』、一頁。
55 同前、二〇頁。

56 同前、一一九頁。

57『廓清』(龍渓書舎版)第二巻第九号(一九一二年)に掲載された鉄道青年会機関誌『鉄道青年』の広告記事に前鉄道院総裁後藤新平が一九一一年の同会大会に寄せた祝辞の一部が掲載されている。「聞く所に依れば今や会員は普く。無量二万三千余を数え、其多きこと優に日本第一の青年会なりと称せらる」。

58 大連慈恵病院『十周年記念沿革史』大連慈恵病院、一九一六年、二頁。

59『廓清』第二巻第四号、四三頁。

一九〇六年一二月、大連民政署は逢阪町遊廓側の要望をいれて、「娼妓」という用語を変更して、これを「酌婦」に変更した。遊廓側は酌婦は娼妓より税金がやすかったから、名義変更により遊興費を低くおさえることができた。しかしこうした言葉の言い換えはなんら「娼妓取締規則」を変更するものではなく、植民地公娼制度の実態を欺瞞するものでしかなかった。柴田の大連レポートは娼婦が酌婦になっても、あり地獄のような悲惨な境遇から脱け出せない状況を鋭く指摘して余すところがない。

60『廓清』第二巻第五号、二五頁。

61『廓清』第二巻第三号、一九頁、二三―二四頁。

【凡例】

1 資料引用に当っては、仮名づかいは原文のまま、漢字の旧字体は原則として新字体に改めた。また、適宜ルビをふった。

沖野岩三郎『娼妓解放哀話』解説

祇園山から二本木見れば　金はなかしま（中島）　家も質（茂七）
東雲《しののめ》のストライキ　さりとはつらいね、てなこと仰しやいましたかね

一九八二年の夏、偶然の機会から、私は通称「東雲節《しののめぶし》」と言われている俗謡集の初刊本を手に入れることができた。そのころ私は『廃娼運動』（中公新書）執筆のための資料集めに没頭していたのである。そんなある日、私は田舎町の古書店の店さきで、無造作に並べてあった「ストライキ節」と題する俗謡集を発見した。

表紙は、上部に三味線を斜にかまえた丸髷姿の女性が描かれ、下部には放歌高吟の書生三名のシルエットが浮かんでいる粋な体裁である。

奥付は、著述兼発行者三好菊太郎、明治三三年一二月二五日、東京日本橋区柳原河岸、学友館発行となっている。三二ページ。定価はない。

桜雲山人編とあるこの俗謡集の巻頭は、つぎのようなひろく人々に知られている歌詞である。

何をくよ〳〵川端柳　「こがるゝ何としよ」　水の流れを見て暮す
「東雲のストライキさりとは辛い子」てなこと仰しやいましたね

この「ストライキ節」通称「東雲節」と、それにまつわる熊本市二本木遊廓内東雲《しののめ》楼の娼妓五〇名の、前代未聞の廃業ストライキについては、沖野岩三郎の『娼妓解放哀話』が本文の第十一章「東雲のストライキ」のなかでくわしく書いている。彼は娼妓ストライキの起源や、それと「東雲節」との関係についてはたいへん苦労して調査したらしく、とくにその経過を「序にかえて」のなかで書き記している。

沖野は東雲楼のストライキを、本文中では一九〇一年〔明治三四〕月日不明〕としている。しかし私は後述するように、東雲楼のストライキと私が発見した「ストライキ節」の小冊子との間には、何らかの形での関連があるという考え方をとっている。したがって、三井礼子編『現代婦人運動史年表』〔三一書房、一九六三年〕、および日本廃娼史研究会編『日本廃娼史略年表』〔一九八〇年〕に掲載されているとおり、東雲楼のストライキの年月は、一九〇〇〔明治三三〕年一二月と考えたい。

ところで「ストライキ節」通称「東雲節」でいう「金はなかしま（中島）家も質（茂七）」「さりとはつらいね」という歌詞は一体どういうことか。

沖野はこれについて、前者の歌詞には東雲楼主中島茂七の名前がもじられてあり、後者の歌詞「さりとはつらいね」は「斎藤はつらいね」の意味であると書いている。斎藤とは東雲楼の娼妓たちに怨みをかっていた帳場主任の名前である。熊本弁では「さいとう」を「さりとう」と発音するのである。つまり沖野は、「東雲節」が流行した発端はまさに二本木遊廓内東雲楼の娼妓ストにあったというのである。さらに彼は、当初東雲楼の悲運を風刺して歌われた「東雲節」が、艶歌師によって全国に拡がってゆく間に、「何をくよくよ川端柳」のごとく、いろいろと文句がつけ加えられていったと指摘している。

もっとも通称「東雲節」、正しくは「ストライキ節」の起源には異説もある。例えば添田知道著『演歌の明治大正史』〔岩波新書、一九六三年〕は、「ストライキ節」にでてくる東雲《しののめ》とは、かくべつ固有の楼名を指すのではなく、黎明、暁、夜明けを意味したものだと論じている。

ここで沖野説と添田説の両者を詳細に比較検討する余裕はないが、もし東雲楼の娼妓ストライキが存在し、その日付けが、前述の二つの年表に記載されたとおりであると考えるならば、娼妓ストライキと「ストライキ節」との関係を、以下のごとく考えたい。すなわち東雲楼の娼妓ストライキの日時が一九〇〇年一二月、前述の「ストライキ節」の小冊子に記された発行年月日が、同年一二月二五日であることから判断して、「ストライキ節」は東雲楼の娼妓ストライキ直後に、このストライキに直接影響をうけて全国に流行したものと推定する。

ただここで注意すべきことは、同年一一月二九日付東京朝日新聞「老妓小せんの筆ずさみ」と題する記事である。同記事は新吉原の老妓小せんが、昨今廓内で流行のストライキ節にならって、つぎのような小唄を新作したと報じている。

自由廃業したのはよいがナントショ　惚れたお方に宅《うち》がない、しののめのストライキ

この記事を考慮すれば添田説に軍配をあげたくなる。しかし私は「ストライキ節」がすでに東雲楼娼妓ストライキ以前から、新吉原等の廓で流行していたとしても、「ストライキ節」が全国的に流行した直接の契機は、やはり東雲楼の娼妓ストライキであったと考えたい。すなわち東京市の艶歌師グループが、娼妓ストライキに刺激されて、「ストライキ節」の小冊子を全国各地の盛り場で正月興行の目玉商品として販売することをもくろみ、急き

ょ年の瀬のあわただしい時期に製作したのであろう。「ストライキ節」は、直接的には東雲楼娼妓ストライキ、間接的には一九〇〇年一〇月二日内務省「娼妓取締規則」（法的に初めて娼妓の自由廃業承認）公布前後の、東京市をはじめとする全国的な廃娼運動の昂揚を背景として、誕生したものであろう。

しかし私の推論はあくまでも仮説に過ぎない。したがって今後この問題については、故山口白陽氏などの東雲楼スト臆測説などを参考にしながら、熊本市の郷土史家や研究者たちの正確な考証を待ちたい。

沖野岩三郎は一八七六〔明治九〕年一月五日、和歌山県に生まれた。祖父に育てられた彼は、少年時代より世の辛酸をなめ、日雇労務者などをやったといわれる。

一九〇四〔明治三七〕年、上京して明治学院に入学した沖野は、賀川豊彦と知り、キリスト者としての立場から、賀川とともに日露戦争に反対して非戦論を唱えた。同校卒業後牧師として神に仕えた彼にとって、一九一〇〔明治四三〕年、和歌山県新宮で大逆事件に巻きこまれたことが、人生の一大転機となった。沖野が大逆事件の折に、官憲ににらまれた原因は、新宮で医師を開業し社会主義者でもあった大石誠之助との交友である。

一九一八〔大正七〕年、沖野は大逆事件を描いた「宿命」を、「大阪朝日新聞」に連載した。「宿命」によって一躍世の脚光を浴びた彼は、それ以後専ら文筆活動の道に入った。

一九二〇〔大正九〕年あたりから、沖野は、労働者出身で筋金入りの救世軍士官伊藤富士雄の感化をうけて、廃娼運動に関心を抱くようになる。こうして沖野は伊藤が語る娼妓解放の息づまるような体験談を書きとめ、着々と娼妓自由廃業の歴史を書く準備をすすめていった。

一九三〇〔昭和五〕年一月号から四月号までの『中央公論』に、沖野は「娼妓自廃九百八十七人」と題する物語を連載した。この連載は意外に反響があった。これに力をえた沖野は『中央公論』連載の物語を中心とし、あらたに廃娼運動についての若干の研究も加え、『娼妓解放哀話』と題して、同年六月、中央公論社から出版した。これが本書の初刊である。ちなみにこの刊行は、わが国の公娼問題研究の必読文献といわれる伊藤秀吉の著述『日本廃娼運動史』、『紅燈下の彼女の生活』〔いずれも復刻版、不二出版、一九八二年〕が刊行される一年前のことである。

私は廃娼運動にまつわる精彩にみちたエピソードが山積している本書を読んで、「人生はドラマより奇なり」という思いに駆られつつ、あらためて女性がその青春の終わりまでに、もはや一個の廃品でしかないという、廓の女性の苛酷な運命を実感することができた。

本書は前述の伊藤秀吉の二つの著述とともに、一九二〇—三〇年代の廃娼運動から生まれた記念碑的な書物である。一九二〇—三〇年代における廃娼運動の昂揚期、それは流星が天空を飛び去るがごとき一瞬ではあったが、そこには人間にたいする真実の愛が光芒を放っていた。私たちはもはや、廃娼運動を実感することはできない。しかし私たちは沖野らの著書をとおして、近代日本のヒューマニズムとはなんであったかを垣間みることができるのである。

今日、戦前の市民運動の最良の伝統であった廃娼運動の遺産は、忘却の彼方に押しやられようとしている。一例をあげるならば、通史や教科書には廃娼運動の記述がまったく欠落しているのである。社会科学研究の領域においても、廃娼運動の研究に光があてられることは、きわめて稀である。なぜこのような驚くべき事態が起こったのであろうか。

戦後の同時代史研究の領域では、戦時中にみられた爆弾三勇士や、軍国の母等の顕彰にかわって、反戦を主張して勇敢に軍国主義者たちと闘った人たちや、権力による圧制に抗して、大正デモクラシー運動、革命運動等に参加した群像を再評価しようとする傾向が主流となった。

しかしこうした立場は、しばしば、革命運動からみれば傍流であるクリスチャンたちの廃娼運動が、センチメンタルな人道主義者の運動に過ぎないという発想に傾斜しがちであった。つまり積極的に皇国史観を批判した人々の間には、廃娼運動は、一九二〇—三〇年代の文化的激震であったいわゆるマルクス主義とナショナリズムの挟撃をうけて、あえなく崩壊したに過ぎないという、図式的な理解があったように思われる。あたかもサンドイッチにはさまれた、色あせた薄いハムを想定するごとき廃娼運動観が、廃娼運動の研究を阻害してきたことは否定できない。

戦後の通史や教科書が廃娼運動を欠落させてしまった要因は、同時代史研究におけるこうした偏見にあると思われる。廃娼運動の過小評価は、たんに戦後の問題にとどまらない。そうした傾向は戦前、大正デモクラシー運動や革命運動に身を投じた人々の間にも、根強く存在していた。

例えば当時「ヴ・ナロード」(人民の中へ)のスローガンを掲げて闘っていた無産政党においても、公娼制度下に悲惨な生活を強制されていた娼妓の解放を、自分たちの問題として受けとめられない弱さが存在していた。こうした無産政党の弱点は、無産諸政党の綱領に公娼制度の廃止が、ほとんどとりあげられなかったことに見られる。「無産婦人の人身売買の禁止」を綱領に掲げていたのは、わずかに農民労働党(一九二五〔大正一四〕年一二月一日立党、即日解散)のみであった。

あまつさえ有名無名を問わず無産政党の闘士のなかには、公然と娼妓を買う者さえいた。こうした革命の失格者の存在が、無産政党内できびしく問われなかったことは、日本の革命家たちの人間的な欠点を典型的に示している。

すでにあきらかなように日本のデモクラシーにとって、廃娼運動ないしは買売春問題にたいする考え方は根本的な問題であった。

本書は背すじをピンとのばして、日本のデモクラシーとはなにかを考えようとする人々にとっては、必読文献の一つである。

一九二〇年代朝鮮人娼妓・朝鮮人問題と廃娼運動の関係

買売春の問題は近現代日本の最大の問題の一つである。だがこれほど真剣に取り組まれない社会問題も稀れである。ここ数年予算編成をめぐって、売春防止法にもとづく婦人保護費を削減しようとする大蔵省側の動きが、必ず出現することもその端的な証明である。

こうした事態の改革を願って、私は一九八二年に『廃娼運動』〔中公新書〕を刊行した。私にとって一〇〇年近い廃娼運動の歴史を、新書版二〇〇頁余りにまとめることはきわめて困難な課題であった。私は同書執筆の過程でいくつかの貴重なテーマを止むなく割愛しなければならなかった。

そのなかでも売春防止法成立期草の根の廃婦運動との関連でみた婦人相談員の活動と、戦前朝鮮人娼妓および朝鮮人問題とのかかわりでとらえた廃娼運動、この二つのテーマについては、私は他日機会をえてぜひ書きたいと思っていた。

幸い前者については、『朝日ジャーナル』編集部のすすめで、「女の戦後史シリーズ」の一篇〔一九八四年二月一〇日号、竹村著作集本巻所収「売春防止法」参照〕として発表することができた。

後者のテーマについては、課題の重さや資料の制約等もあって、研究は遅々としてすすまなかった。しかし今般本書に寄稿をもとめられた機会に、とりあえず一九二〇年代の『廓清』を中心に、朝鮮人娼妓や朝鮮人問題とのかかわりでとらえた廃娼運動について、いくつかの問題提起を試みておきたい。

まず『廓清』第一六巻第八号（一九二六年八月）掲載の神戸キリスト教青年会総主事奥村竜三「朝鮮の公娼に就いて」に依拠しながら、朝鮮の京城《ソウル》、仁川《インチョン》両遊廓の朝鮮人娼妓の状態を考察しよう。

一九二六年当時京城《ソウル》、仁川《インチョン》両遊廓の日本人および朝鮮人娼妓の数はそれぞれどのくらいだったのだろうか。奥村はそれについて左の調査報告の二一頁にあたるところで、以下のように書いている。

京城の一遊廓には、鮮人《ママ》娼妓　二三七人
日本人娼妓　三三二人
仁川の遊廓　鮮人《ママ》娼妓　七三人
日本人娼妓　一〇三人

奥村の調査によると「京城の一遊廓」とあるが、どこの遊廓なのかその所在地があきらかではない。また日本人・朝鮮人両娼妓数についても出典は不明である。したがってこの時期京城《ソウル》、仁川《インチョン》両遊廓の娼妓数調査についてより正確だと考えられる伊藤秀吉「数字上より観たる朝鮮の風教（一九二八年九月現在）」（『廓清』第一九巻第一〇号、一九二九年一〇月）に記されている数字を紹介しておこう。

京畿道　京城府新町　日本人娼妓　二六五人
朝鮮人娼妓　二一八人

同　弥生町　　日本人娼妓　一三六人
朝鮮人娼妓　七五人
京畿道　仁川府敷島町　日本人娼妓　九二人
朝鮮人娼妓　七〇人

両遊廓の朝鮮人娼妓たちは「大して粉飾」せず、「白い上下の着物」を着用し、「三人四人裏長屋のような、小屋の入口に立って、客を呼んでいた」。「伊達巻に荒い浴衣をみだらに着て」客を誘う日本人娼婦とくらべると、奥村の目には一六歳から一八歳ぐらいの年齢と思われる朝鮮人娼妓は「実に可憐に、無邪気に」見えた。

朝鮮人娼妓の玉代は「大体午後八時から、午前二時迄三円」であった。同じ条件の日本人娼妓の玉代は六円から七円だった。

仁川《インチョン》遊廓入口の巡査派出所の帳簿によれば、朝鮮人娼妓の前借金は「三ケ年前借二百五十円、三百円が多」く「稀に四百円、五百円」が見うけられた。当時の日本人娼妓の前借金は「三年一千円から二千円」であった。

奥村が特に注目していたのは娼家の構造である。彼はその実態を「各室二畳位ノ小屋」で「敷物モナケレバ装飾モナシ」「部屋の入口は開け放しであり……部屋の前を往来する娼妓、客人には何もかも充分見えすいて居」り、さながら、「豚小屋に劃離されて収容さるゝ様な実状」と述べている。

生き地獄たる廓《くるわ》においても、民族がちがうということで、朝鮮人娼妓は目をおおうような屈辱的な待遇をうけていた。当時朝鮮各地の遊廓では「朝鮮人娼妓の遊廓と、内地娼妓の遊廓とを並存させて、互に男子の好奇心を挑発」させた。

奥村が「何とかして朝鮮に、ウント力強い廓清運動が生じないものでしょうか」と抑えた筆致で訴えているように、朝鮮人娼妓の解放は、二〇年代の廃娼運動が解決すべき緊急の課題であった。

表1　娼妓修学調（1927年10月現在）

学　歴	日本人	朝鮮人
無　学	138	796
尋1修業	70	49
2年修業	155	27
3年修業	229	56
4年修業	221	59
5年修業	223	22
尋　卒	628	35
高小中途退学	102	2
高小卒業	126	—
高女中退	34	1
高女卒	8	9
高女程度中退	5	5
高女程度卒業	2	3
専門学校卒業	1	—
専門程度卒業	1	—
その他	—	—
計	1,943	1,064

出所：『廓清』第19巻第10号（1929年10月）の表より作成

つぎに朝鮮人娼妓の実態を、別の視点から考えることにしよう。前述の「数字上より観たる朝鮮の風教（一九二八年九月現在）」〔『廓清』第一九巻第一〇号〕の主な項目はつぎのとおりである。朝鮮内の各道別貸座敷免許地数、娼妓数、登楼者数、遊興費数、娼妓出生地調、娼妓年齢別調、遊廓所在地調、娼妓健康診断調、娼妓稼業年数調、娼妓修学調、娼妓前職業別調等々。統計の出典は不明である。同様の題名のものが『廓清』第一五巻第一一号、一二号〔一九二五年一一月、一二月〕にも掲載されている。三者を検討すると第一九巻第一〇号所収の統計集がもっとも綜合的に朝鮮全体の風教状態を総括している。したがってこの統計集によって、朝鮮人娼妓の問題をさらに追究していくことにする。

同統計集は二八年九月現在朝鮮全体の朝鮮人娼妓数（兼業者をふくむ）は、一〇三四人と記している。つぎに表1をごらん頂きたい。この表からあきらかなように、無学歴の朝鮮人娼妓は、無学歴の日本人娼妓の約五・八倍に達している。

また尋常小学校卒業者数についても、尋卒の朝鮮人娼妓は同学歴の日本人娼妓の約五・六％にしか過ぎない。この数字から、二〇年代の朝鮮人娼妓の驚くべき教育水準の低さを垣間みることができるだろう。

まことに朝鮮人娼妓の劣悪な教育水準は、朝鮮総督府の教育政策の一つの性格的表現である。また極論すれば植民地朝鮮教育史はこれを裏返しにすれば、民族差別史そのものでもあった。ここで簡単に朝鮮総督府の朝鮮人初等教育にたいする方針をみておこう。

朝鮮総督府の初等教育制度の特徴は、日本語常用児童（在朝鮮日本人子弟）の初等教育を実施する学校を小学校、非日本語常用児童（朝鮮人児童）の初等教育を行なう学校を普通学校と称し、公然と初等教育において差別教育を行なったことにある。形式的には両者の教育システムは修業年限、入学資格、カリキュラムが同一ということになっていた。

だが総督府は後者にたいしては義務教育制をとらず、修学年限の短縮（五年または四年）も認めた。また「国語力の相異」「内鮮の風土思想習慣等の差異」のためと称して、普通学校においては朝鮮総督府の編纂した教科書を使用させた。なかんずく歴史地理については「特に朝鮮に関する事項の教授」を重視した。

総督府は、特別の事情ある場合には小学校・普通学校両者の児童が相互に入学することを許可していた。だが朝鮮人児童が小学校に入学することは事実上困難であった。

総督府の初等教育の差別政策によって、朝鮮人児童の学力の向上は阻害された。したがって朝鮮人児童の学力水準は、日本人児童の学力に比較するといちじるしく低かった。学力のみならず、普通学校が義務制をとらなかったことも朝鮮人児童の教育環境を悪化せしめた。

つまり普通学校は義務制ではなかったので、在学児童の年齢構成が極端に偏っていたのである。このため普通学校のなかには、六歳から一八、一九歳までの生徒が在学することもあった。極端な場合には既婚の児童さえみうけられたという。

同一学校に年長者が存在するために、学校にたいする生徒の不満が興じた場合、ストライキとなることもけっして珍しくなかった。私はこれ以上植民地朝鮮における初等教育の差別について書く余裕はない。だが植民地朝鮮の教育にあらわれた差別政策の最大の犠牲者は、前述のごとき朝鮮人娼婦たちであったといっても過言ではないだろう。彼女たちは文盲に近い状態で廓に追いやられたのである。[2]

表2は娼妓前職業別調査である。

一〇六四人の朝鮮人娼妓中、その前職業別を数の多い者の順まで列記すると、つぎのようになる。

一、娼妓　　二〇四人
二、家事手伝　一六五人
三、農業　　一三七人
四、人妻　　九三人
五、女学生　七三人[3]

第一位の娼妓出身者二〇四人にたいして、第二位から第五位までの非娼妓出身者数の合計は四六八人となる。非娼妓出身者と答えた女性の大半は、農村や都市の赤貧洗うがごとき家庭の出身者とみて間違いないだろう。ここにそのことを傍証する一つの朝鮮民謡がある。

口の利《き》ける野郎は　監獄に
野良《のら》に出る奴《やつ》ア　共同墓地に
餓鬼の一匹も生める女《あま》つちょは　色街《いろまち》に
畚《もっこ》の担《かつ》げる若え野郎は　日本に、

こんで何にもかんも　素っからかんよ
八間新道のアカシア並木
自動車の風に浮かれてる。[4]

「何にもかんも素っからかん」になった朝鮮の村々の荒涼たる風景を歌ったこの朝鮮民謡は、一九二〇年代における日本の廃娼運動をとらえる視点の決定的な転換を迫るものである。

例えば一九二〇年代日本の廃娼運動が、植民地朝鮮の現実や朝鮮人娼妓の問題をどうみていたかという問題がある。この課題について一九二〇年代の廃娼運動の機関誌『廓清』掲載の植民地朝鮮関係の論文等をとりあげて追究してみよう。

課題に入るまえに二〇年代朝鮮の政情について、簡単に記すことにする。一九一九年に勃発した三・一運動を契機に、斎藤実朝鮮総督はこれまでの武断政治を、いわゆる文化政治へと転換させた。文化政治なるものとは一

表2　娼妓前職業別（1927年10月現在）

前職業	内地人	朝鮮人
芸妓	522	58
娼妓	385	204
私娼	24	12
酌婦	179	72
看護婦	13	−
事務員	9	1
女工	43	38
交換手	8	1
遊芸人	8	3
女給	16	4
農業	115	137
漁業	8	9
商業	20	16
家庭女中	50	26
宿屋女中	28	14
飲食店女中	51	29
料理屋女中	43	6
待合女中	7	−
妾	4	9
人妻	15	93
女学生	7	73
子守	6	13
髪結	12	1
家事手伝	262	165
無職	75	59
その他	33	21
計	1, 943	1, 064

出所：『廓清』第19巻第10号の27頁の表より作成

体なんであったのだろうか。

一九二五年、朝鮮を視察した日本経済の著名なる指導者井上準之助が、「文化政治を行って成べく速に朝鮮を日本の延長たらしむると云うのが政治の大方針」[5]と述べていたように、文化政治とは憲兵を廃止して代わりに巡査を多くし、日本人のための政治を行なうことを意味していた。

「文化政治」のもとでも、朝鮮各地——京城《ソウル》、新町、弥生町、仁川《インチョン》、敷島町、大田《テジョン》、春日町、大邱《テグ》、八重垣町、釜山《プサン》、緑町、平壌《ピョンヤン》、賑町等の遊廓は繁栄をつづけた。

これらの遊廓の賑いは在朝鮮日本人のモラルの頽廃をしめすのみならず、「朝鮮人の堕落への誘引と民族精塊を奪いつつ浮浪化させる」[6]ための朝鮮総督府の政策の結果でもあった。

植民地朝鮮にたいする日本の圧政への批判と、朝鮮民族の悲惨な生活にたいする関心が、国内のみならず国際的にも強くなった状況を反映して、二〇年代は『廓清』誌上においても、表3のような朝鮮問題、朝鮮人娼妓等に関する論文、レポート、統計資料等が掲載された。

ここに注意すべき点は朝鮮問題を論じている塩沢昌貞・早稲田大学教授、板橋菊松・東亜経済会理事長、永井柳太郎代議士（憲政会）、幣原坦・文部省図書局長等が、いずれも廃娼運動の筋金入りの闘士ではなかったということである。しかし廃娼運動の周辺部の知識人たちが、いずれも共通して朝鮮統治を批判する立場に立ち、リベラルな意見を開陳していることは、彼らの立場と『廓清』編集部の見解とが同一線上にあったとみて差支えないだろう。

塩沢、板橋、幣原、永井らの論文はいずれも、旧来の武断政治や在朝鮮日本人の朝鮮人にたいする差別観を鋭く批判している。例えば塩沢は『廓清』第一〇巻第一号の論文〔一九二〇年一月〕のなかで、朝鮮総督府が行なってきた朝鮮人官吏差別政策の撤廃や、日本人官吏の朝鮮人差別意識の反省をその論文で主張していた。

塩沢自ら目撃した事実として記すところは、こうである。

「内地人が上官として地方へ赴任するときは、其の地方庁の下官は、内鮮《ママ》人の別なく皆出迎いに出る」が、朝鮮人の上官が赴任する場合「其の下官たる内地人は決して出迎いに出ないと云うことである」。

表３　1920年代『廓清』誌の朝鮮関係論文・資料一覧

『廓清』巻－号	発行年月	執筆者名	論文・資料
10－1	1920. 1	塩沢昌貞	朝鮮に遊びて
10－5	1920. 6		全鮮の芸酌婦
11－5・6	1921. 6	板橋菊松	最近に於ける朝鮮事情
11－8	1921. 8	永井柳太郎	拓殖政策上より見たる朝鮮開発
12－7・8	1921. 8	幣原　坦	日本人の最大欠点
12－11	1922. 11	永井柳太郎	世界の植民政策と朝鮮問題
15－11	1925. 11	伊藤江南	数字上より観たる最近風教状態
15－12	1925. 12	伊藤江南	数字上より観たる最近風教状態
16－8	1926. 8	奥村竜三	朝鮮の公娼に就いて
16－8	1926. 8	木藤冷剣	社市社会事業物語（一）
17－2	1927. 2		朝鮮の廃娼運動
18－7	1928. 7	平田義道	廃娼問題所感
18－12	1928. 12	岡村　生	虐げられた朝鮮娘解放せらる
19－10	1929. 10	伊藤秀吉	数字上より観たる朝鮮の風教
19－19	1929. 10		娼妓を虐待して営業停止

板橋も『廓清』第一一巻第五・六号の文章〔一九二一年六月〕において、実業家からインテリ、主婦に至るまで、在朝鮮日本人のあらゆる人々の意識に朝鮮人を差別する風潮が存在することを指摘していた。ある日本人主婦のごときは朝鮮人の商人が値引きしないのを怒って、「ヨボ（朝鮮人に対する差別語―引用者注）ですもの、値引るのが当然」と言ったという。

朝鮮問題について述べたこれらの知識人たちは、いずれも廃娼運動の筋金入りの闘士たちではなかった。いわばこれらの運動の外部にいた知識人たちが『廓清』誌上で朝鮮問題について意見を発表しているということは、当時の社会で植民地朝鮮の廃頽がきわめて憂慮すべきものとして受けとめられていたことを端的にしめすものである。

これらの知識人のなかでも永井柳太郎は、『廓清』誌上で二回にわたって、植民地政策の転換についての見解を体系的に発表している。彼の「世界の植民政策と朝鮮問題」(『廓清』第一二巻第一一号、一九二二年一一月)は、世界の植民地政策の歴史研究をふまえた、イギリスのインド支配や日本の朝鮮統治への批判である。

日本の朝鮮統治の弊害はなによりも朝鮮の教育制度と朝鮮総督の諮問機関—中枢院の在り方に端的にみられるという主張である。前者の問題について永井は、ただちに教育の差別待遇を廃止し、日本国内と同様の水準にまで小中高の諸教育施設の充実を行なえと説いている。

「文化政治」を掲げながら、教育の差別的待遇をしているのでは、「朝鮮の民族心理を理解」することはできぬという永井の主張は、まことに正論である。

中枢院の問題にたいする永井の論旨はこうである。当時朝鮮人の政治への要求を汲む機関として、朝鮮総督は中枢院を設けていた。だが朝鮮総督のお気に入りの朝鮮人貴族や高位高官を構成メンバーとしたこの諮問機関が、朝鮮人のための政治にとり組むなどと、本気で考えている朝鮮人は誰一人としていなかった。

永井はこの中枢院の偽瞞性を指摘し、さらにその構成メンバーたる参議、副参議等はいずれも李朝時代には「随分横暴を極め貪欲を逞ふした」者たちだから、財産を没収せよと提言している。

永井がこのように革新的な言葉を吐いた背景には、誤った植民思想にもとづく「資本的帝国主義は自己をも、人をも滅ぼす」という、確固たる政治的信念が存在したのである。この永井の明快な論旨は当時の『廓清』の読者層のリベラルな考え方とつながるものがあったと思われる。『廓清』が二回にわたって永井柳太郎の論説を掲載していることは、そのことをしめすものであろう。

一九二〇年代国内でデモクラシーの発展をもとめる運動と、植民地朝鮮内部で政治の革新をもとめる叫びが、たがいに分断され対立させられているという事態は、克服されなければならなかった。それをさらに言うならば、「内地の改革」と「朝鮮の改革」とは同時に実施さるべき緊急の政治的課題であったといってよろしいだろう。『廓清』に掲載された知識人たちの朝鮮統治の批判は、まさにそうした政治革新の潮流の上に位置するものであった。

ところで『廓清』誌上の朝鮮論はたしかに国内のリベラルな思潮を鼓舞するものだったとしても、被支配民族であった朝鮮人の目から見ればどうだっただろうか。

植民地朝鮮の人々が等しく心の底に抱きつづけていたところのものは、『廓清』の朝鮮論が説いたような朝鮮総督府の政治方針の改革や、産業開発の構想ではなかった。それはどんな生き地獄の日々であろうと、またたとえ絶望の沼から脱出できなくとも、いつの日か必ず民族独立を実現せずにはやまないとする脈々たる信念であった。一九二〇年代朝鮮独立運動のピッチは、いやが上にも加速度を加え、『廓清』にみられるごとき朝鮮改革の構想はもはや通用しなくなっていた。つまり民族独立の悲願に燃えていた朝鮮の人々からみれば、『廓清』に寄稿した永井らの進歩的主張も結局は、微温的なものでしかなかったのである。[7]

その点では朝鮮人娼妓の立場に立って、その解放を唱いた前述の奥村竜三の主張も残念ながら例外ではなかった。奥村は朝鮮統治についてつぎのように言っている。

> 朝鮮統治は我日本の政府が、非常な犠牲と努力とを払って骨折って居るだけ、なかなか予想以上成功して居ります。純理論の上から、或は民族自決の理想論の上から、独立を主張する一部小壮派や、朝鮮芸術、朝鮮文化の頽廃を憂慮する一部芸術家の不平と反抗はあっても、大体鮮人《ママ》が日に月に、よりよき生活と、公平な取扱のうちに、満足をもちつゝある事は事実だろうと存じます。[8]

この主張の弱さは朝鮮の政治や経済の合理化がすすむその一瞬においても、絶えず朝鮮の農村が荒廃し、そこから流浪の民や娼婦が再生産されるというような歴史の構造をみぬけなかったところにある。

『廓清』にみられる朝鮮認識が立ち遅れていたことは事実である。一九二〇年代から三〇年代にかけて、日本国内において廃娼運動は差し潮のようにたかまり、各県に相ついで廃娼連盟の支部が創設された。廃娼運動家の援助で娼妓の自由廃業もすすんだ。

しかし植民地朝鮮の廓に囚われていた女性たち、なかんずく朝鮮人娼妓は目をおおうばかりの悲惨な状態に置かれていたのだが、廃娼連盟は彼女らにたいして必ずしも十分に目をむけてはいなかった。

廃娼運動の高揚期に及んで、運動の範囲を「内地」のみに限定してしまった廃娼連盟の対応の在り方を問うことは、三〇年代の廃娼運動がなぜ体制内化せざるをえなかったかを考察するうえで、きわめて基本的な課題の一つである。

三〇年代の廃娼運動がその人権擁護にしめしたラディカルな立場を、反戦にまで徹底させえなかったのはなぜか、という問いに答えるためには、なおいくつかの問題を検討しなければならない。

注

1 『廓清』(龍渓書舎版)第一七巻第二号(一九二七年二月)に朝鮮の廃娼運動についての短い記事が掲載されている。「全朝鮮の基督教団体主称の下に、数万の宣伝文を配布し、一方総督府当局を訪問した。」同誌第一八巻第七号(一九二八年七月)にも、横浜組合教会牧師平田義道が「朝鮮へ参りました時に、平壌で廃娼問題の講演を致しました」と述べている。朝鮮の社会改革や廃娼運動に生命を与えたものとして、キリスト教の力は見逃せない。しかし姜在彦が「キリスト教が結ぶ日本と朝鮮との架橋・二題」(『思想』一九七九年四月)で指摘しているように、日本組合基督教会の海老名弾正、渡瀬常吉らのごとく、クリスチャンのなかには植民地権力とゆ着して朝鮮人「教化」をはかった者もいた。本稿の対象とした時期からはずれるが、三〇年代のキリスト教と廃娼運動の関係を考える場合、つぎの著書は示唆にとむ。多田さや子『小菊の悲願』聖灯社、一九八〇年。

2 南次太郎「満鮮に於ける初等教育」、前田栄一編『教育家の目に映じたる朝鮮満州南洋事情』第一輯、福徳生命保険株式会社、一九二九年、三三頁。

3 女学生の内実については不明である。

4 金素雲訳編『朝鮮民謡選』岩波文庫、一九七二年改版、二〇〇頁。

5 井上準之助『井上準之助君朝鮮視察談』日本経済連盟会ほか、一九二五年、二頁。

6 金一勉『日本女性哀史』徳間書店、一九八〇年、二二四頁。

7 一九一九年石橋湛山は「鮮人《ママ》は日本の統治の下にいかなる善政に浴しても、決して満足すべきはずはない。故に彼らは彼らの独立自治を得るまでは断じて反抗を止めるものではない」と書いた。石橋は民族解放をみとおしていた数少ない知識人の一人である。松尾尊兊編『石橋湛山評論集』岩波文庫、一九八四年。

8 奥村竜三「朝鮮の公娼に就いて」、『廓清』第一六巻第八号、一九二六年、二〇頁。

売春防止法

1　戦前の廃娼運動

東京都台東区千束三丁目に吉原弁財天がある。その一隅に新吉原遊廓の昔をなつかしむ有志によって建立された花吉原名残碑がある。碑面にはつぎのような古川柳・江戸文学研究家山路閑石の書いた文章が刻まれている。

（新吉原は）開基以来火災を蒙ること十数度震災又戦禍を受くるとも微動だもせざりし北国の堅城も昭和三十三年四月一日売春防止法の完全施行を期として僅か一夜にして消滅し了んぬ

新吉原を一夜にして消滅させてしまった売春防止法は、まさにわが国の買売春対策の画期をなすものであるが、その実現をみるまでには、「明治」以来八〇余年におよぶ廃娼運動のつみ重ねがあった。以下簡単に廃娼運動の歴史をたどってみよう。

一八七二〔明治五〕年六月四日、ペルーの貨物船「マリア・ルス」号が、航海中の暴風雨によって破損したマストや帆を修理するために、横浜港に緊急入港した。同船の船倉には二三一人の清国人苦力《クーリー》がぎっしりとつめこまれていた。この苦力たちはマカオで奴隷として買われ、ペルーの鉱山に送られる途中だった。

このとき一人の苦力が虐待にたえかねて、「マリア・ルス」号から脱出するという事件が発生した。事件はにわかに国際問題となり、時の外務卿副島種臣は直ちに権令大江卓に命じて横浜に特別法廷を開かせた。法廷での審理中、船長側の弁護人F・V・ディッキンズがつぎのような爆弾発言を行なった。「日本が奴隷契約は無効であるというなら、日本に於てはもっと酷い奴隷契約が有効に認められて、悲惨な生活をなしつつあるではないか。それはすなわち遊女の約定である」。

結局、船長側が敗北したが、この事件を契機として日本国内には娼妓の存在をあらためて問い直す機運が高揚した。明治政府も、もはや国際道義上からみて遊女の温存は許されないと判断して、一八七二年一〇月二日、芸娼妓年季奉公人解放を目的とした太政官布告第二九五号を発布した。しかし明治政府は一年後、貸座敷渡世規則と娼妓渡世規則を公布し、芸娼妓解放令を事実上棚上げするかたちで、公娼制度復活への道をひらいた。

苦界に身を沈めた女性たちの悲惨な境遇に心から義憤を感じた人々によって、廃娼運動が始まった。一八八二年、その先頭をきって、群馬県で「娼妓廃止の建議案」が布達された。その後、日本キリスト教婦人矯風会、救世軍等がこれにつづいた。救世軍の人たちは、熱烈な伝道者で、巧みな政治的手腕と機敏な行動力をひめた組織者、山室軍平のもとに結束した。もちろんクリスチャンの女性たちは、信仰にもとづく自由な教育の実践者、矢島楫子のまわりに集まった。

一九一一年の吉原大火後に廃娼運動の全国組織として、廓清会(会長島田三郎)が結成された。廓清会は発足にあたって「公娼廃止」と「男女間の貞潔の徳操」普及への決意を表明した。

封建的な家族制度や古いモラルにたいする女性たちの反乱は、一九一一年『青鞜』の誕生を契機として、確実にはじまっていた。この文学運動の旗手が平塚らいてうから伊藤野枝にうつってから、『青鞜』は文芸誌の範囲をこえて、婦人参政権や教育、そして買売春の問題等をとりあげるに至った。

人々がこの恐るべき女性たちの反乱にようやく注目しはじめたころ、一九二一〔大正一〇〕年、新婦人協会という婦人解放をめざした初の市民的婦人団体が創設された。新婦人協会の平塚らいてう、市川房枝、奥むめおらは、花柳病患者との結婚を拒否する運動をはじめた。当時妻が夫から花柳病をうつされたうえ、離婚を強要されるという悲劇が多かったのである。

らいてうたちの運動は「女性と遊ぶことは男の甲斐性」などと広言してはばからなかった世の男性をふるえ上がらせた。彼女たちの抗議によって、直ちに公娼制度が危機に瀕するということはなかったとしても、男性上位社会の性のモラルが危機におちいっていたことは、だれの目にもあきらかであった。

一九三七年の日中戦争以降、いわゆる軍事ファシズム体制の定着と軌を一にして、廃娼運動は抑圧され、公娼制度廃止の可能性は消滅した。それのみならずこの時期から第二次世界大戦にかけて、日本軍は戦場に軍隊慰安所を設けた。軍隊、警察、買売春業者などは一致協力して、戦場の慰安所に廓の女性や若い朝鮮人女性を送りこんだ。

2 「赤線」「青線」の登場

日本降伏後の一九四六〔昭和二一〕年二月二日、幣原内閣は、同年一月二一日発令の総司令部覚書「日本における公娼制度の廃止に関する件」をうけて、警視総監、府県長官宛に「公娼制度廃止に関する」通牒をだした。これによっていったんは幣原内閣によって公娼制度廃止が決定したかにみえたが、同年一一月一四日に開かれた第一次吉田内閣の次官会議は、敗戦後の性風俗の紊乱に対処するためという口実で、遊廓やその他の売春地域にある特殊飲食店等を「風紀上支障のない地域に限定して集団的にみとめるように措置する」方針を決定してしまったのである。

次官会議の方針の基調には、戦前からの集娼政策を継続しようとする考え方と、パンパンガールと呼ばれたヤミの女の激増にたいする取り締まり対策があった。結局、総司令部の覚書はその方針が徹底せず、敗戦直後の公娼制度廃止は不発に終わった。これ以後、新吉原や新宿は「赤線地区」、それ以外で売春を行なっている特殊飲食店地区は「青線地区」にそれぞれ指定され、公然と買売春が行なわれた。

以上が、一九五八年の売春防止法にいたる前史である。これまで売春防止法は、主として国会レベルの問題として、婦人代議士の活躍ぶりなどとともに取り上げられてきた。しかし、同法成立以前にも、市民レベルの売春防止法成立を要求する長い地道な廃娼運動が展開されてきたのである。市民レベルの廃娼運動の一典型である東京・武蔵野市の青線撤去運動の経過を紹介しておこう。

3　八丁特飲街の市民運動

一九五〇年秋、東京都武蔵野市八丁（中央線三鷹駅北口）に、八軒の「青線」が出現した。業者たちは五二八〇平方メートルの敷地内に四八軒の特殊飲食店を建てる計画であった。八丁特飲街の出現にともなって、市内随所にいかがわしい風俗営業が続出した。このため武蔵野市の教育環境は最悪の状態におちいった。

東京都のなかでも武蔵野市は文化的水準の高い地域として自他ともに許していた。文化都市武蔵野市の教育環境を守るために、まず婦人団体、婦人民生委員、地元有識者、ＰＴＡ等が立ち上がった。草の根の廃娼運動の出発である。

一九五一年二月二五日、撤去運動の高揚のうちに、武蔵野八丁特飲街撤廃期成連盟をつくるための公聴会がひらかれた。公聴会の開催、懇談会や市民大会の開催、市当局へのたびたびの請願、さらに数千人にのぼる反対署名による要請などを受けて、三月一六日、市議会の本会議において、八丁特飲街撤廃が議決されるに至った。また、市議会には特別対策委員会も設けられた。これに勢いをえた撤廃運動は、特飲街廃止を掲げて市当局に鋭く迫った。

しかし市当局、警察、公安委員会は八丁特飲街における買売春の事実を承認しながらも、廃止要求には言を左右にして応じなかった。その間、業者側からの解決の引き延ばしや、不当な営業権の保証をねらった策動が執拗につづけられた。

七月二二日、武蔵野市第一小学校で、八丁特飲街の廃業をもとめて、武蔵野市特飲街撤廃期成連盟の発会式がひらかれた。大会は「市長も公安委員長も売春の事実を認めながら何故この醜業を黙認しているか」というスローガンにみられるように、八丁特飲街を黙認している市長と公安委員長の政治責任をきびしく追及する構えをみせた。これにたいして臨席していた初代武蔵野市長・荒井源吉は、今後相互協力してこの難局に当たることを約束した。

会長には松前重義が選出され、実行委員としては横河電機労組青年婦人対策部、日本無線労組、日本キリスト教婦人矯風会武蔵野支部、佐田信子、実川博など三団体一八人を決定した。撤廃期成連盟の発起人には市内在住の丹羽文雄、亀井勝一郎らの知識人も名を連ねていた。ときの文部大臣であった天野貞祐も、撤廃期成連盟に深い関心を寄せていた。一九五一年九月には参議院議員高田なほ子、宮城たまえ、岩間正男らの現地視察が行なわれた。この結果、参議院では文部、厚生、法務の三委員会が合同して、公聴会を開催するに至った。

世論の盛り上がりに一層拍車がかかった撤去運動は、じりじりと転廃業へと業者を追いこむ一方、ひろく婦人諸団体等とも共同して、売春等処罰法の制定運動を活発に展開した。

一九五六年五月、売春防止法が第二四国会を通過した。私はここで売春防止法成立前後の、神近市子、市川房枝らの超党派婦人議員団による同法成立への長い苦闘の物語を述べる余裕はない。それとともに、忘れてはならないのは、武蔵野市民の不屈の闘いに象徴されるような、全国各地の草の根からの廃娼運動である。これらの市民運動は、売春防止法成立のひきがねの役割を果したものとして、長く記憶されねばなるまい。

4　婦人相談員の証言

売春防止法は主として売春業又は売春をした者を処罰する刑事処分（第二章）と、婦人保護行政（第四章）の確立を二本柱として構成されている。

同法成立によって明治以来救世軍や日本キリスト教婦人矯風会、そして廓清会などが孤軍奮闘するなかで育てきた婦人保護事業は、国からの補助金をうけることができるようになった。法施行後、婦人保護行政を推進するために全国に相談員、婦人相談所、婦人保護施設が置かれることになり、たとえば東京都では四二人の婦人相談員が採用された。

婦人相談員にはどのような経歴の女性が就任したのだろうか。参考までに婦人相談員の全国組織である全国婦人相談員連絡協議会（一九六〇年一一月創設）のリーダーたちの婦人相談員になる前の経歴をカッコのなかに記しておこう。

会長西村好江（元日本婦人有権者同盟役員）、副会長堤箸央（主婦）、同生永信子（主婦）、同室よしゑ（主婦）、同小原喜子（主婦）、役員田中美登里（主婦）、鎌野礼（元小学校教員、東京都立社会事業学校卒業）、宮本ゆき（主婦）、常沢愛子（主婦）

後述するように売春防止法施行後全国の婦人相談員一人一人が、気の毒な女性救済のために献身した物語は、感動的にして壮絶な、しかもヒューマニズムにみちた叙事詩の各節をなしている。

ここで『売春防止法と共に』〔全国婦人相談員連絡協議会、一九七六年〕に掲載されている婦人相談員のいくつかの証言をみておこう。

たとえば京都府婦人相談員西崎順子の仕事ぶりの場合はこうである。西崎は赤線廃止をさかいに結婚の相談にきた元娼妓A子のために、借金の整理、荷物引き取りなどに奔走した。いよいよA子の結婚式の日、西崎は自宅を解放して披露の席に提供した。相手の男性は花嫁が赤線出身であることを絶対に自分の家族に知られたくなかった。西崎はA子の芸事の先生というふれこみで、華やかな結婚式に連なったのである。

函館市の婦人相談員酒井米子の場合においても、そこには暴力団のひも的存在となっていた青少年男女の更生に、飛び出しナイフなどを用いた脅しにも屈することなくつきすすむ、一人の献身的な婦人相談員の姿を見ることができる。

ふたたび話を売春防止法成立後の八丁特飲街撤去運動にもどしてみよう。一九五六年五月売春防止法通過の段階で、この運動の中心となった婦人諸団体の幹部、婦人民生委員らはあたらしい闘いを開始した。

彼女たちは都婦人相談員を中核とする市の売春防止法施行の促進と、特飲街から廃業する女性たちの保護更生に協力することが目下の急務であると考え、同市婦人団体連絡協議会のなかに、「武蔵野市売春防止対策委員会」を設置した。また保護更生の指導にあたり、当然必要とされる金銭的援助にもそなえて、「武蔵野市婦人金庫」も併設した。

一九五七年四月、売春防止法の一部「保護更生」が発効するや、撤去運動側はただちに業者側と交渉して、つぎの二点を承諾させた。

一、従業員の就職転業等の問題はすべて直接都婦人相談員との自由な話し合いによって結論をだすこと。

二、業者は右の結果にたいして、物心両面の協力を惜しまぬこと。

撤去運動は警察や保健所にたいしては、取り締まりの強化を、市長にたいしては業者の転廃業にできるかぎりの援助をあたえるよう要請するなど、着実に八丁特飲街を廃業に追いこんでいった。

一九五七年一二月一九日、業者側はついに廃業声明を発表するに至った。この勝利によって武蔵野市は文化都市としての光栄をとりもどした。撤去運動は脚光をあび、全国各地の草の根からの廃娼運動は、そこから限りない勇気と大きな教訓を学んだのである。

一九五八年一月一四日、八丁特飲街の業者の組合事務所で、西村好江、中村聖子ら都婦人相談員グループに里吉澄婦人民生委員らも加わって、従業婦にたいする集団面接がはじまった。このときの面接記録に記載されている人物は六〇人、その年齢別内訳は、四〇代三人、三〇代八人、二〇代四八人、一〇代一人となっている。この従業婦六〇人のなかで、内容の確認ができるのは五九人である。以下、この記録から従業員の実態をみてみよう。

5　廃業後もイバラの道が

表1をごらんいただきたい。当時の従業婦たち五九人の発言を内容別に整理したものである。

第六項の数字がしめすように、面接に応じた従業婦中の約三九%にあたる二三人は、主として廃業後の経済的困難のために、廃業には賛成ではなかった。このケース中でも、とくに不幸な状況におかれていたのは、家族のひもつきの女性たちである。西村都婦人相談員所蔵の面接記録から、痛ましい境遇の一端をみてみよう。

家族へ仕送りをしている女性の年齢別内訳は二〇代が一六人、三〇代が二人、四〇代が二人である。つまり八丁特飲街の従業婦五九人中の約三四%にあたる二〇人が、なんらかのかたちで家族への仕送りを必要としていた。たとえば四〇代のA子は「母と娘の生活を支えたこの仕事以外にない」と思いこみ、転業の意思はなかった。二〇代のB子について言えば、子供の養育のために廃業を考えぬばかりか、街娼になる恐れさえあった。同じ二〇代のC子も病身の夫をかかえているために廃業できない境遇であった。

売春防止法全面施行直後の一九五八年四月六日付『足利新聞』に、足利市内の特飲店で働いていた女性二人が、家族への仕送りの道を失ったのを悲観して、同性心中を図ったという記事が掲載されている。実家に子供をあずけていた女性の遺書には、「お母さんはなにもしてやれなかった」と書かれてあった。

表1

項目	発言内容	人数
1	飲食店を開業したい	3
2	店を開業したい	1
3	帰郷したい	2
4	飲食店で働きたい	2
5	置屋へ転業したい	1
6	廃業したいくない	23
7	廃業したい	17
8	結婚したい	7
9	転職したい	3

この事件からも推察できるように、廃業後の娼妓や従業婦の前途には、茨の道が待ちうけていたのである。売春防止法はたしかに廓や特飲街に囚われていた女性たちを解放した。しかし、法施行直後においては、気の毒な女性たちを行政の面から救済するための行政機関の体制はまだ整ってはいなかった。婦人団体のなかにも、良家の子女を守るための防波堤として、廓は必要だという考え方が根強く存在していた。したがって解放された女性たちの真の友人として、ともにけわしい障壁をきりひらき、彼女たちを社会復帰させる任務は、一にかかって婦人相談員、婦人保護施設の職員の体あたり的活動にかかっていたのである。

つぎに八丁特飲街従業婦にたいする都婦人相談員のめざましい更生活動の一端を紹介しよう。

従業婦組合幹部のK子（二七歳）は夫にすてられた経歴をもち、故郷には七〇歳の老母と、二人の娘がいた。当時K子は家族宛に月一万五〇〇〇円ずつ四年間仕送りをつづけていた。誠実な人柄だけに廃業の決意も早かった彼女を社会復帰させるために、西村都婦人相談員は機敏に行動を開始した。西村はすぐれた頭脳の持ち主であり、市川房枝直伝の婦人解放への熱い情熱をもっていた。しかしK子一家の住宅探しの件ではさすがの西村も困り果て、何度も道の真ん中に立ちつくしたという。

幸いにも彼女一家は都内の母子寮に落ち着き、生活安定の見通しをえることができた。西村の援助でK子は低くはあるが法的援助のできるすべてのものの適用をうけて、昼間は雑役婦を、夜は貸付金で買ったミシンで内職に励んだ。廃業第一号のK子のけなげな更生ぶりにたいして、武蔵野市婦人金庫から若干の資金と激励文がとどけられた。西村は今までの収入の四分の一程度の所得でつつましくやっている更生第一号のK子の一家をたえず激励した。あるときK子一家を訪問した西村は、火鉢の上で目刺しが、たった二本、かぼそく煙をあげているのを見つけた。その一瞬、一体自分は彼女たちに何をしてあげたのかと、思わず考えこんだという。

今日、感動的なドラマに富む全国の婦人相談員たちの活動は、ほとんど世の歴史家たちによって記録されてはいない。しかし赤線、青線の女性を解放するという、長い年月を必要とし忍耐のいる事業が光彩を放つのは、ひとえに婦人相談員や婦人保護施設の職員のおかげである。

一九六〇年に入り、売春防止法施行直後から、「当たってくだけろ」の果敢さで闘ってきた婦人相談員たちの前に、あらたな前途がひらけた。同年一一月の全国婦人相談員連絡協議会（全婦相）の誕生である。さらにいいことには、こうした組織の育成に衆参両院の超党派の婦人議員団や、厚生省生活課長・翁久次郎らが深い関心をよせていたことである。

一九六一年二月二一日、第三八国会の参議院法務委員会で、市川房枝参議院議員は、翁厚生省生活課長にたいして、婦人相談員の労働条件（ベースアップ、退職金等）や、全婦相への補助金交付等について質問した。

翁課長はつねに「婦人相談員のかかえている問題には、物心両面から援助するという姿勢であたれ」と語っていた。彼は市川議員の質問への答弁で、府県の事情の許す限り労働条件を改善することを確約した。また彼は全婦相の問題についても理解を示し、「関係者として大いにお力添えしたい」と決意を表明した。

一九八四年は売春防止法施行二六年目にあたる。今日婦人相談員や婦人保護施設で働く人々の仕事には、買売春防止の任務のほかに、それとは直接関係のない夫婦、家庭問題や非行問題についての相談も加わっている。今なお婦人相談員や婦人保護施設に働く人たちの救いを待つ女性は後を絶たないにもかかわらず、行政改革の嵐の前に、婦人保護事業にたいする国庫補助の削減や廃止が、盛んにとりざたされている。一方まるで売春防止法を嘲笑するかのように個室付浴場業に象徴されるセックス産業がまかり通り、アジア諸国への買春ツアーに出かける男性も多い。

こうした状況のまえに、廃娼運動の伝統は風化し、売春防止法がもたらしたモラルの革命は覆されようとしている。もし現代人がこうした現代に幻滅感だけを抱いているとしたなら、世紀末といわれる八〇年代は、なんと不幸な時代であろうか。

＊本文中に使用した表は、一九五八年一月一四日の「八丁特飲街従業婦の面接記録」より作成した。

資料編

公娼制度廃止論

益富政助

（一九二九年　廓清会婦人矯風会廃娼連盟）

男尊女卑の価値観に即して流布していた公娼制度擁護論ほどやっかいなものはなかった。そうした議論や社会的偏見を払拭する努力なしに事実誤認をただすことは困難であった。本書は類書のなかでもその課題に簡潔にこたえている。

解　題

この小論文は、渋沢子爵を会長とする財団法人中央社会事業協会の発行にかゝる『社会事業講座』の依頼に応じて執筆したものである。従つて自ら紙数に制限があり、言ひたいこと、言はねばならないことも、多く削除するの已むを得なかつた。殊に廃娼論の根本問題、即ち性欲問題として、道徳問題として、社会風教の問題として、教育問題として、宗教問題として、家庭問題として、婦人問題として、国家の体面問題として、さては人道問題として、私は尚も詳論したいのであるが、それらの点には遂に説き及ぶことが出来なかつた。つまり下関に行かうとして東京駅を出発した列車が、名古屋、京都辺で停車してしまつたやうな形ちで、甚だ遺憾に堪へないが、今は是非もない。

殊に力説したい点は、人道問題としてのそれであつた。実は私が、廃娼運動に参加することになつたのは、二十余年前、七十余名の娼妓類似の娘達を救済した当時からの事で、今も尚如何にもして此等不遇に泣く可憐な姉妹達のために、救いの手を差し延べてやりたいといふのが夢寝の間も忘るゝ能はざる念願である。畏くも　明治天皇の御製に

　　籠の中に囀づる鳥の声聞けば
　　　放たまほしく思ひなりぬる

とある。陛下は籠の中に囀り歌ふ小鳥の声を聞こし召してさへこの御感懐。況んや、遊廓といふ籠の中に、囀り歌ふにはあらで日夜泣き叫んで居る、小鳥ならぬ人の子の救を求むる切なる訴への声を御耳にし給はんには、如何にか、深い御同情を遊ばしたであろう。小鳥以上に『放たまほしく思ひなりぬる』。さうだ、解放、解放、速かに彼女達を解放し度く思召したに違ひないと拝察し奉るのである。明治初年の御震翰に『億兆のうち一人にてもその所を得ざるものあれば、これ朕が罪なれは、今日の事、朕自ら艱難の先きに立ち、身骨を労し、心志を苦

しめ」』以て万民の父たる天職を尽すと仰せられた。何といふ辱けない大御心であろう。然るに『一人』ではない、五萬余の姉妹達が、昭和四年の今日も尚『所を得ず』に苦しみ悩み、悲嘆の涙に暮れて居る。それを思ふ時、今の為政者達の心に、明治大帝の叡慮のせめて十分の一程の博愛的精神でもあつたなら、公娼制度の如きものを、一日だつて、此儘に存在せしめておける筈のものではないのである。だから、私は、それらの点に就て、特に意見を述べたかつたが、右に言う如き次第でそれを果し得なかつた。

何れ、他日議論を試みたいと思つて居る。また、時を得たら（随分多忙で思ふやに行ぬが）『廃娼読本』とでもいつたやうな、平易簡単な、然し我等の主張を十分に説き明かした通俗的な読物を書いて見たいとも思つてゐる。

ともあれ、此小冊子は甚だ不満足なものではあれど、しかし、廃娼論に対しての世に有りふれた疑問に対しては、大体答へ尽したつもりではある。若し又、読者諸君にして、本問題につきこれ以外になほ疑問があつたら、願はくは述者に知らして頂きたい。一々手紙を以てお答へすることは不可能であらうが、雑誌『廓清』又は『婦人新報』などの誌上でお答へすることが出来やうと思ふ。

昭和四年二月十一日紀元節の祝日

益富政助

序論

諸々の社会問題中に於いて最も注意さるべき問題は公娼制度の問題でなければならぬ。之に関する論議もかなり古くから行はれて来たが、もうそろ〳〵結論に達しかけて来たやうだ。

さて公娼制度に関する議論もいろ〳〵あるが、結局意見は次の三つの命題に帰する。

第一、は飽くまで此まゝ存しやうといふ意見、第二は存置するにしても相当改善を加へて存しやうといふ意見、第三は断然之を撤廃しやうといふ意見である。

第一の賛成者は、勿論当業者である。ところが、その当業者といふ中にも奇怪なことには、真の当業者は殆ど全部第三に与みして居る。即ち公娼制度は公娼制度であつて、貸座敷業制度とはいはぬ。従つて此制度に於てその当業者といへば娼妓それ自身であるが、その娼妓達は殆んど全部が此制度の廃棄せられんことを希望して居らぬものはない。故に若し当業者の多数決で問題が解決するものでもあつたら、公娼制度は其の関係者のみの間でも廃止に決せられる。

第二のうちには、深く此問題を考へもせず浅薄なる常識で判断する政治家や官吏、及び民衆のかなり多くが此の中に入るかも知れない。

第三の中には、宗教家、教育家、学者、社会事業家は勿論、輿論の指導者たる有力な、新聞雑誌、政治家中人格者と云はれて居る程の人は、概ねこれに与してゐる。小なりと雖も社会事業家の一人として籍を持つ自分の立場は、勿論廃止論者のそれである。で、茲に此の講座を担任するについても、結局は廃止論者としての主張を述べることになるのだが、然し廃止論のみを述べるのではなく、一つ〳〵項を追ふて、存娼論者の意見を引きそれに答へて行かうと思ふので、読者は読んで行かるるうちに、自ら両者の意見を明らかにさるる事が出来やう。そして何れの意見が正しいか、抑も此問題は何処に帰着すべきものであるか、それは賢明なる読者諸君の批判に待つことにしやう。

一　廃娼論に非ず廃公娼論なり

先づ、議論を進むる前に問題の中心を明らかにして置く必要がある。

世に廃娼論と云ふ言葉が通用語として多く用ひられて居る。是は『公娼制度廃止論』の略語であるが、さうは解せられないで、『廃娼』の二字に重きを置き過ぎる処から、動もすれば誤解を招き易い。即ち廃娼と云ふ言葉を耳にし、深い考へもなしに、此問題の議論をする人達は大抵『廃娼なんてそんな事が出来るものか、これは人間の最も深刻な欲求に根差して生じた存在だ。それを耶蘇の女共が飛び廻つたり、牧師などが金切声を張り上げたところで、何の役に立つものか。人間の生活現象に於いて最も力強きものは、性生活と経済生活とだが、この両者の中に於ても、前者は後者よりも数等根強いものである。斯る深刻なる問題をば簡単な机上の空論で解決して了ふなどと云ふのは世間知らずの甚だしいものだ』と茶化して了ふ連中が多い。然し所謂廃娼論は論者の云ふが如き意味に於ての廃娼論ではない。吾人の主張する要点は絶娼論ではなくて廃公娼論である。『公』の一字に重点が置かれてある。『公』娼を廃さうといふ主張である。だから英国などではつきりと『売淫公認制度廃止運動』と云ふてゐたから比較的に主張の要点が文字の上に鮮明に現はれて居た。さうだ、売淫廃止ではない、売淫を『公認する制度』を廃しやうといふのである。即ち、望ましきにもせよ、望ましからざるにもせよ兎もかく売淫と云ふ事実が社会に存在してゐる。其の事実をどうするかと云ふのは次の問題としてこゝでは此事実に対して、国家は如何なる態度を取るべきか、之が取締方針を如何にすべきかに付きて論議して居るのである。

凡そ此売淫に対する国家の態度に二様がある。或る国家は此の事実を公けに是認し、税を徴して一の営業となし之を公開して居り、或る国家はこれと全然反対の態度を取つて居る。其の何れの国家の態度が正しい態度であるかが議論の中心点である。

即ち売淫に関する議論ではなくして、国の制度に関する議論である。

二　絶娼は次期の問題

では廃娼論者は真の廃娼即ち絶娼については無頓着であるかと云ふに、さうではない。其の道徳的理想としては勿論一切の『娼』をなくし、個人も、家庭も、社会も、共に之を純化し聖化したいといふ、貞節、純潔の理想には憧憬れて居るが、其目的を達せんとするに茲に最も大きな妨害者が眼前に横はつて居る。それは国家が娼を公認するその態度である。露骨に云へば『免許姦淫場』が設けられ、『官許淫売婦』が存在して居ることが、性道徳の理想に達するに大障害となつて居る。依て此の障害を取り除くにあらざれば、所謂『絶娼』の実をあぐることは勿論、男女間に貞潔の徳操を進むることも、家庭紊乱の大なる原因たる姦淫の罪を戒むることも、社会風紀頽廃の忌まはしき世相を廓清することも、それは到底出来ない相談である。それで、廃娼論者の最終の目的は、男女間の徳操を進め、家庭の純潔を保ち、社会の風教を醇厚にすることにあるが、此の貴い聖なる目的を達するには、先づその最大の妨害物たる現在日本の公娼制度なるものを撤廃することが先決問題だと主張するのである。

そして又娼婦其のものをなくすると云ふ絶娼主義、即ち真の廃娼は国民全体の道徳程度が高まつて来なければ出来ないことだが、官許淫売をなくすることは其の官許を取り消しさへすればいゝ。或は今後官許を与へさへせねばよいのだから、此位簡単な問題はないのである。即ち当局が其の気になりさへすれば、直ちに実行の出来ることなのである。

で、つまり、今茲に論じやうとするのは困難な絶娼論ではなくて、甚だ簡単なる官許廃止論であることを、先づ心にとめて置いて貰ひ度い。

そこで公娼廃止論だが、こゝに今一つはつきりと読者にお知りを願ひたいことがある。それは公娼対私娼の前後問題だ。

此の二種の娼は其の娼たる事に於て毫も変つたところはない。唯、一方は公認せられたる娼であり、一方は公認を受けない娼である。ところで我が国では、得て、多くの人達が公娼が先きに存在して居て、後から私娼が出来たかのやうに本末を顛倒して考へてゐる人が少くない。が、是は途方もない錯覚であつて、私娼こそ娼の本家本元であるが、公娼はずつと後から人為的にこしらへたものに過ぎない。即ち私娼は世界開闢以来の存在ともいふべく、現に旧約聖書の創世記にも載せられてゐる事実であるが、現在あるが如き日本の公娼はざつと三百年前慶長年間に徳川幕府が始めて実施したのであつて、(遊女税は後柏原朝の大永八年に始まるが)要するに私娼の歴史は長いが、公娼の歴史は極めて短い。私娼は自然的の発生だが、公娼は人為的の存在だ。だから、其点から云ふても、公娼を廃することは、毫も困難な問題ではない。

三　私娼撲滅策としての公娼制度

さて公娼とは営業化したる娼の謂であるが、今日の遊廓営業となるに至つたか、其の濫觴は庄司甚右衛門の当時の遊廓設置出願書に明らかである。

即ちそれは、当時江戸の風紀が甚だしく乱れて来て、至る所に私娼が出没し風紀を乱して居つたので、慶長十七年に小田原の人で庄司甚右衛門なる者が、『斯う云ふ状態では風紀取締り上に不便でありませうから、一定の場所を拙者にお許し下されば其処に一切の私娼を集めて江戸の風紀を一掃致しませう』と云ふ意味で願ひ出たのである。そして、幕府では審議の結果、之を名案と考へてか、元和三年三月に吉原二町四方（今の日本橋の東北和泉町字砂町住吉町浪花町）を下付した。そして、それについて五箇条の条件を付したが、其の第一は、即ち、

傾城町の外傾城屋商売すべからず、並に傾城囲ゐ（遊廓）の外、何方よりも雇ひ来り候共、先口へ傾城遣し候
事向後一切停止さるべく候

といふのであつた。つまり市内に散在して居た汚いものを一ケ所に掃きためて了ふて市内を清潔に保たうと云ふのが、もと〳〵此の制度の起りである。言ひ換へれば遊廓の為に遊廓を設けたのでは断じてない。市内を不潔にせぬやうに清潔にするために遊廓を設けたのである。即ち公娼のための公娼ではなく、私娼撲滅の一手段としての公娼である。公娼制度設置の眼目は此処にある。単に其の起源がさうだといふのみではない。今日に於ても公娼制度存在の理由はそこにある。即ち私娼撲滅を意味する風紀取締り上の必要と云ふにある。

然らば此の公娼制度、遊廓制度は所謂集娼の目的を達し、風紀廓清の目的を遂げ得たかと云ふに、期待は全然裏切られて失敗であつたことは、眼前の事実が証明する通りである。即ち公娼は多くの町々に歴として存在して居るに拘らず、私娼は益々増加する一方で、現に五十万人から百万人にも及ぶであらうと言はれて居る。（氏原佐蔵氏著『売笑婦及花柳病』一四四頁）

かくて私娼撲滅の目的を以て設けられた公娼制度は、さつぱり其の目的を達して居ないのみか、反つて、此あるが故に私娼は殖えるのだ、と云ふことさへ云はれる位だ。現に東京でも遊廓の付近に多くの私娼が巣喰ひ、和歌山県の新宮等では遊廓が出来てから私娼は数倍其の数を増して来た。

それもその筈だ。そも〳〵風紀の取締を行ふからには、先づ、売淫行為そのものを取締らなければならないのに、当局は売淫そのものは乱暴にも営業として之を許可し、而も之に保護を加へて盛にやらせて居りながら、一方において同じ事実を取締つて行かうと云ふのであるから少しも、当局者の警察行政に一定不動の根本方針が立たない訳で、従つて厳重な風紀取締りが出来様筈がない。悪いものは飽迄悪い、何処でやつても悪い、誰がやつても悪いといふ事であつてこそ取締りは出来る。単なる地理的関係で、此処（私娼窟）では悪いが、彼処（遊廓）では宜いといふ、是非善悪の区別を土地の方角の問題位に考へて居て、どうして取締りが出来やう。失敗するのは当然である。期待を裏切られるのは当り前である。

之を要するに私娼撲滅策としての公娼制度は全然失敗に終つた。

四　社会衛生上公娼制度の要ありや

次に、公娼制度の維持を必要とする論拠は、社会衛生と云ふ点にある。成る程、花柳病が亡国病であり、其の花柳病を撲滅しなければならないと熱心に思つて居らるゝ当局の誠意は之を諒とする。然し衛生上の必要のためならば今日は既に『花柳病予防法』と云ふ法律が制定され実施されて居て、衛生上危険と認めたら、官憲は何時でも之を強制検黴もし、又強制治療も施し得ることになつてゐる。だから、衛生上特に或る数の売淫婦、即ち娼妓に限り官許淫売婦たらしめて置かねばならない必要は、昔はともあれ、今は全く無くなつた。

実は、現行の検黴法が果して有効なものであるかどうかと云ふことについても相当議論があり、例へば前の京都帝国大学皮膚黴毒科長医学博士松浦有志太郎氏の如き『此の現行の検黴制度を以て花柳病を予防しやうなどと云ふのは、一壜の昇汞水を以つて太平洋の水を消毒しやうと云ふやうなもので、所謂九牛の一毛程の効果もあるものではない』と罵つてゐる程の、其の途の学者もある。

又、抑も、遊廓の始まりから検黴制度があつたわけではなく、検黴の起りは明治四年に英国の医者から教はつたものである。が、其の本国の英国では、とうの昔に此の制度を無効有害として、廃棄してしまつてゐる位であるから、此の制度が多少の効果はあるとしても期待される程のものでないことは明らかである。が、併し一歩を譲つて、検黴制度が社会衛生上必要だとしても、前述の花柳病予防法を現在の公認されたる娼妓にまで運用することは少しも差支へないことであるから、検黴の理由のために公娼制度を維持せねばならない理由は全然消滅してしまつた。

五　集娼是乎、散娼是乎

『しかし苟くも風教を乱す類ひの女はともかくも一ケ所に集めて、之を監視することが必要ではあるまいか。即ち社会風紀を維持するためには集娼が必要ではなからうか』とはかなり多くの人達の常識となつて居る。それに対する我々の意見は斯うである。それは畢竟風紀警察当局の倫理観、それによつて定まる売淫取締に対する方針如何によつて決定する。

即ち、毛利元就がその子を教へたといふ箭の例話の如く、凡そ、ものは結束すれば新たな力が生れて来る。売淫もまた同様である。一つの遊廓に集娼せしむる時には、そこに、一人ぼつちなればあり得ない、ある新しい悪の力が生れて来る。そしてその結果、良心が麻痺せしめられて、遂にそのために道徳的感化力などは容易に及ばなくなる。例へば刑務所に行つて見ると、お互の社会とは全然ちがつた現象を見出す。我々の社会に於ては悪人といはれる事は此上もない恥辱であるが、刑務所では皆が皆悪人だから悪人なるが故に蔑視されるといふことは毫もない。それと同様に売淫婦も一ケ所に同類相集まつて見れば、自分達が現在やつて居る所業を恥づるとか、これは悪い事であるから一日も早く止めねばならないとかいふやうな考へは起つて来ない。従つて娼婦をして、其過を改めしめ、悪を捨て善に遷らしむるためには、散娼に限るのである。それは第一集団的の力もなく、従つて良心と自らの行為を恥づる廉恥心も働いて比較的に感化が及び易い。故に感化遷善の実を挙げしめんとならば、娼婦は可成広く、疎らに散在せしめ、出来るだけ一人ぽつちにしておいてその感化の道を講ずることがよりよく取締の目的を達する事になる。(婦人矯風会や廓清会と協力することなども一方法だ。)

然し若し、風紀警察当局にして、売淫行為の如きものは到底徹底的の取締など出来るものでないと初めから匙を投げ、只此儘放任して置くといふのも体裁がよくないから、マァお義理だけにやつておくのだといつたやうな、人を馬鹿にした不道徳的なずるい了見であるならば、散娼よりは集娼の方が始末がいゝかも知れない。然し我々は権威ある当局の精神に、さうした侮辱的な忖度を加へ度くはない。必ずや、誠心誠意、風紀を取締り、社会を純潔に保ち度いといふ熱情と其行政的努力を期待し且つ信じてゐるものであるから、さうだとすれば、集娼よりも散娼が取締上良善の策だと云ふことになる。

六　必要と欲求とを混淆する勿れ

又、世人の中には、性欲の必然性を高調し、従つて公娼制度を人間生活に於て必要なるものであると主張する者がある。

必要とは何か。必要とは即ち是なければ直ちに何等かの差支へを生ずるものである。情欲が公娼によりて満足せしめられるに非ざれば、人間は死んで仕舞はなければならないといふ事実が果して何処にあるか。之を医学者の説に聞くに、それは、人間生活に深く根ざした欲求ではあるが、是なければ健康に害を及ぼし、寿命に関係を及ぼすと云ふやうなものでは決してないと云つて居る。前陸軍々医総監森林太郎博士は、その一般陸軍々人に所持せしめて居る手帳に次の一句を書きとめた。曰く、『制欲は健康に害ありと云ふものあれども偽りなり、信ずべからず』と。然り、制欲は決して衛生上害あるものではない。すでに制欲に害なしとすれば情欲満足が『必要』とは何を以て言ふか。

蓋し世人は往々にして、人間の欲求とその必要とを混同して考へて居るやうである。が、欲求は欲求、必要は必要で、自ら独立の存在であつて、欲求必ずしも必要を意味するものではない。

若し人間の欲求が、凡て満足せしめられなければならないものとすれば、賭博も、窃盗も、之を許さなければならないことになるだらう。殊に窃盗の如きは賭博よりも性欲よりも第一に許さなければなるまい。何故なれば同じ欲求でも、性欲は満されなくても死ぬといふほどのことはないが、食欲に至つては之を満されない時は直ちに餓死して了ふ。そして食ふべき何物も持たないものは、人のものを盗んででも喰ふより外はない。即ち、盗みか、餓死かの両者の間に彷徨つて居るものは、今の社会には決して少しとせぬ。左様に行き詰つて居る貧乏人に対してさへ、尚その欲求の故をもつて窃盗を許しはせぬではないか。窃盗の免許はせぬ癖に、売淫は之を許可する。即ち一方では生命にかゝる欲求さへ之を否定し、他方では遊戯に過ぎない欲求さへ肯定する所に、為政者の貞操倫理観の低級さを暴露してゐる。

然し、『必要論と欲求論の区別の如きは結局机上の空論で、理屈は理屈として実際問題としては慥かに此の公娼制度は有益なるもので、殊にそれは独身者のために大いに必要である』と主張する論者が相当にある。つまり未婚者の性欲を満足せしむるための安全弁として公娼制度が必要だと云ふのである。何だか一応尤ものやうな議論だが、これ位詭弁の甚だしいものはない。試みに見よ、我が国の人口を仮りに七千万人として、男性は約其の半数三千五百万人、此の三千五百万人から子供と老人を約半数と見て之を除き、残り千七百五十万人、其中三分の一が配偶者を持つものとして一千百六十万人のものが未配偶者として存する。然るに之に対し其の性欲を満すべき役目を負ふ所の娼妓は僅かに五万人に過ぎないとすれば、一人の娼妓は頭数二百三十人（延数に非ず）以上の独身者（妻帯者に非ざる）の相手とならねばならぬ計算だが果してそう実行されて居るかどうか。人を馬鹿にするにも程がある。

而かもまた公娼は殆ど全部都会地に在り、青年の多くは山間僻地の農村にある。都会の青年には性欲満足の機関が必要で、田舎の青年にはどうでもよいといふのか。咄。要するに、此少数の公娼を以て、天下の青年の性欲を満足せしめんといふが如きは、全然人を欺くの詭弁であつて、○○ドラッグの売薬の宣伝広告よりも甚だしき誇張であり、欺瞞である。

七　青年を侮辱するもの

以上の点から見ても、公娼制度が青年のため必要だとする論拠の如何に薄弱であるかは明らかであるが、さらに一歩進めて考へて見れば、これ位青年を侮辱した暴論はないのである。蓋し、天下の青年の中結婚前に於て斯る不純なる方法によつてまでも、其の性欲を満さなければならぬとするものは、決してさう多いものではない。未婚青年にして女郎買ひをする者等は不良青年である。不良青年は少数で、多数は大体善良な青年である。然るに此大多数の善良なる青年を無視して、その少数の不良青年遊蕩漢のためにのみ、余りにも親切に考へ過ぎ、一般青年をば不良青年に標準化し、それを以て、公娼制度存置の理由とするが如き、これをしも青年を侮辱するものといはずして何とかいはん。若しそれ青年のために忠ならんと欲せば、宜しく善良にして道徳堅固なる青年を標準として、社会の施設を図り、良者に便益にして不良者に不便にし、以て不良者を善化すべきである。『放蕩教習所』ともいふべき遊廓の設置の如きは以ての外の無用施設である。有害機関である。要するに、青年のために公娼制度を必要とするが如きは、余りにも此の純真にして真面目なる青年諸君を侮辱するの甚だしきものだ。

青年の性欲問題の如きは、指導教育宜しきを得さへすれば、決して所謂経験者流の同情する程に切迫した問題ではないのである。救世軍のブース大将がその子女に対する性教育の方針は頗る簡単で、而かも最も適切な教訓だと共鳴する。即ち大将は親切にその子女に教へていふ

『暫く待て、暫く待て、暫く待ちさへすればいゝのだ。神様は汝を此の世に送り出さるゝ時同時に又汝の配偶者のことも考へておいでだ。汝一人が此の世に来たのではない。配偶と共に此の世に生れて来てゐるのである。だから、暫く待ちさへすればいゝ。時来れば汝に最もふさはしい汝の配偶は必ず与へられる。そして清き楽しい夫婦生活を営むことが出来るのである。ぢつとして暫く時の来るを待ちさへすればよい。』

真に青年のためを思ふ親切なる先輩は、宜しく斯かる態度を其子女に対して取るべき筈である。過まつても、公

娼による性欲満足などを以て、青年への親切行為と誤解してはならない。

八　遊廓は共同便所なりや

次に公娼制度即ち遊廓存置論者の中に於て勢力あるものゝ一つに『遊廓は社会のための共同便所なり』として必要視する説がある。是はかなり多くの信者を有し、且つ相当有力なる主張であつて、今日では貸座敷業者自らが此の主張によりて自己の立場を擁護せんとし、又相当な識者とも云はるべき人の中にも此の公娼即便所論を唱へて居る者が多い。一例を挙ぐれば内務省衛生局の○○技師の如きも最も熱心なる此の主張者である。

即ちその説に従へば、便所と云ふものは何時如何なる処に於いても必要なるもので、一家は勿論、どんな立派な宮殿の中にも、便所だけはなくてはならない。まして一の社会の中に共同便所がないとすれば、社会は其不潔を如何せん。遊廓は即ち社会の共同便所であると云ふのである。貸座敷業者達の仲間で出して居る機関新聞があるが、その新聞などにも堂々と、此共同便所必要論が掲げられてゐる。自分達の商売をば、不潔極まる共同便所に例へてまで、尚もその職にかぢりついて行くより外に、屈強なる男子一疋が立つて行く事が出来ないかと思へば涙がこぼるゝ程気の毒に思ふ。東京には一種の乞食があつて、夜更けに共同便所の壺を探し廻るのである。そうして、種々の落し物を拾ふといふのだが、それは、汚ない職業といふてもホンの一時的だから辛抱も出来る。が年から年中、否一生涯、甚だしきは孫子の末まで己れを共同便所に見立て、便所になつて生きて行かうといふ人達は、慥かに乞食以上に気の毒な人達だ。

ところで便所、便所とさも鬼の首でも取つた様に堅固な論拠だと思つてゐるけれど、其実此便所論が、又なつて居ない議論である。なぜなら、便所なれば男にも女にも、老人にも子供にも役立つて居るものであり、それこそなくて叶はぬ必要物であるが、此の公娼制度即ち遊廓なるものが、女や、老人や、子供や、病人のために必要だから置かれて居るものだと誰が言ひ得るか。若しそういふ者があつたら大ウソツキである。蓋しそれは纔かに未婚青年者中の而かも極めて少数の破廉恥な道楽者、遊治郎にのみ役立つところの便所に過ぎない。是がどうして社会の便所等と威張つたことが云へやう。社会の共同便所ではない、ほんの社会の或一部の専門的便所である。社会の便所なら、社会万人によつて利用されるものでなければならない。その毫も然らざる遊廓を社会の便所等と自惚れるといふのは身の程知らずといふものだ。彼等の引合に出されて共同便所そのものが、さぞ、笑止な顔をしてそれこそ、微苦笑して居るであらう。

　要するに遊廓は便所ではない。便所ほどの値打はない。便所としての役目を果して居るかのやうに思つてゐる者は、途方もない誇大妄想狂である。

九　廃娼は婦女の貞操を危険にするか

　それから又、公娼制度は処女や人妻の貞操を保護するものである。若しも公娼制度がなくなつたら、我が国の婦人の貞操は、危険の前に暴露されることになりはせぬかと恐怖するものがある。立派な奥様連中の中にもこんなことを云ふ人が往々ある。が、考へて貰はねばならないことは、若しも、公娼廃止の結果、日本婦人の貞操が危険になるといふなら、それより以前に我国の女性の貞操は、自ら守ること能はずして、娼妓によりて辛うじて保護されて居た貞操だつたと、しなければならなくなるが、果して然るや、婦人諸君に承りたい。

　実際左様に信じなければ右の様な議論は生れては来ないではないか。こゝに一軒の古家があり、一本の支へ棒の力によりて、やつと、風にも倒れないで居るとしたら、その支へ棒を取り外してしまつたら、家は恐らく倒れるだらう。然し若しその支へ棒が支へ棒ではなくて、只その家に立てかけてあつただけだ、とすれば、その棒を取り去ればとて、家には何のさし響きもない筈。抑も日本婦人の貞操といふ家と、公娼といふ棒との関係は、前者であるか、はた又後者であるかゞ承はり度い点である。そして前者だ——即ち日本婦人の貞操は辛うじて、公娼のために保護されて居たのだとすれば、公娼廃止は成程婦人を危険に暴すであらう。だが、私は第一日本婦人の名誉のために、さう信じ度くはない。彼等に保護して貰はねば、自分で自分の貞操が守られない程にさほどに道徳力の弱い日本婦人ではない筈だと思ふ。

又事実上から判断しても、三千五百万人の日本婦人の貞操が、タツタ五万の公娼によつて保護されてゐると、どうして信じられやう。即ち公娼てふ棒は支へ棒として、家を支へて居るのではなくて、唯邪魔ツけに、そこに立てかけてある棒ぎれに過ぎない。従つて、それを取り去りたればとて家屋に何の影響もない筈である。

若し又婦人達の中に、臆面もなく、婦人の貞操保護のために公娼が大に役立つてゐるといふ人があるならば、私はあなたに質問を発しない訳には行かない。それは、彼等娼妓があなたの保護者であるなら、あなたは彼等に対し、果して幾許の感謝と報酬とを払つて来たか、といふ事だ。娼妓を軍隊や、警官のやうに心得て、それに自分達を守らせて居り乍ら、その功労と恩恵とに対し一文半銭の報酬でも払つたのか。あなたは自己の貞操を守らすために同性たる可憐な娘達の肉体と生命とを犠牲にしても構はないと思ふのか。何といふ残忍酷薄なる態度だ。公娼があなたのために、陸海軍見たやうに必要な保護者であるとすれば、宜しく最高級の勲章を与へ年金でも払はなくては相済まぬ道理ではないか。もし、あなたが払はないといふならば、娼妓達は同盟して、それを要求する権利がある。

可憐な彼女達の血と生命を賭して自分の幸福を守らせながら、何の報酬も謝礼をも与へないあなたがたは、強欲非道のブルジヨア根性の最も甚だしきものだと云はねばならぬがどうだ。今日資本家が動もすれば非難攻撃の的に立つて居るのは、労働者に対する報酬の割合の少なきに失するといふ点だ。況んや其同胞姉妹の生命をまで犠牲にしながら、一厘の報酬、一瞥の敬礼をも表する道を知らぬ皆さんは、地獄の火にでも投げ込まれなければなるまい。

それだから私は斯かる結論に達せねばならないやうな議論をば、我国の婦人達の意見として聞き度くはないのである。即ち公娼と、処女や人妻の貞操との関係は何も無いことにし度い。それは只当業者が自己の営業を擁護せんとするための宣伝に過ぎない議論だとしたい。そしてそれは全く一瞥の注意を払ふ価値もない程の愚論であるとしたい。

一〇　公娼を廃せば私娼が殖えるか

公娼を廃止したならば私娼が殖えるであらうとは、また随分多くの人々の杞憂して居るところである。そして、之に対する私達の意見は、一言にして尽くすことが出来る。曰く『絶対にそんなことはない』と。

此の点については前に本稿の冒頭に於て述べた通り、その公娼の起源について考へて見ても明らかなやうに、私娼撲滅策として出来た集娼制度、即ち公娼制度が其三百年の実験に於て少しも其の目的を達し得ないばかりか、反つて私娼は年々其の数を増加し、今日では公娼五万に対して私娼は五十万と云ふ即ち十倍の数に達して居る。此事実は抑も何を語るのであるか。

公娼の存在にも拘らず、私娼はいよ〳〵増加するからは、私娼防止に公娼が何の力もあるものではない事は明《ママ》かだ。そこで私は、こゝでも前項と同様の論理を発見する。即ち、公娼が若し私娼防止に期待された通りに役立つて居たものとすれば、公娼を取り除く結果は或は私娼が殖えるといふことにもならう。併し、過去の経験も、現在の事実も、公娼は公娼、私娼は私娼各独立しての存在である以上、公娼の廃止は、私娼には何の関係もない。

要するに、公娼があつたからといふて、私娼が減る訳でもなければ、公娼がないからといふて、特別に私娼が殖えるといふものでもなく、公娼と私娼とは全然独立の存在である。つまり私娼問題は社会の道徳のレベルが、もつと向上して来るか、又は風紀警察当局が厳重なる取締方針に出づるかによつて、決定される問題であつて、公娼のあるなしによつて決定さるゝ問題ではない。若し風紀警察当局がどうあつても、之を撲滅せしめないでは置かない熱誠と方針とが確立すれば、私娼は屹度撲滅が出来る。だが、今日の如く、官憲が売淫などはどうせあるものだと云つた気持で、見ても見ないふりをし、或ひは反つて之を奨励（警視庁管下の二業地指定を見よ）する様な有様では、例へ公娼を存置しても私娼はどし〳〵増すばかりである。

或る待合の女将がある時私の友人に向つて『此の頃は不景気で困ります』と云ふので、『客がないのか』と尋ねたところ『えゝ客がないばかりならよいが、これが多いので』と或信号をやつて見せた。その信号は○○官の無銭遊興の事だつたといふ。彼は変に思つて、なぜそれをだまつてゐるのだと聞いて見たら『それを八ケましく言ふと早速門口に立たれますからね』と言つたさうだ。成程待合とか曖昧屋とかいふものは、本当に弱い商売で、角袖に門口に張り番をせられたら、客は皆怖がつて逃げてしまひ、商売は全く上つたりになつて了ふのである。此は○○官吏の堕落を意味するものでもあるが、私が此の実例を茲に引いたのは、そのためではない。只、私娼の取締に関しての当該係官の威力といふものが如何に強いものであるかを示すためである。即ち彼等は一度此の警察官吏に睨まれたが最後、全く商売が出来なくなつて了ふのである。で、若しも風紀警察当局が私娼を撲滅しやうと思へば何等の困難もない、只、その門口に行つて立つだけで沢山だ。（警察官が手不足とあれば方面委員の制度を設けてもよい。）

であるから、例へ公娼が廃止されたとしても、断じて其のためにで私娼が殖えると云ふやうなことはない。若し特に私娼が殖えたら夫は警察が私娼の取締りを等閑にして居る結果である。

一一　公娼制度は救済機関にあらず

公娼制度は一種の貧民の救済機関である。即ち金に困つたものが其の娘に商売さすることによつて助けられるのだから、一つの金融機関として必要な制度であると云ふことも一般に行はれて居る意見である。ある警察官は我輩に『廃娼もいいが貧民救助の法はどうなさる』と逆襲した。又親のために、或は一家のために身売りをする娘を、孝子として賞讃する習慣が、未だに我が国では根強く人心に食ひ入つて居る。

然し之も亦途方もない間違つた考へであることは申すまでもない。成程、彼等業者が女の身の代金として若干の金を支払ふことは事実である。が、それは決して彼女達を救ふ金ではなくて、却つて、彼女を縛りつける鉄鎖である。永劫に彼女を苦しめ、さいなむ責道具である。その事実は今更説明するのも野暮な程に、世間周知の事実なのである。

所謂、貸座敷業者は、座敷を貸す営業とは表看板だけのこと。事実は瞭然たる人身取引商売である。奴隷売買である。娼妓一度、彼等の手に渡さるゝや、その自由の殆んど全部が奪はれてしまふのみではない。女達は働いても働いても、借金が減るどころか、反つて殖える計りである。三年の年期は愚か、五年、六年、甚だしきは十年たつても甲斐はない。そして、彼等業者は此のか弱き女性の肉体を切りさいなみ、血を吸ひ、其の骨までもしやぶらなければ飽かないのである。

即ち彼女達も親達も此金融によつて救はれるどころか、反つて嵩む借金に身動きも出来なくなり、遂に、其の一身を生涯犠牲にして了ふのである。ア、何者の厚顔ぞ、これを救済機関とはいふ。これ救済機関にあらずして殺人機関である。

若しそれ、此れが言ふが如く救済機関として必要なるものならば、弊害百出の個人経営にして置かないで、政府自ら、各府県自ら、恰も学校や病院を経営するやうに遊廓を経営したらどうだ。まさかさうも出来まい。そう出来ないところに議論の欺瞞がある。

一二　税源としての公娼制度

ところで、今日の中央地方の大小政治家達にとつて重大な問題は、以上の点ではなくて、実は税金問題であるらしい。即ち、所にもよるがかなり多くの税金（賦金ともいふ）が、現在遊廓方面から徴収されてゐるのは事実だ。それでいよ〳〵この税源がなくなつたら、府県の財政にも、又市町村のそれにも影響する所が少くない。何が欲しいわけでもないけれど、財政困難の今の場合、税源に困るから、暫らくこのまゝにしておきたいといふ者が中々少くないと聞く。

それに対して私は余り多くの言葉を費す必要を見ない。只次の一例を以て答ふれば足りる。

もう二十幾年前の話だが、日露戦争が済んだ頃、例によつて満洲は所謂娘子軍の洪水だつた。所で或時大連で何かの祭典があつて、夜は町筋に多くの灯籠が吊されたが、その一つに、今も忘れない、面白いポンチがあつた。それは、一人のうら若い娘を真裸に腹匍ひに寝せておき、その臀部に、山海の珍味を盛つた春慶塗りの立派なお膳を据へ、そこに鬼見たやうな大の男があぐらをかいて、盛んに酒を飲み、料理を平らげてゐる場面である。そして、その賛に言ふ、『ひどい親娘の尻で飯を喰ひ』。

さて、遊廓から取立てる税金、露骨に言へば淫売の上前を刎ねたその金で、府県や、市町村の公けの財政の賄ひを立てようなどと思ふのは、丁度この『ひどい親』の仲間でなくて何だ。即ち『ひどい町娘の尻で町を立て』、『ひどい国、娘の尻で国を立て』と、さう言はれたつて一言ないではないか。

遊女税の起りは先にも言ふた通り、足利将軍義晴の時代だが、当時世は刈菰と乱れたる戦国時代、足利幕府も朝廷もその財政は全く窮乏の極に達し、如何ともする能はざる所から、已むを得ずそこに税源を見出したのであつた。だが昭和の日本は室町時代の日本とは違ふ。中央政府の財政十七億五千万円、地方財政十七億六千万円、素破らしいものではないか。しかも、口を開けば、世界の一等国、五大強国を以て誇る東洋第一の大帝国が、娘の尻で国を建てねば国の財政が立行かないなどと、どの面さげて広言するのだ。世界の物笑ひである。

国際連盟から婦女売買禁止条約に加盟を勧誘された時、その保護を加ふべき婦人の年齢二十一歳以下とあるを十八歳以下にしてくれと値切り、所謂保留条件を付した。そんなこととして、此人道問題の提議に狼狽へて尻込みをしたのは、驚く勿れ、日本の外には唯シャム一国のみだつた。それで当時も随分世界の笑ひ物になつたわけだが、まだ嗤はれ方が足りないとでも思ふのか、売淫税を公やけの財源に当て込んで何時まで世界に恥を暴さうといふのだ。

一三　犯人逮捕と公娼制度

今一つある、それは遊廓の存在が犯罪人の捜索に少なからざる便宜を与へてゐるといふ言分である。なるほど三百年前吉原創設の砌りの条件には『武士町人態の者に限らず、出所吟味致し、不審に相見え候者は奉行所へ訴出づべき事』とあつて、当時警察力の貧弱だつた幕府が遊廓を犯人逮捕に利用したのは間違ひなしの事実である。だが、それは謂ふが如く警察力の貧弱極まる徳川時代の昔話だ。それが世界でも名高い程、警察制度が完備して居ると誇りつゝある日本の今日、なほ、徳川幕府同様、遊廓の御厄介にならねば泥棒の捕縛も出来ぬと思つてゐる者が、我敬愛なる警察官の中に一人でも有らう筈はない。

此頃、所謂説教強盗が帝都に於て乱暴狼藉を働き、中々思ふやうに掴まらないので、市内及び府下青年団が総動員して、夜警の任に当るといふ話になつて来た。所がそれに対して或る警察署長は有難迷惑だといふやうな顔をして、青年団なぞの厄介になる必要はないと、新聞記者に語つてゐる。なるほど相当の自信と矜持とを持つ警察官であれば、さう思ふのは尤もだと思はれる。しかし又青年団の為をいへば、かゝる場合に夜警の任に当り警察の援助をするといふことは、彼等にとりての良い訓練である。それは英国が嘗て総同盟罷業で騒いだ時、青年自ら運転手になつたり、車掌になつたりして、あの急場を救つた実例もあること。で、青年団が消防や、夜警や、さては非常時救助事業に携はることは彼等のためにも必要な訓練であり、また貴い社会奉仕でもある。だから我々の考へでは、この場合、警察官が青年団の援助を受くればとて少しも憚るには及ばないと、信ずるのだが、それでもなほ、警察官は之を潔しとしないといふのである。

然るに、夜警の為に青年団の援助を受けることさへも潔しとしない程自尊心に富む警察官の間に、遊廓の援助を受くるに非ざれば、犯人を逮捕することが出来ないなどといふやうな議論をする者が、一人でもあるといふのはまことに奇妙な話である。それは今の世になほチヨン髷を結つた田舎の百姓爺さんを、東京の真中に見出するよりも滑稽だ。

思ふに斯の如きは決して警察官の意見ではあるまい。物好きな而も苦労性の人間が、遠くから眺めてさうでもあらうかと想像して、余計な心配をして言ひ出した風説に過ぎまい。今日の警察官に然様な不見識な人間が一人でも居る筈はないから。

一四　最後に残る唯一の存娼理由

斯く考察し検討し来れば、其処には公娼制度存置の理由は何等の根拠もない。が、然し唯一つの存在理由が後に残つた。それは彼等業者にとり最も有力なる理由である。外に何の理由がなくとも、此理由がありさへすれば十分であるところの理由である。それは何だ。『うまい金儲けだ』といふ事だ。一万二千の貸座敷業者が莫大な利益に懐を肥やすと云ふことである。色々な理屈を云ふが、遊廓存在の理由は所詮此一点に帰着する。あとの幾多の理屈は、体裁を作るための議論で、真実正銘の目的は、営利、営利、さうだ、営利の外には何ものもない。尤も今は資本主義、営利主義の世の中である。どんな仕事をしやうと己れの勝手だといふも一議論だ。けれども、それは社会に害を及ぼさない範囲に於てである。社会の公益を害するものである以上、政府はそれを営業として公許してはならない筈。而して、此の貸座敷業が単なる営利事業として、金儲けの商売として許してよいものであるかどうか、敢て読者諸賢の公正なる判断を乞はう。

一五　結論

私は既に与へられた頁数も尽きたから、今こゝに詳細に積極的廃娼論を試みることの出来ないのを遺憾とするが、然し、何等議論を用ゐずとも、此問題がその教育上、道徳上、宗教上、更に社会風教の上より、人道主義の立場より、将た又国家の体面上よりも、到底今のまゝに捨ておく事の出来ない問題である事は、心ある総ての人々の等しく認むるところであると信ずる。

只、前に述べて来たやうな理由――それは全く、理由になり得ない理由だが、多年の慣習のために盲目的に之を信じて、今日迄、之を見ゆるして来たのである。が、『百姓照明』に因む昭和の今日は、最早かゝる馬鹿々々しき屁理屈などに拘泥して居るべき時ではない。

即ち、先きに中央社会事業協会は数十名の委員を選んで慎重に審議した結果、次の如き結論を得て、之を内務大臣に建議した。

『国家が売淫を公許するは独り人道に背くのみならず、世界の大勢に反し、国家の体面を損すること甚だしきに付き之を廃止すること。

尚、売淫に関する取締りを厳重にし左記事項を実施すること。

一、婦女子の売買並に其の自由の不法拘束を厳重に取締ること。

二、一見風俗を紊す場所たることを識別し得るが如き市区又は建設物に対しては厳重に之を取締ること。

三、常習として風俗を紊す行為をなすものには、健康診断を施し厳重なる取締りを行ふこと』
更に又、先頃東京に於いて開かれたる日本宗教大会に於いても、それは約一千二百の代表者中、仏教五割、神道三割、基督教二割と云ふ集会であつたが、その大会でも、

『国家が売淫を公認するは宗教上、道徳上、人道上、将又国家の体面上本大会の甚だしく遺憾とするところなり。依つて政府はなるべく速かに此が撤廃を断行せられんことを望む。』

と云ふ決議をして内務大臣に建議した。

そして今年になつてからは愈々廃娼運動は到るところ熾烈となり、既に福井、埼玉、福島、秋田の四県に於いては其の県会で公娼制度の廃止を決議した。其の他京都府を始め、今後府県会に於いて之を決議せんと意気込んで居るところは少くない。

惟ふに、公娼廃止の声も随分旧い声であつたが、今はもう曙光が見えて来た。可憐なる五万の姉妹達が天日を仰ぐの日も蓋し遠き将来ではあるまい。

＊仮名づかいは原文のまま、漢字の旧字体は新字体に改めた。

軍人と基督教——日露戦争と日本軍人

島貫兵太夫

〔一九〇五〔明治三八〕年 日本力行会〕

同盟幹事の序のなかの哲学者は井上哲次郎である。内村鑑三「不敬」事件でキリスト教排撃熱が高まったが、日露戦争の戦費を欧米に頼る明治天皇政府はキリスト教団体の軍隊慰労に下賜金を出した。この機を捉えた宣教の出版であるが、天皇への忠義が「神の御意《みむね》」とはいささか乱暴である。

基督教聯合青年會のテント事業を嘉みせられ恐れ多くも我ら
天皇陛下幷に皇后陛下より
金一万圓を同事業に御下賜せられし感謝紀念として此書を再び出版せり。
明治卅八年六月
著者謹識

序

島貫君一書を著し題して「軍人と基督教」と云ふ、時勢に激するものあるが如し、夫れ我國に於て基督教の誤解せらるゝや久し、或は教育勅語に反すと謂ひ、或は國家精神に悖ると謂ひ、或は忠君愛國の心なきものと謂ふ、皆々然らざるはなかりき、こゝを以て學校に於ても軍隊に於ても基督教徒の虐遇せらるゝ事甚しく咄々、怪事の出來事其幾數なるを知らざりき、然るを近時に及んで俄然一變し來りたるものは基督教と國家とに於ける世人が觀念之れなりとす、聞く今や軍隊に於ては普く聖書の頒布を許し、加ふるに手續を經る時には、公然説教をも試み得るの運びに至りしとぞ、又教育界に於ても文學界に於ても漸く人の精神界に注目し始むると同時に又基督教にも大注目を惹起し來らんとす、國家の慶事何物か之に如かんや、吾人基督教徒たるもの豈奮勵せざるべけんや、蓋し吾人は世に歡迎せらるゝを以て滿足するものにあらず、向々願ふところは天道人道の大道に由り、上を敬し下を愛し、國を思ひ義に富み、一身は仰俯天地に恥ぢず、一家は骨肉の情悖らず、一國は屹然として宇内の間に立ち何れの國よりも苟も侮辱を蒙ることのなき富强無二の一大帝國を形成せしめずんば止まずとの精神を貫き行かんのみ、此書一斷片に過ぎずと雖ども、同じく我黨人士の草するもの、意亦蓋し此に在るべし、新著を祝し併せて余輩平生の素懷を述ぶ。

明治廿八年五月廿六日

容膝堂主人識

序

耶蘇教果して信ずべからざる乎、然りと答ふる者は曰く耶蘇教は忠君愛國の精神に反するの宗教にして、耶蘇教徒は皆な是れ乱臣賊子なり、苟も國を憂へ世を慨する者誓つて之を排斥せざるべからずと、嗚呼耶蘇教果して信ずべからざる乎

耶蘇教信すべしとなす者之に對へて曰く仰いて天に愧ぢず俯して人を恐れず、正義のために生き公道のために殉す即ち眞正の勇氣を與ふる者耶蘇教に若くはなし、敬天愛人は此教の骨子にして、平安喜樂は此道を信ずるの結果なり之を奉するの兵士は强く之に依るの國家は榮ゆと、嗚呼耶蘇教果して信ずべき乎

前説是乎後説眞乎是れ豈に現今の一問題にあらずや、今や東洋の風雲漸く收り征清の將士正に凱旋す是れ吾人の欣喜措く能はざる所なり、而かも邦家の前途を憂ふる者豈に跪然として潛思熟慮せざるを得んや、殊に我が軍人諸君の責任最も重大なりといはざるべからず、嗚呼耶蘇教果して亂臣賊子の宗教か將た眞正の勇士を養ひ國家の干城を造るの道乎、苟も此疑問に惑ふ者此書を繙いて一讀するあらば蓋し思半に過ぐる者あらん

明治廿八年六月十二日

原田生識す

今や日本國民は日に月に進歩發達して世界列國と共に世界の競爭場裡に其足歩をためさんとするの機運に向ひたり。豈に賀すべき事にあらずや、於是か國民は最も敏活に彼が長を取りて我短を補はずんばあるべからず。自ら義とするの念を去りて廣く智識を世界に求めざるべからず我國粹を保存するは最も貴ぶべき事なりと雖ども英米の國粹の純なるものを我に取りて之を消化するの勇氣なかるべからず。世事萬般の情体已に斯の如しとせば宗教又然らざるを得ざるなり。基督教は世界列國文明の眞基礎なり。されば國家の干城なる軍人諸君が基督教を學ばざるべからざるは勿論の事なるべし。再版に臨み數言を書す

明治卅八年六月中浣　　　著者識す

我皇赫怒戰を宣し給ひしより茲に年餘海に陸に百戰百勝將に敵國をして和を請ふの止むなきに至らしめ候事東洋の平和世界人類の幸福の爲め御同然慶賀に不堪次第に御座候是實に皇天の佑助　陛下の稜威の然らしむる所と存候も亦我忠勇なる將士の勞不尠と存候今や媾和の端緒相開き候も其結了迄には前途尚遼遠なるへく且戰況に一段の發展を呈すること該判上極めて必要と存候從て遠征同胞の苦心努力未だ我に昔日と異ならざるへく此際一層の同情を以て其勞を慰し益其士氣を皷舞奬勵するの必要有之事と存候

右目的の爲め本會にて好著撰擇中の處今回椽大の筆を揮ひ「軍人と基督教」なる一書御起草被下芳志感佩の至りに候願くは本書の讀者をして實に皇天の經營　陛下の宏謨に參加しつゝある其職責の如何に重大にして光榮あるかを知らしめ炮煙彈雨劍光閃々の下無限の慰安と不滅の光明とを與え候事貴下と共に渴望に不堪候敬具

日本基督教青年會同盟
軍隊慰勞部委員
平澤均治

征露第二年六月十七日
島貫兵太夫様

序

頭を廻らせば一年有半以前、日露隙を生じて干戈炮煙の間に見ゆるに至るや之れ確かに非基督教徒たる大和民族が基督教徒たるスラヴ民族を膺懲するの出師にして、其連戰連勝の榮を獲得するは之れ天が基督教徒を撲滅せしむる所以に外ならずと稱道したるもの啻に田夫野人の間にのみ限らざりき。曾ては教育と宗教の衝突を說いて天下を風動せしめたる哲學者が近頃漸く我基督教の教育と大關係あるを如何見するに至りたるに、火の手は再び燃え上りて上下一般基督教を攻擊非難嘲罵するの好機こそ到來したれと鋒尖を鋭くして我れに當るに至れり、然れ雖天下人心の歸趨するところと我等基督教徒の確信する處とは決してかゝる、皮相の觀察に動揺せられかゝる無根の流言には畏縮するに至らず、寧ろ此機を善用して精神界發展の一階段とし信徒が竭くすべき事業の好機會と做すに當れり。其發展とは何其事業とは何か、戰時の傳道之れなり軍隊の慰勞之れなり。前者は暫らく之を云はず後者に至りては茲に一言を費やすの必要あり。

抑も我基督教青年會同盟は全國にある學生並に市青年の組織せる青年會六十有五の聯合團体にして靈性上の欲求に滿足を與へ、高潔なる社交を結びて誘惑に遠からしめ、且つ時宜に應じて吾人の本務を盡瘁するの目的を以て立つものなり。今回戰爭の開始せらるゝや、即ち天幕を戰地に張り親しく將卒の間に交り、慰勞の實を擧げん事を期し、再三再四請願して漸く其許可を得、昨秋八月以降鎭南浦に安東縣に鳳凰城に營口に大連に旅順に遼陽に到る處に開設して歡迎を受くる事非常此報遂に　天聽に達し　両陛下より壹萬圓の恩賜金を受く今や基督教徒は軍隊より歡迎せられ將た　皇室より嘉稱せらるゝに至る、豈に時代と人心の一大發展にあらざらんや。吾人は更らに勵精して益々吾人の所信を實現し神の福音の全地に普ねからん事を庶幾するものなり。

畏友島貫兵太夫君忠勇なる軍人諸君を思ひ、又福音宣傳の爲めに竭さんとするの至情より渉りたる「軍人と基督教」をば我軍隊慰勞部に贈りて、之を滿洲の野に曝され遼東の月に嘯ける諸君に呈して諸君に靈精の慰安を與へ志氣を皷舞するの一助たらしめんと欲す。此書を見るに基督教の一般を窺ふに最も適切の良著たるを失はず。吾人は此書を軍人諸君に贈呈するを得るを以て吾人の光榮とするものなり。敢て序文に代ふ。

明治三十八年六月

日本基督教青年會同盟

幹事　小松武治

新版自序

千載一遇の大事件に當りて我か及ふ丈の事を以て國家に盡さんと思ひ居る時幸にして連合青年會テント事業委員會より拙著買上けの命をきけり、もと此書や已に日清戰爭の時一版より九版迄數万部を賣盡せしもの而して日露戰爭の今日之を用ふるは不可なるか如きも大体の主意に於ては異ならさるを以て不適當の個所のみ改め喜んで再び之を上梓する事とせり。况んや我　兩陛下に於かれては殊に我黨のテント事業に金一万圓を下賜なされし教會歷史上古今未曾有の紀念すべき美事あるに於てをや、即ち此書を右感謝の紀念として之を上梓する事とするも可ならすや　皇天の恩惠讀者の上にあらん事を祈る

明治卅八年六月中浣出征軍人を思ひつゝ

著者謹識

軍人と基督教　目次

第一章　軍人と基督教と緣が近くなりました

此度の日露戰爭によりて基督教と軍人との關係が日清戰爭當時よりも更に緣が近くなりました。先づ日本の天祐軍が義に扙りて兵を動かし、無道の露軍を擊ち懲らし飽までも其無道を惡みしも、戰は露軍と戰ふものにして一個々の露民と戰ふものにあらず。この故に苟も戰鬪力なきものは、敵と雖ども一視同仁の博愛主義を以て懇ろに彼等を待遇し少しも慘酷なる野蠻人がするが如き事はありませんでした。殊に手傷を負ふたるものや病の爲めになやむ病兵などに對しては敵味方の隔てを立てず、丁寧にいたはり、之を勵まし慰めて、出來る丈の看護をなすを怠らずしてありました。然るにかの露國軍のなす所を見まするに、其仕方は全く日本軍のなす處とうらはらでありまして敵軍なり日本人にあらさる支那人でさへ、婦女子も子供も下男も下女も何でもかでも、見當り次第引つ捕へ誠に慘酷に鼻をきるやら、又脛を折るやら、又は不埒の事をするやらまるで我が日本軍のなす事と正反對で甚しきに至りましては戰地にある赤十字旗下の病兵迄を襲ふて乱暴狼藉の振舞をなしましたを見れば、とても此の文明開化の廿世紀にある軍隊とは思はれません、中央亞弗利加邊にぶらつき廻る極野蠻の軍隊のやうに思はれ升。こゝが露軍の野蠻な所であります、日本軍は全く露國軍とはちがひいかにも正義と平和との爲に戰ふ天兵の如く、又文明世界の軍隊の如くにして、しかも不義なる事は小兒にも柔弱なる女子にも加へす却て之を保護致しましたこゝが日本軍のエライ處であり升。日本軍は假令野蠻なる露軍を相手にして、戰爭をする事とは云へ今や世界の多くの文明人が見物して居る舞臺にあがつて、戰爭をしてをるのでありますから、露軍が如何に非道禽獸の様な振舞をしても、日本軍は飽までも文明的の戰爭を致して居り升。日清戰爭當時大山大將も告文を發して此點に付て部下の將校方より一兵卒に至るまで懇々と說明なされたる事がありましたか今度の日露戰爭にはそんな事も日本軍人には不必要となり今や、日本軍は飽までも文明的の戰爭をするので、文明人なる英米人は思はす感嘆の聲を放つて始終我に厚き同情を持つたのを見ても以下に我軍か日清戰爭當時よりも更に文明的の軍人になりしかは明かに知れるのであり升。

一　日本軍は文明的の戰爭を致しました

何《ど》の點《てん》が、日本軍が、文明的の戰爭をしたと申すのですか、其勇氣のある事例へば一度戰場に向へば決して退かずと云ふが如き事ですが、これは云ふまでもなき事で、日本軍人の數百千年の其昔より通常の事としてある事で、今更之を喋々するは却て愚な事で御座り升、されば其規律の嚴肅なる事、其行動の神出鬼沒なる事でありますが、もとよりこんな事も文明的の軍隊の事としてよろしう御座りませうが、殊更に日本軍が文明的であると云ふのは、人間を重んじ平和と人道とを重んじた事で御座り升。勿論戰ふべき時は戰ひ升、殺すべき時は十分に力を入れて殺し升、一刀兩斷、單刀直入、勇猛突進、死あるを知りて生あるを期しませんのは日本軍人の常で御座ります、けれども殺すべからざる事は一ツの小さな猫でも殺しません日清戰爭當時山東省に上陸した日本の或る一名の士官が、三才になる支那人の嬰兒を抱きながら戰ひの指麾をしたといふ事でありますが、日本軍は人の生命を重んじますから決して、殺すべからざるものは露兵のするが如く此のたよわき子供でも蹈殺す樣な事は致しません、戰爭して露國の軍兵を殺すもはた旅順奉天を屠るも實に止むを得ずしてなすことで、せねばならぬ譯あればこそ之を忍んでするのであり升。それでありますから、苟も戰ひに堪えざる兵卒は敵味方の區別なく、丁寧親切に之を看護して之を癒してやる爲に、赤十字社の病院があるのであり升。此の精神で此の美しき事を戰爭に於て實行したのは手短かに云へば、文明的の戰爭と云ふので英米人なども日本人のエライ事を讚めたてて止まないのであり升。もとより文明的の戰爭には、器械力を器械的に熟錬に使用して其法則に從つて好結果を得る事も文明的の戰爭であります、けれども唯此器械的の事斗りでは決して文明的の戰爭とは申されません、是非とも先きに申上げた通りの精神即ち人間を重んじ、人間の幸福と平和の爲めに此の精神を實行する事がなければ、文明的の戰爭をしたとは云はれません此度日本の軍隊は立派にそれを實行致しましたから、日本軍は文明的の軍隊、日本軍は文明的の戰爭をしたと申されますのです、又文明的の戰爭をしたと自信して居るので御座り升。唯器械的の事斗り甘くやつて而して、日本軍は文明的の戰爭をしたと云つて世界の人々を欺す積りでなく、全く文明的の戰爭をしたと申すのであり升。昔し我國の武士は隨分勇氣がありました、又軍略にも富んで居りましたが、それでもあの人々は文明的の戰爭をしたとは申されません、例へて申せば、八幡太郎義家公の如きは智も勇も仁もあつた大將でありましたけれども、まだ文明的の戰爭をした大將とは申されません、なぜと申せば八幡公はあれ程の名將ではありましたが、恐らくは未だ人間の重んずべき人の生命の尊ぶべき、又降參せしもの即ち已に戰闘力を失ひしものは、慘酷に取扱ふ筈でないと云ふ事を知りませんでした、降參せしものは無慘に取扱ふべき筈はありません、如何となれば假令へ敵と雖ども天の生みたる人であり升。古の聖人も云ひました如く、四海同胞であり升。同胞である、且つは戰の目的は人生の幸福と平和との爲にするものにして、それさへ達すれば、滿足な筈にして、降伏せし敵を慘酷に取扱ふ筈はないのです、然るに八幡公は色々の譯合もありましたけれども、降人清原の武衡が十分降參の誠意を顯はし、十分戰はぬ旨を証せしにも係らす、遂に無慘にも之を殺してしまいました、これ昔時にあつては人間一人の生命でも實に尊ぶべきものにして、出來る丈慘酷の所爲あるべからざる事を知らざりしが故に、敵を如何に刑せしも別に世の批難もなければ、且つは世人もそれで敢て非道にあらずと思ひしが爲めで、流石《さすが》の名將もそこまで氣が附かなかつたのです、此類の事は澤山ありまして、獨り八幡公斗りでありません、八幡公はさすがに昔の智、仁、勇、兼備の名將ときこゆるが故に、私は今之を例としたのであり升。此れ我國の昔時は文明的の戰爭をせざりし証據ではありませんか、且つ又假令ひ如何に其勇と智と仁とに於てすぐれたりとて、人間の價値の高き事、人の生命の尊ぶべき事平和の尊ぶべき事を知りて其精神を實行せしにあらざれば、文明的の戰爭でないと云ふ事は申上ぐる迄もない必す御分りでありませう。

二　此の精神の起原は何でありますか

文明的の戰爭と稱すべきものに、欠くべからざる器械の進步は誰により、何處から持て來られたので御座りますか。或人々はそれは基督信徒の賜であると云ひ升。けれども之れは餘り極端です、尤も西洋の有名なる人は大概基督信者で有ますから、基督信者の賜であると申しても、別に差支はありますまいが、能く〳〵西洋の人々の有様を考へ見ますれば、西洋の人々は元來進歩の氣性が盛であり升から、此んな發明が出來たのであると思ひます「キリスト」教を信ぜずとも此んな發明は出來ぬ筈はありません、併し其次に文明的の戰爭に欠くべからざる此の博愛慈善一視同仁の主義は何處より來ましたか、是れは疑ひもなく「キリスト」教から來たものです、現に彼のクリミヤの戰爭の時に身を殺して敵味方の區別なく之を愛して、丁寧に看護して兵卒の親友となり今日に至りて赤十字社となれる此社の發起人なるナイテン、ゲール孃は何人でしたか、是れは英國の熱心なる「キリスト」信者でありました、女史は何物に動かされて此の危險多き事業に身を投じましたか、好奇の爲でも名譽の爲でもなく全く「キリスト」教主義の博愛、仁慈、四海同胞神の前には敵も味方も神の愛し玉ふ、神の子供であると云ふ聖書の教が動機となりて、此事業に身を投じたのであり升。それより世界の軍人社會には痛く感動を與へ、成程人間は同胞である戰場に於ては主義の爭であるから、血をも流さねばならぬ事であるけれども、戰の外は唯同胞である、敵味方の區別ある筈はないと云ふ事が誰れ彼の區別なく受け容れらるゝ様になり彼の僞善にして無道なる露國さへも赤十字に加入して盛に之をまねる様になりました、これは誠に其筈である、戰爭と云ふものは畢竟人生の幸福の爲にするもので、少しでも私慾的にやる筈のものではない、唯義に扗れる主義の爭であるから慘酷なる事、無理なる事が少しでもある様では、野蠻的の戰爭で恰も禽獣が食物をねろうて相はむが如きものである、文明的の戰爭は義によるべく、人間を重んずべく、人命を尊ぶべく平和を重んすべき筈であると云ふ事は、世界の輿論になつて此の精神によりて戰爭をせざる露國の軍隊の如きは野蠻的の軍隊であるとして世界より擯斥せらるゝ様になつたのであり升。此度日本の軍隊が日清戰爭當時よりも更に強く此精神で飽までも文明的の戰爭をやつたと云ふ事は實に軍人が我が「キリスト」教に一層近かづいて來て「キリスト」教と緣が深くなり始めたのであり升。そこで基督教徒たる我々は軍人と「キリスト」教との關係を說かねばならぬ事になつて參りました。況んや日清戰爭當時より大本營に於ても、軍隊には「キリスト」教も必要であると認められ我邦「キリスト」教徒が第一軍第二軍に向つて發する慰問使の從軍を許可せられ、諸氏は出發してそれ〳〵往くべき處に往かれたる當時よりも更に大なる事かあるに於てをやです。

其大事とは何ぞや我天皇陛下幷に皇后陛下より我等基督教徒の經營しつゝある戰地各所のテント事業を好みせられて恐れ多くも金一万圓を御下賜なされし事であります嗚呼我「キリスト」教と軍人の關係は種々の點に於て緣か近くなり遂に大元帥陛下と關係か近くなりました。

第二章　そこで軍人と基督教との關係を述べませう

扨て何から御話し申し上げませうか、凡てもの事を知らんとせば、先づ第一に「先入主」とて頭から、かうである、あゝであると調べもせずして、きめてをる事のない様にしなければならぬ事であり升。即ち食はす嫌てはイケナイです若しも人々は初めから「かうである」「ああである」と獨りで極めてをいて其の事を十分に心得てをる人の云ふことをきかぬ時は、決して物事は分るものでないと昔の賢しこき人々も明かに申されてあります、されば軍人諸君が「キリスト」教と軍人との關《かゝ》りあいを知らんとする時にも「先入主」と云ふ事があつては誠に其關係を知る事は六ケ敷かと思はれますから、些か從來人々が基督教について間違つて思ふて居つた事を先づ御話し申す事と致しませう。

一　基督信者になつても柔弱にはなりません

今まで人々の間違つて思つて居た、第一の事は基督信者になると弱くなると云ふ事で御座り升。成程一寸聞けばさう見えるかも知れませんが、併しながら決して〳〵そんな事はありません、元來弱いとか強いとか云ふ事は何を云ふのでせうか、其心の様を申す事で御座りませんか、必ずや其外形の荒々しき事で御座り升まい、若したゝ外形の荒々しき事即ち言葉使用《づかひ》の荒々しき事や歩方《あるきかた》の音高い事や或は虎を手打にし、大河を徒渉して死ぬる事をも顧みぬ事などを強い人と申せばワシントンやゴルドンや徳川家康などは至極弱い人と申さねばなりますまい、併しながら誰もワシントンや徳川家康の様な人をば決して弱い人とは申しませんで、却て智勇兼備の名将と尊んで軍人ならば先づ此等の人を目當てとして進みませう、西郷隆盛すらもワシントンを慕つて居つたと云ひますからワシントンの様な人は餘程エライ軍人であつたにちがひないと存じます。

されば強い軍人とは決して其外形の強い事でなく、其精神の強い事であります、精神の強い人は決して外形に於て荒々しいものでありません、却て其言葉使や又は人に接する等の事には殊に親切にして、一度此人に接すれば、春風に吹かれたるが如く心も柔和になつて來て、とても離るゝ事が出來なくなるものであり升。されば勇將の下には弱卒がないのであり升。勿論人間は誰でも弱いものでありますけれども、勇將の下に率ゐらるゝ兵は勇將の其智、仁、勇に感化せられて其勇將に似たものとなるからでありませう、然るに勇將と云ふものは獨り勇斗りあつた爲にかくまでに兵卒を巳にひきつけたかと云ふに決してそうでない事は歴史に明かであります、勇は勇にちがいはなけれども、其勇は外に顯はれたる虚勇にあらずして精神の底にひそみ居る、眞正の勇で其眞正の勇と云ふものは外形に於ては誠に靜かに頑是なき小兒も「おじさん」と云つて抱かれん事を喜ぶまでにおだやかなのであり升。恰度をだやかなる鳩の如く又鯉の如きものもあり升。併しこの眞正の勇者の心の底は噴火山の底の如く、常に燃えて居りまして如何なる岩石でも融解《とけ》てしまふ程強く、且つ又猛《たけ》き獅子《しし》の如きものであり升。故にをだやかなる時はをだやかだが一旦其勇を顯さねばならぬ時が來ると實に非常であります、恰度獅子がたけり狂ふて山岳の間を走れば、山岳爲にふるふと云ふ様な有様であり升。實に眞正の勇者は外面に於ては却てをだやかなる事鳩の如く、其一旦ふるふに及んでは獅子のあれたつたるが如きものであり升。何時でも強よさうに肩などを聳かして歩いて居るものは必ずしも、眞正の強い人でありません、眞正の勇者ほど、をとなしいものはありません、臆病ものに限つていかにも、いかめしく肩をはり聲を大きくして、人をおどす癖に「サー」と云ふ眞劍の勝負時に腰を拔かすものであり升。

人が基督教を信ずれば段々賢こい人になりますから外形《うわべ》斗り威張つた處かつまらない、虚勢などは張るものでないと云ふ事が解つて來ますから決して肩などをそびやかしてエラ相に人に見せる様な事は致しません人を欺す事が出來ても神を欺《だ》ます事は出来ぬと云ふ事を知りて參りますから、それ故に今まで肩をそびやかして、威張つて居た自分免許の豪傑連や唯聲丈を大きくして、人ををどしたる軍人も極《ごく》をとなしくなつて、丁寧なる言葉を使用ふ様になり人々に交際するにも己のエライと云ふ事を鼻にかける様な卑しき心がなくなりて唯愛と親切とを以て交る様になり升、そこで唯外形を見る淺墓なる人々は「あれは耶蘇になつてから、臆病になつた」とか「女の様に弱くなつたとか」と誤つたる評判を致す様になり一人が虚を傳ふれば萬人之に和し遂に天下の人々は皆「耶蘇《ヤソ》になれば弱くなるから軍人などは決して耶蘇になるべきものでない」と云ふ事に極つたのであり升。併し耶蘇になつた人の方になると「嗚呼今までは罪の生活をなして來た、虚言斗りでかためて來た」人間の強い處は心の中にあるので決して外形にあるものでない、王陽明も云つた通り「山中の賊を征伐するはいと容易いけれども心中の賊を撃つ事は餘程六ケ敷事である」併しこの六ケ敷と云つて人々が、閉口して居る處に勝つこそ、眞正の勇者なれ、いで余は即ち今より僞勇を棄てゝ眞勇を取ろう、即ち外形を去りて精神に立返ろう」と云ふて實に靜かに落着いて大人らしくなつて來るのであり升。世の中の人々の思ふ方は本統でせうか、將又此耶蘇《ヤソ》になつた人の考は正しいのでありませうか、これは耶蘇になつた人の考へが正しいと云ふ事は固より明かな事であり升。されば耶蘇教を信じたればとて決して軍人は弱くなりません、却ていかにも眞正の勇者になつて如何なる事にてもなすべき事はなす様になり死するも生きるも己を私にする事なく、唯神命を待つて決する様になり升。此の神命を第一に重んずる精神がありますから決して彼の己の腕力斗りを賴んで事をする人よりは遙に大なる事を致す様になり升。實に軍人か基督教を信ずれは信ずる程益勇者になる斗りで決して世人の思ふか如くに腰拔け武士になる氣遣はないのてすからこの點は御心配なき様に願上けます。

二　忠君愛國の精神が強くなり升

又世の中の人々が間違つて思ふて居る事が御座り升。これは私共が度々きく事であり升。又あなた方もきゝなさる事で御座りませう、それは別の事でも御座りません、即ち耶蘇になると忠君愛國の精神が減ずると云ふ事で御座り升。ことによると或人などは耶蘇になると忠君愛國の精神がなくなると申し升。これは實に間違た談で丸で耶蘇教と云ふものを知らぬ人々の御談しで御座ります。若しも誠にそんな事がありますならば、私共は皆様より何と云はれても御答辨致す事は出來ませんから、默つて居り升。けれどもそんな事は決して一分一厘もないのですから、默つて居られずして、そんな事はありませんと云ふ事をいさゝか御談し致し度く思ひ升。若しもそんな事が實際にある事ならば、今日我が日本には隨分眼《め》のあいて居る學者も又忠君愛國の精神の強い方も澤山ありますから、とうに此の耶蘇教を此の日本の國外に放逐してしまいました筈であります、けれども之を國外に放逐しない斗りでなく、却て是れは誠によき宗教である、この宗教でなければ我が日本の宗教にするに足らぬ、この宗教でなければ我日本の國民の元氣を旺盛にし、且つは安心立命を與へ人間の蹈むべき道を教ゆる事が出來ぬと申して己が確く之を信じて日曜毎に會堂に徃つて子供の如くなつて牧師より說教をきくのみならす、又人々をも誘ひ徃きます、それのみならず、或は自分で或は傳道者を賴んで未だ此の教を知らぬ人々に語つて居ります、それのみならず莫大の金をも寄附して日本國斗りでなく朝鮮國の樣な國々にまでこれを弘めつゝ又布哇米國にある日本人に迄傳道しつゝあるのであります。これの事はどんな譯でありませう、これ等の學者やこれ等の政治家、有志家などは、矢張り世の中のあたりまいの人々の通り耶蘇教は忠君愛國の精神をなくする教で國家の害になる教であると思つて居た人々でありましたが然るに今はこの通り耶蘇教に熱心になつたのはどんな譯でありませうか、これはどうも不思議な事ではありませんか。外國人から金でも貰ふ爲でありますか、否々な耶蘇教を信ずれば却て金を清韓等の如き未開の國の爲に出しますけれども、外國人から金などは決して貰ふ筈はありません。然らば何か不思議な甘い事でも教へられて、何か人に云ふ事が出來ない秘密な事でもあるのですか、否な〳〵耶蘇《ヤソ》きりすたんと云へば、昔は何か不思議な事を行つて人民を迷はしたと云ふ事はきいてをりますが、人々は今の基督教もそんなものと心得て、何か手品でも使ふものと思ふ極く開化せぬ人も御座ります。けれどもそんな事は自分の見えぬ眼光《め》で判斷した事で決してある筈のものでないのです。此の明かに治まる御代廿世紀の學問の開けた代にどうしてそんな、馬鹿らしいことが出來ませうか。我國の人々が神様と思つて居た雷光も今は學問の御蔭で自由自在に電信や電話や電氣車となりて、私共に使はれて居るではありませんか。どうして堂々たる一大の宗教なる基督教が、何か不思議なことなどをして此の開けた時代に開けた人々を胡魔化して高声《たかごゑ》して說教などをして何時までも化《ば》けの面を顯さずして居られませうか。如何に「キリスト」教の奥の奥まで調べて見ても人をだますやうなことはないから此の開けた時代に存在する事が出來るので御座ります。さらばどう云ふ譯でさきに基督教は忠君愛國の精神をなくするものであると思ひ、基督教に反對した愛國者や、目のあいてをる學者などが今は却て熱心なる「キリスト」教信者となつたで御座りませうか。

誠に六ケ敷理窟も何もありません、唯此の熱心なる愛國者や目のあいてをる學者などが。「近頃は段々我國にもキリスト」教が流行して來て澤山の人々も信ずる様になつてきたが一体「キリスト」教は國家と如何《どんな》關係があるものか知らん。兎に角に調べて見ない中は何んと云ふことも出來ぬ故に、先づ調べて見様と云ふ心より段々調べて見ると先きに思つて居たことは凡て誤で却て基督教と云ふものは尊き教で神に仕ふるの道、人を愛するの道、國を愛するの道、君に仕ふるの道などを正しく教ゆるもの即ち一言に云へば「人間の義正を蹈むべき道を教ゆる立派なる教である」と云ふことが了解《わかつ》たので今は熱心なる信者となつたのであり升。此の最も熱心に國を愛する愛國者や、事物の眞僞を判斷する學者が國家に害なしと認めたのは即ち「キリスト」教の忠君愛國の精神を減らすの、又は全くなくするのと云ふ氣遣のなき證據の一つと見ても、敢て無理ではないのではありませんか。

況んや恐れ多くも両陛下にも基督教徒に同情を表せられて金一万圓と云ふ大金を御下賜なされしは決して忠君愛國の精神に反かぬよき證據ではありませんか、且つ我國の憲法が發布せられても尙ほ此の「キリスト」教が自由に國中に宣傳する事を許されてあるのは即ち此の「キリスト」教なるものは國家の治安を害せず、人民の幸福を害せず。忠君愛國の精神を減らすなどの心配がないから許してあるのでありませう。我が國の人々は何宗教を奉ずるも全く自由であると憲法に定められてありますけれども國家の治安、人民の幸福を害する様な宗教は決して許されてをかるゝ筈はないのです。若し「キリスト」教が我國、國家治安の中心とも云ふべき忠君愛國の精神を害するものならば政府に於ても直ちに此の教の弘がる事を防ぎ宣教師を國外に放逐し、信者を說諭して止めさせませう。しかるに政府では少しもそんな心配もせずして、却て日清戰爭の當時より師團に「バイブル」等を入るゝことを許可したと云ふのは「キリスト」教は決して、忠君愛國の精神を滅さぬと云ふ證據の一ツとするも敢て無理な事でもありますまい。もう一ツ御話し致たいことは「キリスト」信者は果して實際不忠のもの或は我國を愛さぬものでありませうかと云ふ事です、一体君に忠を盡し又國を愛すと云ふ事はどんな事ですか　天皇陛下を誠心より愛し奉り　天皇陛下の爲ならば何事でもする事で御座りませう、又國を愛すると云ふも之れと同じ事で國家の爲になるならば此の身も靈も盡く献げんとする事で御座りませう、若し果してそうならば「キリスト」信者は他人に勝りて却て其心が深く有升。此度の日露戰爭の爲にも「キリスト」信者は一般國民として盡した斗りでなく又日本の「キリスト」信者として十分に盡したのでありませんか、モー一般の國民として國家に對する務を果せる事を以て忠君愛國と云はゝ「キリスト」信者も忠君愛國の人で御座ります。其外に盡した又盡しつゝある事を思へば更に其精神の深い事が十分に分つて參りませう。能々其內部實際の有樣を取調べずして「キリスト」教信者は忠君愛國の精神がないと云ふのは少し無理でありませんか、實際の事を申せば「キリスト」教徒は前申しました通りでありますから「キリスト」教徒は決して不忠な者でもなく、又國を愛せぬ者でも御座りません、私共が實際に見た處では「キリスト」信徒は却て忠君愛國の精神が強くあり升。未た信者にあらさる時には餘り熱心に君を思はなかつた人も又餘り熱心に國を思はなかつた人も信者になつてから一層強く国家を思ふ樣になる事實は今日も見る事で御座ります。何故に信者になると忠君愛國の精神が強くなるのでありますか。それには色々譯があり升。先ツ第一に信者になると神の御意《みむね》と云ふ事を尊びて之に從ふ事を致し升。今私共が奉じ居る天皇陛下の御意に從ひ奉る事は神意にかなつて居るかどうかと、能く考へて見ると實に　天皇陛下に從ふ事は神樣の御意であると云ふ事が分りますから今まで餘り忠義の志深からざりし人々も深くなつてまいり、どうしても天皇陛下の爲に身命を盡さずして居る事が出來ぬ樣になつて參り升。その次には矢張愛國と云ふ事で御座り升が。凡そ是も此國に神が生るゝ事を許し玉ひしを感ぜし上はどうしても、此國を愛さねばならぬ樣になつて參り升。凡そ信者は神意を重んずる故に人をも愛し、君にも忠義を盡し國をも愛し、萬づの正しき事は勇んで之をなす様になつて參り升。どうも唯信者になると神の意を重んずる故に善き人になると斗りきけば、甚分り難き様な事でありますけれども實際どう云ふ譯かは知らねども信者になると此の神の意を重んずると云ふ心は強くなつて參り升。實際ソーなるものであると云ふ事は信者になつて見ない人には分り兼ぬるかも知れません故、兎に角に實際信者になつて見るのは一番分り易い事で御座りませう。

第三章　基督教は軍人に必要であり升

偖て前數章に於ては我邦に於ても段々基督教と軍人との關係が近くなつて來たから此時に當て是非諸君に「キリスト」教を說かねばならぬ譯合を述べ、次に世の人々が基督教と云へば、頭から耶蘇と云つて賤んで色々間違つて居る箇條をあげて、細々と御話し致しましたが、此章に於ては更に進んで「キリスト」教は實際軍人に必要なもので、軍人たるものは之を信ぜねばならぬ事を御話し致さうと思升。

一　戰爭の眞意義か知れます

先づ軍人は何をするのが其任職義務でありますか、唯戰爭をして百万の強敵をも、ものゝ數ともせず、縱橫無盡にきり敗つて大勝を得るのが其職務でありますか、そうです、それは職務に違いございますまい、しかし何の爲に私共は戰爭を致しますか、これは面白いからでは御座りますまい、武人の脾肉が肥えて堪まらないからするのでもありますまい。唯しなければならぬ事あつてするのでありませう、何故ですか、これは正義の爲平和の爲にするのであり升。戰爭は人間の幸福の爲にするのであり升。敵を殺すも實は止むを得ずしてするので好んでするのではありません、他が義に背いた事をするから敵として征伐するのであり升。若しそのまゝにしてをけば、敵の爲にも味方の為にもならないのでありますから、之を伐ち懲らすのであり升。そのまゝにしてをけば、人類の幸福を害し、人間の進歩を害するからして、之を伐つので面白半分の好奇心から伐つのでありません。孔明が涙をふるつて馬稷を斬るとは眞に戰爭の義を説明したものであります。日露戰爭は戰爭の眞意義を説明したものであります。

今度の戰爭で申せば日軍は實に正しいのであり升。露軍は征伐せられねばならぬのであります。露國は不當にも彼が例の傲慢無禮を以て我が日本に接し野蠻固陋の風を以て我が東洋の平和と進歩とを害せんとしたるが如きは即ち是れ露國の爲にも又日本の爲にもひいては世界の爲にも大害を與ふる事になりますから人類の幸福を害する事になります。この故に我日本國は之を飽までも伐たねばなりません、之を征伐するのは即ち義を守る事であり升。之を征伐する事は東洋數億万の民人の爲であり升。つまり世界の爲であります、人類の幸福の爲であり升。それ故に是非とも征伐せねばならぬ事であり升。我が　天皇陛下の赫怒兵を發して、露國を伐ち玉ふたる事は誠に畏しこくも又有難き事であり升。戰爭は是非とも此の動機によつて始められねばなりません。即ち義の爲に止むを得ず干戈を動かす事でなければ、正當の戰爭と申されません、されば軍人たるものも人を中心として思はざるべからざる事と考へられます、人の爲めに人の幸福の爲に萬事を考へねばならぬ事と思はれます、又義の爲めに動き義の爲に死するの覺悟なければならぬ事と存じます。此故に軍人たるものは上大將より下一兵卒に至るまで義を重んじ人間を尊ぶの誠心なくんばあらずと思ひ升。何の爲に今我々は戰へ居るかも知らずして、戰ひ居る兵卒は何となく力ありません。我は義の爲に戰ひ居るもの、我は人間の爲に戰爭するものと、知つて居る上に大將の命令を能く遵奉せば一層正しく且つ強き戰爭をなし得る事と思はれます、基督教は能く人間の尊ぶべき譯合や、道の尊ぶべき譯合などを確かに明かに知らしむるものであります、平常此教を學んで居る人は必ず義理分明にして情理明確であります、正しく公平に萬事を處理することが出來るのであります。

二　死について明かなる悟か開かれます

次に御談し致したき事は「死する事」に付てゝあり升。死と云ふ事と軍人とは隨分密着の關係があるのであり升。それ故に昔より名將勇卒多くは死する事に付て色々の悟を開いてをりましたのです。死する事は「我がもと住み馴れし家に歸る事と同じ事である」と云つて居ります、實際死と軍人とは大關係のあるものであり升。軍人のエライ處は其能く義を知り、仁を行ふのみならず戰に臨んでも勇しく戰ひ百万の强敵を見ても之を睨みかへすが如き猛意ある處と思はれ升。古の大將は智と仁とありしのみならず、之れに加へて實に非常なる勇氣がありました、大概の名將と稱せられ、歷史に殘つたほどの人は大概は智仁勇兼備の方々でありました。

偖て此の勇氣の原因は何であるかと云ふ事をしらべて見度いと思ひ升。古より今日まで勇氣ある人と云ふ人を見るに大概は死を恐れない處の人で御座り升。人は誰でも死する事を嫌ひます、口では「死すとも止めず」。「死を決して進む」などと申しましてもマサカの時には隨分氣を落し腰を拔かす人も多いので、人の笑草になつて居るではありませんか。そこで死を恐れぬと云ふ事は實際隨分六ケ敷い事ではありますが。しかし死を恐れぬ人でなければ決して勇氣ある人となる事が出來ません、勇氣なき人は戰に望んで何の役にも立ちません。軍人にして勇氣なきは恰度蒸滊車にして蒸滊を失つた樣なもの、さては鹽にして其味を失つた樣のもので御座り升。何の役にも立ちません、されば軍人たるものは死を恐れぬことをも稽古せねばなりません。勿論軍人が勇氣を養ふには、實際の戰爭に度々臨む事は必要であります、けれども其實際に臨む前に心の中に悟り居る事が必要で御座り升。先づ其心膽を鍛ひをく事が必要であり升。隨分昔から今日まで生來《うまれつき》勇氣の有つた人もあります、例へば三國誌にある張飛とか、日本の鬼將軍と云はれた加藤清正とか、隨分生來勇氣があつて何も恐れなかつた人もあります、けれども此れは稀れなる人で、大概落着てスワと云ふ時に當つて決して狼狽もせず、非常の勇氣を以て事をした人々を見ますれば、平常より何か大に考へて居た人々であります。孔子が陳蔡の間に大に苦んだ時の如きも平氣で子路を慰めて「君子はもとより窮す」と云へり、匡に入つて又大に迷惑をしました、けれども又天を信じて少しも驚きませんでした、凡そ人々が一旦おそろしき事が起つても平氣でをる人は孔子の様に何か悟つてをるからです。何も悟らず此世の中はドーユウものやら、死んでの後は如何になるものやら、少しも夢中で居る人は、何か恐ろしき事が起れば、じきに狼狽して平常の大言も法螺も吹く處でない「生命あつてのもの種だ」など云つて逸先に何処かへ逃げ出してしまうものであり升。それ故に是非とも眞正の勇氣ある人とならんとせば、平常死の事や人間の生命のことなどを十分考へて悟つて居らねばなりません。

若し人非常の勇者とならんとせば「死すると云ふ事は如何なる事」「死んでから後は如何なるもの」など凡てこの死と云ふ事に付て十分考ひて學んで悟つて居らねばなりません。死んでから「焰魔大王」と云ふ實に恐しき大王の裁判を受けねばならぬものですか。又火の車に乘らねばならぬものですか。劍の山を洗足で登らねばならぬものですか。又は極樂淨土と云ふはあるものですか、黄金の蓮は常に薫り天女は樂を奏して、いとも面白く限なく樂しむ處があるのですか。將た又そんな事は少しもなく死んでから後は「空」に歸するものですか。又永遠に生きて居るものですか。此等の事に付て十分に知るか悟るか信するかをしてをらなければスワと云ふ時は必ず狼狽し大切の場合に腰を抜かす、死なねばならぬ時に卑怯未錬の事をして己の名譽計りでなく父母の名をも汚し、さては國家の御用にたゝぬ様になります。それ故に軍人たるものは平常「死」と云ふ事に付て十分考へてをかねばならぬ事と思ます。

皆様も御存じの通り亞米利加人の父と呼ばれますワシントンは智勇兼備の名將でありました。誠に弱い兵隊を以て最も錬り上げたる英國の兵隊と一年二年でなく三年も四年も七年も少しも屈せず。兵隊が少なくなるも味方は段々死んでしまうもかまはず、強き英國の兵と戰かつた事を見ても、決して尋常の大將でありません。非常に勇氣もあつた人で、且つは少しも恐ろしい事を知らぬ大將であつたに相違ありません、何故にワシントンはこんなに何も恐ろしふ思はずに最も勇ましく戰つたのでありますか。それには色々の譯もありましたろう。一体生來《うまれつき》勇氣のあつた處もありませう、併しワシントンは基督信者でありました。それ故に死と云ふ事に付ては十分悟つて居る處がござり升た。そこが第一にワシントンをして、勇ましく戰はしめた譯で御座り升。一体「キリスト」信者と云ふものは死と云ふ事に付ては如何に思つて居るのでありますか、そこが私の今諸君に御話し致し度き事で御座り升。キリスト信者が死と云ふ事に付ては色々に悟つて居り升。第一私共の靈魂と云ふものは決して滅《なく》ならぬもの即ち私共は限なく生きて居るものと信じて居り升。此の限なく生きて居ると信じて居る事は人間萬般の事の上に大なる關係があり升。人間今日の一行一動に大なる關係があり升。若しも人間は此世限りのものならば泥棒でも人殺しでも勝手気儘の事をする方がいゝのです、若しも人間は此の短き世限りでなくなつてしまうものならば「エピキユリアン」の人々の如く飲めよ食へよ明日は死ぬるべければなりと云つて、放蕩に飲食酒色に耽る方が餘程利巧であります。此世斗りのものならば唯此世を樂しく面白く気儘に暮す方が餘程賢こいのです。人間と云ふものは此世限りにして三寸息絶ゆる時は萬事空しくなるものであるとする時は人々の心得人々の日々の行爲は以上述べた様に變つて參り升。しかし人間と云ふものは此世限りでなく永く生きて居るものである、未來と云ふものはあるもので誰れ彼の區別なく終りの日には審判を受けねばならぬものであると云ふ様になると人々は決して飲食計りで此日を送つて居る事が出來ません。出來る丈力を盡して立派な行爲と立派な言葉と立派な心得にならねばならぬ様になつて參ります。誠に此の人間が死んでから後で永く生きてあると云ふと又死んでしまへばそれぎりであると云ふとによつて人の行爲に大變化を來らすものですから、此の靈魂不滅即人間は永く限なく生きて居ると云ふ事は人間行爲上萬般の上に大なる關係があると云ふ事が分ります。

この靈魂不滅即ち人間は死んでから後でも永く生きて居ると云ふ事は殊に軍人諸君と大關係を有してをるものです。如何となれば軍人諸君は當り前の人々よりは實際日々死生の間を往來して居りますから、死と云ふ問題を悟つて居ると居らぬとによつて平常でも又戰爭の塲合でも其行爲に大なる變化を來らすもので御座り升。若しも人間と云ふものは此の肉体が傷いても又殺されても靈魂は永く生きて居ると云ふ事が分つたならば、必ず諸君は勇んで戰爭する様になつて來て決して死ぬるなどゝ云ふ事を少しも恐れず却て喜ばしき事となりませう マホメツト信者は戰爭に於て最も勇ましく戰い升。何故と云ふに確く未來を信じ戰爭の爲に死んだものは必ず未來に徃いて樂しみを思の儘にせらるゝものであると思つて居るからです。實に此の未來即ち人間は此世限りでなく永く生きて居るもので有と云ふ事は軍人の勇怯に大關係があるものです。「キリスト」教は矢張り未來を教へ升。人間は此世限りでないと教へます。「キリスト」信者は未來を信じて居る事決してマホメツト信者と劣りません。劣りませんから信者たる軍人が戰爭する時は勇ましく戰ひ升。ワシントンは其一例です、獨りワシントン斗りでありませんグラントもそうでありました、獨りグラント斗りでありません、フレデリト大王も實に「キリスト」信者で確實なる信仰を持つてをつた人でした。人間は此世斗りでないと信じて居る人は戰爭に於て落着いて果斷に沈毅に單一に勇猛に疾風迅雷の如く義の爲に戰つて死ぬる事などを恐れません。死ぬる事などはもと來た故鄕の家にでも歸る樣な心地して決して恐れる事などはありません。それ故に十分に戰ふ事が出來升。戰ふ事が出來る即ち軍人たるの務を戰場に臨んで十分に盡す事が出來ます。されば軍人諸君は人としても「キリスト」教を信ぜねばならぬ斗りでなく軍人としても信ぜねばならぬ譯合が分つて參りませう。

三　膽力家になれます

次に御談し致し度は「膽力」の事です先つ軍人が戰に臨んで勇ましく戰ひ拔群の功をあらはして國家の爲に盡さんに死と云ふ事に就て確かに悟つて居ればスワと云ふ時に十分に役に立ちますが。其次に必要なのは何ですかと云ふに即ち今話さんとする膽力てあります。古より今日までのエライ軍人を御覽なさい何れも能く戰ひ能く敵を征服し能く勇氣をあらはしました。これは何故であるかと云ふに一ツは死と云ふ事に付て明かに悟つてをりましたが又一ツには膽力を平常から能く練つた人々であつたからであります。凡そ昔から今日までエライ事をした人は獨り軍人斗りでなく皆膽力を練つてあつた膽力家でありました。エライ事をするには必ず膽力と云ふものは必要なものに相違ありません。御覽なさい孔子でも孟子でもルーテルでも又ノツクスも皆々絶世の大人物で百代の師表と仰がるゝ人でありませう。然るに彼等は何れも正義と道の爲には其死する事もせめらるゝ事も誹らるゝ事も迫害せらるゝ事も何でも平氣でありました。それであるからあれほどの大事業をなしたのであり升。孔孟は支那道德界の大人物で。ルーテルノツクスは歐州宗教界の大人物で共に皆百世の師表であり升。彼等は屢々危いめにもつらいめにも食はざる事も殺さるゝめにも迫害せらるゝ事にもあいました。然るに彼等は依然たる一片の赤誠を満天下に發表して少しも恐れ憚る處なく運命を天に任せ平然として少しも迫りたる氣色はない斗りでなく却て殺されんとする場合にまで平然として日常の如くでありました望むべき價値ある未來を眞に心の底より望んで居りました。况んや恐るゝなどの事は露程も有ませんでした。何ぜと云ふに一言に申せば彼等は膽力家であつたからであります。勿論彼等とても人でありますから殺さるゝ事も攻めらるゝ事も誹らるゝ事も嫌であるに違いないのですが。然るに通常の人と違つて此んな場合に平然たるものは其の中に何をも恐れぬ膽力が十分練れてあつたからであります。

この通り凡そ世の中に大事をなした程の人は必ず十分の膽力を練り上げて膽力家となつた人々でありました。然るに軍人は殊に實際の膽力家でなければ戰爭に於ては十分戰ふて大勝利を得る事が出來ません。これは只今改めて申すにも及ばぬ事であり升。軍人の傳記や、其外大戰爭の歴史などを御讀みなされば其事は明かに分つて參ります。御覽なさい日清戰爭當時の山路將軍の如きさては今日の東鄕大將の如き又乃木大將の如きは如何なる方々でありますか。もとよりあの方々を色々の方面より見る事が出來ますが。膽力家と云ふもあの方々の一特質で御座りませう。獨り此の方々斗りでありません昔から今日まで有名なる大將は凡て膽力家でありましたナポレオンもワシントンも歴山もハンニバルもタメルランも小早川隆景も秀吉も皆な悉く膽力家でありました。戰爭の勝敗は時の遲速と物の多少と物の强弱など器械的の事に關係する事誠に大なるものありと雖も、士氣即ち軍人の精神に關する事誠に大なるものある事は實戰に度々臨みたる軍人諸君の明かに知る處でありませう、士氣の中果斷と云ひ單一と云ひ戰爭上最も大切なる精神上の働きあれど果斷と云ひ單一と云ひ此等のものゝ根本をなすものは膽力であり升。先づ膽力と云ふもの確固と軍人の精神の中に備はつて始めて果斷と云ふ働ともなり、單一と云ふ者も持たれ、突進と云ふ事も出來、疾風迅雷の働も靜かなる事林の如き靜姿をも取る事も出來るものであり升。膽力我が中に十分備はらずして、唯勇しく戰はんとするは所謂野蠻の勇にして唯肉体の力動物的の力によりすがつて働くものなれば永く續くものではありません。又正しく明かに成行きを見ながら殺すべきものを殺し、助くべきものを助け、なすべからざる事をなさずして、唯正になすべき事のみをなす事が出來ません、長く續けて働く事も出來す。又正しく戰をなす事も出來ぬならば、モー正しき人間が戰爭をなすものにあらず。又碌な戰爭は出來ぬものであり升。昔から今日まで、大戰爭に於て大勝利を得し人々を見るに皆彈丸雨の如く來り、突進殺傷互に相當るの間に悠然として平氣で或は談笑自在なるが如きいとも落着きたる心のあつた人々であります。此故に軍人となりて軍人たるの任務を十分に盡さんとせば、膽力を練る事が實に必要であります。それ臆病なる人と雖ども膽力を養ふ時は隨分エライ膽力家となられ升。昔から其例が隨分澤山有升。日本の歴史にも、歐州諸國の歴史にも、支那の歴史にも澤山其例が見ひ升。されば、どなたでも如何なる人も膽力を練る樣に心を用ひねばならぬと思はれます。我は生來臆病であると云つてその臆病で滿足してをつてはいけません、力を盡して出來る丈勇者となる工夫膽力家となる事をせねばなりません、之れが軍人たるもの丶先づ勉むべき課業の一つであります。器械躰操をしたり射的演習をしたりするのは、軍人の勉むべき課業には相違ありませんが、其れと同時に此の器械にて稽古したる事を十分使ふ丈の氣力がなければなりません。士氣即ち此の軍人の氣性の中で大切なるものは先づ膽力であります。膽力は鐵砲も大砲も刀劍も自由に使用致します。膽力なければ正宗の刀ありとも之を用ひて敵の首をきり落す事も出來ません、膽力あつて而して後に此の刀も鐵砲も始めて役に立つものであり升。それ故に膽力を練る事は軍人たるもの丶勉むべき課業の一つに相違ありません。それ故に軍人諸君は十分力を用ひて膽力を練る樣に心掛けなさる事を御勸め致します。

四　胆力家になる方法

さらば其膽力を養成するには如何したらい丶でせうか。これ余が次に御談し申さんとする問題であり升。此は軍人諸君に取つては隨分大切なる問題であります。軍人諸君に膽力が必要なるが故に、其養成の方法は實に必要なる問題であります。さて膽力を養ふには色々方法があります。其方法は一人々々別々の方法があり升。人によつて異なるものであります。それ故に此の方法がよいと云ふ一定の方法がないのです、隨分禪宗の如き意志を練る事を稽古する宗教では坐禪を組み思を沈め物界より離れ。丹田を練りて以て非常なる膽力家となつたるものもあります併しながら其發達の有様を見るにドーモ變梃です。何となく嫌らしい所かあり升。何となく不自然な處があります。唯不自然な斗りでなくスワと云ふ時は實際の役にたちません、如何となれば、彼の坐禪は唯心で沈思熟考して宇宙の大眞理を攻究するものなれば、實際に遠かり實際を離れて空想に走り、空想では隨分天地を呑んだ様に思つて居ても針程の實際世界の事を處理する事が出來ません。實際世界の事に當りて、閉口して居るのみならず、彼等は閉口の餘り、此の實際世界を輕んずるから、結局此世界を破壞するものであります。若し此の世界中の人々を盡く禪座にすはらして、坐禪せしめしならば、此世界の人々は盡く不活潑になり、不動になり、空想になり此世界萬般の運動は止まります。色々の點より考ふるに、此坐禪と云ふものは畢竟人世に害を與ふるのみにして、利益を人に與へぬものと云ふてよからうと思はれます、よし坐禪をくんだ高僧で膽力家と稱する人も實際の役にたゝねば、先づ此の活潑なる時代の廿世紀に於て活潑なる仕事をなして、多くの人々に打勝たんとせば、須らく此んな死んだ方法によりて以て膽力を練る樣な事は止めねばならぬ事と思はれます。坐禪斗りでなく其他隨分澤山の方法があります、けれども坐禪と等しく或人に適當するかも知れませんが、又或時代に適當するかもしれませんけれども、又或る度まで發達する事が出來ませうが、併し天然的に自然的に人々萬人誰でもがよつて以て膽力を養ふ事が出來ないとするならば唯膽力を練るの精神を養ふのが一番賢い仕方と思升。

余は今より先輩諸氏が實驗して余等に敎へたる膽力を練るの精神を御話し致しませう。膽力とは何の事でありますか。何でも恐れない事即ち凡ての事は恐ろしくないと云ふ心で御座りませう。何でも恐ろしくないと云ふならば死ぬる事も戰爭も射放つ大砲の筒先きでも彈丸雨の如くふり來る眞中でも恐ろしくない事でせう。そこで始めて立派な戰爭が出來ませう。それ故に凡そ軍人たるものは膽力家でなければならぬと云ふのです。

それで只今私はどうゆう仕方で皆さんが膽力家になられますと云ふ事を御話し致す積りでなくどうゆう精神になれば膽力家になれるやと云ふ事で御座ります。隨分昔しの賢明なる人或は偉大なる人傑は色々と考へて、色々の悟を開て居て、色々なる精神になつて落着いたる膽力家になつたのでありますが。先づ其凡ての人々がドーシテも心に思つて居た事は「身を棄てゝこそ浮ぶ瀬もあれ」と云ふ歌の精神で御座ります。これは武道の奥儀で御座り升。凡ての事此のドン底まで思切つて居れば決して恐ろしいの又は心配だのといふ事はないのです。此事は澤庵和尚も柳生先生に教ひて居り升。柳生先生があの通り劒道の奥儀に達したのは、此の秘傳を澤庵和尚から授かつたからであります。その前までは柳生先生も、矢張り當り前の劍客の様に唯方法斗り考へて居りました。唯受け流す事や、撃ち込む事などの、末技に汲々として骨を折つて居りましたが一旦此の精神を和尚より授かりてからは、丸で別の先生になりました。即ち膽力家の精神が備つたからモー誰にも恐るゝ處はありません、何も恐ろしいといふ事はなくなりました。撃たれても、突かれても、否な殺されても何にも恐ろしい事がありません、モー天地宇宙を呑んでをります天地を呑んで居る人ですから少き人間等が幾何騒いでも何でもありません。併しこれ丈けでは未だ足りません、これで充分でありません、何となく不足な様な心地致します。そこで基督教的に膽力を練る事を御話し致さねばなりません。基督教では凡ての事神の御心による事と教へます死ぬる事も生きる事も何でも神の御心による事と教へます。神の御許しなければ一羽の雀すら地に落ず。一條の髮の毛すら人間の力で白くも黒くもする事が出來ぬと教へてあります、而して神様が人間に御許しなさる事は飽まで人間の爲にはよい事であつて神は決して人々を惡しき様に導き玉はずと教へてあります、こゝが外の人々の悟つた處よりも勝つた點で御座ります。思切つて身を棄てた處が浮ばぬ事もあります。必ず浮ぶ、即ち生命はないものと覺悟して戰爭に臨んで、そうして勝たずして遂に敵に殺さるゝ様な事が御座り升。何時でも身を棄てた處が浮ぶといふ事に極つてをりません、實にこれ危ぶない事、不安心の事です。然るに基督教では何事でも神の御心の儘になるものにして私共が勝手気儘にならぬ事で。萬てのものは神の支配を免るゝ事はないと信じて、而して其凡ての事は皆な神の慈愛心より起る事で人間には極よい事であると信じてをりますから安心です。モー何も心配するに及びません、私共今此の戰場に臨んで死ぬるも生きるも皆神の御心の中にある事で。死んだ處がそれが實に我が爲に幸福な事だと確信して居れば實に落着いてユツクリして戰場に臨んでをられます。死ぬる事も急がず。又死ぬるも恐れず、所謂從容自若として人々が面色土の如き有様になつて恐れて居る最中にも平氣で安心して、正しき心を以て己のなすべき事をなしてをられます。此れが即ち眞正の膽力家であります。死を恐れぬとか何とかいつて肩を張つて居るうちは未だほんとうの膽力家といふに足りません。眞正の膽力家は恐ろしい、恐ろしくないといふ事などは心の中に起らぬ境に達したものであります。モー此の恐ろしいの、恐ろしくないのといふ處より百丈も千丈も上に上つて居るものであります。此れが眞正の膽力家にして基督信者が練り上ぐる時はこの點まで練り上ります。これ即ち基督信徒が膽を練る方法のよいのでなく其精神がよいのであります。其精神とは別事でなく即ち神様を生きて慈愛ある。天の父と信ずる事であります。又人間の運命。人間の死生。人間の苦樂。など萬事神の御意の中にある事と確く信ずる事です。神を生きて慈愛なる父と信じ而して人間の萬事は凡て神の御心より出づるものなりと、信ずる時は如何なる場合にも満足して喜んで其時と場所に處する事が出來ます即ち艱難にも迫害にも貧窮にも、疾病にも、戰爭にも、死亡にも、如何なる場合にも、平氣で少しも驚かず。騒がず。泰然として恰も夏雨一過の夕、浴後霽月を眺めて左團扇にて自由なる談話を自由になすが如く、氣も心も全体も何にも束縛せらるゝ事なくして夕涼するが如き心を始終保つ事が出來ます。嗚呼實に愉快なる事でありませんか。凡ての場合に斯の如き心を持たれ得ば、軍人たるもの須らく基督教を信じなされば如何で御座りますか。唯食はず嫌いではいけません。男兒たるものは愈惡るいことゝ知つた事でなければ、之を嫌ふべきものではないと思ひます。基督教が惡るいか、よいか、未だ手に取つて調べて見ない中に食はず嫌では大和魂を持つた、日本男兒でないと思ひます。謹んで軍人諸君に基督教を調べて信仰せられん事を御勸め致します。これは我か利益や名譽の爲に御勸め申すのでなくて實に我救主基督の命令にある如く普く萬民に基督の福音を宣へ傳へよとの御命令かあるによりまた又我等は之を信ずるが故に非常の幸福を實驗し居りて申上げずには居られないからであります。

軍人と基督教　畢

＊漢字・仮名づかいは原文のままを原則としたが、変体仮名づかいは原文の旧字体に統一した。また明らかな誤植で訂正した箇所がある。

人身売買禁布告

（一八七二（明治五）年一〇月二日　太政官布告、木更津県令発布）

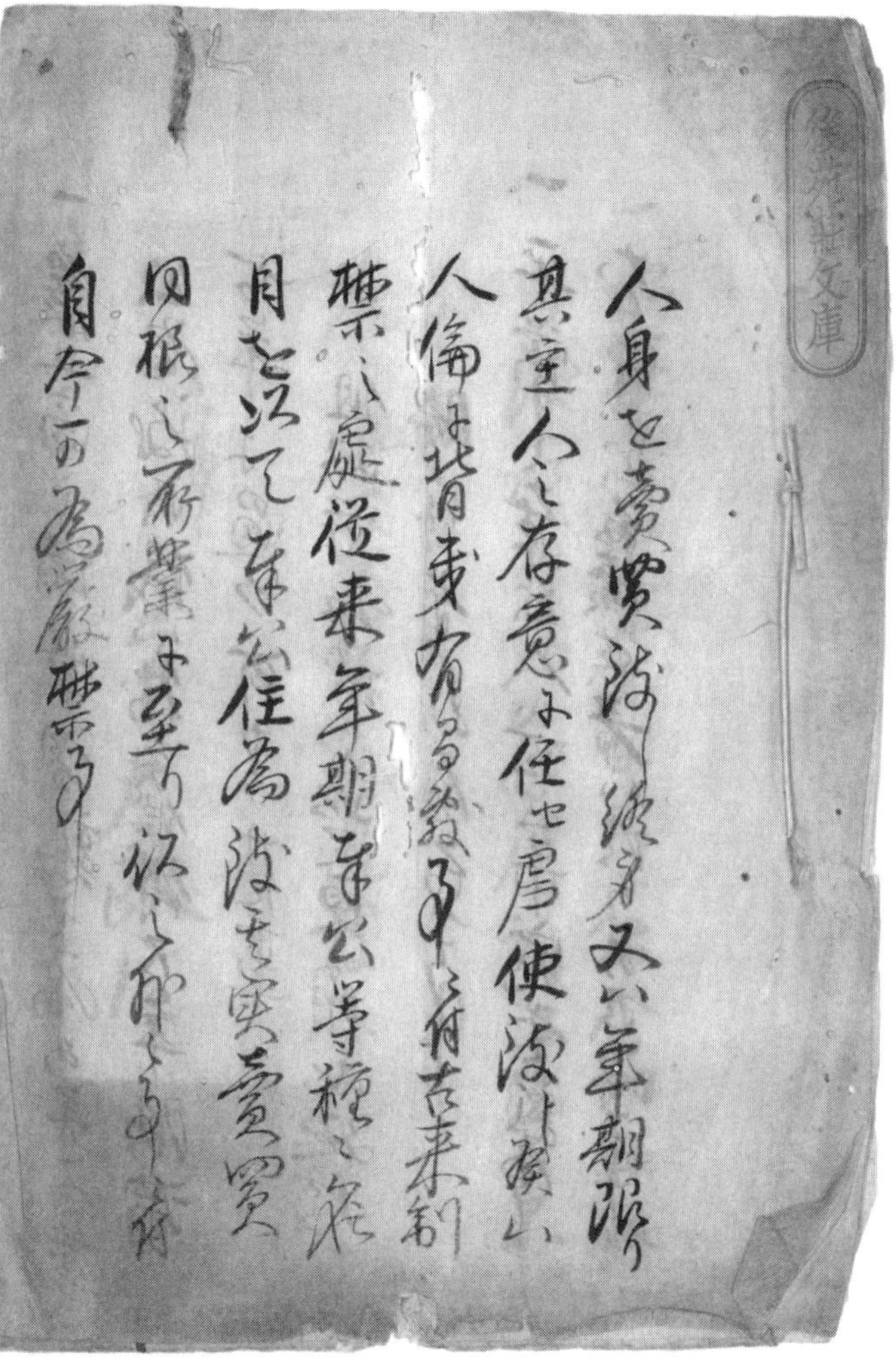
人身ヲ売買致シ終身又ハ年期ヲ限リ
其主人ノ存意ニ任セ虐使致シ候ハ
人倫ニ背キ有マシキ事ニ付古来制
禁ノ処従来年期奉公等種々ノ名
目ヲ以テ奉公住為致其実売買
同様ノ所業ニ至リ以ノ外ノ事ニ付
自今可為厳禁事

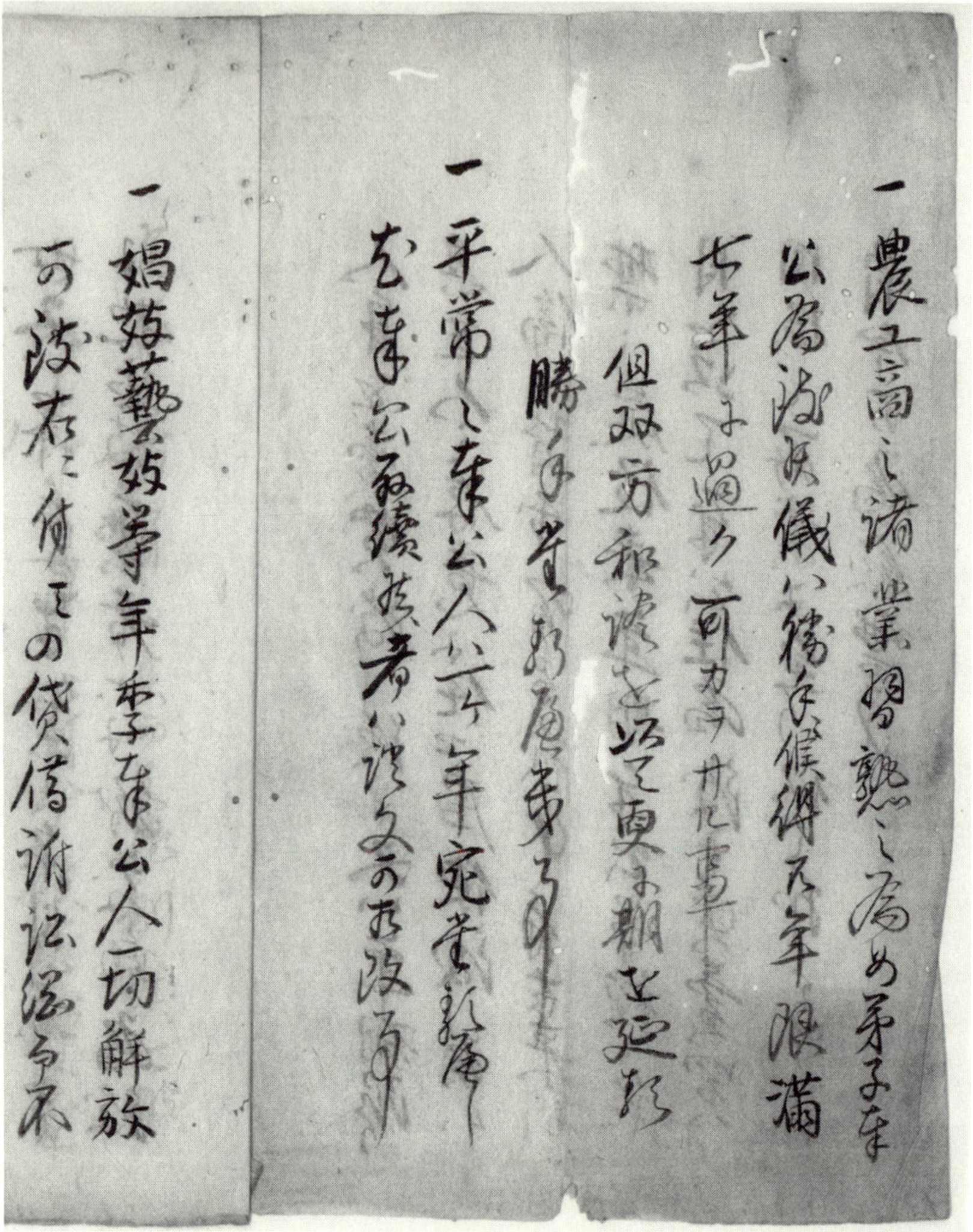
一農工商之諸業習熟之為め弟子奉公為致候儀ハ勝手ニ候得共年限満
七年ニ過ク可カラサル事
但双方和談を以更ニ期を延ルハ
勝手たるへき事
一平常之奉公人ハ一ヶ年宛たるへし
尤奉公取続候者ハ証文可相改事
一娼妓芸妓等年季奉公人一切解放
可致右ニ付ての貸借訴訟総テ不

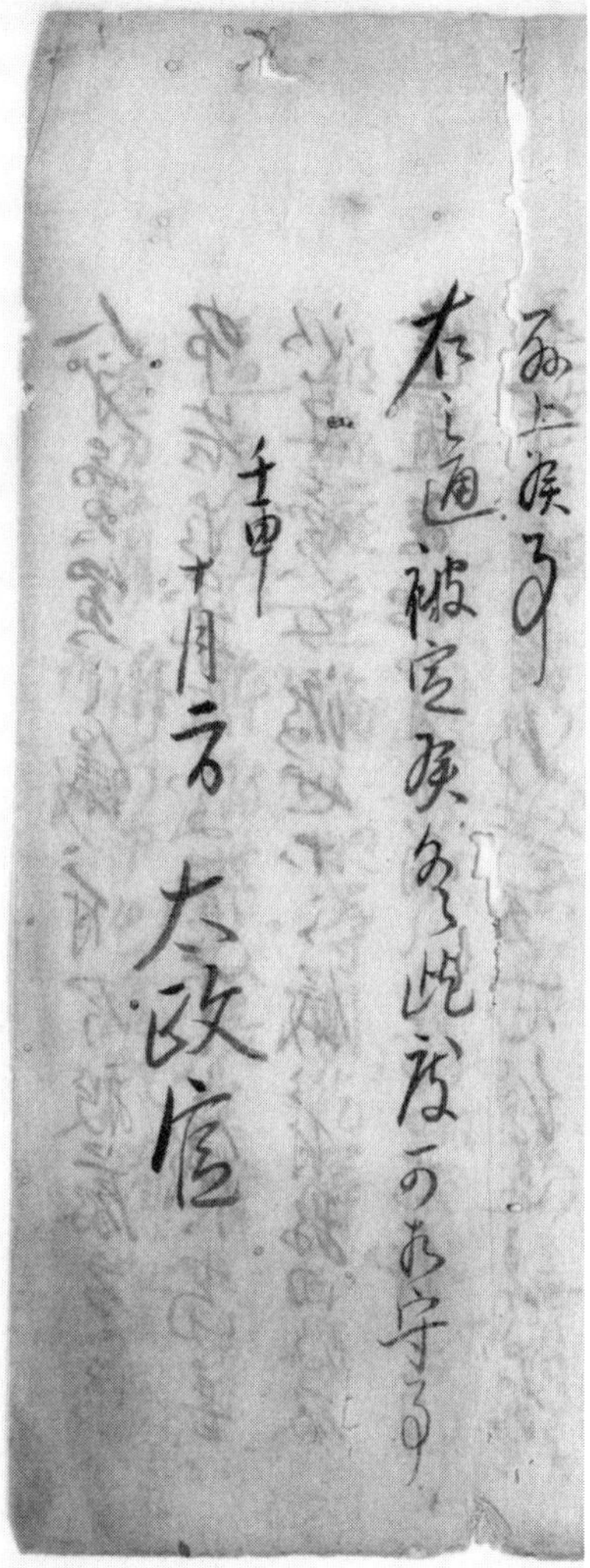

一八七二〔明治五〕年六月二九日、マリア・ルス号乗船の中国人苦力たちが奴隷として人身売買され虐待を受けている実情を知った駐日英米臨時公使が、外務卿副島種臣に日本に船長を裁判する権利があると進言した。七月一日、副島外務卿は神奈川県参事大江卓（七月一五日付で権令）に裁判を命じた。裁判の結果九月一三日、苦力たちは清国使節に引き渡された。裁判でペルー側弁護士は、日本にも芸娼妓のような奴隷的人身売買があると指摘した。その指摘を封じるために、急いで人身売買を禁じ芸娼妓の解放を命じるこの太政官の布達が出された。

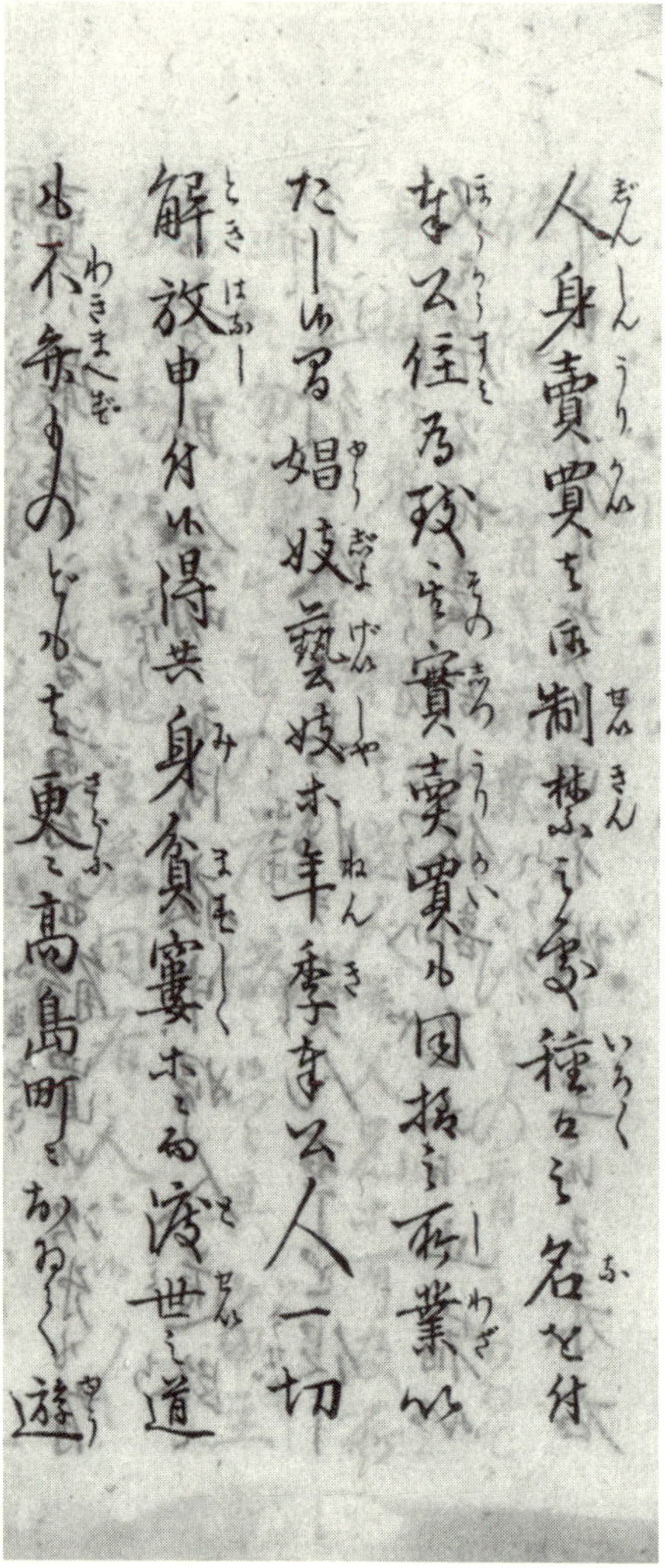

人身売買禁止

（一八七二〔明治五〕年一〇月一五日　神奈川県権令大江卓）

一九七二（明治五）年一〇月二日の太政官布告を根拠に神奈川権令大江卓が、人身売買の禁止と娼芸妓の解放を布達したもの。しかし「遊女渡世」を「願出」れば「花貸座敷」ができるまで今の遊女屋で「営業」を認め、遊女屋以外での「営業」を厳禁する公娼制の発想である。遊女屋以外での「営業」は、その場所の関係者への大げさな連帯責任としての処罰を強調することで押さえ込もうとしている。「居留地商館小使部屋」が横浜らしい実態を表現している。

女渡世預出内ニテ〻許セ貸〻及補理
お宋ル追是追遊女屋有之揚所とおもふく

営業ニ〻儀ヲ不苦得共他所ニ止宿ハ
一切不苦右規則書ニも掲載有之且娼
賣ハ厳禁ニ〻為ニ萬お觸置ル次分ル有
ミゆ卆即会叩赤成夜中婦人道路て
行通行ニ人ニ吐其情ヲ賣人事ヲ促ー
又ヲ居ル地商舘小使部屋ニ止宿ニ
〻〻〻〻ノハ有之由在將ニ至ニ〻己未右

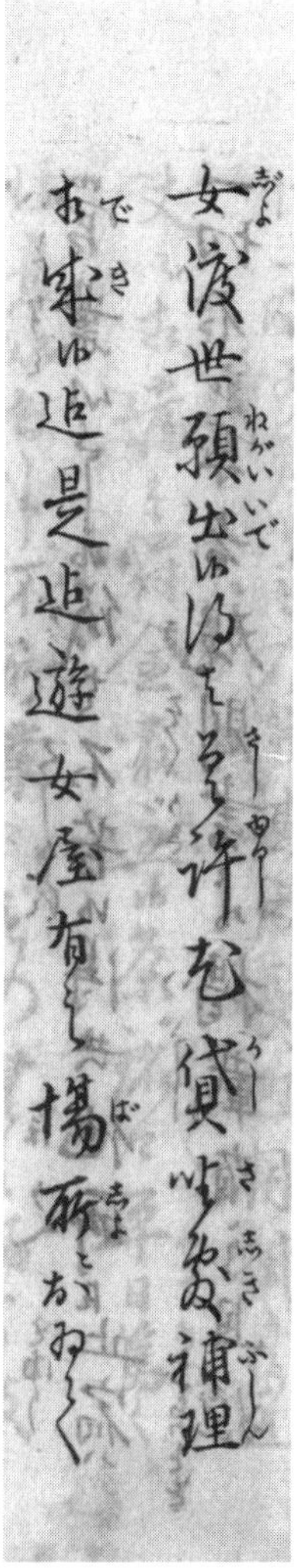

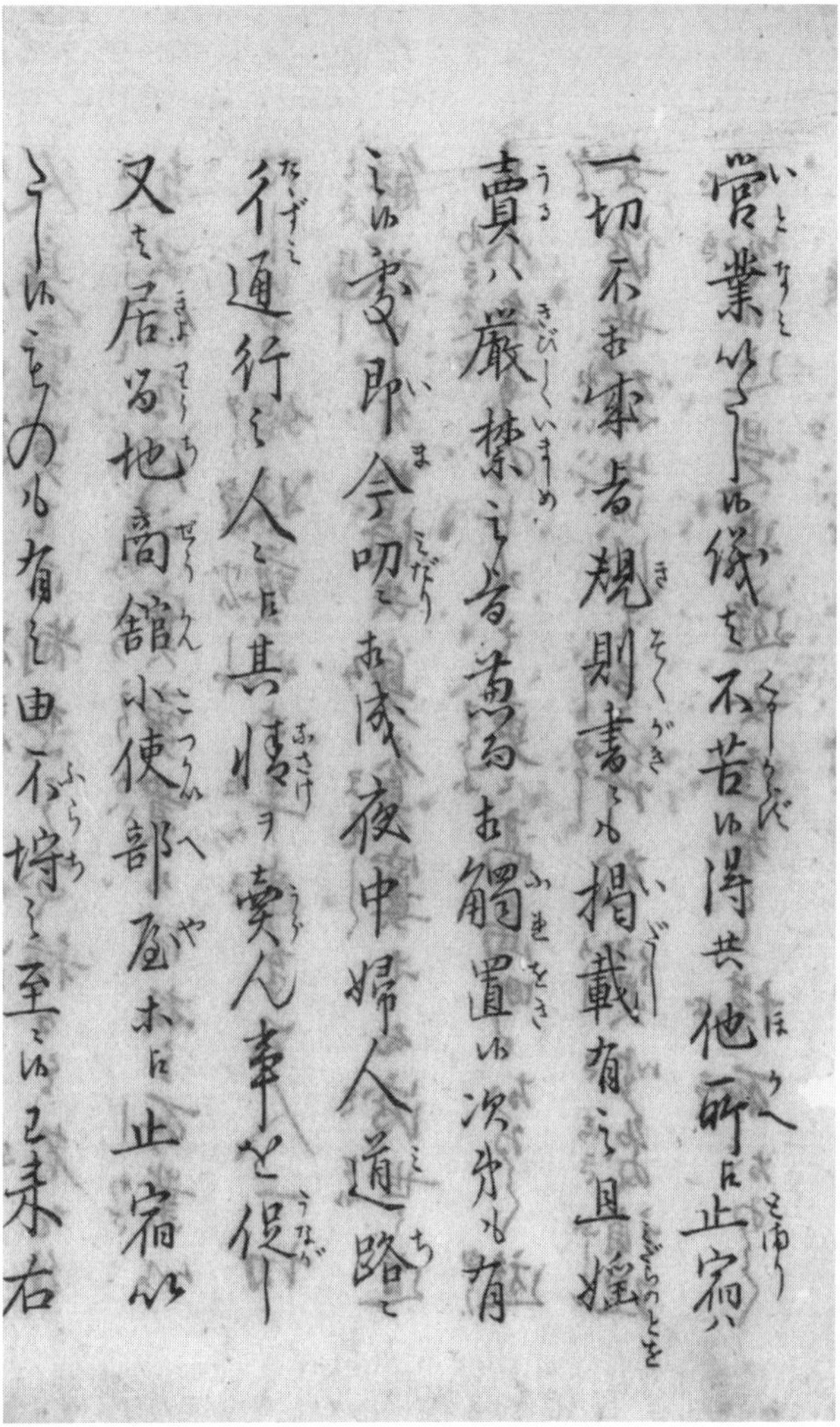

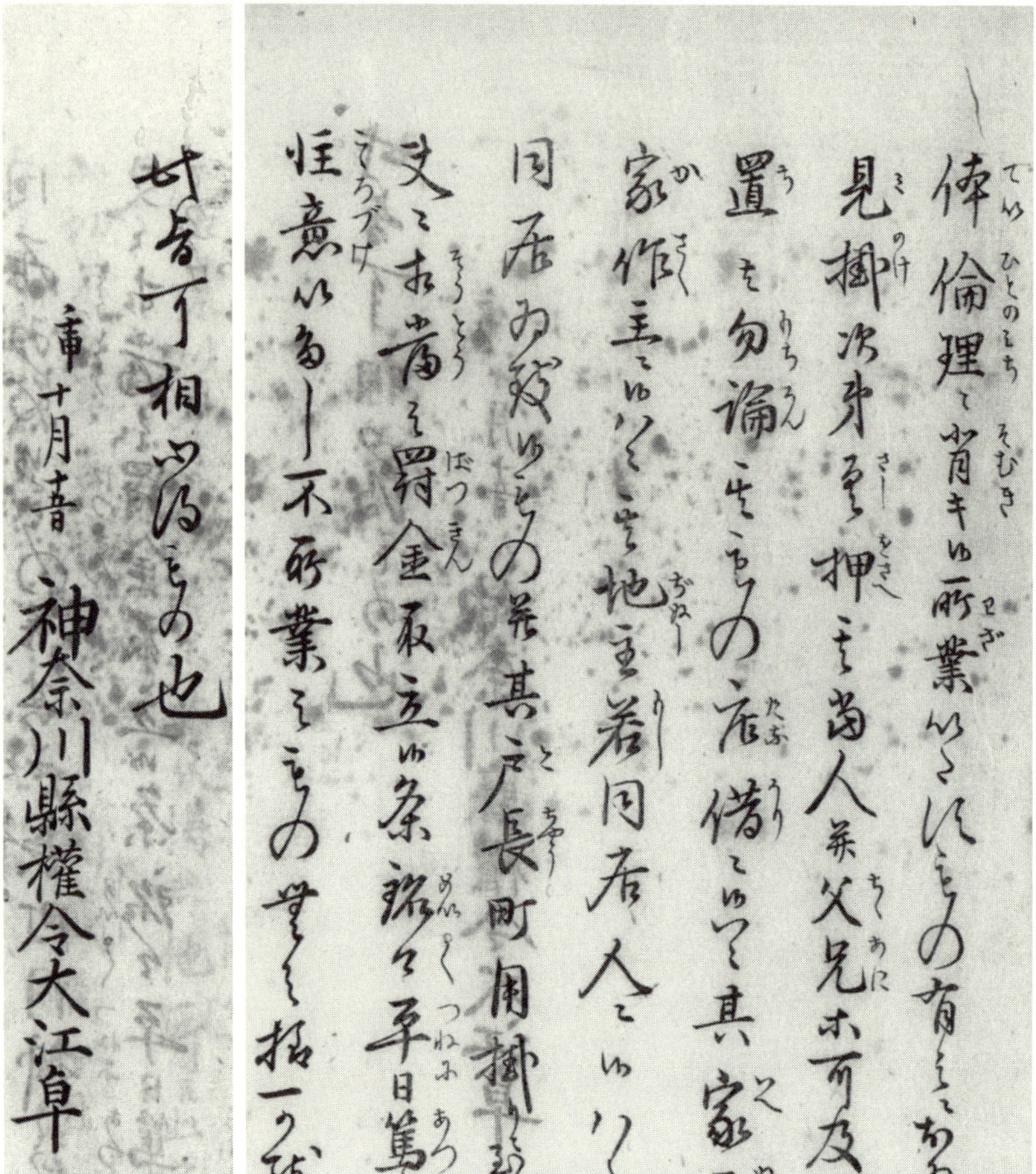
倫理ニ背キ候所業有之ニおゐてハ
見掛次第差押ニ当人並父兄亦町役所
置キ勿論之もの店借ニ候ハゝ其家主
家作主ニ候ハゝ地主若同居人ニ候ハゝ
同居為致候もの並其戸長町用掛迄
夫々相当之罰金取立候条銘々平日篤く
注意致し不所業之もの無之様一般
其旨可相心得もの也
壬申十月 神奈川縣権令大江卓

男芸者取締通達

（一八七二年八月　大阪府）

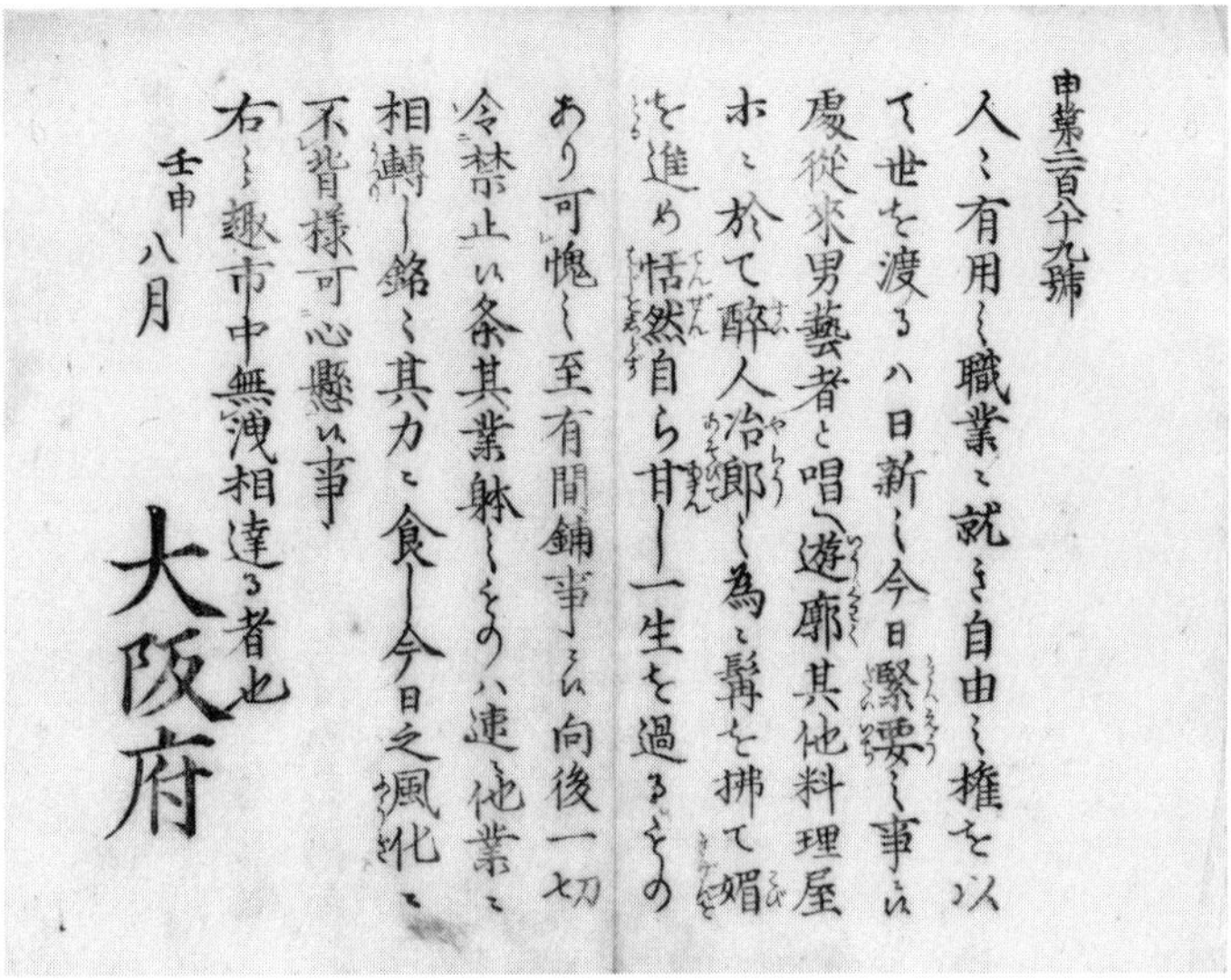
申第三百廿九號
人々有用之職業ニ就キ自由之権ヲ以テ世ヲ渡ル八日新之今日緊要《きんえう》之事ニ候處從来男藝者ト唱ヘ遊廓《ゆうくわく》其他料理屋等ニ於テ酔人冶郎《やらう》之為ニ髯ヲ拂テ媚《こび》ヲ進メ恬然《てんぜん》自ら甘し一生ヲ過るものあり可愧之至ニ有間鋪事ニ候向後一切令禁止候条其業躰之ものハ速他業ニ相轉し銘々其力ニ食し今日之風化ニ不背様可心懸候事
右之趣市中無洩相達る者也
壬申八月
大阪府

私生児通達

（一八七三年　神奈川県権令大江卓）

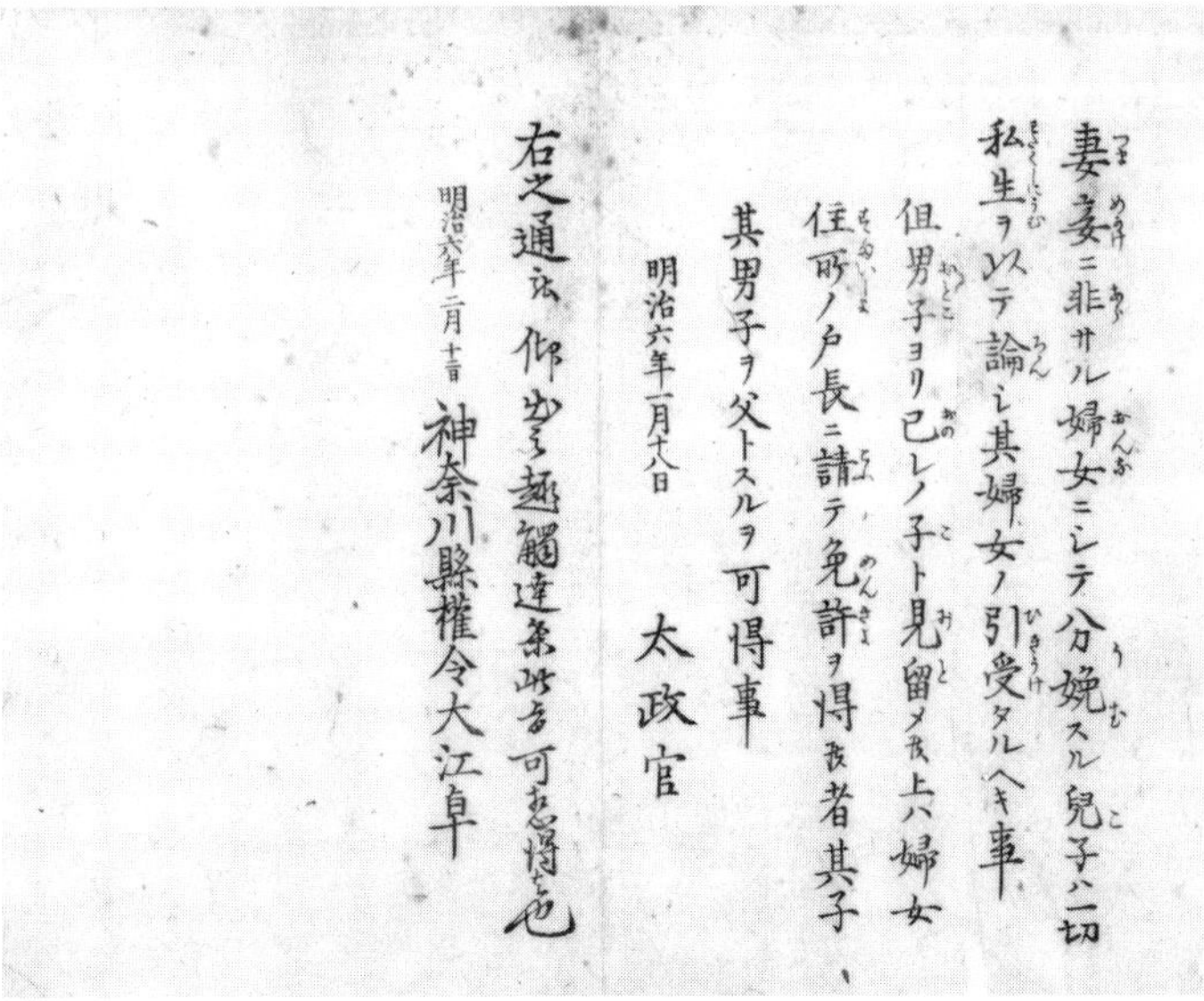
妻妾《めかけ》ニ非サル婦女《おんな》ニシテ分娩《うむ》スル児子《こ》ハ一切私生ヲ以テ論《ろん》シ其婦女ノ引受《ひきうけ》タルヘキ事
但男子《おとこ》ヨリ己《おの》レノ子《こ》ト見留《みと》メ候上ハ婦女住所ノ戸長ニ請テ免許《めんきよ》ヲ得候者其子其男子ヲ父トスルヲ可得事
明治六年一月十八日　太政官
右之通被仰出候趣相達候条此旨可相心得者也
明治六年二月十三日　神奈川縣權令大江卓

妊娠御届

（一八八〇〔明治一三〕年六月）

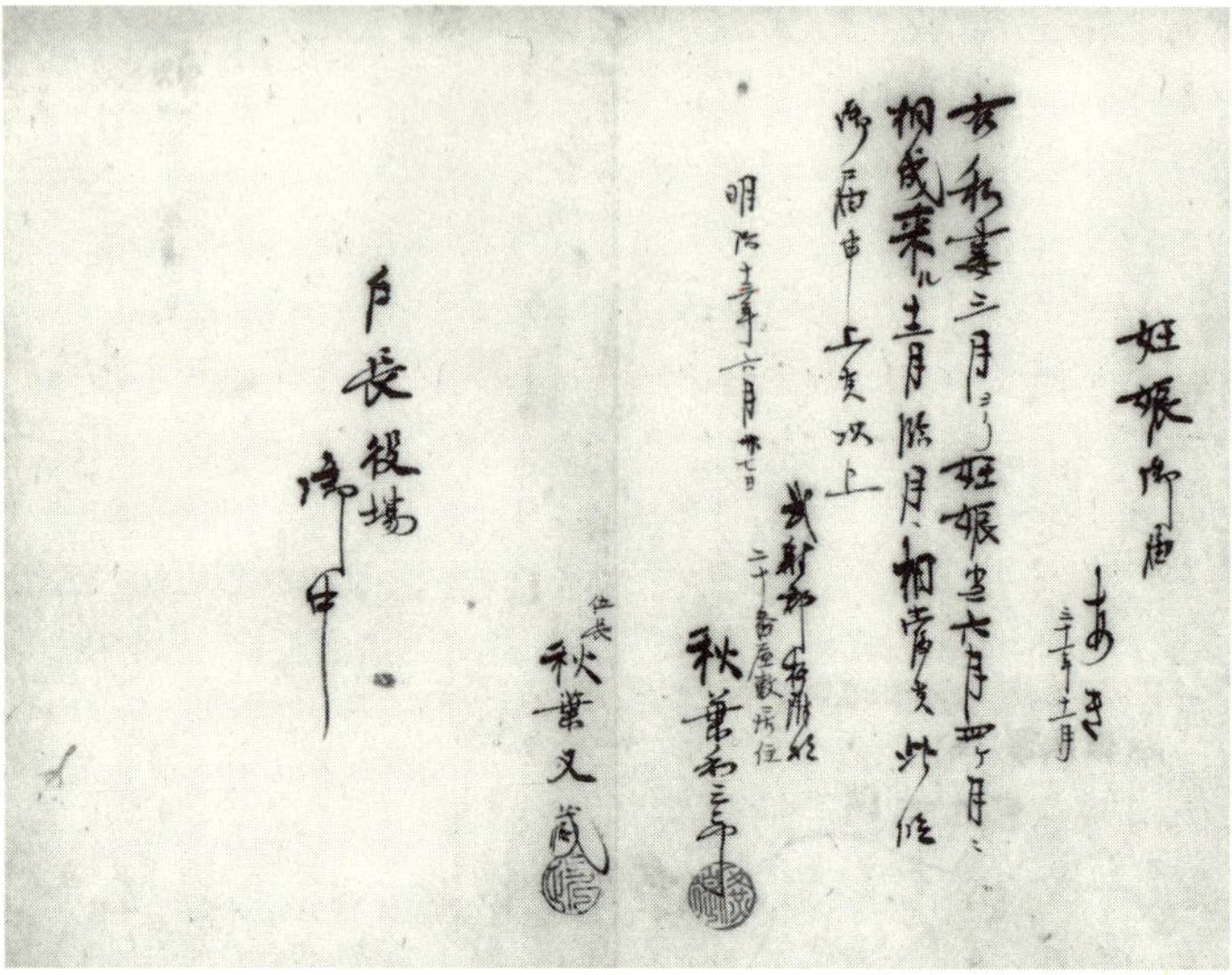
妊娠御届
妻 き
右私妻三月ヨリ妊娠
御届申上候以上
明治十三年六月
秋葉
伍長 秋葉又蔵
戸長役場 御中

■**男芸者取締通達**　大阪府は女装や化粧して、廓や料理屋などに巣くって色を売る男芸者は、文明開化に反する風俗として禁止することを通達した。

■**私生児通達**　妻・妾以外の婦女の分娩した子は私生児として取り扱う。相手男子が認知しない場合は、その婦女に養育の責任があることを定める。妻・妾以外の婦女の分娩とは、愛人や娼妓を想定している。

■**妊娠御届**　千葉県武射郡に居住していた住民が戸長役場に提出した妻の妊娠届である。一八七一年四月、明治政府は戸籍法を発布した。いわゆる「壬申戸籍」によって、婚姻・家制度が確立した。

娼妓黴毒規則　布告書

（一八八〇〔明治一三〕年）

深刻な性病である梅毒の蔓延を防ぐために公権力が娼妓の性器を検査する検梅は、横浜の英人らが主張した。「警察官立会」が強制をしめしている。四十二条の「娼妓ノ侮慢」が検梅での緊張関係を表現している。

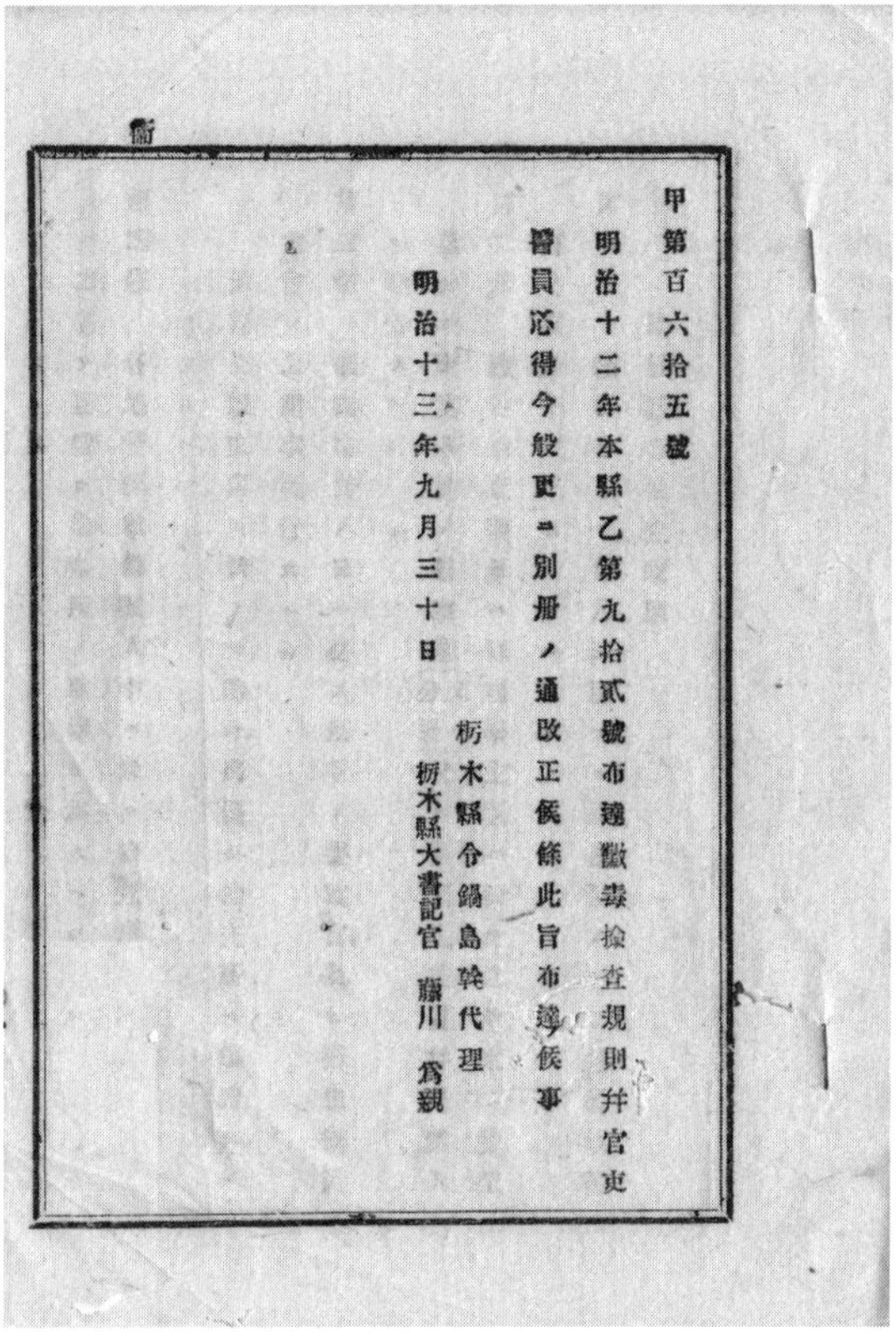

甲第百六拾五號

明治十二年本縣乙第九拾貳號布達黴毒撿査規則幷官吏醫員心得今般更ニ別冊ノ通改正候條此旨布達候事

明治十三年九月三十日

栃木縣令鍋島幹代理

栃木縣大書記官　藤川爲親

娼妓黴毒撿査規則

第一條 黴毒撿査ハ毎月三度ツヽ撿黴醫ヲシテ各娼妓黴毒ノ有無ヲ撿査セシムルモノトス

第二條 黴毒撿査期日ハ縣廳衛生課ニ於テ之ヲ定メ貸坐敷アル町宿所管ノ警察署（又ハ分署）及ヒ該衛生委員幷營業人ヘ報告スヘシ

第三條 黴毒撿査ノ日ハ必ス所管ノ警察官及ヒ衛生委員立會ノ上諸事執行スヘシ
但衛生課吏員ニ於テモ時々出張シ撿査所ニ臨席スルコトアルヘシ

第四條 各地貸坐敷營業人中ニ於テ撿査所取締員一名又ハ二名ヲ互撰シ撿査所ノ取締ヲ為スヘシ

第五條　撿査所取締員ハ立會官吏及ヒ衛生委員撿黴醫ノ
指揮ニ從フヘキハ勿論貸坐敷營業者及ヒ娼妓ヲシテ常
ニ此規則ヲ遵守セシメ殊ニ撿査期日ニハ該所ニ出頭シ
テ諸般ノ雜務ヲ取扱フヘシ

第六條　毎撿査日ニハ各娼妓黴毒ノ有無ヲ問ハス撿査札
ヲ寄留主ヨリ受取リ撿査所ヘ持參スヘシ

第七條　各娼妓撿査所ヘ出頭スルトキハ取締員ニ於テ順次
番號札ヲ付與シ先後混雜セスシテ撿査ヲ受ケシムルノ
手續ヲ爲スヘシ

第八條　撿査室内ニハ撿黴醫及ヒ娼妓附添人ノ外一切他
ノ出入ヲ禁ス
但警察官ハ時宜ニヨリ室内ニ出入スルコトヲ得

第九條　檢査ノ上其無患ナル者ハ檢黴醫ニ於テ檢査札ヘ無患ノ印ト認印トヲ押シ衛生委員之ヲ黴毒檢査人名簿ニ引合セ割印及ヒ認印ヲ押シ更ニ取締員ヲシテ娼妓ニ交付セシム若シ其有患ナル者ハ檢黴醫之ニ有患ノ印ト認印トヲ押シ衛生委員又割印認印シテ取締員ニ下付シ取締員ニ於テハ更ニ該寄留主宛ノ有患證書ヲ作リ衛生委員ノ認印ヲ受ケ檢査札ト共ニ娼妓ニ交付シ寄留所ニ於テ治療ヲ加ヘシム

第十條　黴毒治療中ノ娼妓ハ都テ寄留セル貸坐敷ノ店頭ヘ其氏名ヲ記シタル病氣引籠ノ板牌ヲ掲出シ營業スルヲ禁スヘシ

第十一條　凡ソ檢査上有患ト診定シタル娼妓ハ速カニ各自

信用ノ醫師ヘ治療ヲ託シ其診斷書正副二通ヲ該衛生委員ヘ差出スヘシ
但前期ニ於テ診斷書ヲ差出シタル患者後期ニ至テ尚未タ癒エサル片ハ更ニ診斷書ヲ差出スヘシ

第十二條　前條ノ患者全治シタル片ハ全癒証正副二通ヲ以テ衛生委員ヘ届ケ出テ其指揮ヲ受ケ病氣引籠ノ板牌ヲ撤去スヘシ

第十三條　病氣引籠ノ板牌ヲ揭出セル貸坐敷ハ其板牌ヲ証トシ衛生官警察官撿黴醫等臨時出張シテ治療ノ如何ヲ撿シ若シ不都合アリト認ムルモノハ時宜ニヨリ最寄公立病院ニ入ラシムルカ又ハ其他ノ醫師ヲ指名シ治療セシムルコアルヘシ

第十四條　凡ソ病氣引籠中竊カニ客ヲ邀ヒ或ハ他ノ招キニ應シテ營業ヲ爲スモノハ賣淫罰則ニ照據シテ處分ヲ爲スヘシ

第十五條　黴毒ト他病トヲ問ハス重症ニ罹リ檢查所ヘ出頭スル能ハスシテ其事由ヲ屆出ルトキハ警察官衞生委員及ヒ檢黴醫ニ於テ該家ニ臨ミ之ヲ檢按シ其現症ニ從ヒ相當ノ處置ヲ爲サシムヘシ

第十六條　娼妓ノ內止ムヲ得サル事故等ニテ他行スル者アルモ檢查期日前ニハ必ス寄留所ヘ立戾リ檢查ヲ受クヘシ若シ立戾ル能ハサルトキハ檢查期日前ニ於テ本人又ハ寄留主ヨリ其事由ヲ該衞生委員ヘ屆出ツヘシ衞生委員ハ立會警察官ヘ其趣ヲ申出ツヘシ

第十七條　前期ノ撿查ニ於テ無患タルモ後期前ニ於テ有患ト自覺シ又ハ視察スル者ハ速カニ醫師ノ治療ヲ乞ヒ第[redacted]十條第十一條ノ手續ヲ爲スヘシ

第十八條　一時他行セシ娼妓ニ於テ前期ノ撿查ニ後レ後期ニ先タチ立戻リタル者及ヒ始メテ娼妓トナリタル者アルトキハ就業前該寄留主ヨリ衛生委員ヘ屆出ツヘシ

第十九條　前條ノ屆ヲ受ケタル衛生委員ハ撿查醫ヲ延キ該娼妓ノ寄留所ニ就キ撿查セシムヘシ尤此場合ニ於テハ警察署又ハ分署アル町宿ヲ除クノ外別ニ警官ノ立會ヲ要セサルモノトス

第二十條　黴毒治療中娼妓ノ納税ヲ免スルハ全月ヲ以テ免否ヲ區分スルモノトス

黴毒檢査所ノ事

第二十一條　檢査所ハ當分貸坐敷營業者之レ有ル宿驛ニ於テ便宜ノ家ニ假設スヘシ

但借家賃坐敷料等ハ該營業者ノ協議費タルヘシ

第二十二條　各檢査所ニ於テハ椅子三脚テーフル二脚檢査臺一脚ヲ設備スヘシ

第二十三條　檢査室ハ特ニ寛廣ナルヲ要セス只朗明ナルヲ良トス其中間ニ檢査臺ヲ据ヘ置キ白木綿ヲ以テ帷幕ヲ製シ之レヲ室内ノ甲ヨリ乙ニ横垂シ娼妓ノ帯以上ヲ遮蔽シ醫師ト面目相接セサラシム例ヘハ檢黴醫ハ椅子ニ憑リテ檢査臺ノ南面ニ在リ娼妓ハ帷幕ノ北面ヨリ檢査臺ニ就キ檢査ヲ受クルカ如シ

第二十四條　第五〔六〕條ノ撿査札第六〔七〕條ノ番號札第八〔九〕條ノ有患證書其他割印認印等ノ圖式左ノ如シ

番號札ノ表圖　横一寸五分　竪二寸

第何番

裏

結社ニ用フル燒印

燒印

撿査札ノ圖

用紙西ノ内半折八ツ切

衞生委員認印

年月日

無患又ハ有患

何郡何町宿

某方寄留

娼妓氏名

何年何月

撿徽醫

横四分竪六分

證印

無患

木刻朱字

撿徽醫認印

横四分竪六分

證印

有患

木刻朱字

有患證書ノ圖

用紙西ノ内半折四ツ切

衞生委員認印

娼妓

氏名

右黴毒感染ノ者ニ付治療可致事

年月日

撿查所取締　某　印

右寄留主

某　殿

第二十五條　各檢査所ニ於テハ豫テ左ノ帳簿ヲ製シ置キ取締員之レヲ管理シ毎檢査期日ニ衛生委員之ヲ調査シ立會官吏（警察官又ハ衛生官）ノ檢閲ニ供スヘシ

但立會官吏ハ其末尾ニ檢閲濟ノ認印ヲ押スモノトス

檢査掛員出席簿

黴毒檢査人名簿

日當旅費仕上簿

屆書編冊

診斷書綴

第二十六條　凡ソ檢黴醫ノ旅費日當及ヒ新調ノ器械其他消耗品代價等ハ本廳衛生課ニ於テ黴毒檢査費ヨリ支辨ス

因テ各衛生委員ハ前月分ノ精算勘定帳ヲ翌月五日迄ニ衛生課ヘ送附シ調査ヲ受ケ其消費高ヲ各撿査所ヘ掲示スヘシ

撿査吏員心得

第二十七條　衛生課吏員ハ豫テ管内貸座敷アル地ノ撿査期日一覧表ヲ調製シ置キ時々各宿驛ヲ巡回シ撿査上ノ利害得失及ヒ撿黴醫衛生委員撿査所取締員等ノ能否勤怠ヲ視察スヘシ

第二十八條　所管警察署ニ於テハ一定ノ撿査期日ニ其時限前警部又ハ警部代理タル巡査壹名必ス該所ヘ出張シ諸事監督スヘシ

第二十九條　出張ノ警察官ハ各衛生委員ニ於テ第[redacted]二十條及

ヒ第三十四條ニ依リ免税スヘキ娼妓ヲ調査シ郡役所宛
ノ届書ヲ呈出シタルトキハ審査ノ上該書右端ノ中央部ニ
何警察署ト朱書シ其下ニ認印ヲ捺スヘシ
但時宜ニヨリ該届書ヲ警察署ヘ呈出シ審査ヲ乞フヿ
、アルトキハ亦本條ニ準スヘシ

第三十條　警察官ハ衛生委員ヨリ娼妓又ハ貸坐敷營業人
ノ犯則ヲ告發スルカ若クハ見聞セシトキハ其始末書ヲ徵
シ處分ノ手續ヲナスヘシ

衛生委員心得

第三十一條　黴毒檢査期日ハ豫テ其時限ヲ所管警察署（又ハ分署）
ヘ通知シ置キ檢査ノ都度必ス警察官ノ立會ヲ要スヘシ
但一時ノ都合ニヨリ期日ヲ伸縮スルヿアルトキハ本條

ニ準シ速カニ通知ノ手續ヲ爲スヘシ

第三十二條　檢査期日ニハ其時限ニ先タチ必ス該所ニ詰合
居リ娼妓出頭ノ順次ニ依リ速カニ檢査ヲ受ケシメ且當
日檢査漏ノ者之レナキ樣注意スヘシ
但疾病事故等ニテ詰合フ能ハサル件ハ豫テ其趣ヲ戸
長ニ通知シ戸長ノ出頭ヲ要請スヘシ

第三十三條　娼妓疾病事故ニ托シ檢査所ヘ出頭シ肯ンセサ
ル者アラハ可成的懇諭ヲ加ヘ若シ止ムヲ得サル場合ニ
於テハ警察官ニ申出テ相當ノ處分ヲ乞フヘシ

第三十四條　第二十條ノ免税ハ全月ノ引籠ニ非サレハ許サ
ス例ヘハ甲ノ月十日ニ治療ヲ始メ丙ノ月ニ至リ全愈シ
テ營業スレハ乙ノ一ケ月ノミヲ免税スル者トス

第三十五條　娼妓黴毒治療中ノ新舊ヲ調査シ免税スヘキ者アレハ該姓名及ヒ理由ヲ記シタル届書ヲ警察官吏ヘ差出シ認印ヲ乞ヒ先ツ取締員ヲシテ其旨ヲ本人ニ通達セシメ更ニ所管郡役所ヘ届出シムヘシ

第三十六條　黴毒検査表用紙ハ縣廳衛生課ヨリ受取リ置キ毎一ヶ月分一葉ニ調製シ翌月五日迄ニ衛生課及郡役所ヘ差出スヘシ

第三十七條　各黴毒患者ノ診斷書及ヒ全癒証ハ一通ハ検査所ニ編冊シ置キ一通ハ一ヶ月分ヲ取纏メ検査表ト共ニ衛生課ヘ回送スヘシ

第三十八條　娼妓氏名明細簿ヲ製シ其鑑札ヲ受ケタル年月日及ヒ寄留セシ始末等ヲ詳記シ置キ休廢業又ハ轉移住

ノ者アルトキハ必ス貸座敷營業人ヨリ届出テシメテ之ヲ
加除シ每檢查期日ニ於テ黴毒檢查人名簿ヘ對勘スヘシ

第三十九條　黴毒感染ノ娼妓其症候荏苒愈エス全ク飢寒ニ
迫ルモ親戚故舊等之ヲ救恤スル者無キカ如キハ貧民救
療規則ニ依リ救療セシムル手續ヲナスヘシ

第四十條　檢黴醫缺員ノ節ハ更ニ相當ノ醫師ヲ撰ミ郡役
所ヲ經テ縣廳ヘ具狀シ指揮ヲ乞フヘシ

第四十一條　檢黴醫其職務上ニ不都合アリト見認ルトキハ其
事由ヲ取調郡役所ヲ經テ縣廳ヘ具狀スヘシ
但前條及ヒ本條ノ場合ニ於テハ該地戸長連署タルヘ
シ

檢黴醫心得

第四十二條　黴毒檢査中ハ勿論平常品行ヲ正シクシ娼妓ノ侮慢ヲ受ケサル樣注意スヘシ

第四十三條　媱事病（梅毒軟性下疳淋疾ヲ云フ）及ヒ感染ノ恐レアリト認ムル者ハ有患ト爲シ取扱フヘシ

第四十四條　凡ソ檢査セル黴毒患者ハ能ク其症狀輕重及ヒ新舊治否等ヲ區別記載シ衛生委員ヘ差出スヘシ

第四十五條　檢査期日ニ際シ疾病事故等ニテ臨時差支タル片ハ近傍町宿ノ檢黴醫ヲ依賴代理セシムル等都テ衛生委員ヘ協議ヲ遂ケ一定ノ檢査ヲ缺カサル樣取計フヘシ

第四十六條　檢査上ニ於テ不都合ノ擧動アル片ハ相當ノ處分ヲ受クヘキモノトス

第四十七條　前[redacted]五條ノ外ハ總テ各條項ニ照ラシテ踐行スヘシ

貸座敷引手茶屋娼妓

三渡世取締規則

（一八八二〔明治一五〕年）

一・二一・三九条に娼妓を社会から隔離する意図がある。三二条に満三年とあるが、吉原のそばの浄閑寺にある過去帳での遊女平均年齢は二一・七歳であった。三八条は巡査が業者と馴れ合っていたら意味がない。

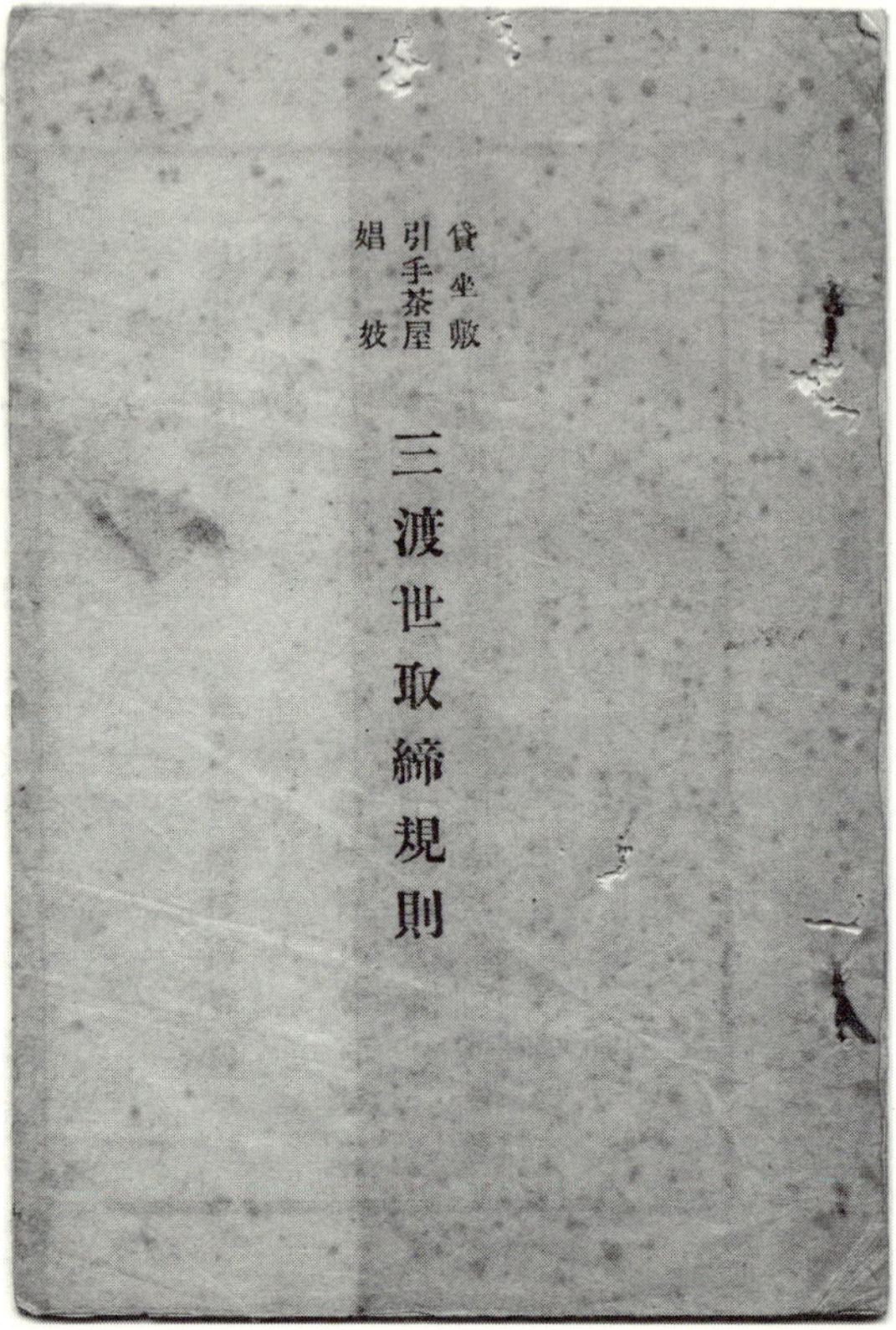

乙第十八號

區役《やく》所《しよ》

戸《と》長《ちやう》役《やく》場《ば》

貸坐敷《かしざしき》引手《ひきて》茶屋《ちやや》娼妓《しやうぎ》取締《とりしまり》規則《きそく》左之《さの》通改《とふりあらため》定候《そうらう》條《じやう》右《みぎ》業体《かぎやう》之《の》者《もの》へ無洩《もれなく》可相達《あいたつすべく》此《この》旨《むね》相達《あいたつし》候事《そうらうこと》

但從前《たゞしこれまで》の諸達伺指令《いろ〱のたつしうかゞひしれい》等《とう》ハ總《すべ》て廢止《やめ》と可相心《あいこゝろ》へ得《べき》事《こと》

明治十五年十二月廿七日　警視總監樺山資紀

貸《かし》坐《ざ》敷《しき》引《ひき》手《て》茶《ちや》屋《や》娼《しやう》妓《ぎ》三《さん》渡《ど》世《せい》取《とり》締《しまり》規《き》則《そく》

第《だい》一《いつ》章《しやう》　總則《すべてのきまり》

第一條　貸《かし》坐《ざ》敷《しき》引《ひき》手《て》茶《ちや》屋《や》の渡《と》世《せい》ハ警《けい》視《し》廳《てう》に於《おい》て允許《ゆるし》したる區域《くぎり》内《うち》娼《しやう》妓《ぎ》稼《かせぎ》れ貸《かし》坐《ざ》敷《しき》内《うち》に限《かぎ》るへし

第二條　貸《かし》坐《ざ》敷《しき》引《ひき》手《て》茶《ちや》屋《や》娼《しやう》妓《ぎ》の渡《と》世《せい》を爲《な》さんとするものに其《その》地《ち》元《もと》締《しめ》加印《いんをおす》の上《うへ》區《く》れ區《く》長《ちやう》郡《ぐん》れ戸《と》長《ちやう》の奥《おく》印《いん》を受《う》けたる書《しよ》面《めん》を以《もつ》て警《けい》視《し》廳《てう》に願《ねがい》出《いで》鑑《かん》札《さつ》を受《う》く可し尚《な》は娼《しやう》妓《ぎ》れ満《まん》十《しふ》五《ご》年《ねん》以《い》上《じやう》にして父母《りやうしん》及《およ》ひ最近《おかき》の親戚《つゞきがら》父《ふ》母《ぼ》親《しん》戚《せき》と

にあらさる者《もの》ハ慥《たしか》かなる證人《うけあいにん》二名《ふたり》と其寄寓《とまり》
渡《と》世《せい》すへき貸《かし》坐《さ》敷《しき》主《あるじ》と其《その》願書《ねがいしよ》に連署《れんめい》すへし」
第三條　吉原《よしはら》を除《のぞ》くの外《ほか》新規《しんき》又《また》ハ讓受《ゆづりう》け開店《みせひらき》
するを得《え》す
第四條　貸《かし》坐《さ》敷《しき》又《また》ハ引手《ひきて》茶屋《ちやや》を讓受《ゆづりう》け渡世《とせい》せ
んとする者《もの》ハ雙方《りようはう》連署《れんめい》の上前條《うへまへのかじよう》の手續《てつゞき》を以《もつ》
て願出《ねがいいづ》へし
第五條　渡世《とせい》を止《や》めたる者《もの》ハ元締《とりしまり》加印《かいん》の書面《かきつけ》
を以《もつ》て三日《みつかの》以内《うち》に鑑札《かんさつ》相副《あいそへ》届出《とゞけいづ》へし
第六條　貫籍《にんべつ》住所《すまい》氏名《なまへ》を轉換《とりかへ》し又《また》ハ鑑札《かんさつ》を遣《おと》

失毀損《しこわし》したる者《もの》は第二條《だいにじよう》に準《ならひ》じ更《さら》に鑑札《かんさつ》を願《ねがい》受《う》くへし但《だゞし》其《その》遺失《おとし》毀損《こわし》に係《かゝ》る者《もの》は區戸長《くこちやう》の奥印《おくいん》を要《よう》せす

第七條三《さん》渡世《とせい》の者《もの》は一《ひと》區域毎に貸坐敷主《かしざしきぬし》の内《うち》を以《もつ》て正副元締《せいふくもとじめ》を選《ゑら》み警視廳《けいしてう》の認可《ゆるし》を受《う》くへし

第八條元締《もとじめ》の職務《つとめ》は警視《けいし》廳の規定《きまり》に從《したが》ふ可《べ》し

第九條毎月《まいげつ》賦金《おさめきん》として貸坐敷《かしざしき》は渡世高《とせいだか》百分《ひやくぶん》の十《じう》引手《ひきて》茶屋《ちやや》は遊客《きやく》一名《ひとり》に付《つき》金三錢《きんさんせん》つゝ娼《しよう》

妓《き》ハ稼高《かせぎたか》百分《ひやくぶん》の七《しち》を警視廳《けいしてう》に納《おさ》むへし

第拾條 花卉《はなくさ》を植《う》へ又《また》ハ燈籠《とうろう》を掲《かゝ》け俄踊《にハかおとり》を演《いん》するハ勿論《もちろん》其他《そのほか》何事《なにごと》に依《よ》らす街頭《まちかど》に於《いへ》て擧《おこ》行《なふ》せんとする事柄《ことから》ハ其初日《はじめのひ》より三十日《さんじふにち》前《まへ》に其仕法《しかた》を詳記《こまかにかき》し警視廳《けいしてう》へ願出《ねがいいづ》へし

但吉原《たゞしよしはら》を除《のぞ》くの外《ほか》本條《ほんじよう》の事項《ことゝ》許可《ゆるし》せさるへし

第拾壹條 區域《くきり》内《うち》同渡世《おなしとせい》の者《もの》に關《かゝわる》する規定約《きまりやく》束等《そくとう》ハ一般《いちどう》の承諾《しようち》あるに非《あらざ》れハ之《これ》を設《もふ》く可《べ》からす

乙第十八號 三

第拾二條　遊客中《きやくのうち》人相《にんそう》觸《ぶれ》に符合《あふ》若《もし》くハ類似《にている》するか又《また》ハ不相應《ひとかたならぬ》の金錢《かね》財物《たから》を所持《もち》し其他《そのほか》不《あや》審《しき》の事《こと》ある時《どき》ハ娼妓《しやうぎ》に在《あり》てハ貸坐敷主《かしざしきぬし》に貸《かし》坐《ざ》敷《しき》引手《ひきて》茶屋《ちやや》に在《あり》てハ所管《しはいの》警察署《けいさつしよ》又《また》ハ巡行《まわり》巡査《じゆんさ》へ速《すみやか》に密告《ひそかにつげる》す可し

第拾三條　此《この》規則《きそく》に違背《そむく》したる者《もの》ハ三拾圓《さんじうゑん》以《い》内《ない》の過料《くわりやう》又《また》ハ六《ろく》ケ月《げつ》以内《いない》の苦使《くし》に處《しよ》す且《かつ》情《あり》狀《さま》により其渡世《とせい》を停止《やめ》若《もし》くハ禁止《さしとめ》し又《また》ハ單《たん》に停止《ていし》禁止《きんし》のみを言渡《いひわたす》すとあるへし

第拾四條　本則《このきまり》の外《ほか》渡世《とせい》上《じやう》に關《かゝわり》し輕重《けいぢゆう》罪《ざい》に處《しよ》

せられたる者《もの》ハ情状《じやう〳〵》により其《その》渡《と》世《せい》を停《てい》止《し》若《も》
くハ禁《きん》止《し》するヿあるへし
第十五條　雇人《やとひにん》の所為《しわざ》と雖《いへ》ともも渡《と》世《せい》上《じやう》に為《な》し
たるヿハ雇主《やこひぬし》其責《せめ》を免《のがる》るゝを得《え》す
第十六條　以《い》下《か》各條《おの〳〵のかでう》に於て三渡《さんと》世《せい》に関《くわん》するも
のハ皆《みな》共《とも》に之《これ》を遵守《まもる》す可《べ》し
第二章　貸《かし》坐《さし》敷《き》幷《ならび》引《ひき》手《て》茶《ちや》屋《や》
第十七條　娼妓《しやうぎ》となちんとする者《もの》あるときハ
其寄寓《ものゝだまる》す可《べ》き貸《かし》坐《ざし》敷《き》主《ぬし》ハ之《こ》れと約束《やくそく》を結《むす》ひ

其《その》願書《ねがいしよ》に連署《なまへをくわへる》すへし渡世《とせい》を止《や》め及ひ轉寓《とまりをかへる》の節も亦同《おなし》し

第十八條　娼妓《しやうぎ》を遇《あつかふ》するには誠實《まこと》を旨《むね》とし且力《つとめ》めて正業《たゞしきわざ》に復《ふく》せしむる様《やう》厚《あつく》く注意《こゝろをもちひ》し聊《いさゝ》かたりとも贅費《むだのつひへ》を爲《な》さしむへからす

第十九條　娼妓《しやうぎ》其《その》規則《きそく》に背《そむ》き及ひ約束《やくそく》に違《たが》ふ者《もの》あるときは所管《しはいの》警察署《けいさつしよ》に届出《とゞけいで》て其處分《しよぶん》及ひ指圖《さしづ》に從《したがう》ふへし貸坐敷主《かしざしきぬし》に於《おい》て妄《みだ》りに矯《ため》正《なほす》の所置《しよち》を爲《な》すへからす

第二十條　娼妓《しやうぎ》轉寓《とまりかへ》若《もし》くは渡世《とせい》を止《や》め又《また》は他《ほかへ》

出《てる》せんとするものあるときハ當然《あたりまへ》の理由《わけ》なくして故障《さしとめ》すへからす

第廿一條　娼妓《しやうぎ》ハ其祖《そ》父《ふ》母《ぼ》父《ふ》母《ぼ》伯《はく》叔《しゆく》父《ふ》母《ぼ》兄弟《けいてい》姉妹《しまい》の吉凶《きつきやう》及看病《かんびやう》の外通常《いつも》區域《くぎり》外《そと》に出《いだ》す可《べ》からす但《たゞし》吉原《よしはら》を除《のぞ》くの外《ほか》ハ區域《くいき》内《ない》と雖《いへ》とも身體《からだ》撿査《ぎんみ》其他必要《ひつよう》の場合《ばあい》に非《あらざ》れハ戸外《いへよりそと》に出《いだ》すことを得す

第廿二條　定式《きまり》に從《したがい》ひ簿冊《ちやうめん》を製《つくり》し遊客《きやく》の住所《すまい》姓名《なまへ》年齢《とし》容貌《すがた》衣類《きもの》等《とう》を詳記《こまかにしるす》すへし

第廿三條　娼妓《しやうぎ》の揚代《あげだい》ハ預《あらかし》め其《その》貸《かし》坐《ざ》敷《しき》毎《こと》に之《これ》

を定《さだ》め元《もと》締《じめ》を經《へ》て警《けい》視《し》廳《てう》へ届《とゞけ》出《いづ》へし

第廿四條　貸《かし》坐《ざし》敷《き》主《ぬし》ハ取《とり》締《しまり》規《き》則《そく》に平《ひら》假《かな》名を附《つけ》し娼《しやう》妓《ぎ》の見《み》易《やす》き場《ば》所《しよ》に掲《かゝ》け置《お》くへし但《たゞし》新《あらた》に娼《しやう》妓《ぎ》となりたる者《もの》あるときハ篤《とく》と其《その》規《き》則《そく》を訓《おしへ》示《しめを》すへし

第廿五條　如《いか》何《なる》なる方《し》法《かた》を問《と》ハす粧《け》飾《しやう》したる娼《しやう》妓《ぎ》を通《とふり》行《の》人《ひと》に視《し》めす可《べ》からす（但吉原ハ此限ニアラス）

第廿六條　婦《おん》女《な》ハ遊《き》客《やく》の同《とも》伴《つれ》たりとも遊《あそ》興《び》せしむへからす但《たゞし》遊《き》客《やく》に面《めん》會《かい》を要《もとむ》する者《もの》あるときハ之《これ》を拒《こば》む可《べ》からす

第廿七條　通行人に遊興を勸め又ハ車夫《くるまひき》其他の者と謀《はか》りて誘引《いざない》する等のヿあるへからす」

第廿八條　酒《さけ》食《くいもの》其他《ほか》客《きやく》の需《もとめ》さる物《もの》を出《いだ》し又《また》ハ強《し》ゆる等のヿあるへかす

第廿九條　遊興費《あそびのついへ》の抵償《つくのい》として客《きやく》の着服《きもの》其佗《ほか》の物《し》品《な》を私《わたくし》に受《うけ》取《とる》るへからす若《も》し不《よ》得《ぎ》止《なき》場《ば》合《あい》に於《おい》てハ本人《ほんにん》を所轄《しはいちの》警察署《けいさつしよ》へ同《とう》伴《つれ》して認《みとめ》を受《う》くへし但《たゞし》警察《けいさつ》署《しよ》の認《みとめ》に依《よ》り受取《うけと》りたる物品《ものしな》と雖《いへ》とも他日《のち》不正品《ふしようのしな》たるの証《しるし》顯《あらわ》ハるゝときハ刑《けい》法《はう》上《じよう》の處分《しよぶん》に從《したが》ふへきものとす

乙第十八號　六

第三章　娼妓《しやうぎ》

第三十條　娼妓《しやうぎ》の願書《ねがいしよ》にハ力《つと》めて其實情《じつのありさま》を詳《こまかに》記《しる》し且《かつ》寄寓《とまり》すへき貸《かし》坐《ざ》敷《しき》を定《さだ》め之《これ》と結約《やくそく》せる條件《かどく》を附《つけ》記《しるす》すへし警視廳《けいしてう》ハ其願意《ねがいのむね》及ひ身体《からた》審査《ぎんみ》の上《うへ》許否《ゆるしとゞめ》すへし

第三十一條　娼妓《しやうぎ》ハ平常《いつも》貸《かし》坐《ざ》敷《しき》内《うち》に寄寓《とまり》すへし

第三十二條　二十年《にじふねん》未滿《みまん》の者《もの》ハ娼妓《しやうぎ》免許《ゆるし》の期《き》限《げん》を滿《まん》三《さん》年《ねん》以下《いか》とす其《その》期《き》限《げん》の滿《み》ちたる者《もの》ハ

貸坐敷《かしざしき》との結約《やくそく》其他《そのほか》如何《いか》なる事情《ことがら》あるを問《と》はす鑑札《かんさつ》を返納《かへしおさめる》す可《べ》し但《たゞし》從前《これまで》渡世《とせい》の者《もの》は此《この》限《げん》にあらす

第三十三條　前條《せんでう》滿期《まんき》の者猶《なほ》繼續《つゞき》出稼《でかせぎ》せんとするときは更《さら》に新規《あたらしき》渡世《とせい》順序《じゆんじよ》を以《もつ》て願出《ねがいいつ》へし

第三十四條　寓居《とまりすまい》を轉換《かへる》せんとする者《もの》は双方《そうはう》の貸坐敷主《かしざしきぬし》と連署《あまへくわへ》し且《かつ》結約條件《やくそくのかでう》を附記《ふき》し元《もと》締加印《じめかいん》の上《うへ》警視廳《けいしてう》へ願出《ねがいいつ》へし但《たゞし》其《その》期限《きげん》は前後《あとさき》通算《かんじよう》して定限《さたまりのほど》を超《こ》ゆることを得す

第三十五條 一週日《いつしうにち》に一回《ひとたび》警視廳《けいしてう》所定《さため》の日時《ころ》及《をよ》ひ場所《ばしよ》に於《おい》て身体《しんたい》の撿査《しらべ》を受《う》くへし若《も》し疾病《やまい》に罹《かゝ》り出場《でばり》し難《かた》き者《もの》ハ貸坐敷《かしざしき》を經《へ》て撿《たゞし》査所《ばしよ》へ届《とゞけ》出《い》て出張《でばり》醫員《いしや》の來診《みまい》を請《こ》ふへし但《たゞし》黴毒《ばいどく》感染《うつる》の兆候《きざし》ある者《もの》ハ期日《きまりのひ》に拘《かゝわ》らす速《はやく》に該《その》病院《びやういん》に就《つ》き治療《なほを》を受《う》くへし

第三十六條 事故《ことから》ありて一週日《いつしうにち》以《い》上《じよう》渡世《とせい》中止《やめ》の者《もの》再《ふたゝ》ひ渡世《とせい》に就《つ》かんとするときハ撿査所《けんさしよ》若《もし》くハ該《かい》病院《びよういん》に就《つ》き豫《あらかじ》め身体《しんたい》の撿査《けんさ》を受《う》くへし

第三十七條　黴《ばい》毒《どく》ある者《もの》ハ都《すべ》て撿《しら》査《べ》醫《いしや》の差《さし》圖《づ》に從《したが》ふへし

第三十八條　貸《かし》坐《ざ》敷《しき》主《ぬし》に於《おい》て不《ふ》當《とう》の出《つ》費《いへ》を強《し》ひ又ハ當《あたり》然《まへ》の理《わ》由《け》なく轉《とまり》寓《がへ》及ひ渡《と》世《せい》を止《とゞ》むるを故《こし》障《やう》し或《あるひ》ハ規《き》則《そく》若《もし》くハ約《やく》束《そく》に違《たが》ふの故《ゆへ》を以て苛《きび》酷《しき》の取《とり》扱《あつかへ》をなし其《その》他《ほか》不《ふ》誠《しん》實《せつ》の處《しよ》置《ち》ある時《とき》ハ直《たゞち》に所《しは》管《いの》警《けい》察《さつ》署《しよ》又《また》ハ巡行《じゆんかう》巡《じゆん》査《さ》に訴《うつたへ》出《いつる》るヿを得《う》へし

第三十九條　祖《そ》父《ふ》母《ぼ》父《ふ》母《ぼ》伯《はく》叔《しゆく》父《ふ》母《ぼ》兄《けい》弟《てい》姉《し》妹《まい》の吉《よきこと》凶《あしきこと》及看《かん》病《びやう》の外《ほか》區《く》域《いき》外《がい》に出《いつ》るヿを得《は》す但《たゞし》外《そとへ》

出《いつ》する時《とき》は必《かなら》ず貸坐敷主《かしざしきぬし》の承認《ゆるし》を得《え》且常人《なみびと》の服裝《きものをきる》をなし貸坐敷《かしざしき》よりの付添《つきそい》人を同伴《ともつれ》すへし

第四十條　遊客《きやく》より金錢《きんせん》衣類《きもの》物品《しなもの》等《とう》を預《あつか》り又《また》は貰《もらい》ひ受《う》けたるときは速《すみやか》に貸坐敷主《かしざしきぬし》に告知《しらせる》すへし

貸座敷娼妓取締規則

（一八八四〔明治一七〕年）

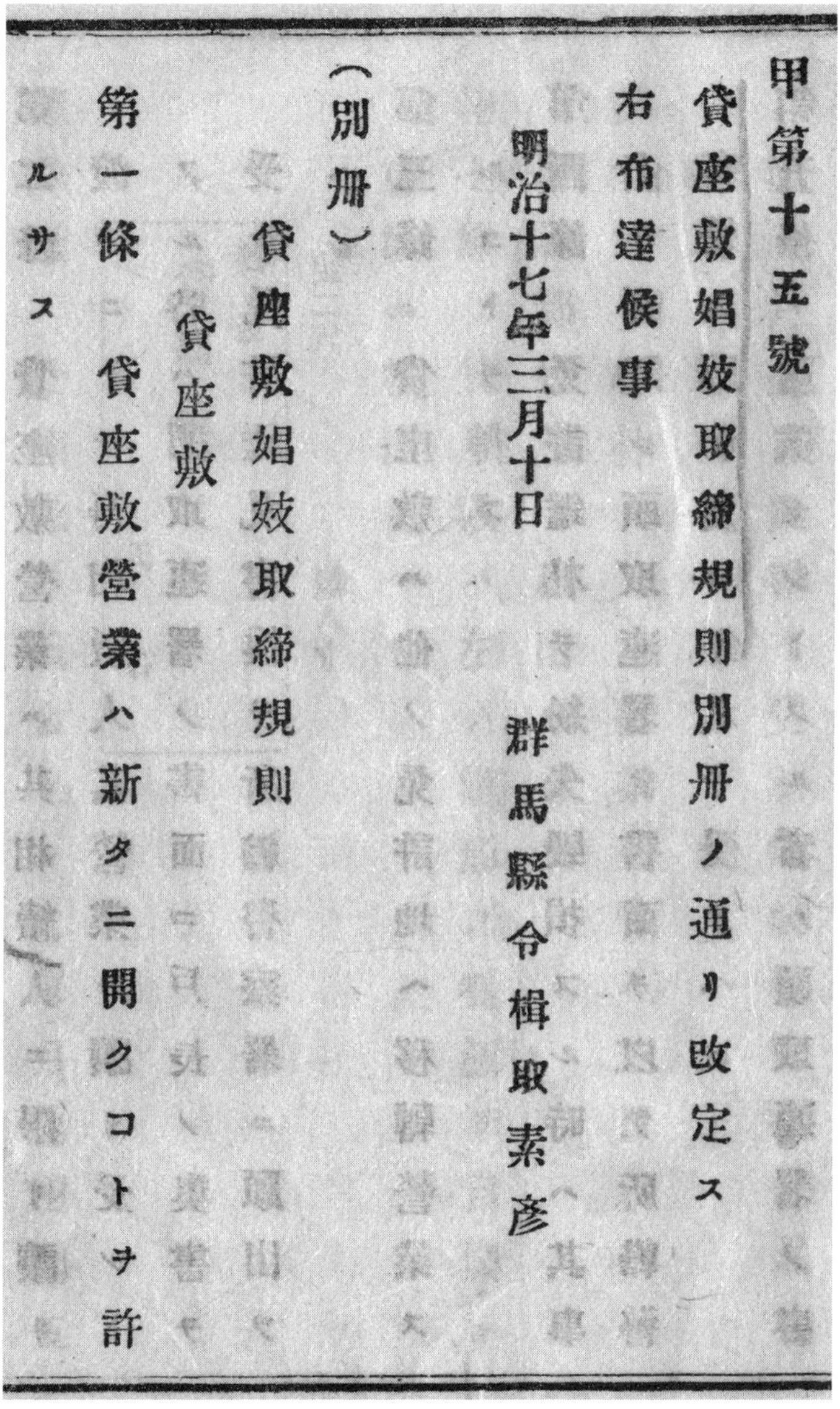
甲第十五號
貸座敷娼妓取締規則別冊ノ通リ改定ス
右布達候事
明治十七年三月十日
群馬縣令楫取素彦
（別冊）
貸座敷娼妓取締規則
貸座敷
第一條　貸座敷營業ハ新タニ開クコトヲ許ルサス

十四・三十三条のような不審遊客を「密告」する義務は全国的に共通する。二十四条は満15歳から「稼」をさせる残酷さや、「士族以上ノ身分」に娼妓を禁じる不平等な独善さを表現している。

第二條　貸座敷營業ハ其相續人ニ限リ讓リ渡スコトヲ得相續人其營業ヲ讓リ受ントスル時ハ頭取連署ノ書面ニ戸長ノ奥書ヲ受ケ免許鑑札書換ヲ所轄警察署ニ願出ツヘシ

第三條　貸座敷ハ他ノ免許地ヘ移轉營業スルコトヲ得ス

第四條　免許鑑札ヲ紛失毀損スル時ハ其事由ヲ詳記シ頭取連署ノ書面ヲ以テ所轄警察署ニ願出更ニ鑑札ヲ受クヘシ

第五條　廢業セントスル者ハ頭取連署ノ書

面ニ戸長ノ奥書ヲ受ケ所轄警察署ニ届出
鑑札ヲ返納スヘシ
第六條　代替リ又ハ廢業ノ時ハ三日以内ニ所屬郡役所ニ届出ヘシ
第七條　貸座敷ハ左ノ雛形ノ看板ヲ自製シ店頭ニ揭出スヘシ

竪二尺八寸　横八寸

番號
貸座敷
氏名

第八條　貸座敷ハ賦金トシテ毎月金四圓五

二

拾錢ヲ其月五日一月ハ七日限リ納ムヘシ其納ムルコト能ハサル時ハ鑑札ヲ返付スヘシ
但賦金ハ其月十五日前廢業スル時ハ半額ヲ徴ス若シ其全納後ナル時ハ半額ヲ返付ス

第九條　貸座敷ハ一區域ノ營業者ヨリ頭取一人副頭取一人以上ヲ公撰シ任期ヲ定メ所轄警察署ノ認可ヲ受クヘシ
但所轄警察署ヨリ臨時改撰セシムルコトアルヘシ

第十條　頭取ハ左ノ條件ヲ取扱フヘシ

一貸座敷並ニ娼妓營業ニ關スル諸達其他官署ノ指揮アリタル時速カニ通達スルヿ

二貸座敷並ニ娼妓ノ賦金ヲ取リ集メ毎月七日一月ハ十日限リ戸長役場ニ上納スルヿ

三賦金納期後就業ノ娼妓アリタル時ハ免許料賦金トモ其時々取集メ三日以内戸長役場ニ上納スルヿ

四貸座敷娼妓ニ賦金ノ返付スヘキモノアリタル時ハ其受取渡ヲナスヿハ

五貸座敷及ヒ娼妓ノ犯則アリト認知シタ

三

ル時所轄警察署又ハ分署ニ申報スルコ

第十一條寄留娼妓失踪シタル時ハ頭取連署ノ書面ニ戸長ノ奥書ヲ受ケ五日以内ニ所轄警察署ニ届出ツヘシ

但遺留鑑札アリタル時ハ届書ニ添ヘ返納スヘシ

第十二條貸座敷ハ同居娼妓ノ氏名ヲ木札ニ白書シ店前ニ掲ケ置クヘシ

但娼妓休業スル時ハ其木札ニ其氏名ヲ朱書シ掲ケ置クヘシ

第十三條貸座敷ハ帳簿ヲ備ヘ置キ遊客ノ

族籍住居氏名年齢及相手娼妓ノ氏名ヲ記シ其夜十二時限リ所轄警察署又ハ分署又ハ巡査派出所ニ差出検査ヲ受クヘシ
但警察署等アラサル地又ハ簿冊差出後来客アリタル時ハ其翌日差出スコトヲ得
第十四條　貸座敷ハ犯罪人々相其他警察署又ハ分署ヨリ達セラレタル事件ニ付注意スヘキハ勿論遊客中不審ナル者ト認知スルカ又ハ娼妓ヨリ其報知ヲ受ケタル時ハ警察官又ハ巡査ニ密告スヘシ
第十五條　貸座敷ハ遊客ニテ一人ニ付一晝

四

夜五圓以上ヲ費用スルカ又流連二晝夜ニ及フ者ハ其住居氏名年齢人相及ヒ金高ヲ記シ本人立去ラサル前警察官又ハ巡査ニ届出ツヘシ

第十六條　貸座敷ハ通行人ヲ强誘シ又ハ客ノ求メナキ酒肴ヲ出スコトヲ得ス

第十七條　遊客ニ於テ酒肴揚代等ニ差支ヘ所持ノ衣類物具ヲ差出スモ警察官又ハ巡査ノ認可アルニ非サレハ領置スルコトヲ得ス

第十八條　貸座敷ニ於テ滿十二歳以上ノ女

子ヲ宿泊セシメタル時ハ其住居氏名ヲ記シ翌日限リ所轄警察署又ハ分署又ハ巡査派出所ニ届出ツヘシ

但數日間滯留セシムル者ハ其旨ヲ記スヘシ

第十九條 貸座敷ハ故ヘナク寄留娼妓ノ轉住廢業ニ故障ヲナスコトヲ得ス

第二十條 貸座敷ハ營業上ニ付家屬又ハ雇人ノ所爲ト雖モ戸主其責メニ任スヘシ

娼妓

第二十一條 娼妓稼ヲ爲サントスル者ハ其

事情ヲ詳記シ父母又ハ最近親屬並ニ寄留戸主及ヒ頭取連署ノ書面ニ其所戸長ノ奥書ヲ受ケ本人及ヒ寄留戸主同道所轄警察署又ハ分署ニ願出免許鑑札ヲ受クヘシ

第二十二條　免許鑑札ヲ紛失毀損スル時ハ其事由ヲ詳記シ寄留戸主及ヒ頭取連署ノ書面ヲ以テ所轄警察署ニ願出更ニ鑑札ヲ受クヘシ

第二十三條　廢業セントスル時ハ父母又ハ最近親屬連署ノ書面ニ戸長ノ奥書ヲ受ケ所轄警察署又ハ分署ニ届出鑑札ヲ返納ス

ヘシ

第二十四條　左ニ記載ノ者ハ娼妓タルコトヲ許ルサス

一　滿十五歳以下ノ者

二　士族以上ノ身分ヲ有スル者

三　止ムヲ得サル事情ナキ者

四　娼妓トナルヲ証スル本籍官衙ノ書類ヲ所持セサル者

第二十五條　娼妓ハ貸座敷ニ寄留スヘシ

第二十六條　娼妓ハ免許料トシテ金壹圓ヲ納メ又賦金トシテ毎月金貳圓ヲ其月五日

ハ七日限リ納ムヘシ其納ムルコト能ハサル時
ハ鑑札ヲ返納スヘシ
但賦金ハ其月十五日前廢業シタル時又
ハ十六日後就業シタル時ハ半額ヲ徴ス
若シ其全納後廢業シタル時ハ半額ヲ返
付ス

第二十七條　檢査醫ヨリ營業ヲ差止メラレ
タル娼妓ハ其全ク休業スル月ニ限リ賦金
ヲ免除ス

第二十八條　娼妓失踪シタレ時ハ廢業トナ
スヘシ

第二十九條　娼妓他ノ免許地ニ移轉營業セントスル時ハ一旦廢業シ更ニ鑑札ヲ受クヘシ
但第二十四條四項ノ書類ニ換ルニ元營業地警察署ノ添書ヲ要ス
第三十條　娼妓就廢業又ハ全月休業シタル時ハ三日以内ニ所屬郡役所ニ届出ツヘシ
第三十一條　娼妓止ムヲ得サル事故ニ依リ寄留地外ニ出ントスル時ハ寄留戸主連署ノ書面ヲ以テ所轄警察署又ハ分署又ハ巡查派出所ニ届出ツヘシ

七

但日歸リハ此限ニアラス
第三十二條 遊客ヨリ財物ヲ預リ又ハ貰ヒ受ケタル時ハ寄留戸主ニ申出ツヘシ
第三十三條 遊客中兇器又ハ古金銀貨ヲ所持スルカ或ハ不審ナル者ト認知シタル時ハ速カニ貸座敷戸主ニ密告スヘシ
第三十四條 本縣人民ニシテ娼妓稼キヲ為サントスル者ハ其事由並ニ稼地ヲ記シ父母又ハ最近親屬二名以上連署ノ書面ニ戸長ノ奥書ヲ受ケ所轄警察署ニ添書ヲ願出ツヘシ

懲罰

第三十五條　貸座敷又ハ娼妓ニシテ此規則ニ違背シタル時ハ三十圓以下ノ過料六月以下ノ拘役ニ處スヘシ且其情狀ニヨリ鑑札ヲ返納セシムルコトアルヘシ

八

芸妓取締規則

（一八八四〔明治一七〕年）

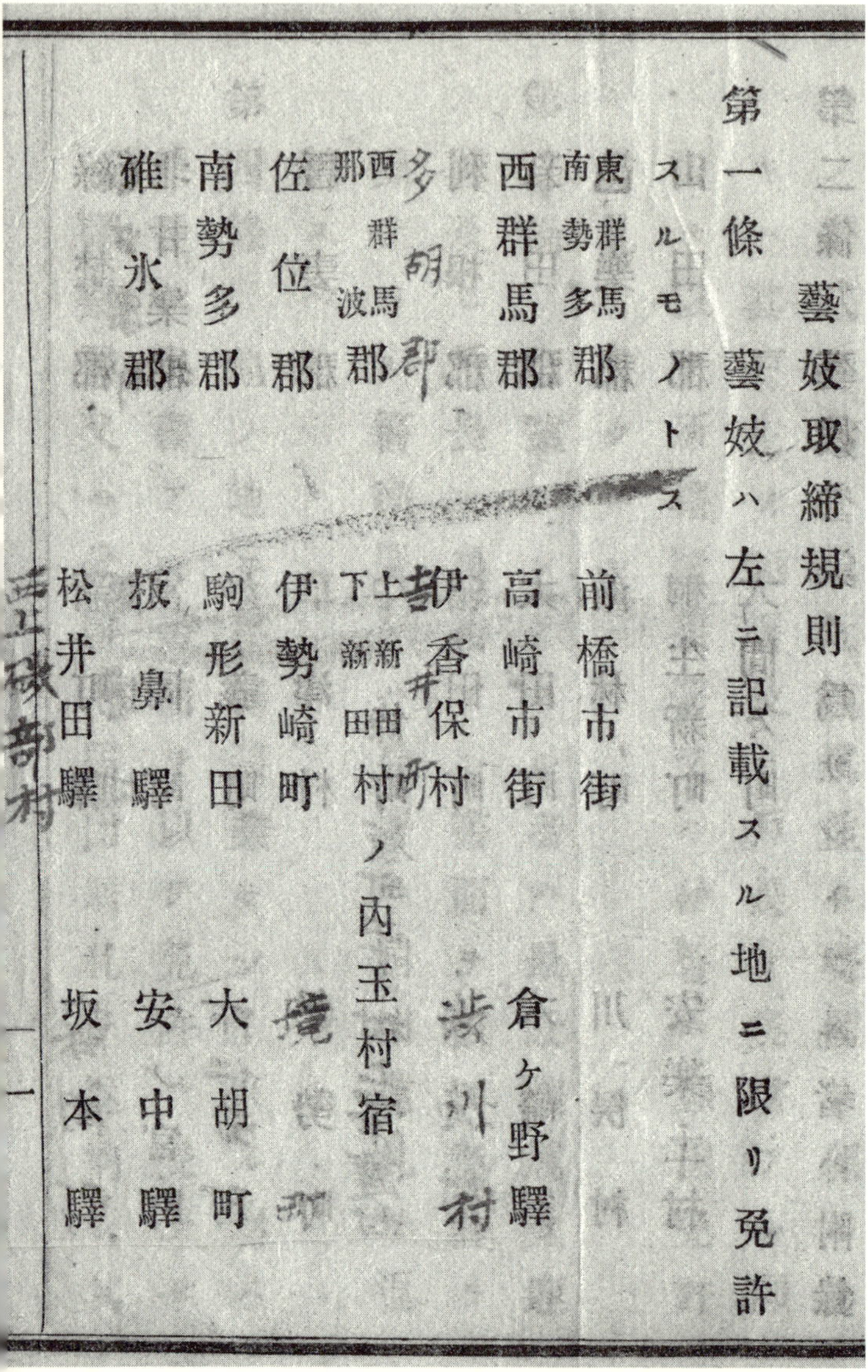

藝妓取締規則

第一條　藝妓ハ左ニ記載スル地ニ限リ免許スルモノトス

東群馬郡 南勢多郡　前橋市街　倉ケ野驛
西群馬郡　高崎市街
伊香保村　渋川村
西群馬郡 那波郡　上新田 下新田村ノ内玉村宿
佐位郡　伊勢崎町　境町
南勢多郡　駒形新田　大胡町
碓氷郡　板鼻驛　安中驛
松井田驛　坂本驛

付録の芸妓営業願によれば、娼妓とは違い士族でも営業できる。芸妓の貸座敷・料理店・旅籠屋への同居や宿泊、自宅での売芸を禁じることで買売春を防ごうとする。ここでも不審客の警察への「密告」を義務づけている。

緑埜郡　新町驛　藤岡町
南甘樂郡
北甘樂郡　富岡町　一ノ宮町
妙義町　下仁田町
吾妻郡　草津村　伊勢町
中之條町　原町　四萬村　上澤渡村
利根郡　沼田町　布施村
新田郡　太田町　木崎宿
邑樂郡　館林町　川俣村
山田郡　桐生新町　安樂土村
大間々町

第二條　藝妓營業ヲ爲サントスル者ハ附錄

ノ書式ニ依リ最近親属並ニ寄留ニ係ルト
キハ其戸主ノ連署及ヒ戸長ノ奥書アル願
書ヲ以テ所轄警察署又ハ分署ニ願出免許
鑑札ヲ受クヘシ
第三條　廢業セントスル者ハ最近親属ノ連
署及ヒ戸長ノ奥書アル書面ヲ以テ免許ヲ
受ケタル警察署又ハ分署ニ届出鑑札ヲ返
納スヘシ
第四條　他ノ地ニ移轉營業セントスル者ハ
戸長ノ奥書アル書面ヲ以テ免許ヲ受ケタ
ル警察署又ハ分署ニ届出鑑札ヲ返納シ其

添翰ヲ受クヘシ
前項ノ添翰ヲ受ケタル者ハ戸長ノ奥書並ニ寄留ニ係ルトキハ其戸主ノ連署アル書面ヲ以テ所轄警察署又ハ分署ニ願出更ニ鑑札ヲ受クヘシ

第五條 免許ヲ受ケタル警察署又ハ分署ノ所轄内ト雖モ甲地ヨリ乙地ヘ移轉營業セントスルトキハ鑑札書替ヲ願出遺失毀損シタルトキハ更ニ願受クヘシ
但移轉スルトキハ甲地ノ戸長役場ニ屆出乙地戸長ノ奥書並ニ寄留ニ係ルトキ

ハ其戸主ノ連署アル書面ヲ要ス
第六條　藝妓ハ貸座敷又ハ料理店旅籠屋ニ
同居スルコトヲ得ス
第七條　藝妓ハ自宅ニ於テ賣藝又ハ賣藝場
所ニ宿泊スルコトヲ得ス
但賣藝時間ハ日出ヨリ午後十二時ヲ限
リトス
第八條　客ノ舉動不審ナリト認知シタルト
キハ警察官又ハ巡査ニ密告スヘシ
第九條　此規則ニ違背シタル者ハ一日以上
十日以下ノ拘留ニ處シ又ハ五錢以上一圓

九十五錢以下ノ科料ニ處ス
但情狀ニ依リ行政ノ處分ヲ以テ營業ヲ
禁止シ又ハ停止スルコトアルヘシ

附錄

書式

藝妓營業願

何府縣何國何郡區何町村何番地平民士族

某長次三女或姉妹

藝名某事

何郡何町村何番地誰方　何　某

(寄留)本籍町村內ニ於テ稼ヲ為スモノハ記載ニ及ハス　年　齡

私儀藝妓營業仕度諸事御規則ヲ遵守仕候間

御鑑札御下付奉願候也

右

年號年月日　何　某　印

最近ノ親戚

何　某　印

寄留ナレハ其戸主

何　某　印

縣令宛

前書出願ニ付奥印候也

年號年月日

戸長　何　某　印

警

甲第六拾號

藝妓取締規則別册之通改定ス

右布達候事

明治十七年七月十四日　群馬縣令楫取素彦

茅野駅前芸妓玉券

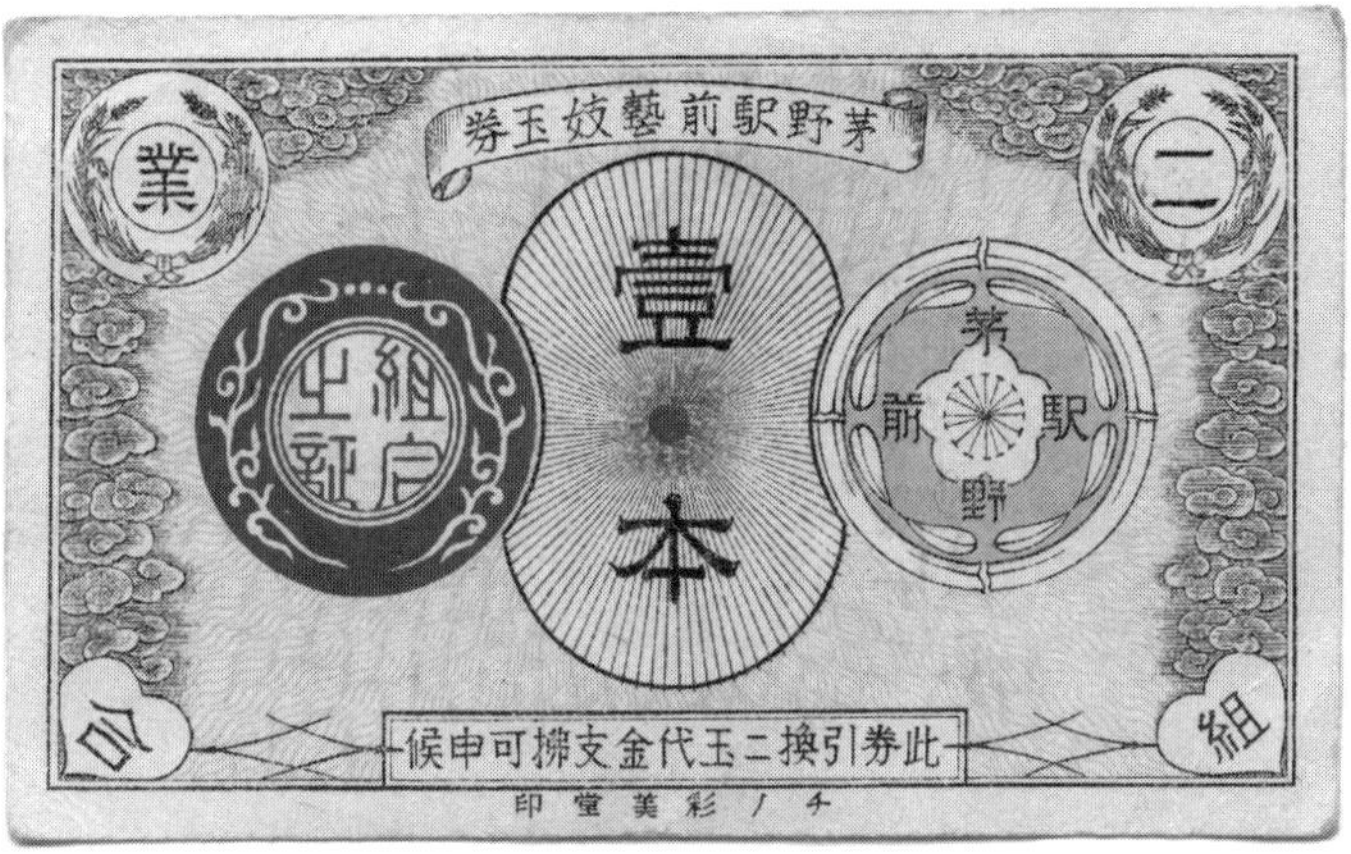

茅野駅（現長野県茅野市）前旭町の花柳界で戦前、芸者の揚げ代として使われた玉券。

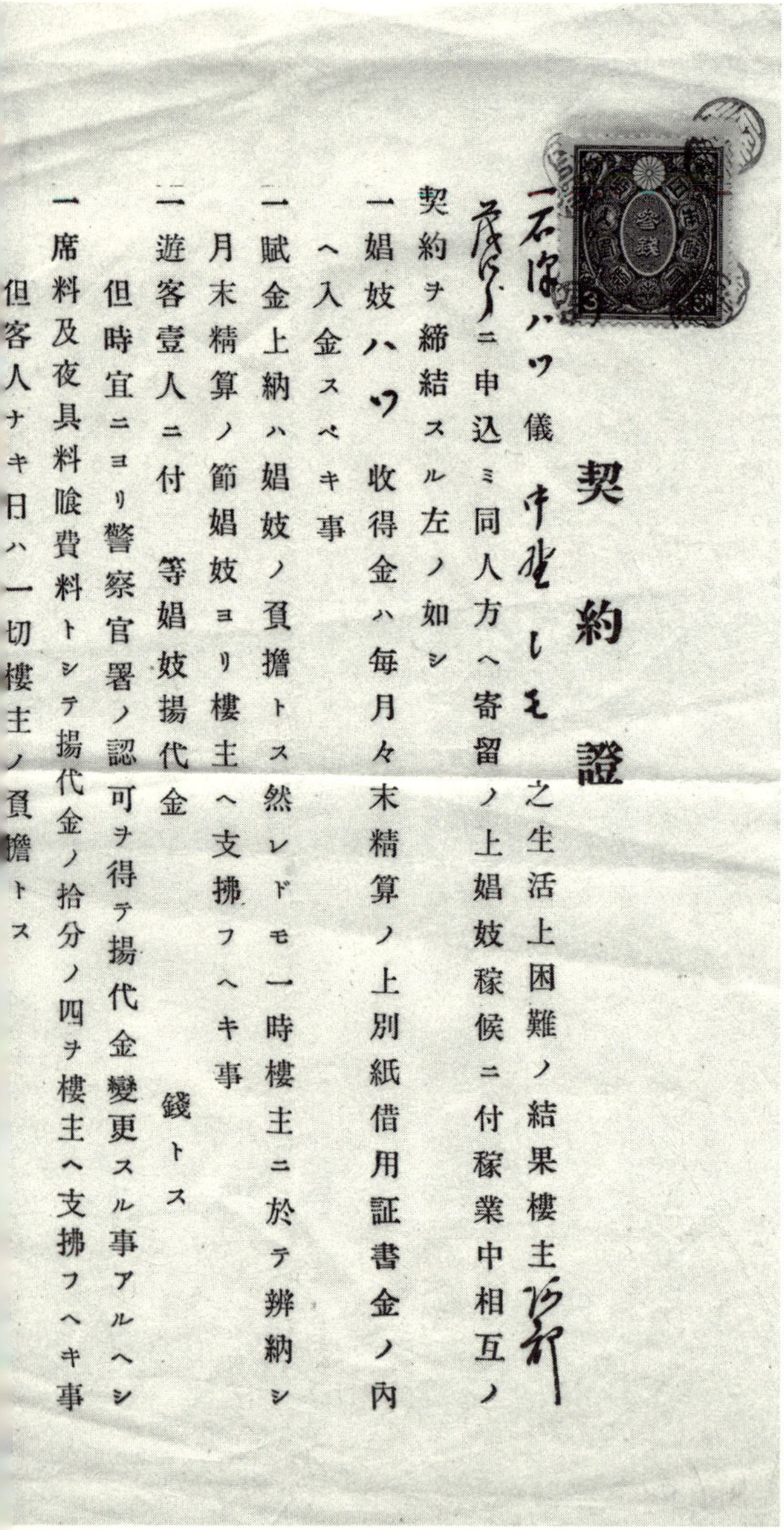
契約證

一石塚ハツ儀中野しも之生活上困難ノ結果樓主河村
[illegible]ニ申込ミ同人方ヘ寄留ノ上娼妓稼候ニ付稼業中相互ノ
契約ヲ締結スル左ノ如シ

一娼妓ハツ收得金ハ毎月々末精算ノ上別紙借用證書金ノ内
　ヘ入金スヘキ事

一賦金上納ハ娼妓ノ負擔トス然レドモ一時樓主ニ於テ辨納シ
　月末精算ノ節娼妓ヨリ樓主ヘ支拂フヘキ事

一遊客壹人ニ付　等娼妓揚代金　錢トス
　但時宜ニヨリ警察官署ノ認可ヲ得テ揚代金變更スル事アルヘシ

一席料及夜具料喰費料トシテ揚代金ノ拾分ノ四ヲ樓主ヘ支拂フヘキ事
　但客人ナキ日ハ一切樓主ノ負擔トス

契約書（娼妓）

（一八九一〔明治二四〕年）

家の借金返済のために「娼妓稼」に入る際の契約書である。席料夜具等の名目で揚代金の四割を楼主が取り、六割が借金の返済にあてられる。所持品まで担保とされるなど、人格を無視され借金返済の道具として扱われている。

ハ月末精算ノ際支拂フヘキ事

一樓主ヨリ娼妓ヘ貸與セシ別紙証書面之金員及臨時追貸金共無利子ニシテ右金ノ内ヘ娼妓働金拾分ノ六ヲ月々入金スヘキ事

但働金拾分ノ六ヲ以テ元金及追借金皆濟セサル前事故アッテ他樓ヘ移轉又ハ廢業セントスル場合ハ樓主ヨリ貸與ノ金ト娼妓ヨリ入金ノ精算ヲ遂ケ未濟金ヘ貸附當月ヨリ制限ノ利子ヲ加ヘ債務者ヨリ即時償却スヘキ約ナルモ滿三ケ年稼業繼續シタルモノヘハ特ニ利子金除却ノ事

一娼妓ノ所持品ハ悉皆借用金ノ擔保トシテ平素樓主ヘ預ケ置自儘ニ曲物賣却等スヘカラザル事

一娼妓ニ對スル保証人ハ別紙借用証書及本契約全体ニ對シ連帶責任ノ義務ヲ有スル事

右ノ件々契約仕候ニ就テハ他日異議無之爲メ本証貳通ヲ作リ各壹通宛所持スルモノ也

明治卅九年七月廿四日

[illegible]

娼妓 [illegible]

娼妓ニ對スル保証人 [illegible]

[illegible]

曽根崎新地席貸組合同盟規約

（一九一一〔明治四四〕年）

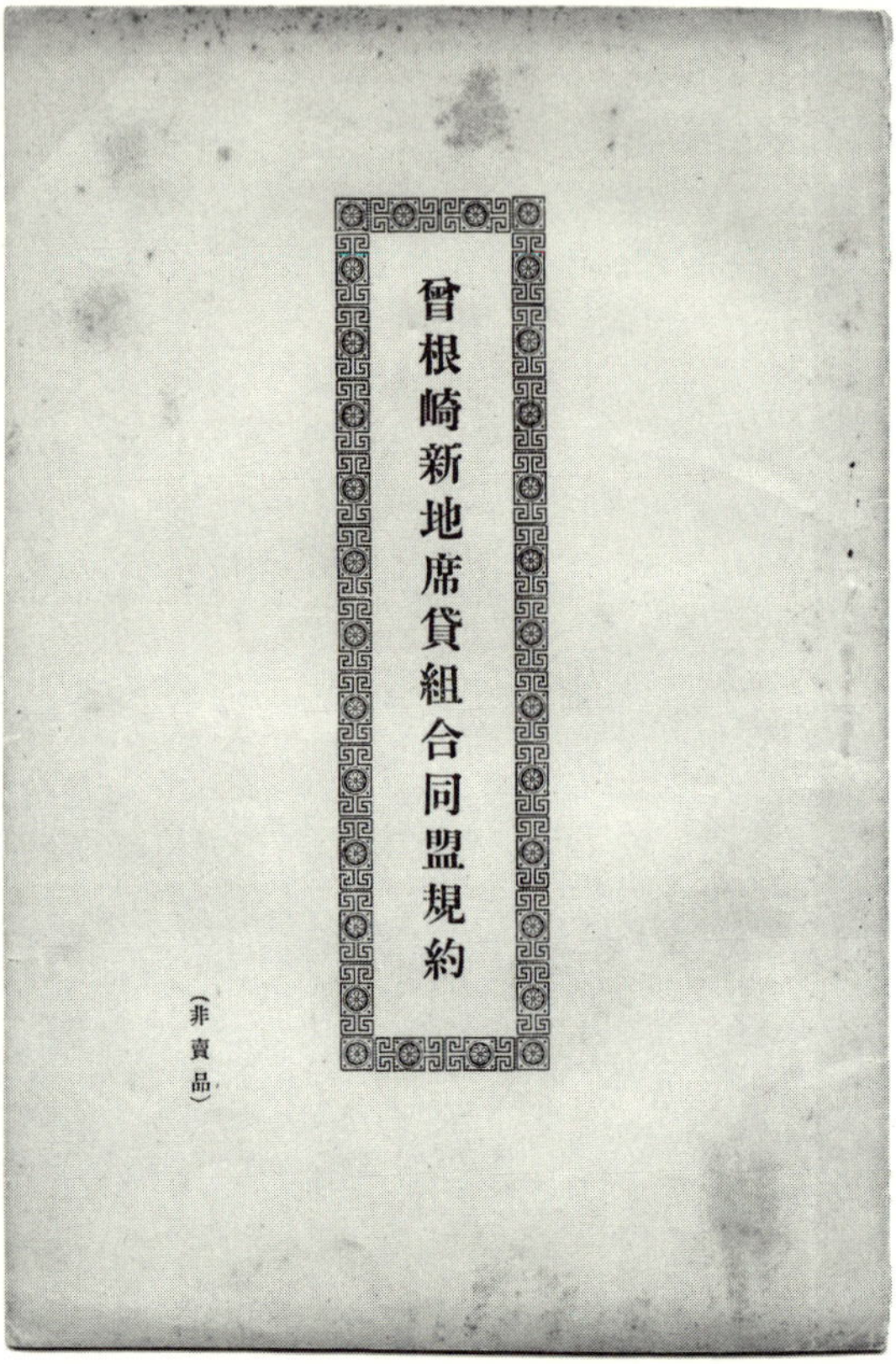

芸妓遊びの場となる席貸の業者が「弊害ノ矯正」のために結成した組合で、業者にとっての弊害とは十四条によれば揚代金の配分不履行で、それを防止するのが眼目である。芸妓の取り分は揚代金の約五三％となる。

御願

曾根崎新地席貸組合仝盟規約別册之通リ訂正致度候條御認可被成下度此段連署ヲ以テ願上候也

追而別表花數ハ來ル拾月貳拾七日ヨリ施行仕候

明治四拾四年第拾月拾九日

曾根崎新地席貸組合

取締 大西熊吉

各席貸連署

大阪府北警察署長警視野村壽三郎殿

割印

明治四十四年十月十九日付席貸組合規約變更願出ノ件認可ス

明治四十四年十月二十五日

大阪府北警察署長

警視野村壽三郎 印

曾根崎新地席貸組合同盟規約

第壹章　總　則

第壹條　本《ほん》組《くみ》合《あひ》ハ曾《そ》根《ね》崎《さき》新《しん》地《ち》一丁目、二丁目、三丁目ニ營《ゑい》業《げふ》スル席《せき》貸《かし》業《げふ》一同《どう》合《がふ》意《い》ノ上《うへ》之《これ》ヲ組《そ》織《しき》シ曾《そ》根《ね》崎《さき》新《しん》地《ち》席《せき》貸《がし》組《くみ》合《あひ》ト稱《せう》ス

第貳條　本《ほん》組《くみ》合《あひ》ノ事《じ》務《む》所《しよ》ヲ曾《そ》根《ね》崎《さき》新《しん》地《ち》二丁目參拾八番參拾九番合《がつ》併《へい》地《ち》ニ設《せつ》置《ち》ス

第參條　本《ほん》組《くみ》合《あひ》ハ共《けふ》同《どう》一致《ち》シ交《かう》誼《ぎ》ヲ厚《あつく》シ互《たがひ》ニ弊《へい》害《がい》ヲ矯《きよ》正《せい》シ營《ゑい》業《げふ》上《ぜう》ノ繁《はん》榮《ゑい》ヲ企《き》圖《と》スルヲ目《もく》的《てき》トス

第四條　前《ぜん》條《せう》ノ區《く》域《ゐき》內《ない》ニ於《おい》テ營《ゑい》業《げふ》スル席《せき》貸《がし》業《げふ》者《しや》ニシテ本《ほん》組《くみ》合《あひ》ニ加《か》盟《めい》セザルモノハ相《さう》互《ご》間《かん》總《すべ》テノ取《とり》引《ひき》ヲ爲《な》サヾルモノトス

第五條　本組合《ほんくみあひ》ニ加盟《かめい》スル席貸業者《せきがしげふしや》ハ曾根崎新地《そねさきしんち》及《およ》曾根崎《そねさき》藝妓組合《げいぎくみあひ》ノ藝妓《げいぎ》ト
共同《けふどう》シテ營業《えいげふ》ヲナスベキモノナレバ右組合以外《みぎくみあひいぐわい》ノ藝妓《げいぎ》ニ直接取引《ちよくせつとりひき》ヲナス
ヿヲ得ザルモノトス

第六條　各營業者《かくえいげふしや》ハ本規約《ほんきやく》ニ定《さだ》メラレタル委任權限內《ゐにんけんげんない》ニ於ケル役員《やくいん》ノ處置《しよち》ニ
對《たい》シ服從《ふくじう》スルノ義務《ぎむ》アルモノトス

第七條　客人《きやくじん》ヨリ支拂《しはらひ》ヲ受《う》ク可《べ》キ揚代金《あげだいきん》ハ左《さ》ノ規定《きてい》ニヨル

花一本ニ付　金拾五錢

内譯

甲種席貸　金五錢六厘六毛二弗五

乙種席貸　金壹錢四厘六毛三弗

藝　妓　　金七錢八厘七毛四弗五

席料一時間ニ付金參拾錢

但一時間ヲ增ス每ニ金拾五錢

第八條　本《ほん》組《くみ》合《あひ》員《いん》ノ揚《あげ》代《だい》金《きん》及《および》花《はな》數《かぞ》算《さん》出《しゆつ》ノ時《じ》間《かん》割《わり》等《など》ハ別《べつ》表《ぺう》ニヨル

第九條　本《ほん》組《くみ》合《あひ》ノ經《けい》常《ぜう》費《ひ》及《および》別《べつ》途豫《よ》備《び》費《ひ》トシテ左《さ》ノ通《とほ》リ一定《てい》ノ期《き》日《じつ》ニ取締《とりしまり》事務《じむ》所《しよ》へ差《さし》出《だ》スモノトス

但《たゞ》シ前《ぜん》七條ノ收得《しうとく》金《きん》中《ちう》ヨリ各《かく》自《じ》支《し》出《しゆつ》スルモノトス

經常費	花一本ニ付	金貳厘	甲種席貸	八毛四弗
			乙種席貸	七毛六弗
			藝妓	四毛
別途豫備費	花一本ニ付	金五厘	甲種席貸	壹厘八毛八弗五
			乙種席貸	四毛九弗
			藝妓	貳厘六毛二弗五

第拾條　前條《ぜんでう》ノ別途豫備費《べつとよびひ》ハ曾根崎新地及曾根崎藝妓組合ト共同事業《けふどうじげふ》ヲ起《おこ》ス際及其他臨時《そのたりんじ》ノ支出《しゆつ》ニ充當《じうとう》スルモノトス

但《たゞ》シ時機《じき》ニヨリ必要《ひつにう》ナキトキハ減額《げんかく》又《また》ハ廢止《はいし》スルヿアル可シ

第拾壹條　各營業者《かくえいげふしや》ハ多人數《たにんず》ヲシテ贅費《ぜいひ》ヲ要《にう》スル諸興行《しよこうげう》ノ參看《さんかん》及遊《およびあそび》散等《など》ヲ誘《さそ》引《ひ》シ又《また》ハ誘引《さそひ》ニ應《おう》スヘカラス

第貳章　席貸業

第拾貳條　本組合《ほんくみあひ》ノ席貸業《せきがしげふ》ヲ分《わけ》テ甲種席貸《かうしゆせきがし》乙種席貸《おつしゆせきがし》ノ二種《しゆ》トス甲種席貸《かうしゆせきがし》トハ來客《らいきやく》ノ需《もとめ》ニ應《おう》ジ席貸《せきがし》ヲナスモノトシ乙種席貸《おつしゆせきがし》トハ藝妓《げいぎ》ト直接契約者《ちよくせつけいやくしや》ニシテ甲種席貸《かうしゆせきがし》ニ對《たい》シ取引上《とりひきじやう》一切《さい》ノ要務《にうむ》ヲ取扱《とりあつか》フモノトス

第拾參條　一席貸業《せきがしげふ》ニシテ甲乙《こうおつ》兩種《れうしゆ》ノ併業《へいげふ》ヲ爲《な》サヾルモノトス

第拾四條　本組合《ほんくみあひ》ニ加盟《かめい》シ席貸營業《せきがしえいげふ》ヲ爲《な》サントスル者《もの》ハ左《さ》ノ規定《きてい》ニ準據《じゆんきよ》スヘシ

一　信認金《しんにんきん》五拾圓ヲ取締《とりしまり》ヘ供托《きよたく》スルヿ

但《たゞ》シ廢業《はいげふ》ノトキ一ケ年百分ノ四ノ利息《りそく》ヲ加算《かさん》シ返還《へんかん》スルヿ（差入月及返還月ハ利息《りそく》ヲ附セス）

一　甲種席貸《かうしゆせきがし》ヲ營《いとな》マントスル者《もの》ハ甲種席貸業者《かうしゆせきがしげふしや》乙種席貸《おつしゆせきがし》ヲ營《いとな》マントスルモノハ乙種席貸業者《おつしゆせきがしげふしや》各貳名ノ身元保証人《みもとほせうにん》ヲ要ス

信認金《しんにんきん》ハ各同業者間營業上《かくどうげふしやかんえいげふじやう》ノ支拂金《しはらひきん》不履行《ふりかう》セシトキニ充當《じうたう》スルモノナルヲ以《もつ》テ信認金減滅《しんにんきんげんめつ》シタルトキハ直《たゞち》ニ定額《ていがく》ニ達《たつ》スル金高《きんだか》ヲ完納《かんなふ》スベシ

第拾五條　花代金《はなだいきん》ハ甲種席貸《かうしゆせきがし》ハ乙種席貸《おつしゆせきがし》ヘ一定《てい》ノ期日《きじつ》ニ支拂《しはら》フベシ若《も》シ延滞《えんたい》

スル𪜈ハ其《その》義《ぎ》務《む》ヲ果《はた》ス迄《まで》營《えい》業《げふ》取《とり》引《ひき》中《ちう》止《し》スルヿアルベシ

第拾六條　前《ぜん》條《せう》ノ處《しよ》分《ぶん》ハ保《ほ》証《せう》人《にん》ニ於《おい》テ滿《まん》三ケ月以《い》内《ない》ニ其《その》義《ぎ》務《む》ヲ盡《つく》サシム若《も》シ不《ふ》履《り》行《こう》ノ時《とき》ハ前《ぜん》條《せう》ニ同《おな》ジ

第拾七條　乙種席貸ハ藝《げい》妓《ぎ》ノ收《しう》得《とく》金《きん》ヲ一定《てい》ノ期《き》日《じつ》ニ藝《げい》妓《ぎ》ニ拂渡《はらひわた》スベシ若《も》シ期《き》日《じつ》ニ不《ふ》履《り》行《こう》セシ𪜈ハ身《み》元《もと》保《ほ》証《せう》人《にん》ニ於テ五日以内ニ其《その》義《ぎ》務《む》ヲ盡《つく》サシム

但《たゞ》シ保《ほ》証《せう》人《にん》若《も》シ不《ふ》履《り》行《こう》ノ𪜈ハ前第拾五條ニ同ジ

第拾八條　營《えい》業《げふ》者《しや》ハ同《どう》屋《や》號《がう》ヲ用《もち》ユルヿヲ得ス

第拾九條　本《ほん》組《くみ》合《あひ》業《げふ》者《しや》ハ雇人《やとひにん》又《また》ハ紹《せう》介《かい》業《げふ》者《しや》及《および》其《その》雇人《やとひにん》ニ席《せき》ヲ貸《か》サヾルモノトス

第參章　役員資格及選被選權

第貳拾條　本組《くみ》合《あひ》役《やく》員《いん》ト稱《せう》スル者《もの》左《さ》ノ如《ごと》シ

六

正副取締　各壹名
組合會議員　名
會計係　壹名若クハ貳名

第貳拾壹條　正副取締ノ被選資格《ひせんしかく》ハ滿貳拾歳以上《いじやう》ノ男子《だんし》ニシテ滿貳年以上引續席貸業《せきがしげふ》ヲ營《いとな》ムモノ

第貳拾貳條　議員會計係《ぎいんかいけいがゝり》ノ被選資格《ひせんしかく》ハ左《さ》ノ規定《きてい》ニ據《よ》ル

一、本組合ニ加盟シ滿一ケ年以上現ニ席貸業ヲ營ミ居ル　滿貳拾歳以上ノ男子
二、同　營業者ノ後見人
三、同　仝夫又ハ內緣ノ夫
四、同　仝父又ハ滿貳拾歳以上ノ長男

七

但シ二項乃至《ないし》四項ニ該當《がいとう》スルモノハ滿二ケ年以上《いじやう》業務《げふむ》ニ從事《じうじ》セルモノニ限ル

第貳拾參條　選擧人《せんきよにん》ノ資格《しかく》ハ當組合《とうくみあひ》ニ於《おい》テ現《げん》ニ席貸業《せきがしげふ》ヲ營《いとな》ムモノニ限《かぎ》ル

第貳拾四條　左《さ》ノ事項《じこう》ニ該當《がいとう》スル者ハ被選人《ひせんじん》タルコトヲ得ス

但シ當選後《とうせんご》本條《ほんでう》ノ規定《きてい》ニ抵觸《ていしよく》シタルモノハ自《おのづか》ラ資格《しかく》ヲ失《うしな》フモノトス

一　白痴《はくち》瘋癲《ふうてん》及《および》癈疾《はいしつ》者《しや》

一　破廉耻罪《はれんちざい》ノ刑《けい》ニ處《しよ》セラレ主刑《しゆけい》滿期《まんき》ノ後《のち》五ケ年ヲ經過《けいくわ》セザル者《もの》

一　破産《はさん》及《および》家資分産《かしぶんさん》ノ處分《しよぶん》ヲ受《う》ケ負債《ふさい》ノ辨償《べんせう》ヲ終《を》ヘザルモノ

第四章　選擧

第貳拾五條　役員《やくいん》選擧《せんきよ》ハ總《すべ》テ總選擧《そうせんきよ》トス

第貳拾六條　選擧《せんきよ》ヲ行《おこな》フ時《とき》ハ五日以前《いぜん》ニ取締《とりしまり》ヨリ同業者《どうげふしや》一般《ばん》ニ對シ選擧《せんきよ》開閉《かいへい》ノ日時《ひじ》ヲ通知《つうち》シ開票《かいへう》ノ上當籤《うへとうせん》氏名《しめい》ヲ報告《ほうこく》スルモノトス

第貳拾七條　總《すべ》テ選擧投票《せんきよとうへう》ハ無記名《むきめい》トシ被選擧人《ひせんきよじん》ノ氏名《しめい》ヲ記《しる》シ封緘《ふうかん》ノ上《うへ》投票《とうへう》スベシ

第貳拾八條　有効投票《ゆうこうとうへう》ノ多數《たすう》ヲ得《に》タルモノヲ以《もつ》テ當選人《とうせんじん》トス

其全數《そのごうすう》ナルモノハ營業《えいげふ》ノ前年者《ぜんねんしや》ヲ採《と》リ尚全《なほおな》シキ時ハ係長抽籤《ちうせん》ヲ以テ其當籤ヲ定ム

第貳拾九條　選擧係《せんきよがかり》ハ取締《とりしまり》ニ於テ選擧人中《せんきよじんちう》ヨリ三名以下ヲ選任《せんにん》シ選擧會開閉ノ事務《じむ》ニ任《にん》シ取締及副取締之ガ係長トナリ選擧場《せんきよば》ヲ整理《せいり》ス

第五章　取締職務權限

第參拾條　正副取締《せいふくとりしまり》ハ名譽職《めいよしよく》トシ其任期《そのにんき》ハ滿《まん》二ケ年トス

但《たゞ》シ滿期《まんき》ノ際《さい》再選《さいせん》セラルヽヿヲ得《う》

第參拾壹條　取締中欠員《けついん》ヲ生《せう》ジタルトキハ補欠選擧《ほけつせんきよ》ヲ行《おこな》フ

但《たゞ》シ補欠員《ほけついん》ハ前任者《ぜんにんしや》ノ殘任期間《ざんにんきかん》トス

第參拾貳條　取締ハ組合各營業者《くみあひかくえいげふしや》ヲ監督《かんとく》シ庶務《しよむ》ヲ擔任《たんにん》シ官廳《かんてう》ノ令達《れいたつ》ヲ各營業《かくえいげふ》者《しや》ニ傳達《でんたつ》スルモノトス

第參拾參條　取締ハ組合會《くみあひかい》ノ議事《ぎじ》ヲ準備《じゆんび》シ且《か》ツ其決議《そのけつぎ》ヲ執行《しつこう》スルモノトス

第參拾四條　取締ハ共有財產《けふゆうざいさん》ヲ管理處分《かんりしよぶん》シ金錢出納ヲ監督《かんとく》ス

第參拾五條　取締ハ臨時緊急支出《りんじきんきふしゆつ》ニシテ組合會議《くみあひかいぎ》ヲ開《ひら》ク余暇《よか》ナキトキハ豫備金《よびきん》ヲ以テ其費途《そのひと》ニ充《あ》テ事後承諾《じごせうだく》ヲ求《もと》ムルコトアルベシ

但シ其都度《そのつど》組合《くみあひ》會議長《かいぎてう》ニ通知《つうち》スルモノトス

第參拾六條　取締ハ當《やう》組合《くみあひ》ヲ代表《だいへう》シ諸事《しよじ》ヲ辨理《べんり》スルモノトス

第參拾七條　取締ハ組合會議ノ決議《けつぎ》不當《ふたう》ト認《みと》ムルトキハ再議《さいぎ》ニ附《ふ》シ尙《なほ》否決《ひけつ》スルトキハ監督《かんとく》官署《かんしよ》ニ申告《しんこく》シ裁斷《さいだん》ヲ求《もと》メ原案《げんあん》執行《しつこう》スルコトヲ得

第參拾八條　取締及其《その》代理者《だいりしや》ハ必要《ひつえう》ト思慮《しりよ》スル事件《じけん》アルトキハ何時《なんどき》ニテモ各《かく》營業者《えいげふしや》及《および》從業者《じうげふしや》ヲ召喚《せうかん》スルコトヲ得

第參拾九條　取締ハ書記《しよき》以下《いか》雇員《やとひいん》ノ任免《にんめん》賞罰《せうばつ》ヲ專行《せんこう》スルコトヲ得

第四拾條　取締ハ各營業者《かくえいげふしや》ガ此《この》規約《きやく》又《また》ハ慣例《かんれい》ニ違反《ゐはん》シ組合《くみあひ》ノ秩序《ちつじよ》ヲ紊亂《びんらん》シ若《もし》クハ全体《ぜんたい》ノ利《り》益《えき》ヲ害《がい》スト認《みと》ムルトキハ組合《くみあひ》會《かい》ノ決議《けつぎ》ヲ經《へ》テ相當《さうとう》處分《しよぶん》ス

第六章　組合會組織及職務權限

十一

第四拾壹條　組《くみ》合《あひ》會《かい》ハ本《ほん》規《き》約《やく》ニヨリ選《せん》擧《きよ》シタル議《ぎ》員《いん》八名ヲ以テ組《そ》織《しき》ス

第四拾貳條　議《ぎ》員《いん》ハ名《めい》譽《よ》職《しよく》トシ其《その》任《にん》期《き》ハ滿四ヶ年トシ二ヶ年毎ニ半《はん》數《すう》ヲ改《かい》選《せん》ス其《その》退《たい》任《にん》者《しや》ハ抽籤《ちうせん》ヲ以《もつ》テ之《これ》ヲ定《さだ》ム

但《たゞ》シ再《さい》選《せん》セラルヽヿヲ得《う》

第四拾參條　議《ぎ》員《いん》中《ちう》欠《けつ》員《いん》アルトキハ補《ほ》欠《けつ》選《せん》擧《きよ》ヲ行《おこな》フモノトス

但《たゞ》シ補《ほ》欠《けつ》員《いん》ノ任《にん》期《き》ハ前《ぜん》任《にん》者《しや》ノ殘《ざん》任《にん》期《き》間《かん》トス

第四拾四條　組《くみ》合《あひ》會《かい》ハ年《とし》ノ始《はじ》メニ於《おい》テ議長副議長各一名ヲ互《ご》選《せん》ス其《その》任《にん》期《き》ハ滿一ヶ年トス

第四拾五條　組《くみ》合《あひ》會《かい》ノ決《けつ》議《ぎ》スベキ事《じ》件《けん》ノ概《がい》目《もく》左《さ》ノ如《ごと》シ

一　當《たう》組《くみ》合《あひ》ノ公《こう》費《ひ》ヲ以《もつ》テ支《し》辨《べん》スベキ經《けい》費《ひ》ノ豫《よ》算《さん》及《および》賦《ふ》課《くわ》徴《てう》收《しう》方《はう》法《ほふ》

一　組合《くみあひ》共同《けふどう》利益《りえき》ノ事業《じげふ》ヲ起廢《きはい》スルヿ

一　前年度《ぜんねんど》ノ決算《けつさん》報告《ほうこく》ヲ爲《な》スヿ

一　組合《くみあひ》共有《けふゆう》財産《ざいさん》ノ賣買《ばいばい》交換《こうかん》讓受《ゆづりうけ》讓渡《ゆづりわたし》幷《ならび》ニ質入《しちいれ》書入《かきいれ》ヲ爲《な》スヿ

一　組合《くみあひ》共有《けふゆう》財産《ざいさん》ノ處分《しよぶん》ニ關《かん》スルヿ

一　組合《くみあひ》ノ共同《けふどう》利益《りえき》保持《ほぢ》ノ目的《もくてき》ヲ以《もつ》テ新《あらた》ニ債務《さいむ》ヲ負擔《ふたん》シ又ハ權利《けんり》ヲ行使《こうし》スル件

一　揚代《あげだい》金及《きんおよび》花數《はなかず》改正《かいせい》ノ件《けん》

一　本規約《ほんきやく》ヲ增減《ぞうげん》シ又《また》ハ變更《へんこう》スル事

一　組合《くみあひ》營業者《えいげふしや》一般《ぱん》ノ利害《りがい》ニ關《かん》スル諸般《しよはん》ノ事項《じこう》

第四拾六條　組合會《くみあひくわい》ハ總《すべ》テ議長《ぎてう》ノ名《な》ヲ以《もつ》テ召集《せうしふ》シ通常會《つうせうくわい》ハ每年《まいねん》三月ニ開《ひら》ク必《ひつ》

十三

要《えう》ノ場《ば》合《あひ》取締又《とりしまりまた》ハ議員《ぎいん》三名以上請求《せいきう》スル時ハ臨時開會《りんじかいくわい》スルモノトス

第四拾七條　會計年度《かいけいねんど》ハ四月ニ始《はじま》リ翌年《よくねん》三月ニ終《をは》ルヲ一期《き》トス

第四拾八條　組合會《くみあひかい》ハ半數以上出席《はんすういじやうしゆつせき》スルニ非《あら》ザレバ議決《ぎけつ》スルヿヲ得ズ

但《たゞ》シ全事件《ぜんじけん》ニ付召集再會《つきせうしふさいかい》ニ至《いた》ルモ尚半數《なほはんすう》ニ滿《み》タザルトキハ此限《このかぎ》リニアラズ

第四拾九條　議決《ぎけつ》ハ可否《かひ》ノ多數《たすう》ニヨリ之《これ》ヲ定《さだ》ム全數《ぜんすう》ナルトキハ議長《ぎてう》ノ可否《かひ》ニヨル

第五拾條　組合會《くみあひかい》ハ公開《こうかい》ス議長《ぎてう》ノ意見《いけん》ヲ以ヲ傍聽《ばうてう》ヲ禁《きん》ズルヿヲ得

第五拾壹條　議長副議長及議員ハ自己《じこ》ノ一身上《しんじやう》ニ關《かん》スル事件《じけん》ニ付テハ組合會《くみあひかい》ノ決議《けつぎ》ニ加《くわゝ》ルヿヲ得《え》ス

第五拾貳條　議事細則《ぎじさいそく》ハ別《べつ》ニ之《これ》ヲ定《さだ》ム

第七章　會計規定

第五拾參條　會計係《くわいけいがゝり》ハ金錢《きんせん》出納《だしいれ》ヲ擔任《たんにん》シ其《その》任期《にんき》ハ滿《まん》二ヶ年トス
但《たゞ》シ滿期《まんき》再選《さいせん》セラル丶ヿヲ得

第五拾四條　會計係《かいけいがゝり》ハ取締《とりしまり》之《これ》ヲ選任《せんにん》ス

第八章　共有財産管理處分

第五拾五條　利益《りえき》保持《ほぢ》ノ目的《もくてき》ヲ以テ組合《くみあひ》共同《けふどう》ノ債務《さいむ》ヲ起《おこ》ス必要《ひつえう》アルトキハ先《ま》ヅ組合會《くみあひかい》ノ決議《けつぎ》ヲ經《へ》テ仝盟《どうめい》營業者《えいげふしや》一同《どう》承諾《せうだく》ノ上《うへ》ニ於《おい》テ取締副取締ノ名義《めいぎ》ヲ以テ債務者《さいむしや》トナル

第五拾六條　當《たう》組合《くみあひ》ノ共有《けふゆう》財産《ざいさん》ハ各《かく》營業者《えいげふしや》ガ廢業《はいげふ》スルト仝時《どうじ》ニ其《その》權利《けんり》義務《ぎむ》ヲ

放棄《はうき》消滅《せうめつ》ス又《また》新規《しんき》營業者《えいげふしや》ハ其《その》權利《けんり》ヲ得義務《ぎむ》ヲ負《お》フ

第五拾七條　組合《くみあひ》共同《けふどう》ニ係《かゝ》ル不動産《ふどうさん》ノ名義《めいぎ》ハ名代人《なだいにん》五名ヲ選定《せんてい》シ登記面《とうきめん》ノ名代人《だいにん》トス之《これ》ガ選擧方法《せんきよはふはふ》ハ組合會《くみあひくわい》ノ決議《けつぎ》ニヨル

但《たゞ》シ名代人《なだいにん》廢業《はいげふ》若《もし》クハ營業《えいげふ》名義《めいぎ》喪失《さうしつ》ノ場合《ばあひ》ハ直《たゞち》ニ名代人《なだいにん》ノ選擧《せんきよ》ヲナシ登記面《とうきめん》名代人《なだいにん》ノ變更《へんかう》ヲ申請《しんせい》スベキモノトス

第五拾八條　左《さ》ノ事項《じかう》ニ限《かぎ》リ全業者《ぜんげふしや》一同ノ承印《せういん》ヲ要《えう》ス

一　共有財産《けふゆうざいさん》ニ關シ權利《けんり》ヲ創設《さうせつ》シ義務《ぎむ》ヲ負担《ふたん》スル行爲《かうゐ》及之《およびこれ》ガ處分《しよぶん》行爲《かうゐ》ヲナスベキトキ

第五拾九條　本組合員《ほんくみあひいん》ハ自巳《じこ》ノ所得金《しよとくきん》ノ内《うち》ヨリ花《はな》壹本ニ付甲種席貸ハ金壹厘九毛乙種《おつしゆ》席貸《せきがし》ハ金五毛ヲ五ケ年繼續《けいぞく》シ各自《かくじ》ノ名義《めいぎ》ヲ以《もつ》テ貯蓄《ちよちく》シ組合事務《くみあひじむ》

所《しよ》ニ保管《ほくわん》シ廢業《はいげふ》ノ際《さい》本人《ほんにん》ニ交附《とうふ》スルモノトス

但《たゞ》シ預金《よきん》利息《りそく》ハ公債《こうさい》ノ利率《りつ》ニヨリ之《これ》ヲ附《ふ》ス

第六拾條　前條《ぜんでう》ノ預金《よきん》ハ確實《かくじつ》ナル方法《はふほう》ノ下《もと》ニ利潤法《りじゆんはふ》ヲ講《こう》シ組合《くみあひ》ノ事業《じげふ》ニ一時《じ》流用《りうよう》スルヿヲ得

附　則

本規約《ほんきやく》ハ時機《じき》ニヨリ支障《しせう》ヲ生《せう》ジ増減變更《ぞうげんへんこう》セントスルトキハ組合會議《くみあひかいぎ》ノ決議《けつぎ》ヲ經《へ》テ所轄署《しよかつしよ》ノ認可《にんか》ヲ受《う》クベキモノトス

十七

曽根崎新地芸妓組合同盟規約

（一九一一〔明治四四〕年）

芸妓組合とあるが四十四条により席貸組合の指導下となり、芸妓を席貸業者に縛りつけるものである。十二条や十三条の「不徳ノ行為」禁止で娼妓との違いを主張するが、実態はそうではなかった。

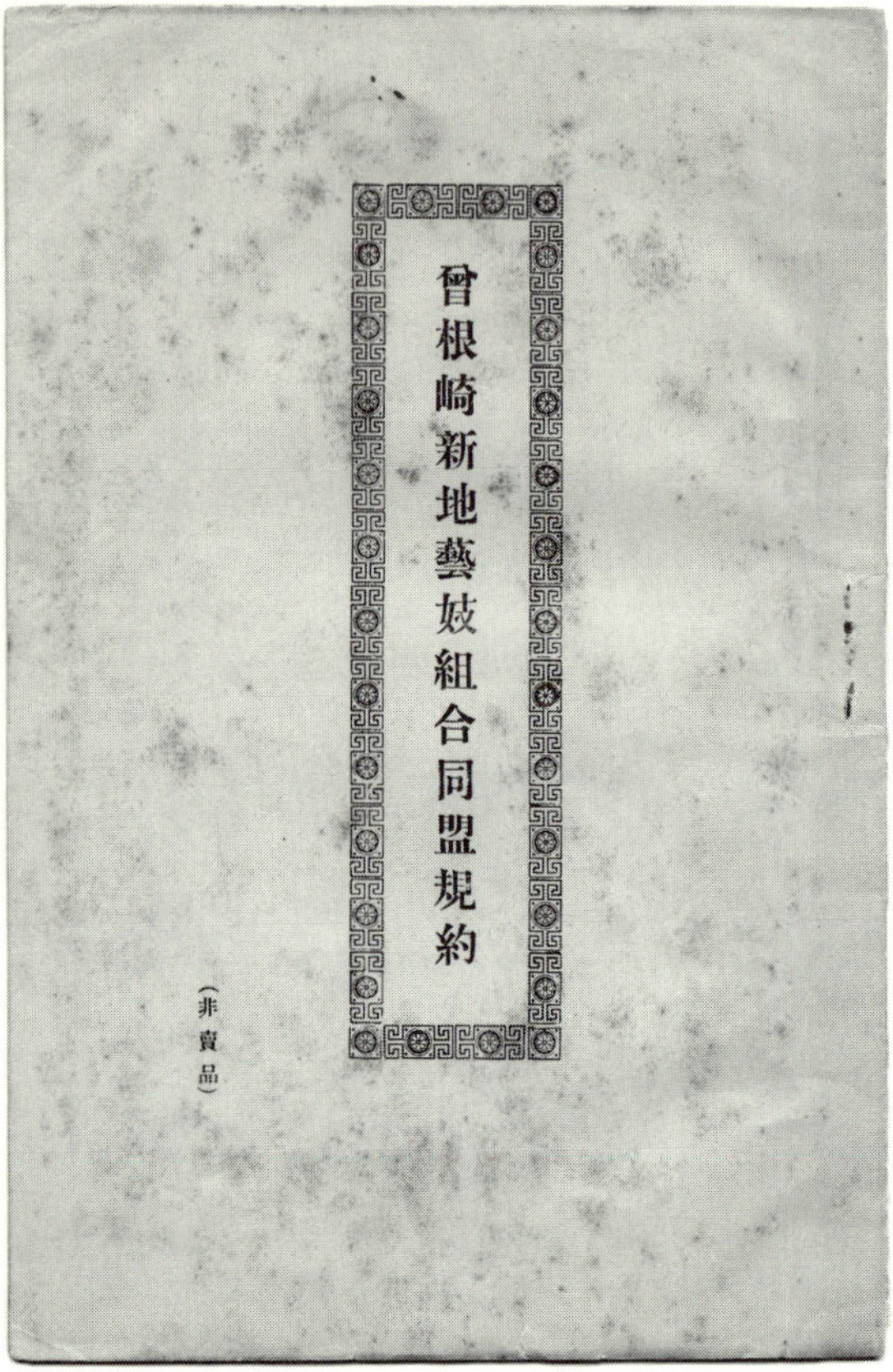

御願

曾根崎新地藝妓組合同盟規約別册之通リ訂正仕度候條御認可被成下度此段連署ヲ以テ願上候也

追而別表花數ハ來ル拾月貳拾七日ヨリ施行仕候

明治四拾四年拾月拾九日

曾根崎新地藝妓組合

取締　大西熊吉

各藝妓連名

大阪府北警察署長警視野村壽三郎殿

割印

明治四十四年十月十九日付藝妓組合規約變更願出ノ件認可ス

明治四十四年十月二十五日

大阪府北警察署長

警視野村壽三郎 印

曾根崎新地藝妓組合同盟規約

第壹章　總則

第壹條　本《ほん》組合《くみあひ》ハ曾根崎《そねさき》新地《しんち》一丁目、二丁目、三丁目及堂島裏一丁目、二丁目、三丁目（蜆橋以西 助成橋以東）ニ住居《すまひ》スル藝妓《げいぎ》一同合意《がふい》ノ上《うへ》之《これ》ヲ組織《そしき》シ曾根崎新《そねさきしん》地藝妓組合《ちげいぎくみあひ》ト稱ス

第貳條　本組合《ほんくみあひ》ノ事務所《じむしよ》ハ曾根崎新地席貸組合事務所ニ併置《へいち》ス

第參條　本組合ハ共同《けふどう》一致《ち》交誼《こうぎ》ヲ厚《あつく》シ互《たがひ》ニ弊害《へいがい》ヲ矯正《きやうせい》シ營業上《えいげふぜう》ノ繁榮《はんえい》ヲ企圖《きと》スルヲ目的《もくてき》トス

第四條　本組合ニ加盟《かめい》スル藝妓ハ曾根崎新地席貸組合ノ席貸業者ト共同シテ營業《えいげふ》スベキモノナレバ必《かなら》ズ右業者《みぎげふしや》ヲ經《へ》テ之ヲ爲シ曾根崎新地席貸業者ニ

アラザル業者《げふしや》又《また》ハ來客人《らいきやくじん》ト直接取引《ちよくせつとりひき》ヲナスヿヲ得《え》ザルモノトス

第五條　本組合《ほんくみあひ》ノ組合員《くみあひいん》ハ本規約《ほくきやく》ニ定《さだ》メラレタル委任權限内《ゐにんけんげんない》ニ於ケル役員《やくいん》ノ處置《しよち》ニ對《たい》シ服從《ふくじう》スルノ義務《ぎむ》アルモノトス

第六條　客人《きやくじん》ヨリ支拂《しはらひ》ヲ受《う》ク可《べ》キ揚代金《あけだいきん》ハ左《さ》ノ規定《きてい》ニヨル

花一本ニ付　金拾五錢

内譯

藝妓　金七錢八厘七毛四弗五

甲種席貸　金五錢六厘六毛二弗五

乙種席貸　金壹錢四厘六毛三弗

第七條　本組合員ノ揚代金及花數算出ノ時間割等ハ別表《べつぺう》ニヨル

第八條　本組合ノ經常費《けいぜうひ》及別途豫備費《べつとよびひ》トシテ左《さ》ノ通《とほ》リ一定《てい》ノ期日《きじつ》ニ取締《とりしまり》事務《じむ》所《しよ》ヘ差出《さしだ》スモノトス

但《たゞ》シ前條《ぜんぜう》ノ收得金《しうとくきん》中《ちう》ヨリ各自《かくじ》支出《ししゆつ》スルモノトス

經常費	金貳厘	藝妓	四毛
花一本ニ付		甲種席貸	八毛四弗
		乙種席貸	七毛六弗
別途豫備費	金五厘	藝妓	貳厘六毛二弗五
花一本ニ付		甲種席貸	壹厘八毛八弗五
		乙種席貸	四毛九弗

第九條　前條《ぜんぜう》ノ別途豫備費《べつとよびひ》ハ曾根崎新地席貸組合及曾根崎藝妓組合ト共同《ごう》事業《じげふ》ヲ起《おこ》ス際及其他《そのた》臨時《りんじ》ノ支出《ししゆつ》ニ充當《じうたう》スルモノトス

但《たゞ》シ時機《じき》ニヨリ必要《ひつえう》ナキ𪜈ハ減額《げんかく》又《また》ハ廢止《はいし》スルヿアル可シ

三

第拾條　本組合員《ほんくみあひいん》ハ自巳《じこ》ノ所得金《しよとくきん》ノ内《うち》ヨリ花壹本ニ付金貳厘六毛ヲ五ケ年繼《けい》續《ぞく》シ各自《かくじ》ノ名義《めいぎ》ヲ以《もつ》テ貯蓄《ちよちく》シ組合事務所《くみあひじむしよ》ニ保管《ほかん》シ廢業《はいげふ》ノ際《さい》本人《ほんにん》ニ交附《こうふ》スルモノトス

但預金《よきん》利息《りそく》ハ公債《こうさい》ノ利率《りりつ》ニヨリ之《これ》ヲ附《ふ》ス

第拾壹條　前條《ぜんぜう》ノ預金《よきん》ハ確實《かくじつ》ナル方法《ほふはう》ノ下《もと》ニ利潤法《りじゆんはふ》ヲ講《こう》シ組合《くみあひ》ノ事業《じげふ》ニ一時《じ》流用《りうよう》スルヿヲ得

第拾貳條　本組合員《ほんくみあひいん》ハ技藝《ぎげい》ヲ主《しゆ》トシ營業《えいげふ》スベキモノナレバ年齡《ねんれい》ノ如何《いかん》ヲ問《と》ハズ技藝《ぎげい》練習《れんしふ》ニ勉勵《べんれい》スル義務《ぎむ》アルモノトス

第拾參條　本組合員《ほんくみあひいん》ハ專《もつは》ラ溫順《おんじゆん》優美《ゆうび》ヲ旨《し》トシ客人《きやくじん》ニ對《たい》シ禮《れい》ヲ厚《あつ》クシ決《けつ》シテ不《ふ》德《とく》ノ行爲《とうゐ》アルベカラザルモノトス

四

第拾四條　一席貸《せきがし》ニ於《おい》テ招《まね》カレタル客人《きやくじん》ヨリ其後他《そのごた》ノ席貸《せきがし》ニ招《まね》カレタルトキハ速《すみやか》ニ前席貸《ぜんせきがし》ヘ通告《つうこく》スベキモノトス

但仝時《どうじ》ニ数人《すうにん》ノ藝妓《けいぎ》招《まね》カレタル場合《ばあひ》ハ各自《かくじ》之《これ》ヲ通告《つうこく》スルモノトス

第拾五條　一席貸《せきがし》ノ客人《きやくじん》ヲ他《た》ノ席貸《せきがし》又《また》ハ自宅《じたく》ニ誘引《ゆういん》スベカラザルモノトス

第拾六條　席貸《せきがし》ヨリ招《まね》カレタル𪜈ハ相當《さうとう》ノ事由《じゆう》ナクシテ拒絶《きよぜつ》スルコトヲ得《え》ス

約束《やくそく》（モライ）ノ場合《ばあひ》亦仝《またおな》シ

第拾七條　營業中如何《たいげふちういか》ナル場合《ばあひ》ヲ問《と》ハズ一時間《じかん》以上《いじやう》經過《けいくわ》スルニアラザレバ他《た》ノ招《まね》キニ應《おう》ズルコトヲ得《え》ザルモノトス

第拾八條　本組合員《ほんくみあひいん》ハ營業中《たいげふちう》ト否《いな》トヲ問《と》ハズ異様《かわつた》ノ扮装《みなり》ヲナシ又《また》ハ不体裁《ふていさい》ノ形装《みなり》ヲ為《な》スベカラザルモノトス

五

第拾九條　本組合員《ほんくみあひいん》ハ諸興行《しよこうけふ》ノ團体觀覽《だんたいかんらん》其他《そのた》遊散《あそび》會ノ誘引《さそひ》若《もし》クハ此等《これら》擧行《きよこう》ノ爲《た》メ總《すべ》テ出金《しゆつきん》ノ勸誘《すゝめ》ニ應《おう》スベカラザルモノトス

第貳拾條　本組合《ほんくみあひ》ハ組合員《くみあひいん》ノ利益《りえき》ヲ増進《ぞうしん》シ其他《そのだ》必要《ひつよう》ノ場合《ばあひ》ニ於《おい》テハ曾根崎新地席貸組合及曾根崎藝妓組合ト仝盟《ごうめい》契約《けいやく》ヲ締結《ていけつ》スルコトヲ得ルモノトス

第貳章　役員及選擧

第貳拾壹條　本組合《ほんくみあひ》ニ左《さ》ノ役員《やくいん》ヲ置《お》ク

取締	壹名
副取締	壹名
評議員	六名
書記	壹名

六

役員《やくいん》ニ對《たい》シテハ相當《さうたう》ノ手當《てあて》ヲ支給《しきふ》スルコトヲ得《う》ルモノトス

第貳拾貳條　取締《とりしまり》及《および》副取締《ふくとりしまり》ハ滿《まん》貳拾五歳《さい》以上《じやう》ノ組合員《くみあひいん》中《ちう》ヨリ評議員會《ひやうぎいんかい》ニ於《おい》テ

選擧《せんきよ》ス其任期《そのにんき》ハ滿《まん》四ケ年トス

但《たゞ》シ再選《さいせん》ヲ妨《さまた》ゲザルモノトス

第貳拾參條　評議員《ひやうぎいん》ハ本組合員《ほんくみあひいん》ニ於《おい》テ互選《ごせん》スルモノトス

第貳拾四條　評議員《ひやうぎいん》ノ任期《にんき》ハ滿《まん》二ケ年トス

但《たゞ》シ再選《さいせん》ヲ妨《さまた》ゲザルモノトス

第貳拾五條　書記《しよき》ハ取締《とりしまり》ニ於《おい》テ適當《てきとう》ト認《みと》ムル組合員《くみあひいん》以外《いぐわい》ノ者《もの》ヲ雇入《やとひい》ルヽモノ

トス

第貳拾六條　選擧《せんきよ》ハ五日以前《いぜん》ニ取締《とりしまり》ヨリ組合員《くみあひいん》一般《はん》ニ對《たい》シ選擧開閉《せんきよかいへい》ノ日時《ひじ》ヲ

七

通知《つうち》シ開票《かいへう》ノ上當籤《うへとうせん》氏名《しめい》ヲ報告《ほうこく》スルモノトス

第貳拾七條　惣《すべ》テ投票《とうへう》ハ無記名《むきめい》トシ被選擧人《ひせんきよじん》ノ氏名《しめい》ヲ記《しる》シ封緘《ふうかん》ノ上投票《うへとうへう》スルモノトス

第貳拾八條　惣《すべ》テ選擧《せんきよ》ハ投票數《とうへうすう》ノ高點者《かうてんしや》ヨリ順次當籤《じゆんじとうせん》トス

但《たゞ》シ仝點者《どうてんしや》アルトキハ年長者《ねんてうしや》ヲ採《と》ルモノトス

第貳拾九條　惣《すべ》テ選擧《せんきよ》ハ取締《とりしまり》ニ於《おい》テ之《これ》ガ係長《かゝりてう》トナリ副取締《ふくとりしまり》以下《いか》ノ役員《やくいん》ヲ指揮《しき》シ選擧塲《せんきよぢやう》ヲ整理《せいり》ス

第參拾條　役員《やくいん》ニシテ欠員《けついん》ヲ生《せう》ジタルトキハ補欠選擧《ほけつせんきよ》ヲ行《おこな》フ此塲合《このばあひ》ニ於《お》ケル補欠員《ほけついん》ノ任期《にんき》ハ前任者《ぜんにんしや》ノ殘任期間《ざんにんきかん》トス

第參章　役員職務權限

第參拾壹條　取締《とりしまり》ハ組合員《くみあひいん》ヲ監督《かんとく》シ官廳《かんてう》ノ令達《れいだつ》ヲ各營業者《かくゑいげふしや》ニ傳達《でんたつ》スルモノトス

第參拾貳條　取締《とりしまり》ハ會議《かいぎ》ノ議事《ぎじ》ヲ準備《じゆんび》シ且其決議《かつそのけつぎ》ヲ執行《しつこう》スベキモノトス

第參拾參條　取締ハ共有財産《けふゆうざいさん》ヲ管理《かんり》シ金錢出納《きんせんだしいれ》ヲ担任《たんにん》スルモノトス

但《たゞ》シ金錢出納《だしいれ》ニ限《かぎ》リ取締《とりしまり》ノ責任《せきにん》ヲ以《もつ》テ曾根崎新地席貸組合會計係ニ囑托《しよくたく》スルコトヲ得《う》ルモノトス

第參拾四條　副取締《ふくとりしまり》ハ取締《とりしまり》ヲ補助《ほじよ》シ取締《とりしまり》事故《じこ》アルトキハ之《これ》ヲ代理《だいり》スルモノトス

第參拾五條　本組合員《ほんくみあひいん》ニシテ法律命令《はふりつめいれい》ニ違反《ゐはん》シ若《もし》クハ本規約《ほんきやく》ニ服從《ふくじう》セズ其他《そのた》組合《くみあひ》ノ秩序《ちつじよ》ヲ害《がい》スル虞《おそれ》アル者《もの》ヲ發見《はつけん》シタルトキハ取締《とりしまり》ニ於《おい》テ所轄警察官《しよかつけいさつかん》

九

署《しよ》ニ申告《しんこく》シ相當處置《そうとうしよち》ヲ請《こ》ヒ又《また》ハ本組合《ほんくみあひ》ヨリ除名《じよめい》スルコトヲ得《う》ルモノトス
本組合《ほんくみあひ》ノ役員《やくいん》ニシテ不都合《ふつがふ》アリ不適任《ふてきにん》ナリト認《みと》メタルトキハ他《た》ノ役員《やくいん》又《また》ハ組合員《くみあひいん》ニ於《お》テ所轄警察官署《しよかつけいさつかんしよ》ニ申告《しんこく》シ改選《かいせん》ヲ求《もと》ムルコトヲ得《う》ルモノトス

第参拾六條　役員會《やくいんかい》ニ於テ決議《けつぎ》スベキ事件《じけん》ノ概目《がいもく》左《さ》ノ如《ごと》シ

一　組合《くみあひ》ノ公費《こうひ》ヲ以《もつ》テ支辨《しべん》スベキ經費《けいひ》ノ豫算《よさん》及《および》賦課《ふくわ》徴收《てうしう》方法《はふ》
二　組合《くみあひ》共同《けふどう》利益《りえき》ノ事業《じげふ》ヲ起廢《きはい》スルヿ
三　前年度《ぜんねんど》ノ決算報告《けつさんはうこく》ヲ爲《な》スヿ
四　組合《くみあひ》共有財産《けふゆうざいさん》ノ賣買《ばいばい》交換《こうかん》讓受《ゆづりうけ》讓渡《ゆづりわたし》幷《ならび》ニ質入《しちいれ》書入《かきいれ》ヲ爲《な》スヿ
五　共有財産《けふゆうざいさん》ノ處分《しよぶん》ニ關《かん》スルヿ
六　組合《くみあひ》ノ共同利益《けふどうりえき》保持《ほぢ》ノ目的《もくてき》ヲ以テ新《あらた》ニ債務《さいむ》ヲ負担《ふたん》シ又ハ權利《けんり》ヲ行使《こうし》

十

スル件。

七　揚代《あげだい》金及《きんおよび》花數《はなかず》改正《かいせい》ノ件《けん》

八　本規約《ほんきやく》增減《ぞうげん》又《また》ハ變更《へんこう》ノ件《けん》

九　曾根崎新地《そねざきしんち》席貸《せきがし》組合及《くみあひおよび》曾根崎《そねさき》藝妓《げいぎ》組合《くみあひ》ト仝盟《どうめい》契約《けいやく》締結《ていけつ》ノ件《けん》

十　組合員《くみあひいん》ニ對《たい》スル除名《じよめい》處分《しよぶん》ニ關《かん》スル事項《じとう》

十一　組合《くみあひ》營業者《えいげふしや》一般《はん》ノ利益《りえき》ニ關《かん》スル諸般《しよはん》ノ事項《じこう》

第參拾七條　會議《かいぎ》ハ年《とし》ノ始《はじ》メニ於《おい》テ議長《ぎてう》一名ヲ互選《ごせん》ス其任期《そのにんき》ハ滿一ケ年トス

但《たゞ》シ再選《さいせん》ヲ妨《さまた》ゲザルモノトス

第參拾八條　惣《すべ》テ會議《かいぎ》ハ議長《ぎてう》之《これ》ヲ召集《せうしふ》シ出席半數《しゆつせきはんすう》以上《いぜう》ニテ之ヲ開《ひら》キ多數決《たすうけつ》トス

書記《しよき》ハ會議《かいぎ》ニ參與《さんよ》セサルモノトス
第參拾九條　三組合共同財產ニ付テハ組合員數《くみあひいんすう》ノ比例《ひれい》ニ依リ權利《けんり》ヲ得《う》ルモノトス
當組合《とうくみあひ》ノ財產《ざいさん》ニ付《つい》テモ亦《また》前項《ぜんこう》ニ仝《おな》ジ
第四拾條　利益保持《りゑきほぢ》ノ目的《もくてき》ヲ以テ組合共同《くみあひけふどう》ノ債務《さいむ》ヲ起《おこ》ス必要《ひつえう》アルトキハ役員《やくいん》會《かい》ノ決議《けつぎ》ヲ經《へ》テ同盟營業者《どうめいえいげふしや》一同《どう》承諾《せうだく》ノ上《うへ》警察署《けいさつしよ》ノ認可《にんか》ヲ受《う》ケ之《これ》ヲ實行《じつこう》スルモノトス
前項《ぜんこう》ノ塲合《ばあひ》ニ於ケル債務名義《さいむめいぎ》ハ取締及副取締トシ組合員其名義人ニ對シ其責《そのせめ》ニ任《にん》ス
第四拾壹條　本組合《ほんくみあひ》ノ共有財產《けふゆうざいさん》其他《そのた》本契約《ほんけいやく》ニ定《さだ》ムル處ノ權利義務《けんりぎむ》ハ廢業《はいげふ》ト仝

時ニ消滅《せうめつ》スルモノトス新規開業者《しんきかいげふしや》ハ現在《げんざい》一般《はん》ノ組合員《くみあひいん》ト仝等ノ權利《けんり》ヲ得
義務《ぎむ》ヲ負担《ふたん》スルモノトス

第四拾貳條　本組合《ほんくみあひ》共有《けふゆう》不動産《ふどうさん》ハ曾根崎新地席貸組合及曾根崎藝妓組合ト共有財産ナルヲ以《もつ》テ不動産《ふどうさん》ノ名義《めいぎ》ハ曾根崎新地席貸組合及曾根崎藝妓組合ト同盟契約《どうめいけいやく》ヲ締結《ていけつ》シ名代人《なだいにん》五名ヲ選定《せんてい》シ登記面《とうきめん》ノ名代人《なだいにん》トス

但《たゞ》シ名代人《なだいにん》廢業《はいげふ》若《もし》クハ營業名義《えいげふめいぎ》喪失《もうしつ》ノ場合《ばあひ》ハ直《たゞち》ニ名代人《なだいにん》ヲ選定《せんてい》シ登《とう》記面《きめん》ノ變更《へんこう》ヲ申請《しんせい》スベキモノトス

不動産《ふどうさん》以外《いがい》ノ權利《けんり》名義《めいぎ》ハ取締及副取締トス

第四拾參條　本組合《ほんくみあひ》ノ支出《ししゆつ》ハ惣《すべ》テ領收書《れうしうしよ》ヲ徵《てう》シ其他《そのた》金錢出納《きんせんだしいれ》ニ關《かん》スル帳簿書《てうぼしよ》類《るい》ト共《とも》ニ保存《ほぞん》シ置《お》キ組合員《くみあひいん》閲覽《えつらん》ノ請求《せいきう》ニ對《たい》シテハ何時《なんどき》ニテモ之《これ》ヲ開示《かいじ》ス

ルモノトス所轄《しよかつ》警察《けいさつ》官署《かんしよ》ニ於テ撿査《けんさ》ノ場合《ばあひ》亦《また》同《おな》シ

附則

第四拾四條　本組合《ほんくみあひ》ノ取締及副取締ハ曾根崎新地席貸組合正副取締ニ之ヲ囑《しよく》托《たく》スルコトヲ得《う》ルモノトス

第四拾五條　本組合《ほんくみあひ》ノ經濟《けいざい》ハ惣《すべ》テ當分《とうぶん》ノ内《うち》曾根崎《そねさき》新地《しんち》席貸《せきがし》組合及《くみあひおよび》曾根崎《そねさき》藝妓《げいぎ》組合《くみあひ》ト契約《けいやく》ヲ以《もつ》テ共同《けふどう》會計《かいけい》トシ第四拾參條亦之《またこれ》ニ依《よ》ルモノトス

花柳病予防心得

（一九一二〔明治四五〕年四月　第十三師団軍医部）

徴兵検査で千人につき二五人余が梅毒に感染していた。陸軍はこれを亡国病と位置づけ、性病の知識と予防を啓発した。「情欲ノ奴隷」にならない克己心の向上を、青年団の設置とその活動に期待している。

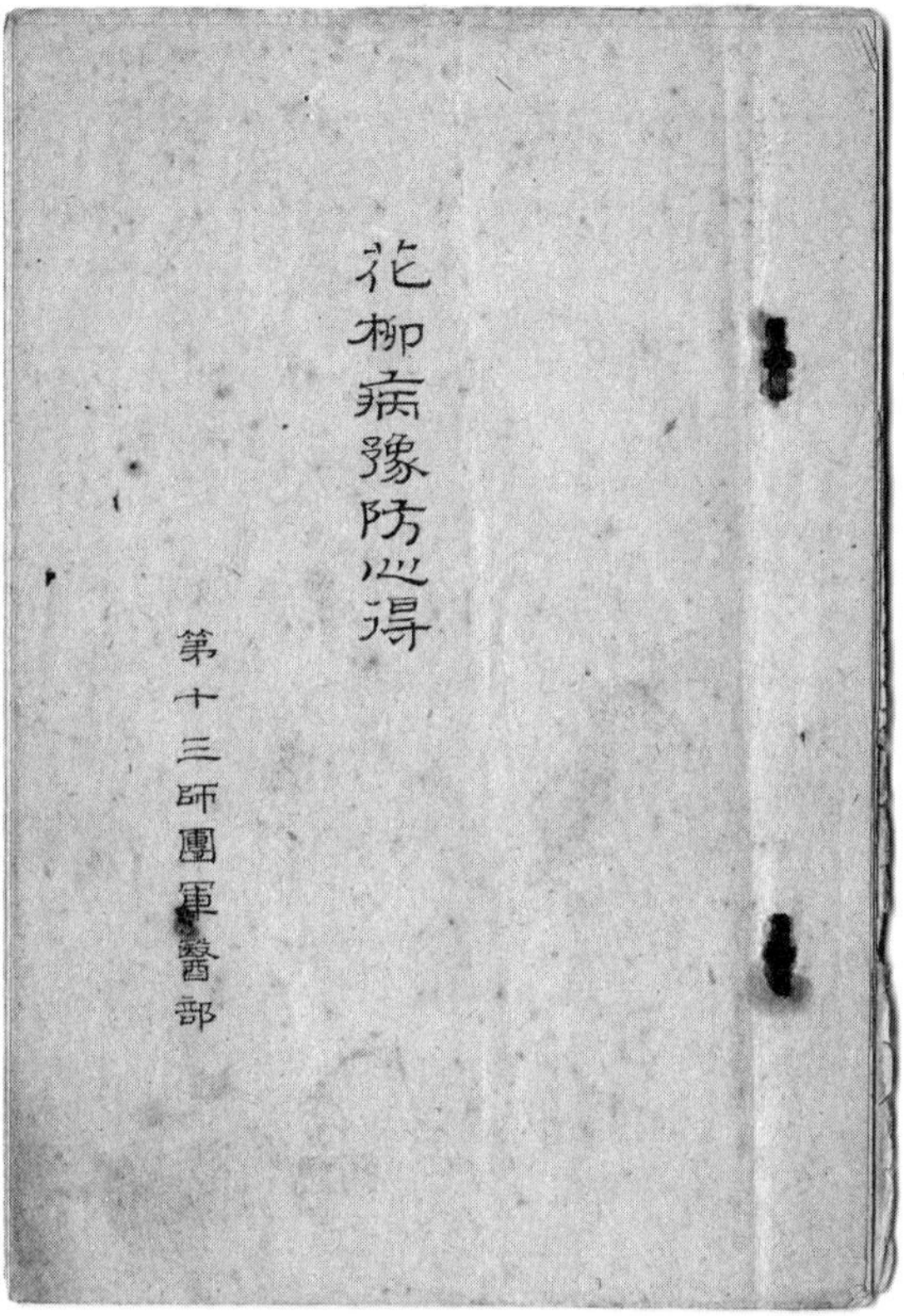

緒言

花柳病ハ慢性ニシテ汎ク國民間ニ蔓延シ一門一家之ガ爲メニ賊セラレ一國之ガ爲メニ萎靡スルニ至ル亡國病ト稱セラルル亦故ナキニアラズ

第十三師團軍醫部ハ本書ヲ編纂シテ本病ノ虞アル壯丁ニ頒與ス希クハ此ノ書ヲ讀ム者當部ノ意ヲ諒シ本書ニ依リテ攝生セバ啻ニ當人ノ幸ノミナラズ亦同胞ノ福祉ヲ増加スルニ至ラン

明治四十五年四月

第十三師團軍醫部

花柳病豫防心得

花柳病トハ如何ナル病ナルカ

花柳病トハ軟下疳、麻疾、黴毒ヲ總稱シタ語デ此病ハ人間ノ住居スル所ハ如何ナル山間邊陬ノ地ニモ多少ノ患者ヲ見ザルコトナク殊ニ交通機關完備シテ人民ノ往復頻繁ナル都會ニ最多ク蔓延シテ居ルコトハ事實デアリマス花柳病ノ蔓延程度ハ統計ノ據ルベキモノガ少イカラ數字ヲ以テ示スコトガ出來ナイガ獨リ陸軍ニ於ケル徴兵檢查時ノ成績ハ精確ナルモノデ民間花柳病蔓延ノ標準トスルコトガ出來マス明治四十四年度ニ於ケル我國ノ徴兵檢查成績ヲ見マスルニ花柳病ニ罹ッテ居ルモノガ一萬四百二十名(黴毒一、六五八名軟下疳及横痃一、八七五名麻疾六、八六〇名)デ丁度檢查人員千人ニ付二十五人餘(二五・二五‰)ノ患者ガアルコトニナッテ居ル之ヲ我師管内ノ四個聯隊區ニ就テ患者千分比例ヲ調査スルニ村松聯隊區ガ第一位デ七・一八人之ニ次クモノハ高田聯隊區ノ一八・八二人松本聯隊區ノ一九・一六人新發田聯隊區ノ二九・八〇人デ之ヲ平均スルト一八・七四人トナルノデアリマシテ則我第十三師

管ノ壯丁ニハ千人ノ内約十九名ノ花柳病患者ガアル譯デアル又之ヲ師管下ノ兩
縣ニ區別シテ見ルト新潟縣ハ一七・四九人デ長野縣ハ一八・三五人ニ當リマ
ス以上ハ滿二十歲ノ壯丁ニ就テノ統計デアルガ一般ノ人民即チ二十歲以上
四十歲迄ノ男子ヲ調ベマシタナラバ一層多クノ患者ヲ有シテ居ルコトハ想像
ガルル事柄デアリマズ又成年以上ノ男子ノミナラズ婦女子間ニ於ケル蔓延
モ決シテ尠クナイ尚且遺傳黴毒トイツテ親ノ病毒ヲ受ケ無實ノ罪ニ苦ミツ
ツアルモノモ實ニ多數アルコトト思ハレル

以上數字上ノ說明ニ依リ花柳病ガ社會ノ有ラユル階級ニ亘リテ多數ノ生靈
ヲ苦メツツアルコトヲ思ハバ實ニ忌ムベキ恐ルベキ國民病デアルコトガ分
リマス斯ノ如ク本病ノ蔓延ヲ見ルニ至ツタノハ風俗習慣其他種々ノ關係ガ
アリマセウガ痲疾、黴毒等ノ恐ルベキ病デアルコト、病毒ノ所在、感染ノ機會ヲ
審ニセザル等一般個人衛生思想ノ乏シキ結果偶々發スル性慾ニ抗シ兼ネ、遂
ニハ境遇場所等ヲモ、ワキマヘズシテ、アワレ感染ノ機會ヲ作ルモノ多キハ其
主ナル原因デアロウト思ハレマス又タトヘ感染ノ機會ニ遇フトモ適當ナル
豫防法ヲ行ヘバ大ニ其禍ヲ防ギ得ヘキモ此事ノ十分ニ行屆カザル第二ノ原

困デアリマセウ茲ニ特ニ申シタイノハ花柳病ノ多イトコロハ其民ノ風紀亂レ道義心薄ク意思強固ナラズ克己心ナキ地方デアルトイハレテモ致シ方ガナイトイフコトデアリマス以下麻疾黴毒等ノ本性ヲ簡單ニ述べ終リニ豫防心得ヲ記シマス

第一　麻疾

麻疾ハ「ゴノコツケン」トイフ本病固有ノ黴菌ニ依ツテ發スルモノデ此ノ毒ヲ有スル婦女即チ藝者、酌婦、工女、娼妓等ノ有毒者ニ接スルトキハ一、二日ニシテ尿道口ニムヅカユキ感ジヲ起シ次デ疼痛トナリ尿道口ヨリハ初メ稀薄ナル粘液様ノ液汁ヲ漏ラシ夫レガ漸次膿汁ト變ジ遂ニ疼痛ヤ膿汁ノ為メニ著シキ苦痛ヲ覺エルノデアル以上ハ急性麻疾ノ症状デアルガ此際一日モ早ク善良ナル醫師ニ就キ適當ノ治療ヲ受クルトキハ二、三週間ニシテ後害ヲ貽スコトナク全治スルノデアリマス然カシ患者ノ多クハ此機會ヲ逸シテ慢性ニ移行シタル後ニノミ醫師ノ門ニ来ルノデアリマス慢性トナレバ病気ハ追々内方ニ進ミ後部尿道炎ヲ起スモノデアル斯クナルト治療モ面倒デ全治スルコトガ随分困難デアリマスタトへ困難デモ全治サヘスレバ宜シイガ之モ出来難イ

場合ガ尠クナイ斯カル慢性ノモノニナリマスレバ病気ガ一旦治癒セル如キ外 四
観ヲ呈シテモ飲酒過度ノ運動其他不養生ニ際シ時々病気ガ頭ヲ上ゲ又春秋時
候ノ變リ目ニ前ト同様ノ發作ヲナシ多年ノ間苦メラルルノデアリマス此病
気ノ經過中ニハ容易ニ副睾丸炎ト云フ睾丸ノ腫ルル病気モ起シマスガ適當
ニ治療サヘスレバ癒リマス若シ又不摂生ヲスレバ之ガ為メニ輸精管トテ生
殖ノ原基タル精液ノ通ズル道ヲ塞キ生殖機能ヲ妨グモノモ尠クナイ世間動モス
レバ斯ノ如キ夫ガ子ナキ罪ヲ其妻ニ被ムラセル者ガアル實ニ沙汰ノ限リデアリ
マス、又本病ノ經過中ニハ往々麻毒性關節炎トテ劇シキ關節ノ病気ヲ起シ病
床ニ呻吟スル不幸ノ輩モアル痳疾ノ禍スルトコロハ尚多々アル其内著明ナ
ルハ麻毒性結膜炎即チ俗ニ風眼ト云フ重キ眼ノ病気デアリマス之ハ麻疾ノ膿ガ
患者ノ手、手拭「ハンカチーフ」等ニ著キ居リ、シラズ識ラズノ内ニ眼ニ入リテ發
病スルモノデ此眼病モ手當テガ悪イカ又ハ時機ガ後レタトイフ場合ニハ遂ニ
生レモ附カヌ盲目トナルノデアリマス
婦人痳疾ノ本元ハ男子ニアルコトガイフマデモナイ又婦人ガ本病ニ罹ッタ
トキ被ムルトコロノ禍ハ男子ト相違ハアリマセヌガ婦人ニアリテハ殆ント

常ニ子宮内膜炎ヲ起シテ終生患者ヲ苦メマス、其ノ結果神經衰弱「ヒステリー」ナドイフ様ナ精神障害ヲ起シ尚又不妊症トナルモノ少クハアリマセヌ

歐州ノ統計ニ依ルニ痳疾ニ罹ル男女ノ比例ハ男四人ニ付女一人トイフ割合デアリマス之ヲ言ヒ換ヘレバ花柳病婦ハ四人ノ男子ニ對スル傳染病竈デアルトイフコトガ出來マス日本ニ於ケル痳疾患者男女ノ割合ハ分リマセヌ之ハ日本婦人ハ醫師ノ門ヲ叩カズ治療ヲ等閑ニスルモノガ多イタメデアリマス甚ダ恐ルベキ且惡イ習慣デアリマス

サテ男子ノ痳疾ヲ起スベキ病毒ガ何レノ方面ニ最モ多イカトイヘバ無論藝者、酌婦、工女、娼妓等ニ指ヲ屈セネバナリマセヌ先年某氏ガ吉原遊廓デ娼妓全部ノ調査ニヨレバ百人中ノ三十三人即チ三分ノ一ハ痳毒ヲ有セリトイヘリ檢黴法ヲ實施セル公娼デモ斯ノ通リデアリマス況シテ密賣婦間ニアリテハ如何ナル情態デアルカガ想像イタサレマス男子ヨリ四倍大ナル傳染病竈タル婦人ノ診療ヲ等閑ニスルニ於テハ花柳病ノ蔓延ハ益々猖獗ヲ極ムルニ至ルヤ明白デアリマス

第二　黴毒

六

黴毒ハ「スピロヘーテ、パリーダ」トイヘル本病固有ノ病原ニ因テ起ルモノデ此病原體ハ本病ニ罹レル患者ノ血液中發疹又ハ原發病竈等ニ存在シマス本病ニ感染スルトキハ其ノ局部ニ小サキ發疹又ハ水泡等ヲ生ジ二、三週ノ後其部ガ硬クナリマス之ヲ初期硬結トイヒマス而シテ此モノハ自然ニ消エルコトモアルガ又其ノ表面破潰シテ潰瘍トナリ所謂硬性下疳トナリマス其後約九週間ヲ経テ身體各部ノ水脈腺ハ腫レ皮膚粘液等ニ發疹ヲ生ジ頭髪ハ脱落スル〔等全身ノ症状ヲ呈シマス之ヲ第二期症トイフテ此時期ガ傳染力ノ最モ劇シイ時デアル第二期症ガ持續スルコト約三箇月ニシテ一旦症状消褪シ後三年、五年乃至二十年位ニシテ第三期ノ症状ヲ現ハシ護謨腫ヲ生ジ骨、睾丸、眼球、脳神經其他総テノ職器機關ニ病變ヲ起シ其ノ侵サレタル組織ハ皆破潰サルル傾ガアリマス鼻ガ缺ケタリ顔ニ噴火口ヲ作ルノモ皆此為メデアル

今前ニ述ベタルノハ黴毒ガ一定ノ型ヲ取リテ進行セル経過ノ概畧デアルガ之モ適當ノ治療ヲ加フレバ次期ノ症状ヲ現ハサルコトナリ治スル場合モアリマスガ然カシ此間ノ精神上及肉體上ノ損失ハ實ニ莫大デアリ尚之ガ為メニ業務ヲ中絶スルコト治療ノ為メニ要スル物質的ノ損害ナドモ誠ニ大シタモノ

デアリマス斯ク考ヘ来レバ黴毒ハ花柳病中最モ忌ムヘキ最モ恐ルヘキ疾病
ニシテ大ニシテハ實ニ國家ノ大患亡國病トモ稱スヘキデアリマス
男子黴毒ノ原因ガ那邊ニアルカトイヘハ之レ麻疾ニ等シク其ノ多數ハ藝者、
酌婦等密賣淫者及公娼ニアルハイフ迄モナイ公娼ト私娼トノ間ニ幾何ノ差
異ガアルカハ數字ニ掲ゲルコトガ出来ヌガ無論私娼ヒ多イコトハ想像イタ
サレマス
黴毒ハ陰部ヨリ感染スル計リデナイ陰部以外ノ部ニ初期硬結又ハ下疳ヲ現
ハス場合ガアル即チ煙管酒盃ノ交換食器ノ共用ニ依リテ口唇ニ初期ノ病變
ヲ發シ又日本ニハ殆ントナイガ外國ニ於テハ接吻ニ因テ感染スルノガ夥多
アル
茲ニ一言セン配偶者一度本病ニ罹ルトキハ婦ニ感染セシメ其結果早産流産
等ヲ来シ又遺傳黴毒ノ為メ體質不良或ハ低脳兒等ヲ產シ子孫ノ繁榮ヲ阻碍
シ一門ノ衰退ヲ招キ之ヲ大ニシテハ國民ノ性格ヲ萎靡セシムルニ至ルノデア
リマス
最後ニ軟下疳ノコトヲ簡略ニ附言シマス此病気ハ黴毒ヤ麻疾ノ如ク悪性頑固

ナモノデハナイガ然カシ治療手當ガ宜シクアリマセヌトキハ患部ノ潰瘍ガ蔓延シテ著シク苦痛ニ悩ムコトガアリマス又容易ニ(横根)ヲ併發シ疼痛ガアツテ後ニ膿ヲ持チ破潰又ハ切開ニ依ツテ漸ク治シマスルガ横痃ノ跡ニハ生涯瘢痕ヲ貽シテ嘗テ此人ハ破廉恥ナ行ヒヲナシタ為メニ横根ヲ貰ツタトイフ證據ヲ止メル本病ノ多クハ不潔ナル交接ニ依ツテ陰部ニ傳染シ茲ニ潰瘍ヲ生スルノデアリマス委黴毒ト同時ニ罹リマス

花柳病ハ如何ニシテ豫防スヘキカ

以上記載スルトコロニ依リテ知ルガ如ク本病ハ克己心ナキ輩ガ情慾ノ奴隷トナリテ病毒ニ感染スル道ヲ作ルノデアル故ニ本病ヲ剛遏シ豫防スルハ風紀道德ヲ高上スルヲ以テ最モ有効トスルコトハ東西一般ニ唱フルトコロデアリマス現今地方青年團ノ設置ヲ奨勵セラルルハ主トシテ地方ノ風紀ヲ改善進歩セシメンガ為メデアロウト考ヘル地方ニ於ケル青年ノ團結ハ實ニ偉大ノカヲ有スル故デアル如何ナル事デモ之ニ依リテ出來ナイモノハナイ人情風俗ノ如キハ殊ニ然リデアル青年團ノ意志ガ強固ナレバ若シ其地方町村内ヘ私娼ノ如キ曖昧ナ婦女子ノ入リ込ミタルトキハ青年團ハ挙テ是等ヲ排除

スルコトモ出来ル又薄志ノ團員ニシテ風紀ヲ紊スルモノガアツタナラバ青年團ハ適當ノ制裁ヲ加ヘテ矯正スルコトモ出来ルデアロウ吾々ハ地方青年團ト共ニ益々風教道義ノ向上ニ努メ以テ積極的ニ本病ノ撲滅ヲ切望スルモノデアル

然シナガラ世ノ開明ニ從ヒ交通機關ハ開ケ大都會商業地軍隊學校所在地等ノ如キ開化セル人間間ニハ益々本病ノ蔓延ヲ見ルノデアル故ニ消極的ノ豫防法即チ個人トシテ直接病毒ニ接スル場合ヲモ顧慮シテ其ノ豫防法ヲ述ブル必要ガアルト思ヒマス之等豫防ノ最モ安全ナル策ハ坊間販賣スル「コンドーム」(ルーデサック)ヲ使用スルコト及ビ交接後直チニ消毒薬液ヲ以テ陰部ヲ洗滌スルコトデアル薬液ガナケレバ微温湯或ハ自分ノ尿ニテモ宜シイ「コンドーム」ハ使用中破損スルトキハ却テ危険ガアル注意セネバナラヌ又交接前局部ニ塗脂スルコトモ有効デアル娼トシテ交接ノ前後薬液又ハ温湯ヲ以テ外陰部及膣部ヲ洗ハシムルハ娼自己ノ豫防法タルノミナラズ男子ニ對スル須要ナル豫防法デアル

平素陰部ヲ清潔ニ保ツコトガ必要デアル若シ不潔ニナシ置ツトキハ其皮膚軟

弱ニシテ容易ニ擦傷糜爛ヲ来シ病毒ニ感染シ易イノデアル包莖或ハ包皮ノ長キモノハ多ク本病ニ罹リ易イ又不潔ノモノハ往々陰部ニ尖形コンヂロームトイフ苺様ノ腫物ヲ生スルコトガアル然ルトキハ交接ノ際其根部ニ皮膚ノ損傷ヲ起シ病毒ニ感染スル原因トナル毛髪ノ嵌入ニ依ル損傷即毛切レモ注意セネバナラヌ総テ局部ノ損傷ヲ来ス如キ行チバ十分ニ慎ムヲ要スル飲酒後殊ニ酩酊時ノ交接ハ之等ノ危険ガ最大ナルノデアル

再三反覆ノ交接ハ現ニ存スル若クハ潜伏スル病毒ニ接スル機會ヲ多カラシメ且之ニ對スル抗抵力ヲ弱カラシムル害ガアリマス

接吻ニ依ル黴毒ノ感染ハ日本人ニハ尠イガ(日本人ハ接吻ヲナサザルニ依ル)煙管酒盃或ハ食器等ノ媒介ニ依リテ感染スル例ハ我國ニモ尠リハアリマセヌ此ノ習慣ヲ止メルガ宜シノデアル

以上ノ如クニシテモ若シ病毒ニ侵サレタルトキハ決シテ姑息ノ自分療治ヲシテ時機ヲ失スル様ノコトガアツテハナラヌ速ニ良醫ノ治療ヲ受ケ熱心ニ摂生ヲ守リ後悔ヲ残サヌ様ニセネバナラヌ総テ初期ノ治療ハ効ヲ奏スルコトガ大ナルノデアル本病ニ罹リタルモノハ自分ノ為メ亦他人ノ為メニ其ノ

治療スル迄ハ固リ品行ヲ慎マナケレバナラナイ然ラザレバ自分ノ病ノ治療ヲ害シ他人ニ對シテハ之ヲ感染セシムル原因トナルノデアル呉々モ此點ニ注意シテ貰イタイノデアル只一人ノ患者ノ怠慢ニ依リテ之ヲ四圍ニ感染セシメ數千百人ノ苦心ヲモ全ク水泡ニ歸スル樣ノコトガアッテハ遺憾ノ至リデアル

初出一覧

「廃娼運動　廓の女性はどう解放されたか」　中公新書663　一九八二年九月

「大連廃娼事始め　明治社会事業の一齣」『北葉』第27・28号、一九八二年一月・三月

「公娼制度の定着と婦人救済運動　二〇世紀初頭大連において」『環』vol.10、藤原書店、二〇〇二年七月

「公娼制度成立前後　二〇世紀初頭大連の場合」『アジア遊学』No.44、勉誠出版、二〇〇二年一〇月

「廃娼運動思想の往還　満洲婦人救済会に関連して」　書き下ろし

「沖野岩三郎『娼妓解放哀話』解説」　沖野岩三郎『娼妓解放哀話』、中央公論社、一九八六年一二月

「一九二〇年代朝鮮人娼妓・朝鮮人問題と廃娼運動の関係」　全国婦人相談員連絡協議会編『売春防止法と共に（第二集）』全国婦人相談員連絡協議会、一九八五年五月

「売春防止法」　朝日ジャーナル編『女の戦後史　Ⅱ　昭和30年代』朝日新聞社、一九八五年二月

あとがき

私が廃娼運動の問題について、深い関心をもつようになったのは、一九七〇年代後半であった。そのころ私は講談社新書『大正文化』執筆のために、古書、古雑誌、図版等の収集のため古書展通いに明け暮れていたのである。たまたま訪れた東京の高円寺駅付近の中央線古書展の会場に雑然と積まれた古雑誌の山の底から、私は『廓清』第四巻第九号〔一九一四年〕を発見した。これが私と廃娼運動の機関誌との最初の出会いであった。その雑誌の冠頭に描かれていたのは、日本救世軍の伊藤富士雄大尉が当時自由廃業をもとめる二人の娼妓を救うために、洲崎遊廓に赴き、兇暴な楼主たち百余人のために娼妓とともに袋叩きとなり、人事不省に陥った物語であった。私はこの物語を読んで驚いたことは、『廓清』にはほかの雑誌にはない抜き差しならぬ息吹きが感じられたことである。娼妓の自由廃業という生々しい事件を扱ったせいもあろうが、廃娼運動というものへの強烈なメッセージがそこにはあった。

その後私は、『廓清』の各号に掲載された論文を片っぱしから読んだ。そして『廓清』への傾倒が、私をして廃娼運動史の領域に走らせた。しかし先輩や友人たちから、廃娼運動などの研究は、君のためにはならないだろうというようなことをいわれた。当時、歴史家や女性史研究者の目には、廃娼運動は研究に値いするテーマとはなっていなかったのである。もっとも高群逸枝『女性新書　女性の歴史』〔印刷局、一九四八年〕は、公娼制度廃止との関連において、廃娼運動におけるクリスチャンたちの役割を積極的に評価していた。しかしもう一度ここでくりかえすと、概ね歴史家たちは唯物史観や、実証主義の影響をうけて、廓の女性の解放という途方もない社会的現象に対して無視していたのである。

それより私は不思議に思ったのは、一九六八年五月、パリ革命以後、海外の歴史家や社会学者たちのなかには、伝統的歴史学の殻を打ち破って、セクシュアリティなどの性についての研究を始める者が多くなり、またウーマンリブの運動も出現して、女性自らによる性の解放と、そのあり方がひろく論議されていたにもかかわらず、一九七〇年代のわが国の歴史学界はこうした欧米の学界や社会に起こった「ビック・バン」にはほとんど反応しないことであった。私はこういう学界の雰囲気にいらいらしていた。ちょうどそのころ、前述した『大正文化』執筆中であった私が、たえず念頭においていたことは、たいへんな冒険ではあるが、廃娼運動史をいつか書こうという想いであった。

一九八〇年、出版された講談社新書『大正文化』の内容は、これまでの通史とはまったく異なっていた。たとえば「大正」時代を、衣食住などの庶民生活、映画、芝居、流行という風俗習慣、さらに性の問題や産業におけるイノベーション、価値観など、いままで見すごされてきた側面を幅広くとりあげ、社会史の新しい切口で現代に位置づけたのである。『大正文化』に収められた内容は、経済学、経営・産業の領域や政治学、社会学、歴史学、女性学、文学、文化・風俗、映像などきわめてジャンルが多岐にわたるために、ときには構成が分裂して私をしばしば苦しめた。しかしこの新書をある一貫性をもった書物としたことが幸いして、私は歴史のみかたに開眼することができた。つまり私はこの仕事を境に、教条的唯物史観を脱却し、伝統的な学問体系を打破すべく、単独行でけもの道を登ることも辞さず、日本人がつくる社会史とはいかなるものか、自らに問いつづける決意をしたのである。
この『大正文化』は学術書ではないので、私の文章はかなり啓蒙的表現になってはいたが、ここで私は「性の扱われ方」と題した一節を設けて、廃娼運動や『廓清』について書いておいた。『大正文化』については、すぐに新聞や雑誌が書評欄でとりあげてくれた。たとえば高名な映画評論家佐藤忠男氏は、『婦人公論』〔一九八〇年四月号〕でつぎのように評した。

この廃娼運動を、やはり今日では忘れられているこの運動の機関誌『廓清』の再評価をつうじて紹介しているあたりはこの本の白眉である。

佐藤氏の書評を読んで、私は鳥肌がたつような興奮と感動を覚えた。佐藤氏は私が廃娼運動にかけた想いをずばりと読み解かれたのである。『大正文化』執筆後、私はいつか機会をえることができたら、公娼制度をはじめ、からゆきさんや理不尽にも廓に囲われた女性のことなどを、人とまったく異なったやり方で書こうという想いを一層強く持つようになった。意外にもその機会は間もなく訪れた。佐藤氏の書評が機縁となって、中央公論社から私は中公新書の一冊として、『廃娼運動』を書くように依頼をうけたのである。私はひどく意気込んで仕事を始めた。しかし廃娼運動については、結局ほとんど仕事らしい仕事を発表する機会がなかったこともあり、斯界によく知られた専門書としての中公新書に執筆することは光栄なことではあったが、その反面身がひきしまる思いがした。
そのころ、何よりも私を挫けさせなかったのは、婦人事業の第一線に立つ婦人相談員や婦人保護施設職員に接し、その活動を知ることができたことである。故市川房江氏が手塩にかけて育てた弟子の一人であった全国婦人相談員連絡協議会会長西村好江氏は、幸いにも少年の私を可愛がってくれた隣家の住人であった。彼女は売春防止法が成立した一九五六年の翌年から、東京都の婦人相談員として活動を続けてきた人であった。私は西村氏から売春防止法施行後における東京都武蔵野市の武蔵八丁歓楽街に囲われていた気の毒な女性にたいする更生活動の想い出話や、米軍相手の婦女子たちを社会復帰させるための救済活動の苦心談、そして現代の管理売春の実態等について、多くの知見を得ることができた。

話をもとにもどすと、私は中公新書執筆当初から、経済史家として、廓の女性と楼主の契約の実体解明の重要性に着目していた。しかしである。その解明の不可欠な資料であった遊廓の計算帖は門外不出であり、とても外部の者が閲覧することなどはできなかった。私は計算帖をもとめて、古書展や古本屋を訪ね歩いた。それにしても古書展で近畿地方のある県庁所在地で営業していた三名の楼主が、実際に使用していた三冊の計算帖を手に入れるまで、何年めぐり歩いたのだろう。この三冊の計算帖には楼主と廓の女性たちとの間における前借金、月々の稼ぎ高、立替金などが毛筆で克明に記載されてあった。

『廃娼運動』執筆の参考にしたのは、主に『廓清』全三三巻〔復刻版、龍渓書舎、一九八〇年〕、伊藤秀吉『日本廃娼運動史』〔廓清会婦人矯風会廃娼連盟、一九三一年〕、山室軍平『社会廓清論』〔警醒社書店、一九一四年〕等であった。これらの書物はいずれも廃娼運動とむすびついて書かれたものだけに、「権威」を持っている。なるほどその通りだ。「しかし」と私はたえず立ち止まって考えた。思えば拙著の執筆中、私は仕事が一段落つくと、ため息をつきながら書斎を出たものである。構想がまとまらず、苦しんだが、私は多くのものを学んだだけではなく、多くの知己を得た。その一人である伊藤秀吉氏の御子息秀文氏からは、南満州鉄道株式会社時代における伊藤秀吉・きん夫妻のからゆきさん救済について教えられた。私の廃娼運動の叙述の基調にあたるものは、あくまでもこの秀文氏との対話から得たものであるようである。

一九八二年、中公新書『廃娼運動』は出版された。地味な題名ではあったが、拙著は出版と同時に作家、評論家、学者、ジャーナリストの注目を集めた。通史や教科書から欠落した苦界の女性解放運動を評価し直すというテーマをめぐって様々な視点から論じた書評が、新聞各紙や雑誌等の書評欄に掲載された。名著『からゆきさん』〔朝日新聞社、一九七六年〕の著者で作家でもある森崎和江氏はつぎのように述べた。

『廃娼運動』は苦界の女たちの苦悩が男の情をそそり、詩情を招き、文化の一面を養いさえした長い歴史を念頭において書かれている。従って多くの廃娼運動とは一味ちがった角度をもっている。〔『朝日ジャーナル』一九八二年一一月一二日号〕

公娼制度との戦いだけが運動ではない。廓の女性の心の内側に触れる主題があってもいい。廓の女性の人間性の発見を原点にして考えるという私の立場に、森崎氏は賛意を表された。かって日本の社会の最底辺に位置づけられていた遊廓制度の外皮が固ければ固いほど、それを打破する廃娼思想の萌芽もけっして単純ではない。叙述が単なる事実と関係の羅列に終始するかぎりは、廃娼思想の輪郭は把握できない。私の考えた廃娼運動の方法と叙述は、そうした歴史のトータル・イメージの構成への一つの跳躍台であったのである。『廃娼運動』出版と前後して、前述の『廓清』全三三巻〔復刻版〕解説と、一八九〇年から一号～八号まで刊行された草創期廃娼運動の雑誌『廃娼』〔復刻版、不二出版、一九九三年〕解説との依頼をうけた。私は、一も二もなく、その仕事をさせていただいた。『廓清』や『廃娼』こそは、日本で展開されたもっとも強力な市民運動の機関誌であり、それらを私が解説することは名誉なことだと思ったのである。

一九八五年、私は思い切って関西に移り、大阪産業大学が新設した経済学部に勤務することとした。一九八九年、私は同大学からハーバード大学、マールブルグ大学、ボン大学等に留学した。留学中の友人であったウィーン大学のセップ・リンハルト氏からの誘いで、一九九五年から国際日本文化研究センターの共同研究に参加させていただくことにした。花見、豊かな国のゆくえ、将棋、パンツ……。境界領域で一風変ったテーマについて談論風発する研究者が集う国際日本文化研究センターに集まっていた人々には、故飯田経夫、稲賀繁美、井上章一、猪木武徳、牛村圭、尾本恵市、笠谷和比古、上垣戸憲一、栗山茂久、白幡洋三郎、鈴木貞美、早川聞多、細川周平、劉健輝などがあった。そして関西モダニズムや時間の研究では東京などから荒井良雄、内田星美、五十殿利治、金子務、佐藤一樹・バーバラ、鈴木淳、中村尚史、西原大輔、橋本毅彦、長谷川櫂、林正子、山口昌男などの人々がやってきた。私の研究生活の一つの転機となったこの時代について書くと、とてもおもしろいことがあるが、このあとがきではそこまでふれることはないであろう。

私はいま廃娼関係の論文をまとめて、著作集全四巻のなかの一冊として出版しようとしている。出版にあたり、畏友村上雅盈氏には資料解説などいろいろと協力を頂いた。深く感謝する次第である。これが世に送られるに至ったのは、三元社編集部上山純二氏のすすめによるものである。彼は早くから私に出版することをすすめてくれたものだが、無精な私はついのびのびに遅らせて今日に至った。上山氏は忍耐と惜しみなき助言を寄せられたのみならず、私の着想を刺激し、本書が私自身の学習になるように努められた。私は上山純二氏に厚く御礼を申しあげる。なお、激動する時代のなかで、ウィズ・エージングの信念で仕事を続けてきた私を、古くからの友人や、研究仲間の若い人たちがずっと支援してくれたことにも感謝する。

著作集全四巻に収録した論文を書くにあたって志を共にした親しい仲間は亡き妻由紀子である。特に私は、女性としての誇りと自覚をもって、短いを生涯を自由に生きた彼女から多くのものを学んだ。私は研究者としての生涯の中でもっともすばらしいのは、私たち二人の協力であったことを告白せざるをえない。

二〇一一年八月二八日

竹村民郎

［著者略歴］

竹村民郎（たけむら・たみお）
1929年、大阪生まれ。
元大阪産業大学経済学部教授。国際日本文化研究センター共同研究員。

著書
『独占と兵器生産―― リベラリズムの経済構造』勁草書房　1971年
『廃娼運動―― 廓の女性はどう解放されたのか』中央公論社　1982年
『笑楽の系譜―― 都市と余暇文化』同文館出版　1996年
『関西モダニズム再考』（編著）思文閣　2008年
『増補　大正文化　帝国のユートピア―― 世界史の転換期と大衆消費社会の形成』三元社　2010年
その他共著、論文多数。

廃娼運動

竹村民郎著作集　I

発行日　2011年9月25日　初版第1刷発行

著　者　竹村民郎　
発行所　株式会社三元社
〒113-0033 東京都文京区本郷1-28-36鳳明ビル
電話／03-3814-1867　FAX／03-3814-0979
郵便振替／00180-2-119840
印刷＋製本　株式会社理想社
コード　ISBN978-4-88303-293-8